ポリティカル・サイエンス・クラシックス＊3

河野勝・真渕勝［監修］

国際政治の理論

THEORY OF
INTERNATIONAL POLITICS
Kenneth N. Waltz

ケネス・ウォルツ

［訳］
河野　勝
岡垣知子

keiso shobo

THEORY OF INTERNATIONAL POLITICS
by Kenneth N. Waltz

Copyright © 1979 by McGraw-Hill
Japanese translation rights arranged with The McGraw-Hill Companies, Inc.
through Japan UNI Agency, Inc., Tokyo.

ポリティカル・サイエンス・クラシックス　刊行にあたって

河野勝・真渕勝

　クラシックスとは、時代が移り変わってもその価値を失うことのない一握りの作品に付与されるべき称号である。しかし、だからといって、クラシックスは古い時代につくられたものだけを意味するのではない。それまでの常識を打ち破ったり、まったく新しい手法や考え方を取り入れたりして、後世に名を残すことが運命付けられた作品は、どの分野においても、才能のある人々により不断に創造されている。それらは、人間の知識や感性に大きな変革をもたらし、われわれの活動のフロンティアを開拓し進歩させている。

　本シリーズは、現代政治学に大きく貢献し、また将来にわたってもその発展に寄与し続けるであろうと思われる代表的な研究業績を、日本の読者に邦語で紹介することを目的として編纂された。ここで邦訳として刊行する書物は、それぞれ高く評価され、欧米の政治学徒が必須文献として読むものばかりである。日本では、政治学の「古典」というと、プラトンやアリストテレスらのギリシャ時代、あるいはルソーやマキャヴェリといった、せいぜい18から19世紀ぐらいまでの人々の著作を思い浮かべることが多く、その意味では、ここに集められたいくつかの業績は、「新古典」と呼ぶべきであるかもしれない。しかし、今日の政治学は、こうしたより新しい研究業績から得られる知見を正しく理解することなしには、学ぶことができない。

　われわれ監修者二人は、日本の政治学において、海外で広く受け入れられている基礎的業績の紹介が遅れてきたことにずっと危機感をもってきた。本シリーズの出版社である勁草書房は、かつて1960-70年代の政治学における主要な外国文献を紹介する任を担ったが、それ以来、学術書の体系的な邦訳が待ち望まれていたところであった。そこで、われわれはおもに若手の政治学者を対象にしたアンケートを行い、英語で書かれた文献で、研究および教育の両方の観点から、翻訳があったらよいと思われる本を数冊ずつリストアップしてもらった。その中には、前々から望まれていたにもかかわらずなぜか翻訳されていな

かった本や、すでに出ている邦訳が絶版だったりして手に入りにくい書物が含まれていた。それらを、日本政治、比較政治、国際政治、そして政治理論の四分野に分け、それぞれの分野で一冊ずつ、数期にわたって刊行することとして、本シリーズが実現したのである。

　日本における政治学は、研究者の数や研究の層の厚さからいって、欧米の政治学にはるかに及ばない。このシリーズがきっかけとなり、初学者や一般の読者の中から、政治学へさらなる興味をもってくれる方々がひとりでも多くでてくれることをのぞんでいる。

*

　ウォルツの *Theory of International Politics* は、国際政治学に文字通りパラダイムシフトをもたらし、今日におけるこの分野の研究の発展を導いた古典的名著である。それは、国家間関係を考えるうえでは、外交の理論や国家の理論に依拠するのではなく、国際システムの構造を見きわめることが不可欠であると説く。国際政治のダイナミクスは、外交官の手腕（アート）や国家の体制（イデオロギー）によって決まるのではなく構造的な制約を受けているという本書の主張は、国際政治学を科学として探求することの学術的重要性を示唆するだけでなく、国家が直面する現実の安全保障問題を解読するうえでの実践的指針をも提供している。

日本語版への序文

　本書は30年前に出版されて以来、多くの人に論評されてきた。そのなかには批判的なものもあった。そこでこの「日本語版への序文」として与えられた機会に、もっともよく批判される点のいくつかを考察しておきたい。そして、競合する「理論」についてコメントを加えてから、構造理論の現在および将来における妥当性を検討する。

1．混乱と批判

　混乱は、理論がどうつくられるかを誤解し、理論にできることとできないことを理解しないことから起こっている。この本の第1章において、私は理論を、ある領域に関する観念図、すなわち、その領域がどう組織化され、部分同士がどう連関しあっているかを示す図として定義している。理論は、ある領域を知的に扱うために、それをほかから分離する。たとえば国民経済や国際政治システムについての観念的な図は、単純化された再現（リプリゼンテーション）である。その図は重要な原因と結果を表すために、経済や国際政治システムのなかで起こっているほとんどすべてを省略しなければならない。理論とは、ある一定の活動領域において起こることを説明するうえで役立つ道具なのである。理論は大部分が省略なのであるから、それが省略しているものを理由に理論を批判するのはおかしい。また、理論を現実に近づけるために、理論に何かを付け加えるべきだといわれることがときどきある。しかし、科学の発達は、物理学であれ経済学であれ、現実世界の直接的経験から何歩か距離をとり、それを高度に抽象化して表現することによって成し遂げられてきた。この単純化は、理論に組み込まれる仮定によって行われることが多い。ある質点に質量が集中するというのはニュートン力学のなかの単純化された仮定の一例である。同様に、人びとが経済的利益を最大化するというのはミクロ経済学の、そして国家が自国の存続を確実にすべく行動するというのは構造理論の、一例である。

国際政治の構造は、簡素化されたかたちで定義される。それは、この領域の秩序原理（ordering principle）であるアナーキーと、国家間の能力分布によってなされる。この定義に何かを付け加えるべきであろうか。規範的考察が欠落しているではないか、と批判する者もある。では、規範的考察は加えられるべきなのか。この質問は、重力を説明する理論に、高いビルから落ちるのは賢明でないという警告を付け加えるべきかどうかをたずねるようなものである。また、なかには、経済関係、技術的変化、人口構成のパターンといった明らかに重要な事項が省略されていると批判する者もある。構造理論を批判する者の多くは、理論からある変数が省略されているなら、それを足すことで理論がより強固になると思っているようである。しかし、理論は変数の集合ではない。不当に省略されていると思われる変数を理論に加えるには、それが一貫性のある有効な理論のなかのひとつの要素としてどう位置づけられるのかを示さなければならない。それが簡単にできるなら、われわれは強固で包括的な理論に恵まれることになろう。

　理論が省略している事がらは、理論が応用されるときに無視されるわけではない。理論とは、その成り立ちが簡素で、美しくシンプルなものである。これに対し、現実は複雑であり、しばしば醜い。理論をながめ、それからある特定の国家行動や結果について推論することによって、予測や説明ができるわけではない。では、予測や説明のうえで考慮に入れられるべき経験的事項を理論に含めることができないのに、どうやって予測や説明をすることができるのか。理論は「現実世界」を説明し、おそらく多少の予測をするために使われる道具である。その道具を用いるうえでは、さまざまな情報と多くの優れた判断が必要である。理論が予測するのではない。人びとが予測するのである。

　別の批判は、新しいリアリズムは単にかつてのリアリズムを厳密にしたものにすぎないというものである。その批判が正しいかどうかは、かつてのリアリストたちが言っていたことをどうとらえるかによる。古典的なリアリストは、国際政治の結果が、行動単位(ユニット)である国家の決定によって決まると考えている点で、行動主義者であった。彼らによれば因果関係は一方的であり、それは国家の国内構成要素から国家行動が生み出す結果へと流れる。これがそれまでの通常の考え方であり、社会主義者にも自由主義者にも当てはまった。毛沢東もW.ウィルソンも、よい国家は互いに平和裏に生き、悪い国家は戦争をすると

考えていた。共産主義者である毛と自由民主主義者であるウィルソンは、国際的事件の説明の仕方については一致していたのであり、彼らが異なっていたのは、よい国家と悪い国家をどう定義するかについてのみだったのである。新しいリアリズムは、このかつてのリアリズムの因果関係を逆にする。かつてのリアリズムは行動主義的であり、そこでは、よい国家はよい結果を生み、悪い国家は悪い結果をもたらすとされた。新しいリアリズムは構造主義的である。新しいリアリズムにおいては、国際政治の結果は国家の特性のみによって決まるのではない。いや、国家の特性によって決まらないことのほうが多い。それはむしろ、国家が行動している国際システムの構造の違いによって決まるのである。

　おそらく、構造理論に対する批判でもっともよく聞かれるのは、国家の政策や行動が国際政治に与える影響を考慮に入れていないという批判である。たしかに、国家は構造理論のなかでは省略されている。結局のところ、構造理論は国際政治の理論であって、外交政策の理論ではないからである。国際政治のネオリアリズムは、外的な力が国家行動をいかに決定するかを説明するが、国内的な力の影響については何も語らない。そのため、国際政治の理論は、外交政策の説明としては十分ではないし、それを十分なものに仕立て上げることもできない。国際政治の理論が国家行動を説明できるのは、外的圧力が国家内部の特性を圧倒している場合だけであるが、そのような状況はめったに起こらない。とすれば、国際政治の理論にはそれを補うものが必要となり、それは国際政治の理論の外にある。ネオリアリストたちはユニットレベルの原因が重要であることを認めている。しかし、それにもかかわらず、ネオリアリストたちはユニットレベルの原因を説明(アカウント)に入れようとしないと批判されている。この批判は奇妙であるが、それでも頻繁になされる。リアリストであれだれであれ、外交政策や国際政治が国家の内部で起こることを考慮に入れずに理解できると考える人は、だれもいない。つまり、この批判は理論と説明とを混同しているのである。説明とは、何が起こったのかというストーリー、なぜ起こったのかについての考察であるが、それは理論ではない。説明には多くのものが含まれるが、理論に含まれるものはきわめて少ない。

　国家は重要であるが、国際政治の構造もまた重要である。どちらがより重要なのかは、国際政治の構造の変化によって異なる。このことに気づかない者が

いたとしても、世界が2極から1極構造に移行したことに気づかない者はいないであろう。2極世界においては2つの国が互いに抑制し、均衡しようとする。1極世界においては、1つの大国の行動に対する抑制は急激に低下する。1極性は構造的制約を弱め、残った唯一の大国の行動の幅を広げ、その国内的特性の重要度を高める。均衡状態にある国際システムは、抑制と均衡の効いた政治体制のようなものであり、恣意的で横暴な行動をとる国家の衝動は、同等の能力をもつ国家の存在によって制約を受けることになる。一方、最強国に対して、他の国や他の国家連合が対抗できない国際システムは、抑制と均衡の効かない政治体制に似ている。支配者がいつ強圧的になるかの予測ができない状況では、支配される側よりも支配する側の利益を満たすような、恣意的で破壊的な統治形態に落ち着くことになる。理論的には、慈悲深い独裁者が、民主主義的妥協ではむしろ実現されない賢明な政策を採択することもありうる。同様に、被支配国に対し優位にある帝国が、自らがめざしているのは現地の人びとの生活を向上させることだと主張することもあるかもしれない。しかし、そのような結果になることはめったにない。パワーの不均衡は、国内でも国外でも、専制的支配を生むのである。

　異なる構造はシステム内のユニットの行動を変化させ、異なる結果を生じさせるが、ユニットレベルの変化が大きな影響をもたらすこともある。ユニットレベルの原因とシステムレベルの原因とを区別できないことが、ネオリアリズムのひとつの問題である。この理論によれば、2極システムは多極システムよりも平和的である。しかし、冷戦を特徴づけた平和のどれだけが国際政治の構造によってもたらされ、どれだけが数カ国が保持していた兵器によってもたらされたのかと、人びとは問いかけるであろう。つまり平和は核兵器の産物だったのか、それともシステムの構造の副産物だったのか、である。システムの構造が変化しないあいだは、構造と核兵器の両方が影響していたとしかいえない。何が何の原因となったのかを述べるのはむずかしいものである。たとえ核兵器が存在しなくても、アメリカとソ連は、近代的な通常兵器を備えた大陸規模の国家であり、お互いに多大な損害を及ぼしうることを考えて、両国は戦うことを避けたであろう。ただ、歴史を通じてみれば、戦争は巨大な破壊力をもつ国々のあいだで起こっている。だとすると、アメリカとソ連とのあいだの戦争は、第一次世界大戦や第二次世界大戦よりも、もともと起こりにくいものだっ

た、ということになろう。国際システムが2極であることは、だれとだれが対立しているのかについての不確実性を減少させた。しかし、通常兵器で武装した国家間対決の結果は依然として不確実であったため、いずれどちらかが、よりすぐれた兵器や戦略によって、低コストで勝利を得られると考えるようになったかもしれない。ということは、2極システムが平和を約束し、その約束を強固にし、ほぼ確実なものにしたのが核兵器だったということになる。

　国際システムの構造がどうであれ、核保有国間には平和が訪れる。他方、過去1世紀のあいだの多極から2極へ、そして2極から1極へという国際システムの変化をみると、極の数の違いがいかに国家行動に影響し、国際政治を変化させるかがわかる。核兵器の登場は、ユニットレベルの変化も、構造的変化と同様に、システム全体に影響をもつことを示している。しかし、このことは、極の数がもつ影響力を無効にしたわけではない。冷戦のあいだ、2つの大国は軍事的にほぼ均衡状態にあった。そのシステムの特徴は、大国が節度ある行動をとったことであったが、それは勢力の均衡がもたらす恐怖の産物であった。長い冷戦のあいだ、一方の超大国の力が他方の力と均衡することで、両者に節度ある行動をとらせたのである。いまでは、残った唯一の超大国が自国の一時的な出来心に気ままに従って、自由に行動できるようになった。

　大国がひとつ消滅したからといって、核兵器の影響に変化がもたらされたわけではなかったが、均衡の消滅は生き残った大国の衝動を解き放った。優位に立つと、その優位を用いる欲望が生まれるものである。ひとりの支配者であれ国であれ、専制への野心は自己の優越を恒久化し、歴史のプロセスを超越しようとする。本書で示されるように、極の数は、国家の内部に関する部分を明らかにしなくても、国家の行動や国際政治について多くを語ってくれるのである。

2．現在および将来のための理論

　国際政治の構造理論に対しては、競合する主要な理論が2つある。リベラル制度主義（liberal institutionalism）と構成主義（constructivism）である。前者の主な提唱者は、R. O. コヘインであり、後者のそれは、A. ウェントである。リベラル制度主義は、独自の理論ではない。コヘインとJ. ナイは、制度主義が構造的リアリズムをその理論的中核としており、それに広がりをもたせようとするものであることを強調してきた。一方、構成主義についていえば、それ

は全く理論ではない。理論と呼ばれていても、説明をもたらすものでないならば、それは理論ではないからである。構成主義が何を説明するのかは、わかりづらい。代わりに構成主義が提供するのは、世界についての希望的観測のようなものである。人びとや国家の利己的な関心は利他的な衝動にとって代えられるのだから、人びとや国家は自己利益を満たそうと行動する代わりに他者のために行動するようになるかもしれない、というわけである。これは考えとしては素敵だが、人びとも国家も他者のためを思って行動し続けたことはない。自国が逆境にあるときに他国が確実に助けてくれると信じられない限り、国家はベストを尽くして自らの面倒をみなくてはならない。構成主義がいくらか人気を博しているのは、主に、そういった安全についてさほど心配する必要がないアメリカや、アメリカの保護下にある西ヨーロッパ、また、大学のような安全な避難所に居住する人びとのあいだにおいてである。

　ソ連の消滅は世界を大きく変えた。この変化はどのように訪れたのか。それは、リベラリストや構成主義者が想像したかたちでは訪れなかった。ソ連共産主義体制の崩壊は、野心的な民主主義者によってではなく、アンドロポフ、ゴルバチョフ、ルイシコフといった古いソ連の体制派によってもたらされたのである。また、国家間の経済的相互依存の進展がソ連の崩壊と関係していたのでもない。ソ連は自国の勢力圏外とはほとんど貿易しなかったし、多額の資本を提供したり受け取ったりしていたわけでもなかった。そして、ソ連の崩壊は、国際的に普及した自由主義の力の勝利によってではなく、ソ連共産主義システムの失敗によってもたらされた。つまり、冷戦はまさにリアリストたちが予測したとおりに終わったのである。冷戦は2極システムに根ざしていたため、2極システムが崩壊したときにのみ終結しえたのである。

　冷戦後、リアリズムは依然として支配的な理論であろうか。R. ギルピンの論文のタイトルのとおり、「政治のリアリストが好きな人なんていない」訳注1。しかし、古代から現在にいたるまで、リアリズムは、アナーキー状態におかれたユニットがもたらす結果を説明するうえで、もっとも有用かつ包括的な説明として、ほかの理論との競争を何度も勝ち残ってきた。そのような状態が続く

訳注1 Robert Gilpin, "No One Loves a Political Realist." *Security Studies* (Spring, 1996), 3-26; Robert Gilpin, "Nobody Loves a Political Realist." Robert J. Art and Robert Jervis, *International Politics: Enduring Concepts and Contemporary Issues*. (5th) (New York: Longman), 1999.

限り、リアリズムの理論は国際政治を説明するもっとも有用な道具であり続けるだろう。もっとも、リアリズムといっても、攻撃的リアリズム（offensive realism）と防御的リアリズム（defensive realism）のどちらがより有用か、と疑問に思う人もいるかもしれない[訳注2]。攻撃的リアリズムは、パワーは多ければ多いほどよい、つまり国家は安全を確保するためつねにより多くのパワーを欲しがり必要とする、と主張する。しかし国家が自らを安全にするための最善の方法が1つであるとは信じがたい。リアリズムの理論は、正しくは、攻撃的でも防御的でもない。国家は国内的努力と対外的同盟のいかなる組み合わせによってでも、自らの面倒をみなければならない。自国の安全を確保するもっともよい方法が攻撃的戦略であるか防御的戦略であるかは、状況の変化とともに変わる。パワーをもちすぎる国が脅威となり、他国の結託した対抗を招き、結果として自らをより安全でなくしてしまうこともある。一方、パワーがあまりにも小さい国は、他国がそれにつけいるよう促してしまうかもしれない。つまり、リアリズムは、修飾する形容詞なしのままが最善なのである。

　リアリズムは、古くからある。しかし、リアリズムが理論という体裁を整えたのは最近のことである。リアリズムの理論は、時代を経て、ギリシャ（ツキジデス）、イタリア（マキアヴェッリ）、イギリス（ホッブズ、のちにE. H. カー）、ドイツ（マイネッケやモーゲンソー）、アメリカといった国々で、大きな影響力をもち発展してきた世界的な大事業である。いまや、世界のほかの地域からも貢献を期待してよい時期であろう。この『国際政治の理論』の翻訳が、日本の学者が国際政治理論をつくり応用するうえでの問題をさらに考える刺激となることを期待している。

ケネス・N. ウォルツ

訳注2　国際システムがアナーキー状態であり、国家は統一的・合理的で安全保障の動機づけを基本とするという点ではリアリストたちのあいだで合意があるが、国際システムからの制約に国家がどう反応するか、および国内要因の重要性については、相違が見られる。ジョン・ミアシャイマー（John Mearsheimer）に代表される攻撃的リアリズムは、アナーキカルな国際システムがもたらす安全保障のジレンマを強調し、国家は相対的利得を最大化しようと行動するために国際政治は対立的・闘争的になると考えている。一方、防御的リアリズムはアナーキー状態を苛烈なものとしてはとらえず、国家は一般的には自己保存を目的とし、安全保障のジレンマが大きくなったときのみ、対立すると考えている。ウォルツは後者に属すると考えられている。

序　文

　理論は科学にとって基礎となるものであり、理論はアイディアに根ざしたものである。アメリカ国立科学基金（National Science Foundation）は、あるひとつのアイディアがまだうまく説明できない段階で、それにこころよく賭けてくれた。賭けをした基金の判断が正しかったことを、この本で示せるよう願っている。理論への果てしなき道を歩むうえで、私を援助してくれた機関はほかにもある。以前にはハーヴァード大学国際問題センター（Center for International Affairs）が、近年ではカリフォルニア大学バークレー校の国際関係センター（Institute of International Studies）及び同校リサーチ委員会が財政援助をしてくれた。また、グッゲンハイム基金（Guggenheim Foundation）と世界政治研究所（Institute for the Study of World Politics）からの研究奨励金によって、本書の草稿を完成し、国際政治理論の問題をより広い科学哲学の問題に関連づけることができた。この目的を達成するうえでは、ロンドン・スクール・オブ・エコノミクスの哲学科が刺激的で友好的な環境を提供してくれた。
　R. ジャーヴィスとJ. ラギーは、彼らの批判能力を知らない者ならばだれもが驚いてしまうくらい、注意深く、鋭い洞察力で完成前の原稿を読んでくれた。R. アートとG. スナイダーも説得力あるコメントをくれた。J. カヴァナーは大量の一次データを集め、S. ピーターソンは付表を作成してくれた。また、H. ハンソンは参考文献を編集し、N. ゼリンスキーは容赦なく氾濫する録音テープに手際よく対処してくれた。さらに、私の妻、およびブランダイズとバークレーの大学院生との多くの議論を通して、論点の多くを発展させることができた。
　第2章と第3章の大部分と、第1章と第6章のいくつかの部分は、1975年の私の論文からのものであり、それらがこの本の原案部分であった。ところどころで私のほかの論文や以前の本から文章を引用しているが、これらはほかの文献と一緒に、末尾の参考文献に示してある。

理論は決して完成されることはないため、私はいままで原稿執筆が終わったと宣言したいとは思わないできた。いまも完成したという気はしないものの、しかし安堵の深いため息と、私を助けてくれた多くの組織や個人に対する深い感謝の念でもって、ここにそれを宣言したい。

1978年7月

メイン州ハーバーサイドにて
ケネス・N. ウォルツ

ポリティカル・サイエンス・クラシックス３
国際政治の理論

目次

ポリティカル・サイエンス・クラシックス　刊行にあたって

日本語版への序文

序　　文

第1章　法則と理論 ……………………………………………… 1

第2章　還元主義的理論 ………………………………………… 23

第3章　体系的なアプローチと理論 …………………………… 49

第4章　還元主義的理論と体系的理論 ………………………… 79

第5章　政 治 構 造 ……………………………………………… 105

第6章　アナーキーという秩序と勢力均衡 …………………… 135

第7章　構造的原因と経済的影響 ……………………………… 171

第8章　構造的原因と軍事的影響 ……………………………… 213

第9章　国際関係の管理 ………………………………………… 257

訳者あとがき

付　　表

参 考 文 献

目　　次

事項索引／人名索引

※　翻訳にあたり、原文で原著者が（　）でくくって示した箇所は、訳文でも同様にした。また、訳文中の〔　〕は、訳者による補足である。

第1章　法則と理論

　私は3つの目的をもってこの本を書いている。第1に、国際政治に関する諸理論、またその研究課題について理論的に重要であることを主張するいくつかのアプローチを検証することである。第2に、既存の諸理論の欠陥を矯正するような国際政治の理論を構築することである。そして第3に、構築された国際政治理論の応用を検討することである。これらの目的を達成するのにまず必要なのは、理論とは何であるかを述べ、理論の検証に必要な事項を明らかにすることである。

I

　国際政治学者は「理論」という言葉を気軽に使うが、その場合の「理論」とは、単なる描写を越えたものすべてを指すことが多く、科学哲学の基準を満たすもののみを指すことはまれである。本書の目的を果たすには、理論と法則という、鍵となる用語を注意深く定義する必要がある。理論には競合する2つの定義があり、法則に関しては1つの簡単な定義が広く受け入れられている。まず、法則とは変数間に関係を構築するものであり、この場合の変数とは、異なる値をとる概念である。aが1つかそれ以上の独立変数で、bが従属変数である場合に、「もしaならばbである」といえるなら、これが法則の形式的な表現である。aとbとの関係が不変であれば、法則は絶対的である。関係が不変でなくとも高度の一定性がある場合には、その法則は「もしaならば、xの確率でbである」といったかたちになる。法則とは、単にある関係が発見されることではなく、それが繰り返し発見されることに基づいている。繰り返しは、将来aを発見したら、特定された確率でbも発見できるであろうという期待を

生む。自然科学においては、単なる確率的な法則にさえ強い必然性が含まれるが、社会科学においては、たとえば、特定の所得の人びとはある一定の確率で民主党に投票するといった、法則的な言明になる。的という言葉は、必然性がより低いことを示している。それでも、この言明が法則のようであるのは、その関係が過去において、頻繁にかつ信用できるかたちで見出され、将来にもそれが同じくらいの確率で当てはまると期待できるからである[1]。

さて、理論とは何かについての一方の定義によれば、理論とは、ある特定の行動や現象についての法則の集合あるいは束である。たとえば、所得だけでなく、有権者の教育レベル、宗教、親の政治的信条と、投票行動との関係が構築できるかもしれない。このように構築された確率的法則をいっしょにすると、有権者の特徴（独立変数）と政党選択（従属変数）とのあいだにより高い相関関係ができあがる。とすれば、理論は法則よりも複雑ではあるが、それは単に量的な意味においてだ、ということになる。この場合、法則と理論とのあいだに質的な違いはない。

理論のこの1つ目の定義は、相互に関連した仮説を注意深く検証して集めることによって理論を「構築」しようとしている多くの社会科学者の目的にかなったものである。以下の話は、ほとんどの政治学者が理論についてどう考えているかを示している。

ホメロスは、トロイの壁が8フィートの厚さであると記述した。もし彼の解説が本当ならば、何千年たったあとでも、注意深く掘ればこの壁を見つけられるはずである。H. シュリーマンは、子どものときにこれを思いつき、大人になってその理論を実証しようとした。この話を、K. ドイチュは新しいタイプの理論がどう検証されるかの例として用いている（Deutsch 1966, pp. 168-69）。理論は推測のなかで生まれ、その推測が確認されて確固としたものになる、というわけである。ドイチュは、「もし〜ならば〜」といったたぐいの単純な理論を、「のちに大きな理論に組み込まれる」可能性のある「特殊な理論」とみ

---

[1] 注意しなければならないのは、上で述べたような言明が法則的であるのは、さまざまな方法で検証されてこそだということである。たとえば、反実仮想の条件が以下のように満たされなければならない。「bという人は共和党支持者になりそうな収入の部類に属する。もしもbの収入が一定のレベルに下がったならば、彼はおそらく民主党支持者になるだろう」。より正確な法則的言明は、つぎのような期待を生む。すなわち、「bがxという確率でRであり、aがyという確率でDのとき、bがaになったならばbはyの確率でDになる」。

なしている。そして、他の例もあげて、「関係があるかないかの問題から、関係がどれほどのものであるかの問題に」移る。つまり、「異なる変数」が所与の結果にどのくらい寄与しているかを探るべきだ、というのである（1966, pp. 219-21）。

　このような考え方の、いったいどこが有益で、どこが有益でないのであろうか。相関係数がたとえ高くても、そのことが因果関係が存在する根拠にならないことは、だれもが知っている。ところが、相関係数を2乗すれば、技術的には、ばらつきの一定の割合を説明したといえる。そこで安易に、真の因果関係が判明し、測定されたと考え、独立変数と従属変数との関係が打ち立てられたと思い込み、もともとは紙切れ上の点とそのあいだに引かれた回帰曲線にすぎなかったのだということを忘れてしまうのである。では、相関は見せかけか。これでは正しい質問を示唆するものの、きちんと問うていることにならない。相関は見せかけでも本物でもない。相関とは、単純な数学的計算によって得られる単なる数値にすぎない。相関は見せかけでも本物でもなく、われわれがそこから推論する関係性がそのどちらかなのである。たとえば、ある人が手押し車を押す力の量と、手押し車の動く量とを注意深く関係づけ、ある法則を提起したとしよう。条件を一定に保ち、測定を注意深く行うならば、そこで確立された関係性は事実として観察され、つねに有効な法則である。しかし、その押す力と動きの関係についての説明は、われわれがアリストテレス、ガリレオ、ニュートンのうち、だれを参照するかによって非常に異なってくる。関係の存在を示すものとして数値を無批判に受け入れることは危険であり、それに対してわれわれは防備しなければならない。しかし、そのような防備はかんたんである。より重要であり解決がむずかしいのは、そのつぎの問題である。

　たとえある関係性が確実に存在するであろうことを示唆する相関を満足いくかたちで示せたとしても、われわれはその関係を説明したことにはならない。それは、アリストテレスの物理学が押す力と動く量の関係を語ってみせたという意味で——そして唯一そのような意味において——説明したにすぎない。もちろん、実際的な見地からいえば、押す力と動く量とのあいだの高い相関についての知識は非常に有益である。そのような描写的知識が運動の原理についての手掛かりを示すこともあろう。しかし、それはまた非常に誤解を招きやすいものでもあり、実際そのような誤解を招いてきた。数字は世界で何が起こって

いるかを描写できるかもしれないが、数字でもっていかに正確に描写しても、描写されていることを説明したことにはならないからである。統計が、物事がどのように作動し組み合わさっているのかを示すことはない。統計とは数字の形式による描写にすぎない。統計は、標本という仕掛けをとおしてそれが抽出された母集団全体を描写するため、形式が効率的である。統計が有用なのは、さまざまな創意に富んだ作業を行うことができ、なかには作業の有意性を相互に確認するために使えるものもあるからである。しかし、その結果は世界を部分的に描写するにとどまり、それを説明することにはならない。統計的作業が描写と説明とのあいだに横たわるギャップを埋めることはできないのである。ドイチュは、「確率の観点から仮説をつくるか、もしくはつくり直し、そして、どのくらいの結果があるひとつの要素によって説明され、どのくらいの結果がほかの要素によって説明されるか、あるいはいかなる要素からも独立しているかを述べるべきである」と忠告する (1966, p. 220)。この忠告に従えば、われわれはアリストテレス的物理学者のように振るまわなければならないことになる。つまり、それではあたかも、手押し車の動きがどの程度押す力と傾斜から起こり、どの程度摩擦によって妨げられるのかが問題であるかのように扱うことになる。しかし、これでは問題を一連の相関の観点から考え続けることにしかならない。そうすることで実践上有益な結果は得られるかもしれない。残念ながら、国際政治学者は、実践的に有益な結果すら、ほとんど示せないでいる。いずれにせよ、たとえ実際に役立つ情報が明らかにされたとしても、それがどのような理論的意味をもっているのかを解明するという、より困難な課題は残されたままなのである。

　構造主義的人類学者C. レヴィ＝ストロースが名づけた「帰納主義的錯覚 (inductivist illusion)」とは、より多くのデータを蓄積しより多くのケースを調べることによって、真実が得られ説明ができると確信してしまうことである。より多くのデータを集め、より多くの関係性を構築できたとしても、最終的に何かを知ることにはならない。単により多くのデータと大量の相関の束で終わるだけである。データそれ自体は何も語らない。観察や経験が、原因を知ることに直接つながることは決してないのである。アメリカのプラグマティストC. S. パースがかつて述べたように、「直接経験は確実でも不確実でもない。それは何事をも確証しない。ただそうであることを示しているにすぎない。直接経

験には、何の誤りもない。外見上われわれの目に映るもの以外、何も立証することがないからである。同じ理由で、直接経験から確実性が得られることもない」(Nagel 1956, p.150から引用)。データ、一見事実に見えるもの、一見関係あるように見えるもの——これらは何かについての確実な知識ではない。それらはいずれ説明される謎かもしれないし、説明される必要の全くない、とるにたらないことであるかもしれないのである。

　帰納主義の方法をとるならば、われわれは問題の断片しか扱えないことになる。断片を足し合わせ、その総和が従属変数の一定の動きを説明する独立変数として取り扱えると考えるのは、信仰以外の何物でもない。われわれは何を足し合わせるべきかを知らないし、また足し合わせることが適切な作業なのかどうかもわからない。問題の一部として扱える断片は無限にあり、断片を組み合わせる方法も同じく無限にある。観察においても実験においても、対象や組み合わせを無限に扱うことは不可能である。R. アシュビーは、つぎのような鋭い警告をしている。天体物理学者は2万個の星からなる星団の動きを説明しようとする。アシュビーが観察するところによれば、初心者は「星団がなすこと、つまり、その要素である星の軌道を知りたいと単純にいう。しかし、この知識が与えられたとしても、それは数字の表でうめつくされた何巻もの書物になってしまうであろう。そこで初めて彼は、それらすべてが本当に必要というわけではなかったのだと気づく」。問題は、「役立たない詳細に圧倒される」ことなく、本当に知りたいのが何なのかを見出すことであると、アシュビーは結論づける（Ashby 1956, p.113）。「知識のための知識」という古い金言が人の心に訴えるのは、おそらくそれが暇つぶしになり、同時に何のための知識かというむずかしい問いを回避しているからであろう。しかし、この問いにはまっすぐに向き合わなければならない。なぜなら、事実がそれ自体語ることはないし、また変数間の関係もそれ自ら説明となったり断定的な説明を示唆したりすることはないからである。知識の対象となりうるものが無限にあることに気づけば、「知識のための知識」なる考えは、魅力も意味も失ってしまう。

　にもかかわらず、今日の政治学者たちは帰納主義に強く肩入れしている。彼らは、「現実はすぐそこにある」というよく引かれる言葉を表すように、物事の関係とパターンが現れると期待して、数々のケースを調べる。この期待は、どうやら、知識は確実なものから始まり、帰納によってそれを明らかにできる

という確信に基づいているようである。しかし、帰納的に到達したものが客観的な現実と確実に一致するとはとてもいえない。われわれが現実と考えるものも、それ自体、長い年月をとおして入念に構築され、再構築されてきた概念である。現実は、われわれが無限に入手可能な材料から選び取り、整理することから生まれてくる。では、材料をどう選び、どう整理するかをどのように決めているのか。この問いには、いかなる帰納的手続きでも答えることができない。なぜなら、それはまさに、帰納が有用なかたちで進められる基準とは何かを問う問題だからである。

　知識が確実なものから始まると奇妙にも思い込んでいる人は、理論は帰納的に構築できる真実の体系だと思っている。彼らは、確証され連結した仮説として、理論を定義する。しかし、経験的知識にはつねに問題がある。経験はしばしばわれわれを誤らせる。H. ハーツが述べたように、「経験から引き出されたものは、再び経験によって無効にされうる」(Hertz 1894, p. 357)。「経験的でかつ同時に絶対に真実なものはない」というカントが打ち立てた命題は、今日、少なくとも自然科学者のあいだでは広く受け入れられている。そして、経験的知識は潜在的に無限の広がりをもっているため、何らかの導きがなければどのような情報を集めるべきか、それらをどう組み合わせて理解可能なものにしていくかはわからない。われわれが知りたいと思っている世界を直接に理解できるならば、われわれには理論は必要ない。しかしそれは不可能である。そこでわれわれは、以下で定義されるような第2の意味における理論の導きがあってこそ、初めて無限の材料のなかから信頼できる方向を見出すことができるのである。

　理論は、法則の単なる集合であるというよりは、それらの法則を説明するものである（Nagel 1961, pp. 80-81; Isaak 1969, pp. 138-39を見よ）。理論は、法則とは質的に異なる。法則は不変の関係性、もしくは確率的な関係性を同定する。理論とは、これらの関係性がなぜ存在するのかを示すものである。ある法則のなかの個々の描写は、観察的もしくは実験的手続きに直接結びついており、法則は観察か実験による検証に合格して初めて構築される。一方、理論は、描写に加えて理論的観念（ノーション）を含んでいる。理論が帰納だけから構築できないのは、理論的観念が発見されるものではなく発明されるものだからである。アリストテレスは現実の運動、つまり一般的に経験される、動かそうとする力と動きの

比率を扱った。ガリレオはそれを説明するため現実世界から離れる大胆な一歩を踏み出した。アリストテレスは、物体は自然状態では静止しており、それらを動かすには力を加える必要があると信じていた。ガリレオは、静止だけでなく等速円運動も自然であり、外から力が働かない限り物体はこのどちらかの状態のままであると仮定した。ニュートンは等速直線運動を考えた。それを説明するために彼が考察した理論では、質点、瞬間加速度、力、絶対空間・絶対時間といった理論的観念が導入された。これらはどれも、観察や実験によって確定することができない。アリストテレスからガリレオ、そしてニュートンと、段階を経るごとに理論はより大胆になり、われわれが感覚的に経験できるものからかけ離れたものとなった。

　理論的観念は、力といったひとつの概念でもありうるし、ある一点に質量が集中するといった仮定でもありうる。理論的観念が、何かを説明したり、予測することはない。ニュートンと同じくわれわれも、質量がある一点に集中することはないことを知っている。しかし、ニュートンがそのように仮定したのは不思議ではない。仮定は事実を主張するものではないからである。仮定は真実でも誤りでもない。理論的観念は、それを用いる理論が有効な場合に正当化される。法則については、われわれはそれが真実かどうかを問う。理論については、その説明力が問われるのである。ニュートンの万有引力の理論は、天体と地上の現象についての統一的な説明を提供した。その理論の有効性は、それまでばらばらだった多くの経験上の一般化や法則が1つの説明体系に包摂されたこと、そして多くの幅広い新しい仮説がその理論によって生み出され示されたこと、さらにそれらの仮説によって新しい実験的法則が導かれたことにある。

　アリストテレスは、ある程度までは、「所与の物体は、動かす力に比例した距離を一定の時間に動く」と結論づけた（Toulmin 1961, p.49）。古代力学であれ近代力学であれ、押す力と運動とのあいだに高い相関があるとしている点では同じである。しかし、どのようにそれを説明するのか。事実は不変でも、妥当な説明として受け入れられる理論は大きく変化してきた。法則とは「観察される事実」であり、理論とは「それらを説明するために導入される推測の過程」である。実験結果は永遠であるが、理論はいかに支持を得ていても長続きしない可能性がある（Andrade 1957, pp.29, 242）。法則は残るが、理論は出ては消えていくものである。

「理論」を複数の法則の束と定義してその言葉を浪費するには及ばないので、私は「理論」の第2の意味を採用する。すなわち、理論は法則を説明する、というものである。この意味は、理論的説明よりも哲学的解釈により大きな関心を払ってきた伝統的な政治理論における用語法とは一致しない。しかし、自然科学や一部の社会科学、とりわけ経済学における定義とは整合的である。また、この定義は、われわれが絶えずたずさわる説明という活動がそのなかに含まれるべきだという必要性も満たしている。われわれは「観察された事実」を越えたいと強く願っており、そのためには、説明という問題に取り組まなければならない。説明しようとする衝動は無用の好奇心のみから生まれるわけではない。それは単に予測しようとする欲求よりも、むしろ制御しようとする欲求、あるいは少なくとも制御が可能かどうかを知ろうとする欲求によって生み出される。予測は、法則が体現している関係の規則性についての知識から生まれる。日の出や日の入りは、なぜそうした現象が起こるのかについての理論的な説明なしに、経験的な観察結果だけにもとづいて確実に予測できる。もちろん、予測は有益なこともある。たとえば、ぶつかりそうな2つの物体に働く力の大きさを知ることができなくても、衝突を予測できるならば、少なくともその場から離れることができる。しかしそれでも、われわれはしばしば何らかの制御を行使したいと思うものである。法則はある関係性がなぜ成り立つのかを語らないので、それを制御できるかどうか、またどう制御できるかを教えてはくれない。こうした目的を達成するために必要となるのが理論なのである。

　理論は、説明が必要とされる現実世界と関係しているものの、つねにその世界から区別されている。「現実」は、理論とも、理論を表すモデルとも一致しない。しかし、政治学者のなかには、最良のモデルは現実をもっとも正確に反映するモデルであると考える者が多い。そのため、ここではさらに議論をしておくことが必要であろう。

　モ̇デ̇ル̇は、主に2つの方法で用いられる。ひとつには、モデルとは理論を言い表すものである。もうひとつの意味においては、モデルは省略や規模の縮小をとおして現実を単純化しながら、現実を映し出すものを意味することもある。そうしたモデルが現実からあまりにかけ離れているならば、それは役に立たない。模型飛行機が現実の飛行機に似ていなければならないのと同じである。しかし、説明力は「現実」から離れることによって得られるのであり、近づくこ

とによって得られるのではない。すべてを描写すれば、説明力はもっとも低くなってしまう。簡美(エレガント)な理論こそ、説明力がもっとも高いのである。そしてそれは、現実から極端に離れたところにある。たとえば、物理学をみるがよい。現実から離れることが必ずしもよいこととは限らないが、何らかの賢明な方法でそうしない限り、描写するだけで説明したことにはならない。かつて J. コナントが科学を「問題解決における実証主義の程度を下げるよう仕向けられたダイナミックな作業」と定義したのは、この理由からである (Conant 1952, p.62)。ある理論のあるモデルは、それが言い表している理論と同じくらい現実から離れたものとなる。理論をモデル化する場合は、それが扱う現実ではなく、その理論をうまく表現する方法を探すのである。こうしてモデルは、必然的に理論的観念を省略することになり、全体論的、機械的、数学的、あるいはその他の表現方法によって理論を提示するのである。

政治学者のなかには、理論的モデルを模型飛行機のように扱う者もいる。たとえば、国際政治学の国家中心モデルが現実から次第に乖離してきたという理由で、それを批判し、現実をより十分に映し出すモデルを懸命につくろうとする。その努力が実れば、モデルと現実世界とが同じ1つのものになると思い込んでいるのである。この誤りは、非常に説得力のあるカントの警告、つまり理論上真実のものが実際には真実でないかもしれないという警告と、正反対のところにある。理論と実践とが同一でないことを、カントはよく理解していた。理論は現実のある部分を説明するのであり、そのために、それが説明する現実からは区別される。もしその区別が維持されるならば、観察から帰納されるものが観察対象を説明する理論を生むことが本質的にできないのは明らかである。アインシュタインがかつて述べたように、「理論は経験によって検証することはできるが、経験から理論を構築することはできない」(Harris 1970, p.121からの引用)。帰納的方法で理論に到達できると主張するのは、説明の手段を考えるまえに現象を理解できると主張するのと同じである。

重要なのは帰納を拒絶することではなく、帰納が何を達成でき、何を達成できないかを問うことである。帰納は理論のレベルではなく、むしろ仮説や法則のレベルで用いられるべきである。法則は理論とは異なり、その違いは、法則は発見されるものであるが理論は構築されるものであるという違いに反映されている。仮説は理論から推論される。仮説が断定的に確証されれば法則と呼ば

れる。仮説も帰納によって導かれることもあり、この場合も断定的に確証されれば法則と呼ばれる。古代バビロニアでは、19世紀終わりまでそれを凌駕するものがないくらいの正確さによって、潮の満ち引きが予測されていた。しかし、潮の動きについて高度に信頼できる法則的な知識があっても、それを説明することにはいたらなかった。物事のあいだの関係性についての仮説がいかによく確証されたとしても、理論は生まれない。関係性そのものがその説明を含んだり、説明を決定的に示すことは決してない。

　帰納はそれだけでは理論的に行き詰まるが、理論を構築するまえに、われわれには物事や出来事の不可解な関係についての若干の認識が必要とある。しかしまた同時に、どのようなデータや関係を調べるべきかを知るためにも、われわれには理論が必要である。つまり、知識は理論に先行しなければならないが、知識は理論からしか生まれてこない、というわけである。これは、すべてを知るまで何も知ることができないというプラトンの命題に示唆されているジレンマに非常によく似ている。これを文字どおりとれば、人びとは絶望に追いやられる。しかしそうではなく、知識を得るための戦略的問題として受けとめ、何らかの進歩に必ずつながる知的な軌道に乗るうえで、いかなる学問分野においても共通する困難を語っているにすぎない、と考えるべきであろう。

　もし、有用な軌道に乗る方法が帰納でないとすれば、何がそうなのか。法則から理論へ、仮説の形成からその説明へと飛躍するには、情報を証拠としていかに多く集めても不可能である。何と何が関連しているのかを問い続けても、飛躍は起こらない。そうではなく、なぜこれが起こるのか、あれはどうなっているのか、何が何の原因なのか、どのようにして全体のつじつまが合っているのか、といった問いに答えようとしなければならないのである。

　もし理論が真実の体系でも現実の再現でもないとすれば、それはいったい何なのか。それは、ある境界づけられた活動領域について観念的に形成された図である。理論とは、ある領域の組み立てとその部分同士の関係を描いたものである（Boltzman 1905 を見よ）。いかなる領域においても、無限の材料が無限に異なる方法で組み立てられうる。理論は、ある要因がほかの要因よりも重要であることを示し、要因同士の関係を明らかにするものである。現実にはすべてのものがほかのすべてと関連しており、ひとつの領域をほかの領域から切り離すことはできない。しかし、理論は、ひとつの領域を知的に扱うべく、それを

ほかのすべてから切り離す。ある領域を切り離すことは、そのなかで起こることを説明する理論を構築するための前提条件である。その前提条件が満たされないこともちろんありうるが、その場合、理論を構築することは不可能となる。理論の問題は、つねに、領域を切り離すことが現実的であるかどうかではなく、そうすることが有用であるかどうかである。そしてその有用性は、構築される理論の説明能力と予測能力によって判断されるのである。

　理論は、実験や観察の世界から無関係ではないが、それと間接的につながっているだけである。理論が真実であることを証明することはできないと多くの人がいうのは、そのためである。しかし、「真実」が問題となるのは、理論ではなく法則の世界においてである。したがって、化学者コナントがいうように、「理論はより優れた理論によってのみ覆される」(Conant 1947, p. 48) のであり、物理学者 J. R. プラットがいうように、「偉大で統一的な新テーゼに近づくにつれ、科学的決定論からの圧力は弱く、とるに足らないものになる。なぜなら、それらはただの発見であるのみならず、ある人の趣向と流儀によって形成された芸術的な創造物でもあるからである」(Platt 1956, p. 75)。こういった言葉はすべて、もしもあるひとつの現象に対してある機械的な説明が与えられるならば、ほかの無限の説明も与えうるという、数学者 H. ポアンカレの有名な証明の脚注としてとることができる[2]。理論は確かに1つの現実を構築するが、それが本当の現実であるとは決していえない。したがってわれわれは、データの無限性とそのデータについて可能な説明の無限性の両方に直面する。つまり問題は二重にあるのである。事実が理論を決定するのではない。2つ以上の理論がどんな事実の集合にも当てはまることもある。理論が事実を断定的に説明することはないし、よい理論であってもそれがよりよい理論にとって代わられる可能性を否定することもできないのである。

　以上、理論とは何か、また理論とは何でないかについて述べてきたが、理論がいかにしてつくられるかについてはまだ述べていない。理論はどのようにしてできるのか。この問いに対する最良で端的な、しかし役に立たない答えは「創造性によって」ということであるが、それでは問題を提示するのみで解決の助けにはならない。観察と実験とそれらを説明する理論とのあいだを、われ

---

[2] この証明はネイゲルが簡潔に示している (Nagel 1961, p. 116n)。なお、説明が同じように簡潔で有用であるとは限らないということも付け加えておく必要がある。

われはどのように行き来するのであろうか。長くつらい試行錯誤の過程を経ても、ある時点で明晰な直感がひらめき、創造的な考えが生まれなければ、理論構築にはつながらない。直感がどう訪れ、アイディアがどう生まれるかを語ることはできない。ただ、それらがどのようなものであるかはわかる。それらは、研究対象の組み立てに関するものであり、目に見えない物事の関係を明らかにするものである。また、それらは観察対象となっているものの意味を明らかにする関係性や原因に関する直感やアイディアである。理論とは、事件の観察でも関連性の記録でもなく、それらを説明するものである。自由に落下する物体の加速度の公式は、その物体がどう落ちるかを説明するわけではない。その説明は、古典物理学からニュートンの体系全体のなかに、つまり相互に関連した概念の束のなかに求められなければならない。そこでは、関連する出来事が自然もしくは必然となるように物的世界が組み立てられている。いったん体系が理解されその組織原理が把握されたなら、現象は説明される。これらのことをすべて集約しているのは、W. ハイゼンベルグが W. パウリの言葉として述べている一節である。「『理解』とはおそらく、非常に多くの異なる現象が一貫性のある全体の一部であると気づくのに必要な、もろもろの考えや概念を手に入れることにすぎない」(Heisenberg 1971, p. 33)。

　観察対象の重要性は、理論によって明白になる。理論は現象を整理して、現象が相互に依存しているように見えるようにする。さもなければ共通点のない事実を相互に関連づけ、ある現象の変化がほかの現象の変化をどう必然的にもたらすかを示すのが理論である。したがって、理論を形成するには、裸眼では何も見えないパターンを想像することを必要とする。そのパターンとは、われわれの日常世界における実体の総和ではない。科学的事実は高度に特殊であり、説明体系のなかにあると考えうるすべてのものと比較すれば、少ない。とすれば、理論は単純化をとおして構築されなければならない。このことはニュートンやアダム・スミスら、だれの理論を考えても明らかになるし、逆に単純化をとおして説明を求めるのではなく、余すところのない描写をとおして現実の正確な再現を図るやり方をとればどうなるかを考えても、明らかになる。単純化によって、影響を発している本質的要素が明白になり、原因と現象同士の相互依存性の必然的な関係が示される。もしくは、それらをどこに求めるべきかが示唆されるのである。

理論の誕生については、理論をつくった者でさえ、不確定で印象論的なかたちでしか言い表すことができない。しかし、何が理論の要件であるかを特定することはできる。事実研究にもとづいた因果関係の憶測から、事実を特定の方法で見るように導く理論の形成へと移行するのは、いかなる学問分野においてもむずかしいことである。この困難を克服するには単純化が必要であり、それは主に以下の4つの方法で達成される。(1) 分離化、すなわち、他の条件があたかも同じままであるということにして、特定の少数の要因や力による作用や相互作用をとらえること。(2) 抽象化、すなわち、あるものに集中するために他のものを考慮から外すこと。(3) 集計化、すなわち、理論的目的から得られた基準によって、異なる構成要素を一緒にすること。(4) 理想化、すなわち、完全な状態が達成されたり極限に達することがなくても、あたかもそうなったかのように扱うこと。単純化の方法が何であれ、その目的は混乱状態にあるさまざまな傾向のなかから中心的傾向を見つけ、他の原則が同時に作動するなかからもっとも強力な原則をひとつ選び出し、数えきれない要因が存在するなかから本質的要因を探し出すことである。

　単純化に加えて、あるいは単純化の形式に加えて、理論には理論的仮定が含まれている。質量がある一点に集中すると想像すること、遺伝子、中間子、ニュートリノといったものを発明すること、国益を想定すること、国家を単一で目的をもったアクターとして定義すること、などは、こうした仮定の一般例である。理論は描写的な言明と理論的な言明との結合である。理論的言明は、理論の、事実でない構成要素であり、それは、自由にあるいは気まぐれに提示されるわけではない。また、それは古代や中世のように、理論を救うために発明される作り話でもない。理論は説明を可能にするときにのみ提示される。理論的観念の価値は、理論そのものの有用性によって決まる。理論的観念はわれわれにデータの意味を理解させ、一方、データは理論的観念が自由につくられないよう制限を加える。理論家たちは仮定を設けるが、仮定が適切かどうかは、その仮定が一部を成している科学の構造の真価によるのである。

　理論構築には、観察されたデータに対して論理的に許される操作をほどこすこと以上のものがかかわっている。演繹だけでは何も説明されない。演繹による結果は、最初の前提から論理的に導かれるからである。演繹は何らかの解答を与えてくれるかもしれないが、そこには何も新しいものはない。演繹される

のは、主要な理論的前提か、もしくは以前に観察された事がらを扱う、重要性の低い経験的前提のどちらかである。他方、帰納は新しい解答を与えてくれるかもしれないが、そこに確実なものは何もない。同じ観察が繰り返されたとしても、決して普遍的な命題にはつながらない。理論が有益であるためには、不毛な仮説＝演繹アプローチを越えることが必要である。つまり、理論構築には帰納と演繹の両方が欠かせないのだが、創造的なアイディアが生まれた場合にのみ、その2つの組み合わせによって理論が誕生するのである。それゆえ、理論構築の作業は、より重大で複雑なものとなり、理論検証の作業も重大で複雑なものとなる。そして、理論と観察の関係、また理論と事実の関係も、わかりにくいものとなるのである。

　このわかりにくい関係の例として、理論のなかで用いられる用語を定義する問題を考えてみよう。異なる物理理論における空間、エネルギー、運動量、時間といった概念の特別な意味を考えると、これらの概念が、これらが登場する理論の外で何の意味もないのは明らかである（Nagel 1961, p.17, 127f.）。理論的観念が、それらが登場する理論によって定義されることは理解にかたくない。国際政治の分野では、パワー、軍事力、極、関係、アクター、安定性、構造、システムといった言葉に一般に付与されるさまざまな意味を考えてみるとよい。これらの用語の意味は、用語を使う人のアプローチによって異なる。こうしたことは、対立する理論が存在する分野であればどこでも必ず見出される。理論の対立によって、用語の意味の違いが理論間に生まれるのである。さらに、国際政治学では、社会科学一般と同様、理論が弱い。理論が弱いため、ひとつの理論のなかにあってさえ用語の意味は不確定になる。国際政治学においては、理論が対立していたり弱かったりするために、国家間の相互依存の緊密度、特定のパワー分布の安定性、軍事力の有用性など、多くの重要事項についてみなが同じ用語を用いながら異なることを語り、議論や討論が困難になったり無益になったりする。これが解決できていないのは、理論の明確化や洗練化によってしか解決されない問題として、用語の意味の問題を扱おうとしないためである。よく見受けられるのは、意味の問題を用語の操作化という技術的な問題にすり変えてしまう傾向であるが、それではなんの解決にもならない。上で述べたいくつかの用語は、どのような議論にも合致するよう操作化することが可能である。たとえば、「極」という言葉は、国家群として定義されようとも、大

国として定義されようとも、経験上明らかな指示対象がある。どちらの定義によっても、「極」は法則を言い表すうえでの、描写のための用語になるのである。しかし、このような技術的有用性は、残念ながら些細な基準でしかない。

理論的観念が理論によって定義されることは簡単にわかっても、描写のための用語でさえも理論が変化するにつれて異なる意味をもつようになるということは見逃されやすい。S. C. ペッパーはこの「事実と理論の緊密な相互依存関係」(Pepper 1942, p.324) について言及している。T. S. クーンは、ひとつの理論からつぎの理論に移る際に、「類似関係」の変化として何が起こるのかを明確にしている。コペルニクス以前と以後で、太陽、月、火星、地球の扱いが変わったように、ひとつの理論のなかで同じグループに入るものが、別の理論のなかでは異なるグループに入れられることがある。クーンが述べるように、異なる理論にコミットしている「2人の人間が同じものを見ているということさえ確信をもっていえないし、同じデータをもっているともいえない。彼らは、同じものでも異なる仕方で識別し解釈するであろう」(Kuhn 1970, pp.266-76)。いったいわれわれは見えるものだけを知っているのか、それとも知っているものだけが見えるのか。われわれの頭は、目に映る多くのものすべてを記録したり理解することはできない。そのためわれわれは、自分たちが探しているものを見ようとし、感覚的に重要だと思う原因を見つけようとする傾向が強い。

理論が変化すると、理論的用語および事実に関する用語の意味も変化する。理論は用語を定義するのみならず、用語の正しい操作方法をも規定しているからである。先ほど、操作に関する問題は重要度が低いか、もしくは単に実践的であると述べたが、操作化の問題は別の意味ではとても重要である。理論とは、何と何とが関連し、どのようにその関連が成立しているのかを示す。また、理論は、物事がどう動き、どう整合性が保たれ、研究領域の構造がどうなっているかを教えてくれる。ある領域の組み立て方が変数の相互作用に影響するならば、変数がどう関連しているかの答えが出るまではデータを操っても意味がない。にもかかわらず、国際政治の領域においては、あたかも構造的な制約なしに変数が直接に連動しているかのように、そしてわれわれが扱う現象がすべて同一のレベルにあるかのように、相関関係を見つけようとする作業が進行する。どの理論がどのような種類の関係をどの変数のあいだにあると予測するようわれわれを導くのかを問うことなしに、相関係数だけが蓄積されていくのである。

ほとんど無益な研究がなされるのは、研究の出発点で問われるべき3つの問いが、あまりにも頻繁に無視されるためである。

・その分析対象には、2つの変数の属性と相互作用を、ほかの変数を一定にしながら調べる古典物理学の分析方法を用いることができるか。
・その分析対象には、変数の数が非常に多くなった場合に一般的に使用されるかたちで統計的手法を応用できるか。
・その研究対象には上のどちらのアプローチも適用することができず、代わりに体系的アプローチが必要とされるか。

　最後の問題に対する答えは、研究対象が複雑で組織化されている場合は「イエス」になる。「組織化された複雑性」は、W. ウィーバーの言葉を用いれば、伝統的な探求方法を受けつけない（Weaver 1947, pp. 6-7）。われわれは研究課題に適切なアプローチを選ばなければならない。そして、研究を進めるルールは、アプローチによって異なる。M. ランドーが述べたように、「正当な分析手続き」によれば、方法論が規定する論理と手順に従う必要がある（Landau 1972, pp. 219-21）。しかし、国際政治学者のほとんどは「正当な分析手続き」を守ってこなかった。さらに悪いことには、自分にとって「そうした手続き」が何であるかすら、彼らは理解できていない。彼らは方法に多大な関心を払いながらも、それらを用いるための論理についてはほとんど関心をもってこなかった。これでは、関心の優先順位が逆である。いったんある方法論が採用されれば、方法の選択は単なる戦術の問題となる。どの方法論的ルートが現象の理解へと導いてくれるかを問わずに現象を理解しようとしても、意味がない。そのまえに、異なる理論的地図が研究対象について何を示してくれるのかを問う必要がある。単なる肉体的徒労に終わるかどうかも考えずに、骨を折って時間を無駄にしたくないならば、分析に取りかかる際には、まず理論的問題が取り上げられなければならない。

II

　つぎの2つの章で国際政治理論を考察するにあたっては、理論の意味についてのここまでの議論に依拠することになる。われわれが何か理論のような

構築物(コンストラクション)を見つけたら、知りたいのはいうまでもなく、理論が提供する説明がどれだけ優れているかである。したがって、理論をどう検証するかという問題を検討して、この章を締めくくることにしよう。

理論を検証するためには、以下のことをしなければならない。

1．検証する理論を提示する。
2．理論から仮説を導く。
3．仮説を実験的もしくは観察的テストにかける。
4．2と3の段階を踏むうえでは、検証される理論のなかでの用語の定義を用いる。
5．検証される理論に含まれていない攪乱変数を排除もしくは制御する。
6．数々の別個で厳格なテストを考案する。
7．理論がテストに通らないならば、その理論が完全に落第しているのか、修正や言い換えを必要とするか、あるいはその説明の範囲を狭める必要があるかどうかを問う。

一見したところの理論の失敗は、これらのどれかの段階をきちんと踏んでいない結果起こっているかもしれない。これらの段階のうち、いくつかはとくに強調する必要がある。検証されているのは理論から導かれた仮説であるため（理論を直接にテストすることは不可能であるから）、仮説が間違っていると判明した場合は、2番目と7番目の作業を再度検証する必要が生じる。つまり、仮説が理論から正しく導き出されたか、そして、適切に導かれた仮説が無効となった場合、どのように、そしてどの程度、理論そのものに疑問が投げかけられるのか。テストの結果が思わしくないからといって理論をすぐに否定すべきではないし、好ましい結果が出ても理論をたやすく受け入れるべきではない。すべてのテストに合格したとしても、理論はテストの多様さと難度に比例して信頼できるものとなること、いかなる理論も真実であると証明されることはないことを忘れてはならない[3]。

政治学者が理論から仮説を導き、それを検証するのは一般的になってきた。多くの検証は、基本的に同じ仕方でなされている。こうしたなかで、上の必要

---

[3] 検証の手続きの考察とその重要性の説明については、Stinchcombe（1968, Chapter 2）を参照。

事項がいかに遵守されていないかを示すために、ある研究成果を例にとろう。なお、これは、通常よりも命題の検証が注意深く行われた例である。シンガーたち（Singer, Bremer, and Stuckey 1972）は、平和と安定、あるいは逆に戦争と不安定に関係するとされている条件についての、「どれも同程度にもっともらしいが、論理的に両立しない多くの理論的記述」を評価する作業を行った。彼らは対立する「学派」の「見解」を整理したあとで、大国への能力の集中度、その集中度の変化、そして国家間での能力の変化を3つの独立変数とする「予測モデル」を提示した。そして「均衡＝流動性」モデルと「力の優位＝安定性」モデルのどちらによって、いつ、よりよい予測ができるかについて結論を出した。ここで彼らが問おうとしたのは、パワーの集中度や大国の位置づけが変わる速さによって、国際政治の平和や安定性の度合いが変わるかどうか、であった。しかし、この問いに対する解答が出たところで、何がいえるだろうか。そこでいえることはほとんどない。この残念な解答の落ち度がどこにあるかは、上であげた理論検証ルールのリストで確かめれば明らかになる。

　理論を検証する者の多くは、大きな困難はテストを考察することにあると考えているようである。しかし、第1にむずかしいのは、理論を見つけ、検証する価値のあるものになるよう、それを正確かつもっともらしく言い表すことである。国際政治の理論のうち、その検証が価値あるものになるほど明確かつ論理的なかたちで用語を定義し、変数の関係を特定化しているものは、ほとんどない。何かを検証したと主張するまえに、検証すべきものがなければならないのである。シンガーらは、自分たちのモデルを検証するうえで、彼らがモデル化しようとした理論を検討することを怠った。彼らの念頭にあったと思われる理論は矛盾しており、結果として予想されるのが戦争と平和なのか、紛争と協調なのか、あるいは不安定性と安定性なのかについて、混乱している。たとえば、戦争が起こったとしても存続する安定したシステムを考えることは可能である。しかし、シンガーとその共同研究者たちは、戦争を不安定性と同一視しそのままにすることで、何が予測されるべき結果かという問いを避けている。彼らは、自分たちの予測が特定の理論から導き出された予測とどう一致するかを説明していないのである。

　シンガーらは相矛盾する「理論的記述」を体系的に、そして計量的に評価したと主張する。データを集めるにあたっては、彼らは関連する変数のある特定

の定義を用いらざるをえない。また、彼らは、パワーもしくは能力の集中を主要な独立変数として選んでいる。しかし、彼らは、実際にそのような変数を用いている理論に言及していないし、私もそのような理論を知らない。これらの問題を扱う有名な理論は、大国の数もしくは極の数に言及する。また、「極の数（polarity）」は、国あるいは勢力圏（bloc）といった観点から、さまざまに定義される。「極（poles）」は、国もしくは同盟の物理的能力や国家間関係のパターン、また自国の思いどおりにできるか否かに応じて大国としての地位を与えられたり与えられなかったりすることによって数えられる。変数に関する混乱し、曖昧で、一貫性のない定義が修正されない限り、いかなる検証も正確に行うことはできない。にもかかわらずシンガーらは、新しい変数が結果に対する予測をいかに変えるのかを考えることさえなしに、勝手にそれらを導入してしまう。この最重要の問題について議論すらなされていないのに、彼らは、パワー集中度変数と戦争との相関関係によって、非常に曖昧にしか言及していない２つの学派の予測を肯定したり否定したりできるというのである。

　ここでは、上記のルール１、２、４がのんきに無視されている。検証されるべき理論が提示されておらず、仮説が理論からどのように導き出されているのかも説明されていないのである。観察は行われデータはつくられているが、扱われているはずの理論のなかで定義されたように変数を定義する努力は全く行われていない。シンガーらは何かを達成しようとしているのかもしれないが、その何かとは、ある学派の予測の肯定でも否定でもないのである。

　こういった失敗を目のあたりにしつつ、さらに信じがたいのは、国際政治学者が相関関係を見出そうとする作業においてよくあるように、シンガーらが攪乱変数が存在する可能性について全く考えていないことである。例外は法則や理論の証明にはならないが、何か例外的なものを示されても、その法則や理論が否定されたことにはならない。得られた結果が多様であれば、モデルから排除された攪乱変数が原因である可能性を見極めるようわれわれは促されているはずである。実際、19世紀についての「分析結果」が20世紀のそれと異なっているのに、シンガーらはこの違いから何が見落とされているかについてほとんど推測を行っておらず、変数のもともとの定義や関係性のどこに間違いがあったのかについては全く考察していない。すなわち上記のルール５も、上の１、２、４のルールと同じく、守られていないのである。

ルール6では、多くの異なる厳しいテストを求めている。シンガーらのモデルが、単に3つの非常によく似た、任意に選ばれた変数から構成されており、また検証の結果も断定的でないため、ルール6は通常よりもさらに重要であると思われるだろう。しかしながら、検証結果に疑義があるにもかかわらず、彼らは自分たちのモデルにきびしく挑戦しうるテストをさらに考案したり提示したりしているわけではない。

　ルール7は、否定的な検証結果から結論を引き出す際の注意を喚起している。理論は敗北したのか、修正が必要なのか、説明の範囲を狭める必要があるのか。こうした問題をシンガーたちは考えていない。その代わりに彼らが報告するのは、単に19世紀と20世紀におけるパワー集中度と戦争とのあいだには異なる相関があるということだけである。結論はたしかに慎ましい。彼らはそれ以上何もいえるはずがないのである。

　ここまで述べてきた多くの注意事項に、一般的な注意の言葉を付け加えたい。厳密な実験的検証が可能であれば、人は科学的にもっとも満足するかもしれない。しかし、理論が一般的な言葉で述べられており、しかもそれが識別はできるものの、不幸にも広い範囲の予測を生んでしまうのであるならば、正確な推論を引き出しそれを実験的に確かめようとすることは、耐えうる以上の重荷を理論に課すことになる。曖昧な理論を厳密にテストすることは、理論を検証する有用な努力というよりは、分析手法の練習になってしまう。さらにいえば、厳しいテストを早い時点で課すことは、未発展の理論を、その潜在能力が開花するまえに切り捨ててしまうことにもなりかねない（Rapoport 1968を見よ）。

　ではどうすればよいのか。検討対象の理論に適切な仕方で、以上あげた7つの段階を踏んでいけばよいのである。データと方法が対処できる予測を任意に設定するのではなく、むしろ理論がどのような予測を導くかを問うべきである。精密な洗練を試みたり凝った方法を用いるまえに、自分の（しばしば歴史的な）観察と予測とを対照し、確認すべきである。理論が論理的で一貫性があり妥当であることが示されないならば、それを精巧な検証にかけるのはばかげている。理論が論理的で一貫性があり妥当と思われてはじめて、理論から導き出される予測の正確さあるいは一般性をめざして、厳密で複雑な検証が行われる

べきなのである[4]。

Ⅲ

　ここまで、理論の意味と理論構築、そして理論の検証について述べてきた。理論は法則を打ち立てようとする努力からは生まれない。たとえその努力が実ったとしても、である。理論を構築することが最優先課題である。われわれが関心をもつ国際的なパターンや出来事について、何らかの説明をしようとするならば、何に注目するかを決めなければならない。それを決めることなしに前進できると考えるのは、変化するものすべてが変数であるという、きわめて非科学的な立場をとることになる。少なくともおおざっぱな理論なしには、何が説明される必要があるのか、それがどのように説明されうるのか、そしてどのようにつくられたいかなるデータが仮説の証明もしくは反証として受け入れられるべきなのかを述べることはできない（Scheffler 1967, pp.64-66; Lakatos 1970, pp.154-77を見よ）。理論の光明が一筋もないところで、関係性を求めて先に進んでも、それは見えない的をねらって不定の方向に銃を撃つようなものである。それでは的を撃つまえに多くの弾薬を使い切ってしまうのみならず、もし命中してもそれに気づかない！

　コツは、もう明らかなように、理論的概念を少数の変数に関連させて、仮説を導き、検証できるような説明を生み出すことである。以下の2つの章では、国際政治学者がこれをどの程度、そしてどのくらい上手に行ってきたかを検討することにしよう。

---

[4] 検証についてのさらに詳しい議論は、第6章Ⅲ節を参照。

第2章　還元主義的理論

　国際政治研究の憂鬱な側面のひとつは、ここ数十年に大量の研究が行われてきたにもかかわらず、説明力という点では、わずかしか得るものがなかったということである。何も——批判すら——蓄積されていないかのようである。その代わり繰り返されているのは、同じような要約と表面的批判である。これ以上サーベイ論文の数を増やさないためにも、私は以下の主要部分において、異なるアプローチを示す少数の理論に注目することにする。そうするほうが、特定の理論家の長短ではなく、異なるタイプの理論の可能性と限界へと、われわれの考えが向かうようになると思うからである。

I

　国際政治の理論を分類する方法は多くある。私は、すでに他所で、国際政治の説明のなかでも、とくに戦争の原因を位置づけ平和の条件を明らかにしようとする理論を、人、国家、国際システムのいずれのレベルに原因を求めるかによって分類した（Waltz 1954, 1959）。より簡単な分類は、還元主義的か体系的かによって分けることである。個人または国家レベルに原因を求める国際政治の理論は、還元主義的である。他方、国際システムのレベルでも原因が作用しているととらえる理論は、体系的である。この章では、還元主義的な理論に焦点を当てる。

　還元主義のアプローチは、全体を、部分の属性と部分同士の相互作用を知ることによって理解しようとする。たとえば、ある集団の行動をその構成員の心理学的分析をとおして説明しようとするのは、還元主義的なアプローチであり、国家の官僚や官僚組織を分析することによって国際政治を理解しようとするの

もそうである。おそらく還元主義の典型的な例は、有機体を理解する場合に、それを解体し、物理学や化学の知識と方法の応用によりその部分を調べるという、かつて普及していたやり方であろう。つまり、部分を研究することによって全体がわかるとするのが還元主義のアプローチの本質である。また、還元主義においてしばしば起こるのは、研究対象を理解するために他分野の方法を採用するということである。われわれは、還元主義で十分かどうかを、先験的にいうことはできない。十分かどうかは、説明されるべき対象を検討し、得られた結果を観察して初めて答えられるべきである。

　かつて生物学者のあいだで起こった還元主義のブームは不幸なことであった[1]。物理学や化学で成功し評価を得たことで、還元主義の方法が生物学者に魅惑的に映ったのは理解にかたくない。ただ、われわれの分野においてなぜ還元主義への衝動が生まれたかといえば、それは、関係するほかの学問分野の成功からというよりは、国際政治レベルでなされた研究の失敗からに違いない。多くの者が国際政治上の出来事を、心理学的要因や社会心理学的現象、もしくは国家の政治経済の特徴といった観点から説明しようとしてきた。たしかにこういった研究のなかには、重要と思われる要素を、国際政治の理論よりもいくぶん強力な理論によって説明しているものがある。しかし、そういった非政治学的理論が、十分に信頼できる説明や予測を生むほど強力だったことはない。

　還元主義にすすんで誘惑されようということはそれほどでなくても、国際政治において還元主義を用いようとする衝動に駆られることは、これまで顕著に見られた。これには、いま述べた理論的理由に加えて、実践上の理由もある。国家の政策決定や行動が、世界で起こっていることのほとんどを説明できるように見えることが、しばしばあるからである。たとえば、つぎのような質問に対しては、ある大国が出す答えと同じくらい重要な説明が、国際政治レベルでありうるだろうか。すなわち、防衛費をどのくらいにすべきか、核兵器を製造すべきか否か、退かずして戦うべきか、あるいは退却して和平を追求すべきか、といった質問である。ここでは、国家の政策決定や行動のほうが、圧倒的に重要であるように思われる。国際政治理論が説得力のある説明や研究に役立つ指針を提供していないことと相まって、このような実践上の理由が、還元主義的

1　少なくともA. N. ホワイトヘッドはそう考えた（Whitehead 1925, p. 60）。

アプローチを志向させるのに十分な誘惑を提供してきたのである。

　ホブソンとレーニンによる帝国主義の経済理論は、このアプローチの最良の例である[2]。「最良」という言葉は、必ずしも正しいということではなく、理論として見事だという意味である。ホブソンとレーニンの理論は、簡美で説得力もある。それは、簡潔に表現され、少数の要因のみを取り入れて、もっとも重要な国際政治上の出来事——帝国主義のみならず、ほとんどの近代戦争——を説明できるとし、平和が普及する条件についても示唆するという。また、ホブソンとレーニンの理論は、社会科学の通常の理論と違い、説明のみならず予測もしている。さらに、その後の研究に対して刺激と指針を与え、同じ現象を説明しようとする対抗理論を喚起したという点で、よき理論が達成すべきもうひとつの目的も果たしている。全般的に、ホブソン＝レーニンの帝国主義理論に関連づけられる文献は、その理論を支持する側もしない側も、国際政治分野のほかのどの学派に関係する文献よりも多数あり、洗練されている。こういった理由で、この理論は還元主義的アプローチの例として役立つのである。

Ⅱ

　第１章で、理論には理論的（非事実的な）仮定が含まれていること、理論はそれが説明または予測しようとする対象の観点から評価されなければならないことがわかった。還元主義のアプローチについてすでに述べたことからすると、ホブソン＝レーニン理論の仮定は政治的なものではなく経済的なものであることがうかがわれる。したがって、その帝国主義および戦争の説明としての評価は、(1) その経済理論が有効かどうか、(2) 理論が描いている条件がほぼすべての帝国主義的国家において満たされているかどうか、(3) 条件が満たされているほぼすべての国が実際に帝国主義的であるかどうか、にかかっている。「すべての」国でなく「ほぼすべての」国と特定したのは、帝国主義の経済理論を理論検証のテストに通りやすくするためではない。例外があってもそれに満足のいく説明がつけば、理論は無効にならないからである。一枚の枯れ葉を風が浮動させたからといって、われわれはニュートンの万有引力の理論に疑い

---

[2] ホブソンの理論とレーニンの理論は同じではないが、非常に類似しており、ほとんど矛盾はない。

を差し挟んだりはしない。ホブソンとレーニンの理論の場合も同じであり、指定された原因が作用していても、ほかの原因によってそれが違う方向に逸れたり、覆されたりすることもある。ホブソンとレーニンの理論は、帝国主義の台頭を説明するが、すべての先進資本主義国がつねに帝国主義的政策をとらないからといって、論破されるわけではないのである。

　1902年に最初に出版されたホブソンの『帝国主義論』は、いまでも綿密に研究する価値がある。実際、その第1部の第6章では、のちのレーニンからバランとスウィージーにいたる帝国主義の経済的説明に含まれるすべての要素を見出すことができ、それを修得すれば研究者は時間と手間をずいぶんと省けるだろう。ホブソンは「過剰生産」、「余剰資本」、「消費力の悪分配」、「周期的供給過剰」、「結果として起こる恐慌」といった概念を発展させ、体系的に結合させて、ページを埋め尽くしている。さらに、そうするなかで、彼はのちの研究者たちが取り上げることになる概念、すなわち宣伝の役割やトラストの重要性といった概念や、今日のいわゆる「自由貿易帝国主義」の可能性についてさえ触れているのである。

　ホブソンの経済的論法は見事である。彼は、古典経済学者のつぎのような考え方に疑問を呈したという点で、マルサス同様、ケインズに先んじている。すなわち、政府が経済を放任しておきさえすれば有効需要が十分に生じる傾向があり、商品に対する資金需要によって市場のものすべてが一掃され、持続的投資をとおして生産要素を十分利用する動機づけを供給者に与えるという考え方に対して、である。そして、なぜ有効需要が不足するかを説明することによって、ケインズが後に打ち立てた命題、すなわち、自由企業経済は生産要素を完全に活用しないところで停滞する可能性があるという命題の理由を提示した点では、ホブソンはマルサスをしのいでいる。

　少数の者に富が集中するため、消費は生産力の増加の速度についていけない、とホブソンは論じる。なぜなら「富める者たちは、十分なお金を使って過剰生産を防止するほど、頭がよくないからである」。利潤をもたらす価格レベルにおいては、需要は市場を一掃するには不十分である。ホブソンの言葉によれば、その場合「消費されない商品、あるいは消費されないことが明らかであるという理由で生産さえされない商品」が存在する。ケインズによれば、経済の機能不全は富の悪分配が原因である。ケインズによると、その賢明な解決法は完全

雇用状態のなかで経済を維持する総需要をもたらすべく、政府が税制や財政出動によってより公平な所得分配を考案することである。ケインズのアプローチは、経済全体の状況を説明するためにシステム全体の総和間の関係を調べるという、マクロ経済的なものであった[3]。

以上で、われわれはホブソンの帝国主義理論の経済的要素を手にしたことになる。国内での利潤率の低下と資源の利用不足に直面して、投資先を探す人びとは、よりよい機会を外国に求めるようになる。投資の機会は、それがもっとも活用されていないところ、すなわち経済的後進国に見出される。言い換えると、ある国が経済的に低開発であるということは、その国に資本が欠如していることを意味する。資本が欠乏しているところでは、資本は最高のプレミアムに値する。さまざまな資本主義国の人びとが外国へ投資しようとする同様の衝動をもつようになると、資本主義国の政府は、自国民が活動をしている現地の国の支配者に対して、自国民が公正な待遇や特権を受けられるべきだと要求するのを支援する役回りに容易に引きずり込まれる。もしある国の政府が外国にいるその国の企業家を支援した場合、ほかの国々の政府がそうしないでいられようか。ある政府が自らの植民地に関税の壁を張り巡らした場合、ほかの国々の政府が、自国民が世界市場で差別待遇を受け続けるのを傍観できようか。資本主義国の諸政府は、答えが自明なこれらの反語的問いに込められた論理の力を感じとったのである。そのために、外国に投資する衝動と、そのような衝動に応える国家間の競争が、帝国主義活動の波を当然のこととして生んだと考えられた。こうしてホブソンは、帝国主義とは「私的な利害、主に資本家によって、自国以外の場において彼らの経済的利益を確保するために、政府機構が利用されることを意味する」という結論に達した。たしかに愛国主義、熱狂的な布教活動、冒険心なども作用しないわけではないが、あくまで経済的要因が

---

[3] 上の3つの段落は、Hobson (1902) の第1部第6章の要約である。ケインズは、ホブソンには利子率の理論が欠落しており、そのため、資本需要の欠如ではなく過剰供給を過度に強調していると酷評しているが、ホブソンが彼の『一般理論』の主要な要素を先取りした功績については全面的に評価している。Keynes (n.d., pp. 364-70) にそれが言及されている。Boulding and Mukerjee (1971) は、ホブソンの余剰資本の理論はケインズ的観点から解釈することで理解できると述べているが、この指摘はさもなければすばらしい彼らの論文を台無しにしている。そのような特別な解釈が必要だと2人が考えたのは、ホブソンとケインズの類似性をそもそも見落としているにすぎないからである〔訳注:なお、以下では、矢内原忠雄訳『帝国主義論(下)』岩波文庫、1952年、pp. 239-40. の訳を参照した〕。

「主根」なのであり、それなしでは帝国主義的活動は衰える。経済的力こそが「実際の政策を解釈するうえでの真の決定要因である」。さらには、直接的にであれ間接的にであれ、帝国主義は近代に起こったすべてのとまではいかなくても、ほとんどの戦争を説明できると考えられた（Hobson 1902, pp. 94, 96, 126; pp. 106, 356ff. を参照）。H. J. ラスキものちに述べたように、戦争の「主な原因は経済分野に存在する。その主要な目的は、戦争という手段を用いることで、富を獲得しようとすることにある。国家に戦争を仕向けている人びとは、そのほうが、平和が保たれているよりも多くの富を得ることができると考えている」（Laski 1933, p. 501）。

帝国主義は余剰資本と余剰労働力の輸出によって雇用を促進するが、帝国主義国家が被る損失は利益を大幅に上回る。利益がとるに足らないひとつの理由は、利益のほとんどが、国家のほんの一部にすぎない企業家や投資家の手にわたるためである。たしかに彼らは帝国主義からの利潤を受けとるが、国家は全体としては相当なコストを支払うことになる。ホブソンがジェームズ・ミルから借りた言葉によれば、帝国主義は「上流階級が外で息抜きをするための巨大なシステム」なのであり、所得の再分配が起こっていれば、生産要素をより利潤が高くなるようにできたのである。さらにいえば、もし帝国主義的活動が、純粋な帝国主義戦争のみならず、すべての戦争の原因であるならば、「戦争システム」全体のコスト、つまり戦争をするコストに加えてそれを準備するコストを、帝国主義的事業が負担しなければならないことになる。このような理由により、コストは利益を大きく上回るのである[4]。金銭的コストに加えて、帝国主義政策を追求することは、国内にも不幸な社会的及び政治的影響をもたらす。たとえば、イギリスにとってそれは、軍国主義の台頭や、植民地の地元の軍隊への依存をもたらした。その結果、社会経済改革に敵対したり、代議制を蝕むような勢力を勢いづけることになった。さらに、アジアやアフリカからの朝貢物に頼る退廃的な貴族制を維持拡大し、最終的にはほとんどの西ヨーロッパの人びとを寄生虫のような人間に変える可能性もあった（Hobson 1902, pp.

---

[4] より限定的な計算では、相対的利益と損失は近代帝国主義の最盛期にあったイギリスにとってさえ問題であった。Strachey（1960, pp. 146-94）による厳正な算定を見よ。またBrown（1970, p. x）も参照のこと。なお後者はとくにマルクス主義の見地から帝国主義について書いている。Boulding and Mukerjee（1971）も参照。

51, 130-52, 314-15)。

　ホブソンの見解では、それが帝国主義国家による大きな損失のひとつである。そしてもうひとつの大きな損失は、海外における帝国主義の影響をとおして現れる。帝国主義国家が資本財と技術的知識を輸出することで、後進国は自国の資源を開発できるようになる。いったんそれが進むと、たとえば中国は、だれにも妨害されずに、次第に外国資本でなく自己資本を使って、自国の労働力で「中立的な世界市場においてイギリス製品」にとって代わる製品を生産できるようになる。中国は、最終的には低廉な「中国製品」を西洋市場に「あふれさせ」、投資を逆流させ、中国の「かつての保護者や文明の恩人に対する金融的支配」を確立するようになるかもしれない (1902, pp. 308f., 313)。こうして、帝国主義国家の自らの行動が、自らの優位を徐々に蝕むことになるのである。

　さて、レーニンはホブソンに大きく依存しながらも、2つの重要な点においてのみホブソンと異なっている。ホブソンは、帝国主義への傾倒は、富を再分配する政府政策によって打ち消すことができると考えていた (1902, pp. 88-90)。これに対してレーニンは、政府を支配する資本家たちがそのような政策を容認することは決してないと考えた。したがって、レーニンにとっての帝国主義とは、独占段階にある資本主義国家の必然的政策であった (Lenin 1916, pp. 88-89)。ホブソンは、帝国主義的競争が帝国主義国家間のほとんどの紛争の原因であり、帝国主義国家が膨大な軍事支出を行う主な理由であると考えていた。しかしホブソンは、資本主義国家が協力しあって後進国の人びとを搾取するという恐ろしい可能性も考えていた (Hobson 1902, pp. 311f., 364f.)。他方、レーニンは、資本主義国家の命運は移ろいやすく、対外投資機会のパターンも変化するため、資本主義国家間の協力の取り決めは決して長続きしないと考えた。資本主義は必然的に帝国主義を生み、それが必然的に資本主義国家間の戦争を生む。この見方がのちに、社会主義は一国内でも存続しうるという考えにいたるのである (Lenin 1916, pp. 91-96, 117-20)。

　レーニンはホブソンの分析を用いて、ホブソンがおそらく起こるであろうと考えた結果が資本主義の必然的産物であることを証明しようとした。さらに、ホブソンが予測し嘆いた点、つまり帝国主義とは、一方では先進国のエネルギーを吸いとり、先進国間の対立を先鋭化することによって、また他方では後進国の経済発展を促進することによって、資本主義世界の衰亡をもたらすという、

弁証法のひとコマであるという点を、レーニンは気に入っていた[5]。レーニンはこの点で、マルクス主義の型にうまく当てはまる。『共産党宣言』のなかで、マルクスとエンゲルスは、以下のように資本主義に賛美を贈っているが、それは、ブルジョワ擁護者が言ったならば恥ずかしいほどうぬぼれて聞こえる内容であった。

> 国家間の違いや人びとの敵対心は、ブルジョワ階級の発展、自由商業、世界市場、生産手段の同質性とそれにともなう生活条件の同質性によって、日に日に消滅しつつある（Marx and Engels 1848, p. 39）。

ホブソンの帝国主義の説明を応用しながらも、レーニンは、マルクスの未来への甘い予感と、資本主義社会にそうした未来の種が内包されているという確信とを持ち続けることができたのである。

　ここでようやく、本章第Ⅱ節の冒頭であげた3つの問いに照らして、帝国主義の経済理論を検討できる。まず、この経済理論そのものはどのくらい優れているか、という問いである。ここでは、ホブソンのケインズ流理論の一般的長所と、帝国主義を生むとされる資本輸出圧力の説明とを区別しなければならない。ホブソンとレーニンはともに、帝国主義の原因を、国内での消費の低迷に起因する後押し（プッシュ）と、海外への投資によるより高い利潤という魅惑に起因する引き寄せ（プル）とがあわさったものと考えていた。獲得の仕方がどうであれ、求められるのはより高い利潤であると、両者はためらわず言ったであろう。しかし、ホブソンの経済理論自体が、帝国建設が必要であるという結論を導くわけではない。資本はより高い利潤を求めて国の外に流出するかもしれないが、利潤確保のために帝国主義的征服が必要かどうか、あるいは必要と考えるかどうかは、内外の政治経済の状況による。資本主義国がいかに余剰を生むかを示せたとしても、その余剰の用いられ方が特定されるわけではない。経済の論理は、一定の状況下で特定の余剰が生まれることを説明する以上のものではない。とすると、経済理論が資本の余剰を説明するかどうかの問題から、国内的経済条件が対外的政治行動を決定するかどうかの問題に移ることになる。そして、その問

---

[5] レーニンは第1の点をなかんずくホブソンを引用することによって、また2番目の点を主にR. ヒルファーディングを引用して論じている（Lenin 1916, pp. 102-104, 121）。

題は、国民経済の仕組みについての理論では答えられない。この致命的な欠陥にもかかわらず、経済的理由づけの説得力がこの理論を全体として支えているように見えるし、私自身もそのように思えてしまう。ただし、ホブソンの理論は、第2のテストに合格しないし、また第3のテストを通るのもむずかしい。

　第2、第3のテストの問題はあわせて検討できる。ここで思い返さなければならないのは、帝国主義の経済理論が有効であるためには、大半の帝国主義国が資本主義であり余剰生産がなければならないと同時に、そのように描かれる国家のほとんどが帝国主義的でなければならない、ということである。この理論が当てはまるとされている1870年頃以降から、「資本主義」と呼んで差し支えのないすべてもしくはほとんどすべての国家は、少なくとも何がしかの帝国主義的活動に携わった。しかし、帝国主義国のなかには植民地にほとんど資本を輸出しなかった国もあったし、余剰資本を全く生まなかった国もあった。さらに、帝国主義国のなかには資本主義国ではない国もあった。各国の国内状況や外交政策の多様性は印象的であり、それは理論の条件に全く適合しない。たとえば、帝国主義諸国のなかでも先導的だったイギリスは、19世紀末には資本の半分を自らの植民地の外に投資していた。その最大の投資先がアメリカだったという事実は、この理論を律儀に信奉する者を少なくとも多少は困惑させるだろう。フランスも、所有する領土への投資や貿易のなかで自らが占める割合では、一貫して2位か3位であった（Feis 1930, p.23）。アジアにおける日本、そしてアジアと東ヨーロッパにおけるロシアは、たしかに帝国主義であったが、どちらも資本主義国でも余剰生産国でもなかった。こういった少数の例をみても、帝国主義と結びつく状況の多様性がうかがわれ、それはこの理論を反駁するのに十分である。

　理論の見地からいくと、こういった矛盾はさらなる疑問を呼び起こす。帝国主義は、少なくとも記録に残っている歴史と同じくらい古い。にもかかわらず原因（資本主義）のほうがそれが生み出す結果（帝国主義）よりもずっと新しいとは、いかにも奇妙である。むろん、ホブソンとレーニンは、発達した資本主義の時代の帝国主義のみを説明しようとしているのであるが、しかしそれならば、それ以前の帝国主義の原因が何であったのか、なぜそうした帝国主義の古い原因がもはや作用しないのか、なぜそれらが資本主義という原因にとって代わられたのか、といった疑問が生まれる。19世紀末の世界に何か新しいもの

が誕生したのだとしても、帝国主義はそのひとつではなかった。帝国主義という現象ではなく、その原因だけが新しいとされたのである。それはあたかも、ニュートンが見出した物体の自由落下の説明が1666年以降だけに当てはまり、それ以前に物体がどうして落下していたかの説明はほかのだれかに任せ、彼が新しく発見した重力の影響がそれ以前には存在も作用もしていなかったと主張するようなものである。

　ホブソンとレーニンの理論ではこういった問題は扱えないし、実際2人はそれを真剣に扱おうとしなかった[6]。それでもこの理論が受け入れられ、驚くほど普及し存続したのは、経済的な理由づけが魅力的だったことと、当時の先進資本主義国が歴史上もっとも見事な帝国建設者だったという剥き出しの事実のためであった。しかし、先進資本主義国が果敢に帝国主義的であったならば、なぜ資本主義と帝国主義を同一のものと見なさないのか。資本主義国が現地の素朴な人びとに自らの余剰生産物や余剰資本を押しつけたり、資本主義国同士が植民地を求めて激しい争奪戦を繰り広げることについて頻繁に書かれることを考えれば、そのように見なすことも明らかに容易であった。

　帝国主義の原因とされているものが仮に説得力をもつとしても、ホブソンの時代の先進国のほとんどが、われわれの時代と同様、資本主義国であったということに気づけば、それは説得力を失ってしまう。なぜならその場合、先進国が「帝国主義」なのは資本主義だからなのかそれとも先進国だからなのか、という疑問が生まれるからである。19世紀の産業経済の成長は世界を帝国主義一色に染めた。少数による多数の支配は資本主義の矛盾によって生まれたのか、それともそれは自然法則の解明、科学の技術への転換、国家規模での技術力の組織化によって生まれたのか。帝国主義が資本主義のもっとも高次の段階なのか、それとも資本主義および帝国主義が産業主義のもっとも高次の段階なのか。帝国主義を説明しようとするいかなる理論にとっても、これらの疑問に答えることは非常に重要である[7]。

　19世紀末の帝国主義活動の活発化は、帝国主義国家内部における経済的変化

6　抜け道のひとつは、「新帝国主義」は資本主義ゆえに古い帝国主義とは異なっていると主張することである。しかし、両者のあいだに何らかの違いがあったことはもちろん本当であるが、理論的にはとるに足らないものである。そうした議論の例として、O'Connor (1970) を見よ。

7　Wehler (1970) は、産業化と資本主義とを同じものとして扱うと同時に、原因の分析がいかに混乱するかを見事に例示してしまっている。

第2章　還元主義的理論

によってしか説明できず、それがホブソンとレーニンの理論を支持する証拠を提供していると答える者もいるだろう。しかし、そうした議論は的はずれである。私は、この理論を否定するうえで、資本主義がイギリスやフランスの帝国主義と全く関係なかったと議論しているのではない。それは、権威主義的統治がロシアや日本の帝国主義と全く関係なかったと議論するのと、同じくらいばかげている。特定の行動には特定の原因があり、それはわれわれが関心をもっている帰結の一部を説明する。しかし、特定の原因を扱うとき、われわれは理論的にではなく歴史的に興味が引かれる問題を扱っているのである。国家の国内的状況のみを考察する理論が対外行動を十分に説明できないからといって、国内的条件に言及せずに対外的行動を説明できるということにはならない。資本主義経済は、余剰を効率的に生む装置であった。したがって、資本主義国家の政府には、広い選択の幅と国際的に活動する有効な手段があった。しかしながら、資本主義国家がどのような行動を選択するかは、国内的状況によってだけでは説明できない。国内的条件の多様性が対外行動の多様性ほどではないのだから、対外的条件が説明の一部とならなければならないのである。

　歴史をとおして、3つの有名な「余剰」、すなわち人、モノ、そして資本の余剰は、帝国主義的活動と関連してきた。それらは、人口膨張による帝国主義、自由貿易の帝国主義、独占資本主義の帝国主義などと呼ばれてきた。ここで2点述べておく必要がある。1つは、帝国主義の活動を維持する国は、「余剰」のどれか、もしくはその組み合わせを産出していなければならない、ということである。帝国主義国家が支配される人びとに比べて「余剰」のうえで優越しているという具体的な意味においてである。さもなければ、どうして支配を確立することなどできようか。2つ目は、「余剰」がどう生産されるか、またそれを生産する国家がどのような性格を有しているかは、それほど重要でなさそうだ、ということである。共和国（アテネやローマ）も、王権神授的な君主制（ブルボン朝フランスや明治日本）も、そして近代民主主義国（イギリスやアメリカ）も、かつて帝国主義であったことがある。同じように、田園遊牧的、封建的、重商主義的、資本主義的、社会主義的といった多様な経済形態が、帝国主義的事業を支えてきた。資本主義によって帝国主義を説明しようとするのは、どうみても偏っている。資本主義的帝国主義に注目するよりも、強国の帝国主義について論じるほうが、より適切であろう。パワーに大きな不均衡があり、

輸送手段によって財や支配のための手段を輸出できる場合には、余剰を生産する能力の高い国民は、その能力の低い国民に対して相当の影響力を行使できるのである。こうした考えを帝国主義の社会学的な理論へと結びつけた J. シュンペーターに対して、M. グリーンは手厳しく批判して、「資本主義的帝国主義のように見える」ものは「資本主義の時代にたまたま起こったにすぎない」と述べている (Greene 1952, p.64)。グリーンは、全く理解していなかったとはいえ、ある重要な点をついている。歴史的に見て、帝国主義はよく起こる現象なのである。帝国は、もっとも効果的に自らを組織し資源を搾取した人びとによって建設されるのであって、それはいつの時代のどこの帝国にも当てはまる。重商主義の全盛には、重商主義が帝国主義の原因だったかのように見えるのは、のちに資本主義の全盛になったとき資本主義が帝国主義の原因であるかのように見えるのと、全く同じ意味においてなのである。

　もし、その時代にもっとも発展した資本主義国家が、それ以外の国々に対して影響を及ぼすよりも、ほかの国々から影響される度合いのほうが高かったならば、あるいは対外的な帝国主義的活動に携わることが全くなかったならば、それは奇妙であろう。この意味で、説明が切に求められるのは、国家間の勢力が不均衡なのに帝国主義が不在である場合である。弱さは支配を招き、強さは力を行使したい気にさせる。たとえその力の行使がもっぱら他人の「ためを思って」行われたとしても、である[8]。このような現象は一般的であり、それを説明するために用意される理論より古くからある。異なって組織化された経済体制に共通して作用する根本原因を表現する言葉は、「強国の帝国主義」である。したがって、(帝国主義的政策の追求を可能にするという意味で) 帝国主義の「原因となる」経済組織とは、ある時代のある地域においてもっとも効果的であると示されるどのような経済的形態であってもよいのである。先の比喩を用いるならば、ニュートンの重力は十分に確認されていなかったが以前も作用していた、ということなのである。資本主義と帝国主義とを同一視すると隠蔽されてしまうが、先進資本主義国に存在する帝国主義の原因は、以前にも存在していたのである。

---

[8] 国家が国内社会の分裂という弱点をもっている場合には、帝国主義的支配を招きやすいという、エンクルマによるアフリカ人たちへの警告を参照 (Grundy 1963, p.450)。

Ⅲ

　第一次大戦後、レーニンとその支持者たちは、資本主義が帝国主義を生み、主導的な資本主義国がもっとも苛烈な帝国主義国になるという彼らのテーゼをきわめて強く打ち出すことができた。ゆえに、トロッキーは、アメリカが世界でもっとも帝国主義的な国になり、その展開が「かつてない規模」の「軍事的衝突」を誘発すると予期した（Trotsky 1924, p.29）。主導的な資本主義国はもっとも帝国主義的であるのみならず、その帝国主義的政策が世界の戦争の主要原因であるに違いない、というわけである。

　同時代にシュンペーターは、経済的説明とは正反対の方向から帝国主義を説明する有名な論文を書いた。彼によれば、国家を帝国主義的企てに駆り立てるのは、「前資本主義的要素やその残存物、遺物、そしてパワー要因」である。国家を統合し、拡張するのにかつて必要だった軍人階級は、その任務が終了したからといってなくなるわけではない。彼らは生き続けて、雇用の継続と名声を求める。そして、彼らの精神を吹き込まれた者たちが彼らを支持するのであり、そうした遺伝のような力が帝国主義的傾向を生む。シュンペーターは、そういった傾向は、アメリカにおいてすら存在するというが、しかしまた彼は、「すべての国のなかでアメリカは帝国主義的傾向がもっとも弱くなるだろう」（Schumpeter 1919, p.72）とも主張している。ヴェブレンと同じく、そして彼と似た論法によって、シュンペーターは、戦争の原因を時代遅れの軍国主義の流行の継続に帰し、資本主義的勢力が封建的要素に十分にとって代わっていないドイツや日本が戦争を起こす危険性がもっとも大きいと考えたのである[9]。

　時代遅れとなった社会的要素を本来平和的である資本主義が十分に吸収していくにつれて、帝国主義は衰えるのか、それとも帝国主義とは社会主義が登場する前段階における、資本主義の最後の邪悪な体現なのか。予測の正確さで判断するならば、ヴェブレンとシュンペーターが勝っている。しかし、理論の妥当性を受け入れるうえで、予測は不十分な基準である。というのは、予測はさまざまな偶発的理由によって正しかったり間違ったりするからである。ともあ

9　シュンペーターはドイツに言及していないが、それは明らかに戦時の検閲による制限のためである。ヴェブレンの論文が最初に出版されたのは、1915年である。

れ、ヴェブレンとシュンペーターは、のちのマルクス主義者たちが取り組まなければならなくなる問題を提起した。すなわち、資本主義国が植民地政策を追求しなくなったときに、いかにしてレーニンの帝国主義理論を擁護できるかという問題である。実際、どの資本主義国も、いまや植民地には執着していない。

　この問題の解決は、1950年代の初頭以降発展した新植民地主義という概念に見出される。新植民地主義においては、帝国主義の概念が帝国の存在から切り離されている。レーニンは、この区別をするための一定の根拠を与えていた。つまり、帝国主義を定義するとき、彼は政策や一連の行動や生じた結果としてではなく、国家の国内状況として定義していた。帝国主義とは、単に「資本主義の独占段階」だ、というわけである。しかし、レーニンにとってそのような国内状況は、必然的に政治的色彩を帯びたものとなる。帝国主義がもともとは私的に発生するものだとしても、それは公的に体現される。帝国主義は、それを実施に移す陸軍と海軍がある場合にのみ、その政策を追求することができたのである。植民地のない帝国、あるいは後ろ盾として軍事力を全くもしくはほとんど必要としないような帝国主義政策は、レーニンには想像できなかった。

　このように、帝国主義についての新旧マルクス主義の最初の大きな違いは、帝国主義を政府の政策や行動から切り離すか否かという点にあった。この違いは新植民地主義の代表的論者のひとりである H. マグドフの見解が短期間に変化したことに明確に表れている。マグドフは、1969年の本のなかでは、アメリカが外国資源と海外で得る利益に依存していることを強調していた。そうした経済的依存は、アメリカ資本の活動のために世界が安全であるように、その支配的地位を確立する行動を政府にとらせるであろう、と述べていた。しかし、1970年の論文では、彼は今日でいう新植民地主義者の主流に加わった。そのなかでは、アメリカの依存については触れられておらず、帝国主義という装置を駆り立てるエンジンとして、私企業が政府にとって代わられている。新植民地主義は国際政治についての究極的な経済的説明であり、それは、資本主義国においては私的な経済手段が十分発達し、それを非公式に使うだけで他国の資源を効果的に支配したり、搾取したりできると主張する（Magdoff 1969, Chapters 1, 5; 1970, p. 27）[10]。多国籍企業はいまや非常に大規模で広域にわたっ

10　ここでいま述べた点と、以下で述べていく点は、多少の違いはあってもほぼ類似しており、新植民地主義学派全般にほぼ共通している。ここで私が「学派」という言葉を使うのは、歴史、政治、

て活動しているので、経済的弱小国に対する影響力を拡大することもできるし、政府の安全性や安定性が高いと予測される国と低いと予測される国とに活動を分散することによって、リスクをヘッジする戦略をとることもできる。企業の外向きの圧力、および企業の自助能力は非常に大きいため、政府の政策や軍事力の後ろ盾がなくても、企業は自らの「見えざる帝国」を発達させる、というわけである。

帝国主義についての新旧マルクス主義の第2の大きな違いは、帝国主義の後発国への影響の評価にある。旧マルクス主義者たちは、資本主義者たちはさまざまな方法で墓穴を掘るが、そのひとつは外国資本投資をとおして植民地の経済発展に貢献してしまうことであると考えた。このマルクスやレーニンの楽観主義は、非マルクス主義的な絶望にとって代わられた。今日では、外国で活動している資本家たちは、比較的低いレベルで経済発展を凍結したり、不当にその発展を歪めたりすることができるといわれている。後進国は先進国のための原料供給者にとどまるか、相対的に単純なレベルの製造業にとどまるかである[11]。後者の意味では、もっとも発展した資本主義国アメリカと、相対的に発展の遅れている西ヨーロッパ諸国との関係にさえ当てはまる。

つまり、新植民地主義理論は、さらにもうひとつの「新しい」帝国主義を発見し、説明すると主張しているのである。新植民地主義の考え方を検証することで、国際政治の理論についていくつかの重要な点が導かれるが、それらは以下のような見出しで示せるだろう。すなわち、(1) 自己確証的な理論、(2) 行動なき構造、もしくは機能の消滅、(3) 過度の説明と変化の問題、である。

1. 自己確証的な理論

ラカトシュは、「事実が起こったときに」生み出され、ほかの事実を予測する力をもたない理論を表現するのに「副次理論」という表現を用いている (Lakatos 1970, pp.175-76)。たとえば、あるタイプの国家は帝国主義であると

経済など異なるアプローチで結論に到達し、マルクス主義に対する思い入れの仕方が異なっても、著者たちの見解が類似していることを広く示唆するためである。マグドフに加えて興味深いものとして Baran and Sweezy (1966), Brown (1970), Galtung (1971), Hymer (1970), Williams (1962), Wolff (1970) を参照。

11 この論点は、早い時期に影響力をもったある論文で指摘されたが、その著者はわれわれがここで考察している学派には属さない。Singer (1950) を参照。

いう確信から出発し、なぜそうなのかを私の理論が説明するとしよう。さらに、説明対象である活動やそれに携わる主体が時間の経過とともに大きく変化しても、私が自分の理論をほぼそのまま擁護したいとしよう。そのために、私は2つのことをする必要がある。まず新しい活動にも当てはまるように古い用語を再定義すること、そして新しい要素に当てはまるように古い理論を修正すること、である。帝国主義についての理論の変遷をみると、この2つの工程がなされたことがよく示されている。

ホブソンとレーニンによれば、ある国が経済活動が行われている海外の領域を支配するために帝国を構築すれば、それが帝国主義であった。一方、のちの考え方では、帝国をつくることなしに経済的に外国で活動できるならば、それも帝国主義であるとされている。後者の定義は、「自由貿易帝国主義」の考え方に体現されており、それはギャラハーとロビンソンによる、歴史的に名高い非マルクス主義の著作に結びつけて語られることが多い。ギャラハーとロビンソンは、自由貿易が、とくに19世紀半ばにおけるイギリスの世界的拡張の技法であったことを強調し、また用いられた手法が何であれ、イギリスの利益は19世紀をとおして保護され、拡大したと主張した（Gallagher and Robinson 1953, pp. 11, 13）。19世紀半ばにイギリスが公式の帝国に興味を失ったのは、まさに、イギリスが世界市場を統治していようとしていまいと、市場での優越により、十分な量のイギリス製品が外国人によって買われることが保証されていたため、といえるかもしれない。同じように、アメリカの対外経済活動は、伝統的な帝国という装いを必要としたことはなかったし、現在も必要としていないということができる[12]。

アメリカの経済活動が軍事力の後ろ盾を全くではなくともほとんど必要としていないという新植民地学派の認識は、現実に合致している。古いスタイルの帝国主義政策は衰え、帝国はほとんど消滅したにもかかわらず、いまもかつてと同じく、富める人びととの優越的な経済力が、貧しい者たちに影響を与えている。ゆえに、富める者による貧しい者への影響を「帝国主義」と呼ぶことにす

---

[12] 「門戸開放帝国主義」とも呼べるウィリアムズの概念（Williams 1962）を参照。また、M. B. ブラウンは、今日と同じく19世紀後半においても、帝国的支配は政治支配よりも経済支配により依存していたと議論し、新植民地主義の論理を完成しようと試みている（Brown 1970, pp. xxxiv-xxxv）。

れば、それはレーニンの理論を救済することになるであろう。しかし、資本家が外国ですることを「帝国主義」だ——帝国をとおしてであれ、軍事力によってであれ——と主張することで、理論は自己確証的なものになってしまう。この理論は、実際に生じた事実を予想していなかった。また、眼前の帝国が衰退していくのをその理論に従って予期した者もだれもいなかった。その代わりに、理論が説明するはずのものの定義が、実際に起こったことに合わせるかたちで変えられてしまったのである。新植民地主義者は、資本主義国に期待される行動を再定義することにおいて、前述の論点の妥当性を際立たせている。つまり、いかに国民経済が余剰を生産するかということと、いかに余剰が使われるかということとは異なる問題であり、国民経済の理論によって後者の問題に応えることはできない、という点である。

2．行動なき構造、もしくは機能の消滅

　伝統的な帝国主義の経済理論は、最近の事象にも当てはまるように帝国主義を新しく定義し直すことによって、著しく修正されてきた。このことは、J. ガルトゥングの帝国主義の「構造」理論をみれば容易にわかる。新植民地主義理論をその論理的帰結へと突き詰めることで、ガルトゥングははからずも、その愚かさをさらけ出している。ガルトゥングの見解では、帝国主義とは、国内が調和的で豊かな国家群と、国内が不調和で貧しい国家群とのあいだの関係である。彼は帝国主義を構造的な問題に見立てるが、彼の構造理論は一部還元主義によってもたらされている。彼は、国際構造を定義するうえで、国家の属性である調和の度合いと国際構造の特徴である能力分布とを組み合わせている。前者は、仮に構造的要素であったとしても、それは国内構造の要素である。国際構造のなかに国内的属性が含まれているため、ガルトゥングのアプローチは還元主義的なのである。構造という概念が有用であるのは、行動を条件づけるものとして、また機能が遂行される方に影響を与えるものとして考えられた場合だけである[13]。部分的であっても国際構造を国内的属性の観点から定義してしまうと、それらの属性を、説明しようとする結果と同一のものとしてとらえてしまうことになる。ガルトゥングがそういったかたちで構造を定義するため、

13　これらの議論については、第4章Ⅲ節を見よ。

行動と機能は消滅し、国はそれが起こす行動とは離れて、その属性によって帝国主義と呼ばれることになる。行動を観察すること、行動と事件とを関連づけること、別の結果が起こる可能性の問題など、複雑でむずかしいことはすべて脇においやられる。こうしてガルトゥングは、東南アジアにおける日本について、「経済的帝国主義については疑う余地もないが、政治、軍事、通信、文化上の支配はない」などというのである。完成された帝国主義は、直接的軍事力にしろ、暴力的威嚇にしろ、軍事力を全く行使しない、というわけである (Galtung 1971, pp. 82-84, 101)。こうして帝国主義は、解明することがむずかしい活動の総体ではなく、調和的で豊かな国々と、不調和で貧しい国々とのあいだの生活条件の格差の増大という、容易に読みとれる状況を意味することになる。

理論としてガルトゥングが提供したものは、単に、生活条件の格差が増大する原因は、富める者による貧しい者の搾取だという主張でしかない。彼は「垂直的相互作用」が「世界の不平等の主要な原因である」と述べる (1971, p. 89)。なぜそうなのかは説明されず、その代わりにさまざまな仕方でそれが繰り返し主張されている。国際貿易の非対称性、製品をつくる者と自然の生産物を調達するだけの者とのあいだの状況の差、さまざまな国家の輸出品に施される加工の異なる度合いなどの要因が、先進国を富ませ後進国を貧困にする相互作用の原因だとされるが、なぜそうなのかは明確にされないのである。

いかにして、どのような状況下で、そしてどの程度、貧しい者を貧困にすることで富める者は自らを豊かにしてきたのか。このことを示すには、国家間の交易条件や輸出入品の構成が国ごとにどう異なり時代を経てどう変化してきたかといった点をはじめとして、注意深い分析が必要となる[14]。そういった分析を行えば、一部の一次産品の生産国もうまくやっていることが明らかになる。では、そういった国は、帝国主義的に他国を搾取しているだろうか。1974年、石油や食料を輸出していた国は、経済的に潤った。この時期、大半の国と対照

---

[14] こういった分析を行う代わりに、ガルトゥングはしばしば奇妙な例をあげる。たとえば、彼は「国家が石油を求めてトラクターと交換するとき、その国は、トラクターを生産する能力」を獲得し、それとともに戦車を生産する能力を副産物として獲得する可能性もあると述べる (Galtung 1971, p. 98)。彼は、ある国家が石油輸入に対してトラクターを輸出するのは、自動車産業をすでに発展させたからこそであるという事実を無視している。どうやらガルトゥングは、貧しい者が豊かな者の産業開発を可能にしていると見せたいようである。

的にうまくやっていたのは、低開発のアラブ諸国と高度な先進北米諸国であった。前者はガルトゥングのいう搾取された国々の顕著な例である。アラブ諸国は自国の財を製造するよりも、自然の財を売る国々に「なりつつある」どころか「なった」国々の部類に入る。しかし同時に、アメリカは世界の主要な食糧輸出国でありかつ、ガルトゥングの帝国主義的国家のモデルそのものである。すなわち、ガルトゥングの理論は、説明ではなく現実の描写にすぎず、しかもその描写は現実と合致していないのである。

　ガルトゥングは、1950年代初頭から1970年代初頭にかけて一次産品に不利で製造品に有利な方向に交易条件が動いたことから、間違った結論を引き出したようである。しかし、ある一次産品に不利な傾向がすべての生産物に当てはまるわけではないし、またそうした傾向が永遠に続くわけでもない。交易条件にばらつきがあれば、国際貿易から多くを得る国と、多くを得られない国があることになる。交易条件は、他国によってすでに豊富に供給されている生産物を提供する国に不利になる。国内的にも国際的にも、貧しい者は必要とされることがほとんどないために、孤立し、不満をもつものである。ならば、どうして失業した者が搾取されているといえるのか。供給量が豊富な原料を提供する国々が、低い商品価格をとおして豊かな国へ補助を与えているとどうしていえるのか。豊かな国が貧しい国の生産物を買うのをやめれば、貧しい国々はもっと貧しくなるはずである。

　にもかかわらず、ガルトゥングは、富めるものが貧しいものを搾取して貧困にし、彼らの経済発展を妨害し、また国内的および国際的な不和の状態をつくりだしていると考えている（1971, pp. 89-90）。ガルトゥングが最初は理論に取り入れ、のちにそこから結論として導いたのは、富める国と貧しい国とのあいだの帝国主義的関係こそが、少数が富み多数が苦しむ状況を説明しているということであった。ならば、世界の北と西の部分が本当に南と東を貧困にしたのかどうか、後者を搾取することによって前者が富んだのかどうかが問われなければならない。帝国主義は以前苦しんでいなかった人びとに、経済的搾取、貧困、争いをもたらしたのか。そして、帝国主義はいまも、それらの災難を恒久化しているのか。搾取や争いは最近始まった不幸ではないし、貧困も同じである。国家の分裂の原因を帝国主義に帰する者は、それ以前の多くの植民地の人びとの状況がどのようなものであったかを、思い出すとよい。さらにいえば、

19世紀半ばまでは、ほとんどどこのだれもが、最低レベルか、もしくはそれに非常に近いレベルで生活していたのである[15]。むしろマルクスや初期のマルクス主義者たちのほうが、活力ある資本主義国の介入なしでは非西洋は永遠に後進状態にとどまったままであったかもしれないと考えていた点で、真実により近かったと思われる[16]。

貧困には多くの原因があり、それらは昔から存在している。豊かさの原因も同じである。帝国主義が高い利潤をもたらし、豊かな者の富の大部分がそれによって説明できると考える者は、私的な利得と国家の利得とを混同しており、資本輸出のコストをはじめとする帝国主義国のコストを考慮に入れていない。また、大半の帝国主義国にとって、帝国主義による利得が、自国の経済のなかでみると小さなものでしかないことを忘れている。さらに、先進国にとっての製品市場および投資先としては、他の先進国のほうが後進国よりも重要である。その場合、他の先進国が帝国主義国であるかどうかは関係ない。帝国主義が何の利潤も生まなかったといえば間違いになる。しかし重要な点は、あまりに自明であり、それは一言でいうことができる。すなわち、富める国の物質的豊かさの主な理由は、その国境の内部にあり、使用される技術や国家規模で経済を組織する能力などにある、ということである。

にもかかわらず、帝国主義を経済的に説明しようとする多くの者は、貧しい者が富める者をより豊かにしているという考えを信奉している。豊かな者が貧しい者を貧しくし、ほかにも多くの災難をもたらしているというのも、おそらく同じくらい深く崇められている信仰である。こういった絶望的な考え方は、旧マルクス主義者にとっては、一過的なものであった。彼らは、システムに組み込まれた原因は、システムの破壊を導くと考えたからである。しかし、それは今日の新植民地主義者にとっては、永久的なものとなってしまった。その理由は次項で述べる。

---

[15] Emmanuel（1972, pp. 48-52）を参照。この本は、賃金の増加が国民経済発展の原因であるという奇妙な議論を展開している。

[16] この点に関する毛沢東の両義性は興味深い。中国は植民地ではなかったが、いくつかの帝国主義国によって分割された半植民地であった。そのため、どの帝国主義国も中国の発展を促進するインセンティブをもたなかったことが中国の不均衡な「経済的・政治的・文化的発展を説明する」と毛は述べている。（Mao 1939, p.81）。しかし、帝国主義国間の紛争は、中国の国民的で革命的な闘争を促進したともいうのである（Mao 1936, pp. 193-98）。

3．過度の説明と変化の問題

　レーニンの理論を救済しようとして、帝国主義の定義は拡大し、不平等なもの同士の関係はほぼ何でも「帝国主義」と呼ばれるようになった。レーニンの理論の主要論点が現実の事件によってつぎつぎに反駁されたので、その援護のために、定義の拡張が必要となったのである。マルクス主義者は、かつて外国投資を、自由放任経済に必然的に起こる景気停滞を突破する手段として見ていた。しかし、いったん外国投資が投資額よりも大きな収益を資本主義国にもたらすようになると、それを「後押し（プッシュ）」すべき要因はもはや作用していないといわれるようになった。いまや新植民地主義者のなかには、資金の純流出はアメリカに向けて起こっており、海外で活動している企業の新しい投資の多くは現地で借り入れた資本から来ていると指摘する者もいる[17]。

　では、資本主義国はどのようにして経済の停滞を避けるのであろうか。よくある単純な解答は、防衛に多く支出することによって、というものである。防衛への支出は果実を生むわけではないので、防衛費は余剰資本を吸い上げるのに理想的である。しかし、この説明は、世界で第2、第3の資本主義国である日本と西ドイツには当てはまらない。アメリカの場合を考えてみても、バランとスウィージーが指摘するように、防衛費と同じような役割を果たす大規模な私的または公的支出の対象はいくらでもある（Baran and Sweezy 1966, pp. 146-53, 223）。ここでは、以下のことに気づけば十分であろう。すなわち、外国への投資を国内消費の低迷を補填する手段としてみなさないとすると、国家による外国投資はマルクス主義の資本主義経済分析から切り離すことができる、という点である。

　このようにして、発展が弁証法的に起こるうえでの2つの主要な要素のうち、1つが取り除かれる。第2の要素も、上で説明したように、もはや外国資本の流入をとおして低開発国が経済的に向上すると考えられないため、当てはまらなくなっている。したがって、低開発国が、資本主義国による侵食に抵抗する

---

[17] たとえば、Baran and Sweezy (1966, pp. 105-109), Magdoff (1969, p. 198) を見よ。マルクス主義者は両方の仕方で議論する。つまり、かつては、余剰資本の吸収のため、豊かな国が貧しい国へ依存するといい、のちには、投資からの利潤を本国に還流させることで豊かな国が貧しい国を搾取する、というようにである。

能力をもつことは将来においてもない。資本主義は、帝国主義政策をとおして外国で自らを再生産するわけではないし、社会主義が生じるとされるような古典的な条件を生むこともないのである。

究極的な経済的説明として、新植民地主義は、帝国主義を政府の政策から切り離した。資本主義国に有利な経済的不均衡の上に成立している帝国主義は、その不均衡が続く限り持続する状況であるとされているのである。そのように考えると、19世紀半ばのイギリスの「自由貿易の帝国主義」と、近年のアメリカの「海外事業拡大の帝国主義」との重要な共通点が明らかになる。どちらも「強国の帝国主義」であるという点である。ある一国が世界の財の3分の1ないし4分の1を生産する場合、他国がその国に影響を及ぼすよりも、その国が他国に影響を与えて当然である。商品貿易であれ、金融手段であれ、あるいは多国籍企業をとおしてであれ、それらが遠大な影響力を生むのは、その背後に巨大な国家の能力があるからである。

いわゆる帝国主義に終止符を打つ唯一の処方箋は、貧しい者が豊かになり、豊かな者が貧しくなることだとされる[18]。にもかかわらず、現在のシステムは富める国と貧しい国との格差を生み、それを恒久化し、拡大しているととらえられている。だとすれば、新植民地主義的分析を受け入れる者は、絶望に終わるか、もしくは夢想に浸るかのどちらかである。帝国主義を断つ夢の処方箋が何であるかは簡単にわかる。たとえば、帝国主義を強者による弱者、または富める者による貧しい者の搾取と定義したガルトゥングは、言い方が複雑なためにいくぶん曖昧になってはいるものの、弱い者と貧しい者が強く豊かになるために協力し、団結することによってしか帝国主義は終わらないとみている（Galtung 1971, pp.107ff.）。しかし、強くなれ！　豊かになれ！　という忠告を、そのとおりに実行するのはむずかしい。弱い者と貧しい者とが団結すれば、時には何かを得られるかもしれない。しかしそのような機会はまれであるし、そこから利益を得るのはむずかしい。1970年代半ばの石油輸出国のカルテルによる石油価格の急激な高騰は、弱者の団結が成功するには非常に特殊な条件が必要となることを物語っている。この例が示すのは、需要の大きい原料に恵ま

---

[18] R. ジャーヴィスがこの章へのコメントとして指摘したことであるが、もしこのように考えるならば、豊かな国が恐慌におちいれば貧しい国との経済格差を縮め、その恐慌が続けば、ガルトゥングが定義するところの帝国主義が終わる、ということになってしまう。

ている国は、ほかの多くの国の犠牲のもとに繁栄するということ、そしてその供給に何らかの規制をかけることができる場合にはなおさらそうだということである。しかし、これは、貧しい国々が協調し努力することで運命を改善する望みがあるということではなく、むしろ「もてる者は儲かる（them that's got, git）」という日常的な格言を裏付けるものである。惨めさは友を呼ぶかもしれないが、貧しい者と弱い者が手を結んでも、繁栄や力を獲得できることはほとんどないのである。

Ⅳ

　以上検討してきた帝国主義の理論をここで振り返ってみよう。ホブソン、レーニン、そして新植民地主義者は、それぞれ国家の対外行動についての経済的説明を試みているが、新植民地主義者とレーニンとのあいだには、レーニンとホブソンとのあいだよりも大きな相違がある。ホブソンとレーニンは、資本主義の発展にともなって帝国の拡張と統合が進むと考えた。この２人は資本主義が帝国主義の原因であると主張し、資本主義を規制するか排除することが帝国主義を終わらせることになると結論づけた。彼らが間違っていたのは、19世紀末や20世紀初頭の帝国主義に特有の問題に対する解決策が仮にあるとすると、それが、一般的で古くからある帝国主義の問題への解決策、および戦争の問題への解決策でもあると考えた点にある。そのような間違いを犯すのはわからないでもない。一方、のちのマルクス主義者たちや新植民地主義者たちが犯した別の間違いは、そう簡単に言い訳できない間違いである。彼らは、自分たちが誤って解釈している古い理論に実際の世界を適合させるかたちで世界を再解釈したからである。新植民地主義者たちの「理論」なるものが却下されるべきなのは、それが現象を説明するものではなく、理論を救済する目的でなされた再定義しか提供してないからである。

　新植民地主義者たちの論考を検証することによって、われわれが注目してしまうのは、観察された事象の変化に描写を一致させるための定義の作業に取り組んでいるのに、自らは理論を構築している、もしくは再構築しているなどと主張するよくあるやり方である。そして、ホブソンやレーニンの論考を検証することによって、われわれは、国際政治理論を構築するのになぜ還元主義的な

アプローチが不十分であるのかを考えさせられるのである。

　ホブソンとレーニンは、当時の主要な帝国主義国のいくつかの重要な属性に注目した。ホブソンの経済理論を参照してこれらの属性を検討することで、19世紀末以降の国内政治および国際政治における変化について明らかになるものがないわけではない。しかし、ホブソンが一般理論として主張した理論は、部分的な理論にすぎないことも明らかとなった。E. ステイリーがきっぱりと示したように、ホブソンの理論は、帝国主義政策を説明するうえで助けになる場合もあるが、ひどい誤解を招く場合もまたある（Staley 1935）。経済的考慮は、すべてではなくとも、ほとんどの帝国主義活動に入り込むが、経済的原因が唯一の原因ではないし、つねに最重要の原因であるとは限らない。帝国主義政策を追求した国家は、さまざまであった。特定のタイプの国家が帝国主義の原因となるという主張が説得力をもつためには、異なる時代と場所においては全く違うタイプの国家も帝国主義的であったと付け加えなければならない。しかるに、ここでわれわれが検証してきた理論は、帝国主義的関係が存在するのは、帝国主義国がまさにある一定の経済的属性をもつためであると主張している。そのような理論は、われわれをつぎのような考えに導かざるをえない。すなわち、国際的不均衡の状況が帝国主義と名付けるにふさわしい影響力の量と支配の度合いに一致するのは、そのような属性を備えているのが強国である場合だけである、という考えにである。ゆえに、こうしたほとんどの経済理論では、弱国に対する強国の有害な影響は、強国が資本主義である場合にのみ見られる、と考える。しかし、それを信じるのはむずかしい。たとえば、毛沢東が、資本主義国家を帝国主義の唯一の原因として考えたかどうか疑問であるし、よく知られているように、周恩来はそうは考えなかった[19]。裏返していえば、こうした経済理論は必然的に、強国の体制次第では、帝国主義的関係を発達させることなしに強国と弱国とが共存できることを示唆していることになる。強国の体制によっては、弱国の自律性は強国の自己利益にかなった知恵によって守られる。

　そのような主張を唱える理論は、少なくとも暗黙には、国家間の紛争や戦争

---

[19] 中国共産党の第10回大会への報告書において、周はアメリカとソ連を「覇権をめぐって対立する」2つの帝国主義国と認定し、ソ連を「社会帝国主義国」として言及した（Chou, September 1, 1973, p. 6）。

は国際政治上正当化できないという、より大きな主張をも含むことになる。帝国主義に関しては、戦争の原因はいくつかの国家、もしかしたらすべての国家のなかに存在する。では、それらの原因がなくなれば、戦争の兆候はなくなるのか。なかなかそうは信じがたい。経済理論は特定の戦争の原因をあげるが、われわれはありとあらゆる種類の経済社会制度や政治的イデオロギーをもつ、さまざまな国家が戦争をしてきたことを知っている。国際的には、さまざまな国家が似た結果や異なる結果を生み、似た国家が似た結果と異なる結果を同時に生んできた。同じ原因が異なる結果をもたらすこともあれば、同じ結果が異なる原因から生まれることもある。このように、還元主義による国際政治の説明は不十分なのであり、分析的アプローチとしては体系的アプローチに道を譲らねばならないことがわかる。

　もちろん、ある特定の還元主義のアプローチが失敗したからといって、ほかの還元主義のアプローチが成功しないとは限らない。帝国主義と戦争についての経済理論の欠陥は、国際政治の説明を国家もしくはより低いレベルに求めることから生じる一般的な問題を示してはいるが、国際政治に関するすべての還元主義的理論に欠陥があることを意味するわけではない。還元主義的アプローチの妥当性は、ひとつひとつ検証され欠陥があると判明すれば、疑いがかけられるようになるが、それでもなお、つぎの試みが見込みある還元主義的理論に将来導くかもしれないという希望を捨てねばならない理由はない。還元主義的理論が不十分であることを納得できるようになるのは、以下のいずれかまたは両方の場合である。ひとつは、有用な非還元主義的、すなわちシステムレベルの理論が構築された場合であり、この作業は第5章から始める。もうひとつは、なぜ還元主義的理論が誤っているかを説明することであるが、これについては次章において、体系的理論であると公言するいくつかの理論を検討することによって明らかにしたい。

第3章　体系的なアプローチと理論

　還元主義的な理論の妥当性を疑ったとしても、どのような体系的理論がより適しているかがわかるわけではない。国際政治を非政治的観点から説明することが、つねに国際政治を国内政治に還元することにはならない。システムをユニットに還元することと、何か別のシステムに言及して国内政治もしくは国際政治の結果を説明することとは、注意深く区別されるべきである。マルクスは経済によって国内政治を説明しようとした。一方、I. ウォーラーステインは、「資本主義世界経済」がもつ影響によって、国内政治および国際政治を説明しようとしている（Wallerstein 1974）。ウォーラーステインが暗示しているひとつの有益な点は、彼自身は強く否定していた点であるが、異なる国内システムおよび国際システムが共存し、相互作用するということである。国家間のシステムだけが唯一の考えられる国際システムではない。ウォーラーステインは、いくつものおもしろい方法で、世界経済システムが国内政治および国際政治にどう影響するかを示している。しかし、経済が政治に影響すると主張したとしても、政治もまた経済に影響すること、そして政治的結果のなかには政治的原因をもつものもあることが否定されるわけではない。ウォーラーステインは、「19世紀と20世紀には、世界システムは1つしか存在してこなかった。それは資本主義世界経済である」と述べる（p.390）が、この議論は、理論と現実とを混同し、理論モデルを現実の世界によって特徴づけようとしている。それが誤りであることについては、第1章ですでに指摘したとおりである。国際政治の理論は、主に国際政治の結果を説明するのに役立つ。それはまた、国家の外交政策や経済その他の相互作用についても何かを教えてくれるかもしれない。しかし、国際経済についての理論が政治について示唆するところがあり、国際政治についての理論が経済について示唆するところがあったとしても、それら

が互いの代替物であることを意味するわけではない。化学が生きている物について示唆するところがあるからといって、化学が生物学にとって代わることはないのである。

　国際政治の体系的理論が必要であるとしても、それを構築することは可能であろうか。A. C. アイザークは、政治学には理論も理論的概念もないと述べている（Isaak 1969, p. 68）が、本書のここまでの検討では、政治的概念や政治的変数を用いることなく政治的結果を説明できると主張する経済理論や社会理論ばかりを考察してきたため、アイザークの議論を強化してしまったかもしれない。「もし資本主義ならば、それは帝国主義である」という言い方は、政治の経済的法則、すなわち帝国主義についてさまざまな経済理論が説明しようとする法則たらんとするものである。では政治についての政治的法則、さらにはそうした法則を説明する政治理論を見つけることは可能であろうか。国際政治についての体系的理論を試みる者は、それが可能であると主張する。国際政治の理論は、結果の説明の一部を国際的な政治のレベルに求める場合にのみ体系的だからである。

　この章では、政治的かつ体系的な国際政治へのアプローチを検討する。体系的アプローチとは何か。この問いに対する答え方のひとつは、分析的アプローチを体系的アプローチに対比することである。分析的方法は、古典物理学に顕著な方法であり、その大きな成果ゆえに科学の唯一の方法であるとしばしば考えられている。分析的方法において必要とされるのは、実体を分割された部分に還元し、それらの特性や関係性を調べることである。全体は、相互に単一的であるとされる要素を調査しそのあいだの関係を観察することで、理解される。対照実験によって変数間の組み合わせの関係がそれぞれ検証され、ほかの組み合わせについても同じように検証されたあとで、諸原因が1つの等式に組み入れられて、因果法則の命題における変数として現れるのである。分断され単一なものとして理解される要素は、結合されるか集計されて全体が再構成される。そこでは時間と質量がスカラーとして用いられ、加法ベクトル法則に従って要素の距離と力の関係が付け加えられる（たとえば、Rapoport 1968 や Rapoport and Horvath 1959 をみよ）。

　これが分析的方法である。これは、「ほかの条件が同じ」で、変数に含まれていない混乱要因の影響が少ないという前提のもとで、要素間の関係が変数の

組み合わせ間の関係に還元できる場合にはすばらしくうまくいく。そして、分析的方法は体系的アプローチよりも単純なため、好まれるのである。しかし、それで十分であるとは限らない。それで十分であるのは、システムレベルの影響が欠如しているか、無視してよいくらい弱い場合だけである。もしも結果が、変数の特性や関係性のみならず、変数の組織のされ方によっても影響を受けている場合には、分析的方法は不十分であり、体系的アプローチが必要となる。

ユニットがどう組織化されているかがユニットの行動や相互作用に影響するならば、そのシステムのユニットの特徴や目的、相互作用を知ることだけでは、結果を予測したり理解することはできない。第2章で検討した還元主義理論の欠陥を考えれば、体系的アプローチが必要となる理由がわかるだろう。結果を生み出しているかにみえたエージェントが変化したにもかかわらず、結果が類似している場合には、分析的アプローチは通用しないと考えられる。何かがエージェントへの制約として作用しているか、エージェントと、その行動が生み出す結果とのあいだに、何かが介在しているのである。国際政治において作用しているのは、システムレベルの力のようである。したがって、システム理論やサイバネティクスにおける用法に見合ったかたちで政治システムをとらえるべきであり[1]、システムとは相互作用するユニットの集合として定義されうる。あるレベルにおいては、システムは構造から成り立っている。そして構造とは、単なる寄せ集めとは異なる集合を形成するものとしてユニットをとらえることを可能にするような、システムレベルの構成要素である。別のレベルでは、システムは相互作用するユニットから成り立っている。

システム理論の目的は、この2つのレベルがどう作動し相互作用するかを示すことにあり、そのためにはこの2つを区別することが必要となる。A と B がどう互いに影響しあっているかを問い、それへの答えを得るためには、A と B を区別しておかなければならないからである。いかなるアプローチであれ理論であれ、それが真に「体系的」と称されるためには、システムレベル、すなわち構造が、相互作用するユニットのレベルからどう区別されるかが示されなければならない。さもなければ、体系的アプローチもシステム理論もありえ

---

1 私は以下のシステム理論およびサイバネティクスに関する著作がとくに有用だと考える。Angyal (1939), Ashby (1956), Bertalanffy (1968), Buckley (1968), Nadel (1957), Smith (1956, 1966), Watzlawick *et al.* (1967), Wiener (1961)。

図 3.1

```
┌──────────────────┐
│  国際政治の構造  │
└──────────────────┘
     ↑      ↓
┌──────────────────┐
│ 相互作用するユニット │
└──────────────────┘
```

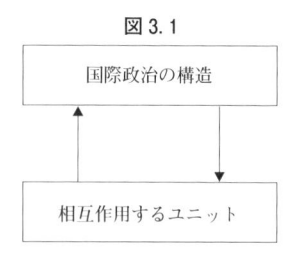

ない。構造を定義するうえでは、ユニットの属性やユニット間の関係は排除されなければならない。それらが排除されてはじめて、構造の変化と構造のなかで起こる変化とを区別することができるようになるのである。

　システム理論を批判する者は、それが明らかにしようとするものが何かをしばしば誤解している。なかには、システム理論とは均衡の条件を定義しそれがどう維持されるかしか示そうとせず、全体としてのシステムを扱っているだけだと批判する者もいる。他方、システム理論は、因果関係が上から下へしか働かないかのようにとらえ、システムがユニットの行動や相互作用をどう決定するかを示すだけだと批判する者もいる。しかしシステム理論家のなかに、前者の目的に限定した者や、後者のやり方を採用した者もいるからといって、システム理論を見限ったり非難する理由にはならない。国際政治において、システム理論に関心を払うべきであり、またそれが成果をあげる可能性があるのは、つぎの2点においてである。第1には、さまざまな国際システムが今後たどる方向を、たとえばシステムの耐久性や平和の度合いを示すことによって、描くことである。第2には、システムの構造が相互作用するユニットにいかに影響し、そうした相互作用が逆に構造にどう影響するかを示すことである。

　体系的なアプローチでは、国際政治システムを図3.1に示されるようにとらえる。体系的なアプローチを理論化するためには、通常曖昧にしか認識されていないシステムの力や影響を、より精密に特定化して、システムがどのようなユニットから成り立っているかを述べ、体系的な原因と下位体系の原因との比重を明示し、あるシステムと別のシステムではシステムの力と影響がどう変化するかを明らかにしなければならない。以下、本章では、3人の著名なシステム理論家の著作を検討し、これらが達成されているかどうか、あるいはどのくらい達成されているかを考えてみよう。

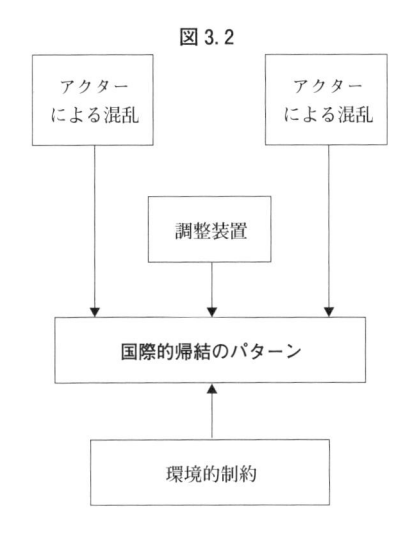

第3章 体系的なアプローチと理論

図 3.2

```
[アクターによる混乱]        [アクターによる混乱]
         |      [調整装置]       |
         |         |            |
         ↓         ↓            ↓
        [国際的帰結のパターン]
                ↑
         [環境的制約]
```

I

　R. ローズクランスにとって、国際政治システムは図3.2のようになっている（Rosecrance 1963, p. 229）。彼の枠組みは、(1) 混乱の源泉もしくは入力、(2) 調整装置、(3) (1) と (2) を (4) に変える環境的制約、(4) 帰結、の4つの要素からなっている（1963, pp. 220-21）。混乱は国家によってもたらされる。国家のエリートたちが革命的で、自由に使える大量の資源をきちんと掌握できていない場合は、いっそうそうである。他方、エリートたちが保守的で、限られた資源供給をしっかりと管理している場合には、それほどでもない。調整装置は、異なる歴史的時期によって、ヨーロッパ協調や国際連盟のような制度として現れる場合もあれば、同盟や勢力均衡政治といった、ある国家が他国の妨害的な行動に対抗する非公式の過程として現れる場合もある。環境とは、政策に影響を与える物理的な制約の集合のことであり、たとえば帝国主義の時代における植民可能な土地供給がそれに当たる（1963, pp. 224-30）。さて、この定式化のなかで、国家の行動を条件づけ、その相互作用の結果に影響を与えるような、システムレベルの概念は果たしてどこにあるだろうか。「どこにもない」というのがその答えである。ローズクランスは、理論を発展させたのではなく、分析枠組みの概略を述べただけである。特定の歴史的時期においてもっとも重

要な要因に見えるすべてのものが、この枠組みに入れられ、相互作用と結果を描写するのにシステム論の用語が使われているにすぎないのである。

さらにいえば、ローズクランスは、到達しようとする結論が導かれるようなかたちで自らの枠組みを構築している。彼は、エリートの国内的不安定性が国際的不安定性と相関する傾向があるという「発見」を発表し、これが、今昔のさまざまな見方と対照的だと考えている (1963, pp. 304-305)。しかし、この相関はそれほど高くないようである。ローズクランスによると、ナポレオンもヒトラーも、どちらも「国内政体の転覆」を恐れてはいなかったが、ローズクランスの分析対象である220年のあいだでは彼らこそもっとも大きな国際的混乱要因であった。また、1945年から1960年の時期には、不安定なエリートをかかえる中立国の一群が、国連とともにシステムの調整装置であった (1963, pp. 210-11)。にもかかわらず、ローズクランスが出す結論は、想定されている相関関係の高低に関係なく、アクターの行動が国際政治の結果を決定するという結論だけなのである。ローズクランスの分析枠組みは、国家に「混乱をもたらすもの」としての役割をあてるが、国家はまた明らかにシステムの調整装置の一部でもある。環境は純粋に物理的なものであり、システムレベルで作動している要因がほかに何も同定も仮定もされていないため、国際システムはそのアクターとみなされるユニットだけで決定されることになるのである[2]。

以上述べたところの大部分は、ローズクランスに対する批判ではなく、彼が行ったことの解説である。彼はシステムの構成要素を提示し、彼の言葉によれば、「これらの構成要素における変化がいかに国際システムにおける変化を生み出すか」を示すのだという。その作業を彼は、「体系的実証分析」と呼ぶ。それは実証的であり分析的ではあるが、体系的ではない。単に秩序だった手法が使われた、というだけにすぎない。構成要素がすべての変化を生み出しており、どの構成要素もシステムレベルにはないのであるから、それはいかなる意味においても体系的ではない。「システムの変化、安定性、および不安定性は、相互依存的ではない」(1963, pp. 220, 232) とローズクランス自身が述べているように、彼が描写するシステムは、国家の行動や相互作用になんの影響も与え

---

2 大学の教科書である後年の著作 (Rosecrance 1973) では、ローズクランスはより一般常識に依拠し、理論的な革新や厳密さを控えている。それゆえ、ここでコメントすることはしないが、彼がかつての結論の多くを修正していることについては言及しておくべきであろう。

ていないのである。これは、彼がさまざまな時代における国際政治システムをどのように描いているかということから明らかである。たとえば、1789年から1814年までの国際政治と1918年から1945年までの国際政治は、「２極」であったと述べているが、これらの時代がすべて２極性で特徴づけられるなどと信じる人はだれもいないし、またそう信じるべきでもない。そうなら、なぜナポレオンは何度も連合国軍を敵にして戦うという展望を喜んだのか。どちらの時代も、政治の焦点は、一方が連合を形成・維持しようとし、他方がそれを妨害・破壊しようとすることにあった。連合は、最終的には戦争という厳しい試練のなかで形成されたが、それでもなお、とりわけ前者の時期においては、その信頼性は不確実であった。したがって、ローズクランスがこの２つの四半世紀の期間を２極と呼び、その国際政治を説明しようとするのは不可能である。２極性は、これらの時代の終わりにあった国家の同盟関係をよく表す用語として使われており、国家の行動を条件付け結果に影響を及ぼす政治構造を表す用語として使われているわけではない。つまり、結果はシステムレベルにおいて見出されているものの、その原因は下位体系レベルで見出されているのである。

　ローズクランスのアプローチは還元主義的であり、体系的ではない。しかし、彼の研究は国際政治における体系的アプローチの主要な使われ方のひとつを表している。つまり、そこでは語彙を増やすものとして、また複雑な研究事象を整理するうえでの分類として、使われているのである。ゆえに、彼の研究は、体系的理論というよりも、その分類法がどれだけ役立つか、その歴史的叙述はどう評価できるか、といった観点から判断されるべきなのである。

Ⅱ

　S. ホフマンは、とくに初期の著作においては、彼の教え子であったローズクランスとは決定的に異なっているようにみえる。ホフマンは「国際システム」を「国際政治の基本ユニット間の関係のパターン」と定義し、とりわけその「パターンは世界の構造によって主に決定される」(Hoffmann 1961, p. 90)と述べている。これは、まさにシステムレベルの要素としてとらえられる何らかの構造を含む体系的理論をめざしているようにみえる。しかし、残念ながら、この構造は、あまりにも包括的で曖昧に定義されていて、明確な意味がすべて

失われてしまっている。これは偶然起こった不幸ではなく、ホフマンの目的と方法が招いた必然的結果である。このことを以下で説明しよう。

まず、ホフマンの見解では、「国際システムは分析の枠組みと前提の両方である」。「分析の枠組み」もしくは「知的構築物」としてのシステムとは、大量で複雑なデータを整理するひとつの方法であり、抽象化されたものである。他方、前提としてのシステムとは、「人為的でも恣意的でもなく、見分けられる関係や重要な変数のパターンが明確に峻別可能なかたちで存在する」という主張である。だとすると、システムは現実的なものでもあるということになる。これはホフマンの著作に支配的な考え方である。つぎの一節は、彼の方法と目標についての基本的表明である。

> 国際政治の歴史社会学では、政治学者が現実の（想像上のとは対照的な）国内政治システムを研究するのと同じように、歴史に登場した国際システムの研究に努めなければならない。

国内システムなるものが存在することについて、彼は確信をもっている。一方、国際システムの存在は、「より仮定にもとづいたものである」。その分、国際政治学者は、熱心に現実を探し求めなければならない。「規則的で」「一定の緊密さに達した」ユニット間の関係、「相互依存関係についての多少の認識」をもつユニット、さらにはユニットの内部で起こる事象からはっきりと区別される、具体的な国際的構成要素を探さなければならない、というのである（Hoffmann 1961, pp. 91-92; 1968, pp. 11-12も参照）。

これらの点は、ホフマンの方法の基礎がどのようなものであるかを明らかにしている。国内政治システムの「存在」が「確実である」というとき、ホフマンは政治の体系的アプローチのためには、研究者は政治システムを「現実」として定義し描写しなければならないという前提に立ち、システムについて独特の定義をしている。しかし、ホフマンが自明と考えていることが、実は問題なのである。国内政治システムが確実に存在しているということは、決して自明ではない。政府はたしかに存在するが、政治システムは単に知的構築物として考えることもできる（Manning 1962, Chapter 3を参照）。実際、そう考えない限り、システムを概念やアプローチとしてましてや可能なひとつの理論として、

第3章　体系的なアプローチと理論

とらえる理由も意味もないのである。

　にもかかわらず、ホフマンは、知的構築物としての政治システムについて書き始めるや否や、すぐさま現実としての政治システムを熱心に追求し始める。ホフマンは分析の枠組みについてはほとんど述べることがないため、構築物としてのシステムの意味や概念そのものは、わかりにくいままである。現実の国際システムを追求するならば、どういう道筋をたどらねばならないのか。それは、部分についての知識から全体について推論するのである、という。観察できるのは部分だけであり、たどることができるのは部分の行動の道筋であり、理解できるのは部分の目的だからである。このため、ホフマンは、R. アロンを賞賛する。というのはアロンが「研究対象の行動形式について、参加者が理解している意味と逆であったり、もしくはそれとかけ離れたりする説明をするいっさいの科学を否定」しているからである。ホフマンはさらに、「特徴的な行為主体と行動形式から始めなければならない」と付け加える（Hoffmann 1963a, p. 25）。ホフマンは、自身をモンテスキュー、トックヴィル、アロンの弟子であるとしている（Hoffmann 1964, p. 1269）が、これら巨匠たちの方法は歴史社会学であり、それはつまり帰納的アプローチなのである。

　以上から、ホフマンがシステムをどのように考えるか、またなぜそのように考えるかが理解できるであろう。また彼のアプローチがなぜ破綻をきたすかも説明される。体系的なアプローチが支持されるためには、システムの部分の通常どおりの作動を表す変化がどういうものであり、ひとつのシステムから他のシステムへの変化がどういうものであるかを言えなくてはならない。ホフマンが異なる種類の変化を恣意的にしか区別できないのは、構造の定義において、ユニットレベルの要素とシステムレベルの要素とを混同しているからである。この混同が必然的に生じるのは、システムを描写することと、システム内の変化がシステムそのものの変化から区別される基準をつくることとを、同時に帰納的に行うことが不可能だからである。目に見える実体とそれらのあいだの相互作用そのものがシステムとされているので、どのような理論や論理を用いても、システム内の変化とシステム間の変化とを区別することが不可能になるのである。

　では、ホフマンはどのように、あるシステムをほかのシステムから区別するのか。ホフマンの考えでは、重要な変化は歴史的比較をとおして際立ち、それ

らの重要な変化はすべてシステムの変化である。システムのなかでの大きな変化もシステム自体の変化である、というのである。しかし、経済の例をあげれば、なぜこれが間違っているのかが容易にわかる。ユニットレベルの変化とシステムレベルの変化を混同する経済学者は、大きな技術的進歩や企業経営上の革命が起こった場合に、競争経済や寡占セクターはその性質を変化させたと主張することになろう。しかし、競争経済もしくは寡占セクターについての理論が改善されたり、よりよい理論によって置き換えられることはあっても、技術の変化や企業の変化がそうした理論の応用可能性に問題を投げかけることはありえない。システムのなかでの変化をシステム自体の変化であると呼ぶと、システムの概念を説明力ある理論に発展させることは全く不可能になってしまう。しかし、ホフマンは国際政治についての著作で、まさにそれを行っているのである。ホフマンは、「潜在的に紛争状態におかれたユニット」がその形体を変えるたびに、また「紛争技術の根本的革新」が起こるたびに、そして「ユニットの目的の範囲」が縮小したり拡大したりするたびに、新しいシステムが出現すると考えている（Hoffmann 1961, pp. 92-93）。このような基準が適用されると、システムの数は大幅に急増する。そういった基準が過度に適用されると、複雑なことになってしまうため、実際はその適用には限度があるはずである。しかし、ホフマンの基準は漠然としているため、研究者は好きなときにいつでも新しいシステムの誕生を宣言できるようになっている。「システム」という言葉のまえに「革命的」、「穏健な」、「安定した」、「2極の」、「多極の」といった形容詞がつくと、それらは想像力豊かに描かれたり詳述されたりして、ある時代につけられる名札もしくは肩書きとなる。「システム」は、その場合、何も説明することがなくなる。すべてについての余すところのない描写がシステムを定義し、その描写を変化させるべき重要な理由があれば、それが何であろうと、そのたびに新しいシステムが生じることになる。こうしてシステムの数は、異なる政治システムがある時代のある場所には1つずつ存在するといわれるまで増加する（Hoffmann 1968, pp. 356-57; Rosecrance 1966, pp. 320-25を参照）。説明を要する現象があれば、その説明のために別のシステムが招へいされて存在することになるのである。とすると、実際には、システムとは単にこれまで観察され描写されてきたバリエーションの反映だということになる。

　ホフマンは次第に、すべてをなんとか構造のなかに押し込めようとする。彼

の「国際システムと国際法」と題された論文（Hoffmann 1961）においては、国家の国内的特徴と国家の意のままになる兵器技術は、構造的要素とされているようにはみえない。しかし『ガリバーの苦難（*Gulliver's Troubles*）』においては、それらは構造的要素として扱われている（Hoffmann 1968, たとえば、pp. 17, 33）。どのような結果に対してもひとつひとつ構造的原因が新たに考案され、しかもそれはアプローチをほとんど還元主義にしてしまうようなやり方で行われている。ユニットの属性と行動が構造的要素であるとされているため、システムレベルの原因はユニットレベルの原因と混同され、しかも後者が支配的になる傾向があるのである。ホフマンはローズクランスの極端さには届かないが、それにかなり近づいている。ホフマンはあるところでは構造を部分の配列（パワーのパターン）によって定義し、またあるところではこれらの部分の特性（国家の同質性もしくは異質性）によって定義する。国家の具体的な特性、すなわち支配者たちの野望、彼らの用いる手段、国家の統一度、政治制度の特質などが、すべて構造の定義の一部となっているのである（Hoffmann 1961, pp. 94-95; 1968, pp. 17-18）。実際、国家の政策や国際的事件に関するホフマンの説明は、ほぼすべて国家や政治家の特徴にもとづいている。

　要するに、ホフマンは、外交政策や国家の相互作用がもたらす結果に重要な影響をもつと考えられるものの総体を、「構造」と定義しているのである。しかし、そうすることで、彼は、原因同士の混同、また原因と結果の混同を生じさせている。パワーの配置に加えて、国家の同質性や異質性をも単一の構造の定義に収めるのでは、抽象化のレベルが異なる要素同士を結合させることになる。「パワーの配置」は、国家の特徴のうち、その能力以外のすべてを捨象する。しかし国家の同質性や異質性を構造的要素として含めると、構造の定義に多くの内容がもたらされ、抽象化のレベルは低くなってしまう。このため、国家の物理的能力のみならず、政治的組織化の形態、またそのイデオロギーや目標を問うことが必要になる。すると、構造とはシステムレベルの構造的特徴によって影響されうるユニットレベルの要素までをも含むことになってしまう。

　1つの構造の定義のなかに異なるレベルを結びつけようとすると、重要な問いに答えることが不可能になるばかりか、そうした問いを発することすら妨害されることもある。たとえば、パワーの配置として定義される構造は、どのように国家の性質に、すなわちその目標や手段の選択、さらにはその国内的組織

形態といったことにまで影響を与えるのか。逆に、異なる国際構造はどの程度、国家の国内的組織形態や行動の多様性に敏感であるのか、といった問いである。ホフマンの方法は、せいぜい国際システムを描写するか、それについての印象を伝達しているにすぎない。それでは、システムに対してあるいはシステムのなかで何が起こるかを、説明できないのである。にもかかわらず、彼は説明できると主張する。たとえばホフマンは、「穏健な」システムと「革命的な」システムの区別をする。前者はパワーが多極に分布し、目標と用いる手段において国家間の同質性が高く、他方後者はパワーの分布が2極であり、国家間の異質性が高い、とされる（Hoffmann 1968, pp. 12-14; 1965, pp. 89-100も参照）。しかし、分類が役に立つのは、原因が注意深く特定されたときである。分類とは、異なる国際システムが経験した歴史的運命に合致するような一定の予測を促す場合に有用なのである。このことからすれば、ホフマンが、「現在のシステムも比較的穏健である」と述べたあと、「この安定性は革命的目的に̇も̇か̇か̇わ̇ら̇ず̇、また一見2極に見えるに̇も̇か̇か̇わ̇ら̇ず̇達成されている」（1968, pp. 20, 33, 傍点ホフマン）と述べているのには、いくぶん落胆せざるをえない[3]。

　この結論によって明らかなとおり、ホフマンにとって、システムレベルの概念としての構造は、多くを説明するものではなく、また国際政治がある一定の結果に落ち着くことを示すものでもない。ホフマンは、2極や多極といった構造そのものが国家の目標や行動に影響するとは考えない。彼がそういった考え方を長期にまた一貫して追求できないのは、かつての国際システムについての論評で彼が明らかにしているように、「システムの穏健さもしくは非穏健さは主要なユニットの目標を調べることによって測ることができる」と考えているためである（1968, p. 33）。たしかにホフマンはシステムの影響についてときどき触れているが、その影響はいつも、統治者の野望か、あるいはそうでなければ兵器技術の影響によって、容易に覆えされてしまうように見える。彼のシステムは間に合わせでつくられているため、多くの構造の要素——そのほとんどは下位体系のレベルにある——のなかから何でも自由に選ぶことができ、こ̇の̇

---

[3] 核兵器が2極的世界を穏健なものにするというのは、当たりまえの、しかし役に立たない解答である。ホフマン自身は、何度かそのように述べたことがある。しかしこの解答は、ではなぜそうなのかという問いを生み、体系的アプローチをあきらめてしまったことを示すだけである。なぜならそのような解答では、異なるシステムのもとでは核兵器の影響にいかなる差異が予測されるのかをただちに知りたくなるからである（本書第8章を見よ）。

第3章 体系的なアプローチと理論

場合にはあの要素が結果を説明する、といえるようになっている。だとすると、重要なのはホフマンがシステムについて注意を喚起したということでしかない。システムの影響が主観的に、またかなり恣意的に決められているからである。

ホフマンは、一貫してアロンの弟子であると自称している。2人の理論的傾倒は同じであり、2人ともつねにインサイド・アウト〔中から外へ〕の説明をする傾向がある。アロンは、「システムによってアクターが規定されてきたというよりも、主要なアクターがシステムを規定してきた」（Aron 1966, p.95）と述べている。ホフマンにとっても、アロンと同じく、結果はシステムに影響されるよりも、大半はユニットによって決定される。もしかしたら彼らは正しいかもしれない。しかし、探求すべき基本的問題は、まさに、システムとユニットの影響の強さがシステムのタイプが異なれば違ってくるかどうかだ、と考える人もいるであろう。アロンとホフマンは、この問いに対して任意にある特定の答えを出してしまっている。任意に答えるからこそ、参加者の意図と行動形式とが一致しなければならないという前提を理論家は守るべきだと、彼らは主張できるのである。

インサイド・アウトの説明に過度にコミットしているホフマンは、自分自身のイメージで、かのルソーすらつくり変えてしまう。ルソーがほかの政治思想家たちのなかでも際立っているのは、参加者の属性や行動の観察だけから結果を推論するのが不可能だと強調した点においてである。人の場合でも国家の場合でも、行動の文脈がつねに考慮されなければならない。文脈そのものが結果を変えると同時に、主体の属性や目的や行動に影響を与えるからである。しかし、ホフマンは、ルソーの「戦争と平和の問題の解決」は、「世界中に理想的な国家をつくること、そうすればカントが述べたような世界連盟の必要もなく、平和が訪れる」（Hoffmann 1963b, p.25）という内容だと考えている。興味深いことに、ルソーはそうした考えを拒絶し、ほとんど嘲笑しているほどである[4]。もちろん、複雑な事がらを深遠にかつ冗舌に議論する人びとの著作のなかには、どのような解釈とも整合的な証拠を見つけることができるものである。それゆえ、ルソーが高度に自給自足の国家同士が相互にほとんど接触をもたない場合

---

[4] ルソーの著作のなかでも代表的な言明は以下のとおりである。「したがって、共和国はそれ自体がうまく統治されていたとしても、不正な戦争をすることもある」（Rousseau 1762, pp. 290-91; Waltz 1959, pp. 145-86も参照）。

の平和の可能性について言及すると、ホフマンは、ルソーがそういった国家の国内的性質、つまりその善良さが平和の原因であると考えていると解釈する。しかし、ルソーがここで与えているのは逆に、環境による説明、すなわち、国家がただ互いに離れた関係に置かれている場合には紛争を経験することがほとんどない、という説明なのである。ホフマンの解釈は彼自身の理論的先入観と一致しており、そのために、ルソーの政治哲学全体を覆してしまうような国際政治についての結論を、ルソーのものと考えてしまっている。

ルソーについてのホフマンの論文は、ルソーの哲学と根本的に相反するが、それなりに鋭く、それは理論的にコミットすることがどのような力を生み出すかを物語るものである。そのような力は、他の理論家についての解釈のみならず、世界の解釈にも影響を与える。1970年代の国際政治について書いた本のなかで、ホフマンは2極世界が終わり、5つの大国が台頭しつつあることを宣言し、世界はフランス革命前後のように穏健で安定したものになると主張した。しかし、彼はそれ以前には、2極の世界も非常に穏健で安定していると述べていたのである（Hoffmann, March 6, 1972, p. 33; March 7, 1972, p. 39; Hoffmann 1968, pp. 343-64も参照）。

また、アクターの期待の変化とシステムの変化とは、一貫したかたちでは全く関連づけられていない。システムを定義するうえでの曖昧さに匹敵するのは、システム的な推論を行う際の彼の無配慮である。5大国からなる世界の到来を高らかに叫ぶと同時に、ホフマンは、5つの主要国は能力において同等ではないとすぐさま付け加える。数を数えるならば、同じ物の数を数えるべきであろう。しかしホフマンはそのうちの2つは「超大国」であり、他の3カ国はそうではないことを見出す。つまり、ホフマンの5という数は、異なるものを足して得られたものである。しかし、実はそれも重要ではない。なぜなら、ホフマンにとって、システムがどういうものか、あるいはシステムがどういうものになるかは、国家間のパワーの配置ではなく、その政策や行動によって決まるからである。これは、つぎの結論によく表れている。すなわち、アメリカが効果的な戦術で適切な目標を追求しない限り、「われわれは、よくても（あるいは最悪の場合？）3極の世界を迎えることになるだろう」という結論である。この結論は毎度ながら還元主義的に得られている。他国の地位や国際システムの

特徴が、アメリカの政策によって決定される、というわけだからである。

国家は自らの状況をつくり出す、といわれれば、人は賛成するかもしれない。しかし、ここまで検証してきた体系的アプローチは、そこで原因の特定を止めてしまう傾向が強い。システムレベルとユニットレベルの原因の比重はシステムによって異なってもおかしくないので、そうした傾向が強いのは不幸なことである。国際政治をシステムレベルから考察するのが有用であるということは、システムが国家の属性や行動を決定すると主張することではない。むしろ、異なるシステムにおいて、ユニットレベルとシステムレベルの要因の比重がどう違うかという、理論的に興味深く実践上重要な問題を、オープンのままにしておくということなのである。

ホフマン自身、国際政治学のコペルニクス的革命を呼びかけたことがある(Hoffmann 1959, p.347)。そのような革命は、国際政治をシステムレベルの見地から眺めることを必要とする。しかし、システムとは現実的なものであり、アクターはそれを認識していなければならず、理論家による分類は政治家の目標と一致していなければならないと主張するホフマンは、彼自身が呼びかけた革命を起こすことができない。コペルニクス的革命なきまま、ホフマンにはプトレマイオス的解決法が残されているのみである。プトレマイオスの天文学は、地球の運行を天体に投影し、幾何学的な工夫によってずれを補正するものであった。プトレマイオス的な国際政治学とは、システム全体がもつ影響を分析からはずし、そういった影響を国家の属性と行動のレベルで印象論的にとらえ直そうとするものである。国際システムを構成するユニット内で目立った変化が起こるたび、ホフマンが新しいシステムの登場を宣言するのはこのためである。

ホフマンのアプローチには、長所もかなりある。その長所がこれまでの批判で見失われることがあってはならない。システムと構造についての彼の概念化は、国際政治学者が関心をもつべきすべての要因をとらえている。関係のパターンとして、また全体的な構造をもつものとしてシステムをとらえ、統治者の行動や国家の運用に影響し、関係のパターンを形成する要素の集合として構造をとらえているところである。しかしながら、ホフマンは、すべてを構造のなかに入れたいという誘惑に負けてしまった。そのため、国際政治理論の基礎として、異なる要素を認定したり、抽象度の異なるレベルを定義したり、因果関係を構築したり、繰り返し起こる行動パターンや異なる国際システムに期待さ

れる効果の範囲を見出したりするために、ホフマンのシステムの分析枠組みを用いることはできないのである。国際政治学者に対してホフマンが教える内容は、危険なまでに、つぎのようなことに近い。「多くの要素のすべてが国家間関係に影響することを覚えておけ。そうすれば、歴史や公的な事がらについての知識によって、どの要因がいつもっとも重要な影響力をもつかを、聡明な人びとがやがてわかるようになる」。

　このように、ホフマンは、理論を発展させたのではなく、ある特定の知的アプローチへの強いコミットメントを示したのである。このアプローチゆえにホフマンの判断には一貫性がある。国際システムの現実への彼のコミットメントと、政治家が効果的に行動するためにはシステムを正確に「見なければ」ならないという彼の確信が、その著作を生き生きとしたものにしている。そして、知覚の敏感さと洞察の鋭さも、みごとである。しかし、理論については、それが少しほのめかされたとしても、粗雑であり、混乱したままなのである。

Ⅲ

　体系的と呼ばれるにふさわしい国際政治のアプローチは、システムレベルの要素についての知識から、国家行動やその相互作用の結果についての予測を引き出すことを、少なくとも試みなくてはならない。ホフマンや、とりわけローズクランスの場合、重要な説明が国家および政治家のレベルでなされるため、システムレベルのものはすべて生産されるものであり、何かを生産するものでは全くない。システムレベルの概念としての構造が実際に何らかの原因となっているとみなす体系的アプローチは、なかなか見当たらないものなのである。しかし、M. A. カプランは、入念かつ一貫性をもってそのような見方をする数少ない主要な理論家のひとりに見える。カプランは、自分が試みる理論を「行動のシステム」と呼ぶが、彼の６つのシステムを差別化する特徴は、その組織化の原則とパワーの配置にあると思われる。さらに、カプランはこれらの要素の違いから、結果についての説明を引き出しているようにも見える。実際、カプランの研究はまさにそのような内容のものであると通常いわれており、賞賛されたり非難されたりしている。たとえば、R. J. リーバーは、この分野に関する有益なサーベイ論文のなかで、「カプランの実際のモデルは、複雑なシ

ステムの構造がそのパフォーマンスの特徴を決定する傾向にあるという仮定を反映している」と見立てている (Lieber 1972, p.134)。ホフマンもこの見立てに同意するが、彼はむしろそれゆえに、カプランを非難している。すなわち、カプランは国家の多様性を見落とし、システムそれ自体に意志があると考え、システムがアクターに役割を割り当てると仮定し、構造が必然性や目標を決定したりすると信じ、国内的な力を無視している、というのである (Hoffmann 1959, pp.360-61)。

カプランが仮定を単純化し、国家の多様性や国内的力について詳述していないのはそのとおりであるが、国際政治についての理論を構築しようとする本において、それは自然なことであり、正しいことである。むしろ理論的に重要なのは、システムの異なる部分や異なるレベルで作動するいくつかの原因を彼がどう定義し、どう位置づけ、何に重きを置き、どれとどれを関連させているかという問題である。この問題については、リーバーの見立てもホフマンの批判も的をはずしている。以下、カプランが行ったことを検討しよう。

カプランは、完全に演繹的な理論を発展させたとまでは主張していないが、彼の主張は息を飲むほど大胆なものである。1964年に彼は、その7年前に公刊された自分の著作を顧みながら、自分の理論が所与の条件下における最適な国家行動への処方箋を提供し、合理的で完全情報をもつ政治家の行動を予測し、均衡値から離れたパラメーターとして結果を説明もしくは予測するものであると主張した[5]。これは並外れて大胆な主張である。しかし、残念ながら、カプランはそれに見合うだけのものを達成するには至っていない。国際政治の体系的理論を構築するカプランの努力がなぜ実らなかったのかを述べることで、成功へのよりよい道が開けるかもしれない。

カプランは6つのシステムを分析している。それらは、勢力均衡システム、緩い2極システム、緊密な2極システム、拒否権ユニットシステム、普遍システム、階層システムである[6]。彼は、さらに、それぞれのシステムの状況を描写する5つの「変数」を特定する。それらは、「システムの基本ルール、変容

---

[5] 1957年版および1964年版に付された、頁番号のない序文を参照。あとのほうの版には両方の序文が含まれているが、それ以外はまえの版と全く同じである。
[6] カプランはこれらすべてのシステムを「国際的」と呼んでいるが、後半の2つには政治的下位システムが含まれているため、カプラン自身の国際システムの定義には当てはまらない (Kaplan 1964, pp.14, 21, 45)。

ルール、アクターの分類変数、能力変数、そして情報変数」(Kaplan 1964, p. 9)である。この5つの変数の相対的重要性および相互作用は示されていない。それゆえ、カプランの体系的アプローチは理論として構築されているとはいえない[7]。もっとも、5つの変数のうち、「システムの基本ルール」には、重きが置かれているようではある。

6つのシステムのなかでは、勢力均衡システムにカプランはもっとも多くの関心を払っている。それは、19世紀を念頭におき、少なくとも5つの主要なアクターが存在するものとして、恣意的に定義づけられている[8]。そのルールとは、以下のようなものである。

1．能力が増大するように行動する。ただし、戦うよりは交渉する。
2．能力増大の機会を逃すよりは戦う。
3．主要なアクターを消滅させるまえに戦いを止める。
4．単一のアクターもしくは連合がシステムの他の部分に対して優位に立とうとすることに対しては、対抗すべく行動する。
5．超国家的な組織化の原則を採用しているアクターに対しては制約すべく行動する。
6．敗北したり制約を受けたりした主要アクターを、適格な役割を担うパートナーとしてシステムに再び参入させる。あるいは、以前に主要アクターに分類されていなかったものを主要アクターの仲間に入れるべく行動する。すべての主要国を、受け入れるべき役割を担うパートナーとして扱う。

またカプランは、別の頁で、上記の6つのルールはつぎのような特徴をもっていると言っている。まず、これら6つのルールは、〔現実を〕描写するものであるとともに〔現実に対して〕処方箋を与えるものでもある。また、これらのルールは基本的で相互依存的であり、互いに均衡している。ただし、アクターへの処方箋としては、これらのルールには一貫性がなく、矛盾している(1964, pp. 9, 25, 52-53)。一貫性がなく矛盾しているのが確かであることは、W. H. ライカーが断じたとおりである。カプラン自身が明らかにしてしまっていることであるが、「参加者は必然的にある時点でルールの矛盾に直面し、

---

[7] 体系的アプローチと体系的理論の区別については、Gregor (1968, p. 425) を見よ。
[8] 定義が恣意的であることについての説明は本書 p. 156 以下を見よ。

どのルールに従うのかを決めなければならなくなる」。具体的には、ある一定の条件下では、ルール1と2に従うことは、ルール4に違反し、おそらくルール3に違反する可能性も高い（Riker 1962, pp. 171-73）。

ルールを以下のように書き直すと、問題の源が明らかになる。

A. 能力を増大させるために、できるだけ安上がりに行動する（カプランの1と2）。
B. ルールAに従って行動するほかのアクターから、自分自身を守る（カプランの4と5）。
C. システムにとって不可欠なユニットの数を維持するよう行動する（カプランの3と6）。

カプランが指摘するように、ルールAは「利己的」であり、ルールBは「合理的」、もしくは常識的といえるかもしれない。しかし、ルールCが作動するかどうかは、システムに社会化されている個々の国家にかかっている。つまり、各国家が自らの行動計画として、システムの要請を採用するか否かにかかっているのである（1964, pp. 23-27）。ルールAとBは、ミクロ経済理論にも相当するものがある。すなわち、許されるすべての手段を使って利潤を追求すること、また競争しているほかの企業から自らを守ること、である。他方、もしルールCが経済学的用語に翻訳されるとすれば、いかなる主要な企業も破産に追い込んではならないということになるが、企業がそのようなルールに順応するというような仮定は、経済理論のなかには全く存在しない。人間や企業は利潤を最大化しようとして行動するという仮定と、それは明らかに矛盾するからである。国際政治においては、これと似たような矛盾に容易には気づかない。国際規範を受容したり国際システムに国家が社会化されることはもちろん起こりうる[9]。ただ、この起こりうる結果を、カプランはシステムについての仮定に変えてしまっている。従属変数を独立変数に変えてしまっているのである。国家間の関係に法則的な規則性を探し当てることはできるかもしれない。しかし、それらが見つかったとしても、結果の表現である法則と、結果を生み出している行動ルールとは、注意深く区別されなければならない。ホフマンと

---

[9] Weltman（1972）は、カプランの恣意的なルール抽出を鋭く批判している。

同じくカプランも、アクターは動機づけられた場合にのみ所与の結果を生み出すかのように述べている。カプランの場合に、これがより驚きであるのは、彼が一般システム理論に従っていると主張しているからである。一般システム理論の基本命題のひとつは、システミックな制約は、それがない場合にある原因が生み出したはずの結果を修正する、というものだったはずである。しかし、カプランは、何が動機で何が結果であるかを特定するための根拠を全く提供していない。こうした誤りが何をもたらすかは、かつてカプランの学生だった研究者による論文がよい例を示している。理論によって誤って導かれたその学生は、本来ならば予測されて当然のこと——14世紀および15世紀のイタリア都市国家がカプランのルール1とルール2に従わなかったということ——を発見し、驚いているのである（Franke 1968, pp. 427, 436, 439）。

　これまで言及してきたのは、国際的と呼ぶことのできる彼の4つのシステムに共通するものであるが、カプランの多様なシステムには他の問題もある[10]。こうした問題はなぜ生じるのであろうか。一般的に答えれば、カプランは、国際政治の扱いにくい素材を加工して、体系的アプローチの精密でしかも要求の高い枠組みに結びつけるための概念を発展させることに失敗したのである。体系的アプローチが単にぎこちない語彙からなる分類のための手段ではなく、ひとつの理論へと発展する可能性があるとすれば、特別な要求が満たされなければならない。

　カプランがこういった要求を満たせないことは最初から明らかであった。彼によれば、行動のシステムとは、「以下のような変数の集合である。すなわち、変数相互が環境とは対照区別されながら関係づけられるので、描写可能な行動の規則性が変数間の内的関係や、その変数の集合と対外的変数の組み合わせとの外的関係を特徴づけるようなもの」である。また、カプランは、システムには「時間を超えたアイデンティティーがある」と付け加える（Kaplan 1964, p. 4）。これらの定義は悪くないが、それに従うと彼は、まず第1にシステムを定義し、システムの環境を示し、この両者のあいだに境界を引かなければならないことになる。そして第2に、システムのアイデンティティーがその

---

[10] ここまで言及してきた問題は階層システムや普遍システムには当てはまらない。これらのシステムのルールは、ルールを適用するエージェントが存在するという意味で、国際システムのルールとは種類が異なっている（Kaplan 1964, pp. 45-50を見よ）。

内部の変数や変数間の相互作用から区別されるように、システムの構造を定義しなければならないことになる。しかしながら、カプランは、この2つの問題を解決していない。

まず、カプランは、国際システムとその環境とを同視しているか、もしくは混同している。システムのモデルについて、カプランはつぎのように述べる。すなわち、「変容ルールによれば、システムの境界を越えるようなインプットとしてシステムに変化が起き、それが均衡に必要なものと異なる場合には、そのような変化はそのシステムを不安定にするか、新しい安定的なシステムへと向かわせる」(Kaplan 1969, pp. 212-13)。しかし、国際システムとその環境との境界、もしくは国際システムとほかのシステムとの境界はどこにあるのか。そして、外からやってくるものとは何なのか。カプランの定義では、国際システムに重要なすべてがその内部にあるはずであるのに、カプランは、国際システムの特質は「システムの外からの妨害によって変化する」と述べている(Kaplan 1964, preface)。では、環境とは何であり、妨害がやってくる他のシステムとは何なのか。

カプランは、環境を描写することも、境界を設定することも、国際システムがいかに他のシステムと調整するかを示すこともしない。読者は自らこれらに対する答えを探して迷走せざるをえない。カプランの「変数」のうち2つは、システムレベルで作動しているようである。その変数とは、基本ルールと変容ルールである。ここにおいて、カプランは、われわれを循環論法のなかにとらえてしまう。いま仮に、基本ルールを一定のものとしてとらえた場合、カプランの仮定と定義によれば、どのような所与のシステムも、国家がそれらのルールに従う限りは、永遠に均衡にあること（すなわち、安定的な均衡状態にあること）になる。その理由は単純に、カプランがアクターの動機づけと行動を、アクターの行動の帰結もしくは結果と同一視しているからである。変容ルールが役割を担うのは、「基本ルールに特徴的な行動に変化が導かれるような環境条件であるとき」だけである (1964, p. 10)。しかし、いかなるシステムにおいても、アクターが基本ルールに従い続ける限りは、環境条件の変化は起こらない。ここでの「環境条件」という言葉は、システムの環境ではなく、国家の環境を意味するからである。国家の環境とはもちろん国際システムのことであり、

国家が基本ルールに従う限りそれは変化しない。ここに循環論法がある。

　この循環は、いかに断ち切ることができるのか。変化はいかにして起こるのか。カプランは、変化の起源が、システムのそれ以前の状況に由来する可能性に言及しているが、彼が国際政治を語るとき、この可能性をフォーマルに体系だった仕方で扱っているわけではない。実際、彼にとって、国際システムの変化の源泉は、アクターの行動、具体的にはアクターが基本ルールを破ることにあるのである。国家そのものが「システムの外からの妨害」なのである。しかし、そうだとすれば、カプランにとっては、国家が国際システムの環境であるという側面をもつことになってしまう！[11]。カプランが、国際システムを環境との関連において有用なかたちでとらえることができなかったのも、システムと環境とのあいだに境界線を引くことができなかったのも、当然である。カプランは上で述べた〔体系的アプローチであるための〕第1の要求に応えていないのである。

　また、カプランにとっては、第2の要求、すなわち国際システムのアイデンティティーを構築することも、同様に問題である。それは、カプランが国家を見るときの別の視点、つまり、彼が国家を国際システムの環境としてではなく、その下位システムとして考えていることに気づけば明らかであろう。カプランによれば、国家とはそれ自体システムであるとともに国際システムの下位システムでもあると位置づけられ、妨害を生むシステムとしてとらえられている。カプランの定義では、緊張、機能不全、不安定を引き起こす事件は、環境としてとらえられるにしろ、下位システムとしてとらえられるにしろ、アクターそのものから生じなければならないことになっている。カプランの言葉では、国際システムでは、「下位システムが支配的になる傾向がある」。たとえば、彼は、「勢力均衡国際システムの基本ルールは、システムとしての個々の国家のルールに従属する」という理由で、「勢力均衡」システムを「下位システムが支配的である」ようなシステムであると考えているのである (1964, pp. 17, 125, 129)。

　ここでもカプランの言葉は、毎度ながら曖昧で不正確であり、読者に誤解を生じさせてしまう。本のなかの同じ頁で、彼は、下位システムが支配を共有していること、および主要な下位システムが「寡占市場のような均衡状態に」入

11　この点は Hessler (n.d.) によってうまく説かれている。彼の著作は、この節のほかの多くの点に関しても有益である。

っていくことを述べている（1964, p. 17）。下位システムが支配的であるという発想だけでも頭が混乱するのに、そのような支配が共有されるなどという発想はなおさらである。下位システムが支配しているなどというのは、体系的アプローチを否定する以外ありえないではないか。さらにいえば、寡占市場とは、企業が市場を支配している状態ではない。それは、支配の概念とは逆に、企業が市場にどれくらい影響し、逆にどれくらい影響されるのか、の程度が不確定である市場のことである。経済学においては、企業にとっての環境としての市場の概念がよく定義されているので、市場の影響と企業の影響との程度を検証することができる。しかし、カプランにおいては、国家の環境についての明確で操作可能な定義——構成する国家と関連しながらもそれからは明確に区別されるものとしての環境の定義——が全くなされていない。それゆえ、カプランは、システムの影響度および下位システムの影響度を検証するための方法を何も提供していない。システムやその下位システムが支配的な傾向をもっているとか支配的であるとかというような曖昧な表現で自分を満足させているのは、そのためなのである。

〔体系的アプローチのための〕第2の要件をカプランが満たせないことによってもたらされる結果は、いまや明らかであろう。システムを連関する変数の集合として定義するなどというからには、なぜある特定の変数の束が1つの集合を構成することになるのかを述べなくてはならない。カプランはつぎのようにいう。「システムには時間を超えたアイデンティティーがあるので、多様な時期にわたってそれを描写すること、つまり、その連続的な状態を描写することが必要である。また、そのつぎの異なる状態を生じさせる変数の変化を特定できることも必要である」（1964, p. 4）。これは結構であるが、システムのアイデンティティーを特定するカプランの基準は、貧弱で不完全である。システムのさまざまな状況を描写したり、それらを生み出す変数を特定したりすることができないならば、システムでないというのは、そのとおりである。しかし、それしか言わないのでは、何が変数の集合を単なる束ではなく集合たらしめるのかという事前の問いを置き去りにしているにすぎない。カプランは、この問いの重要性を強調しているだけで、それに答えていないのである。彼のシステムそれぞれの「モデル」は、実際はモデルではなく、単に国際政治を理解するのに重要だと推測される変数の束である。システムについての変数は、システ

ムの内容を表す。しかし、苗字が同じカプランでもエイブラハム・カプランはこう述べている。「あるシステムが他のシステムのモデルであったとしても、それらは形式は似ているが内容は異なっていなければならない」。そして彼は、構造的な特性は高度に抽象的であると、つけ加える。「なぜなら、そのような特性は、個々のものが関係のなかでどう位置づけられるかということから完全に独立した、関係性の特徴のみにかかわるものだからである」(Kaplan 1964, pp. 263-64) 訳注。しかし、モートン・カプランのほうは、形式の問題には関心すら払っていない。この関心の欠如は、彼の行動‐体系アプローチ」から自ずと生じている。彼は異なるシステムを、異なる構造の観点から考えるのではなく、「統合的な活動の程度を測る尺度に」当てはめる (Kaplan 1964, p. 21)。「理論、とくに体系的理論は、異なる学術分野からの変数の統合を可能にする」という、さもなければ不可解な彼の言明は、こうして説明できるようになる (Kaplan 1957, preface; 傍点筆者)。異なる分野の変数は、通常その内容が異なる。ただ、実質が異なっても、分野が形式的に同形（ホモローグ）ならば、分野を越えて借用するのは正当である。分野を越えて理論や概念が応用可能となるのは、形式が類似しているためである。体系的理論の重要な貢献の可能性は、そういった借用にこそあるはずである。一方、たとえ変数の借用が可能であったとしても、それが知的営為を前進させることは全くありえない。変数が「借用」できるかどうかは、主として実証の問題だからである。カプランはシステムのアイデンティティーの問題、つまりシステムの構造もしくは形式を定義する問題を解決していないため、体系的アプローチに約束される重要な利点のひとつ、すなわち類似した理論を異なる分野に応用するという可能性をも獲得できないでいるのである。

　カプランが環境からも部分からも区別されるものとしてシステムのアイデンティティーを確立できなかったことで、彼のアプローチが扱える問題は著しく制限されてしまっている。カプランは、国家の行動が国際システムにどのような影響を及ぼすのかと頻繁に問う。しかし、彼はその質問を逆転することができない。アクターに対して組織的制約として機能するシステムの構造の概念が、彼にはないからである。そういった制約の影響は、システムによって異なる。

訳注　これはAbraham Kaplan, *The Conduct of Inquiry: Methodology for Behavioral Science*, Harper & Row, 1964のことと思われる。巻末の参考文献には載っていない。

システムがアクターにどう影響するかを述べることができないため、カプランの説明や予測は、システムの均衡条件、安定性、変遷の可能性といった、システムそのものについてのみなのである（Kaplan 1964, preface を参照）。

カプランのアプローチに固有の限界を注意深く解説することに価値があるのは、それがいかなる体系的アプローチにとっても根本的である問題に関連しているためである。ここでそのような解説を行うことは、システムについてすでに述べてきたことを総括し、強調するうえで役立つであろう。

体系的アプローチをとると主張しながらも、カプランは他の多くの者と同じく、ユニットの相互作用をユニットの配置から区別していない。彼は国家と国家との関係を、その相互作用という意味で、システムレベルに置いている。このことが明確であるのは、彼が緊密な2極システムと緩い2極システムとを区別する際、同盟の線がどのくらい精密に引けるかによってそれらを区別している点である（1964, pp. 36-45; 以下の本書 pp. 75-76 も参照）。カプランはまた別の重要な点において、システムレベルからユニットレベルへの還元主義を避けているかのように見えるが、これも残念ながらまやかしであることが判明する。カプランは、彼のシステムはありとあらゆる国家を扱うと宣言し、システムレベルでは国家の特定のアイデンティティーは重要でないと述べる。しかし、システムそのものがあまりに曖昧にとらえられ、国家行動を全くもしくはほとんど説明しないとすれば、カプランにとって重大な問い、つまり国家はルールに従うか否かという問いに対する答えは、それらがどのような国家であるかによって圧倒的に決まってしまう！　国家の属性およびその相互関係の観点からいえば、このアプローチは還元主義的である。カプランは機能と過程とに注目するため、彼は国家の行動とその相互作用に注意を集中させている。それゆえ、彼が提示する命題は、異なる国際システムがユニットに及ぼす影響についてというよりも、ユニットの政策決定およびユニットが従うルールについてである（1964, Chapters 5 and 6）。こうして、またしても、体系的アプローチであると明言するものが、還元主義におちいっているのである。

カプランの方法は、実は、変数の特徴とその相互作用を分析し、その相互作用の総和をシステムの描写としてとらえるという古典的方法である。そこからはじめて分析に移ることができるというわけである。ただ、もしこれが本当だとすると、カプランの入念な解釈や手続きは不必要だ、と考えた批評家たちは

正しかったことになる。この批評は的を射ており、さまざまなかたちで例証できるが、ここでは、カプランの「フィードバック」という概念を例としてとりあげてみよう。この概念は、サイバネティクスから借用されたものであり、以下のように定義されている。われわれが「ある動きがある一定のパターンに従うことを望む」場合、「このパターンと実際になされた動きとのずれは、新しいインプットとして用いられ、そのように動くように制御されている当該部分がパターンにより近い動きをするようになる」（Wiener 1961, pp. 6-7）。この定義によると、フィードバックは組織のなかでしか作動しない。つまり、フィードバックの概念は、階層的な秩序の外では、正確で明確な技術的意味をもっていないのである（Bertalanffy 1968, pp. 42-44; Koestler 1971, p. 204）。せまい一定幅に気温を保つよう暖炉を調節するサーモスタットの例は、カプランをはじめとして多くの者が好んで用いており、それは、ウィーナーによる定義およびその含意――すなわち、管理者と管理される道具が所与の結果を生むということ――と整合的である。しかし、国際関係のうえでそういった概念に対応するものは何か。そのようなものは全くない！　カプランは、その言葉が適切であるかどうかをフォーマルに考えることなく安易に用いている。ゆえに「フィードバック」という言葉は、単に一定の条件下では国家は他国の動きに反応して政策を変更すること、そしてそうした変更によって他国もまたさらに影響を受けることがある、といっているにすぎない（Kaplan 1964, p. 6）。この考え方では、何も目新しいものを提供するものがなく、独自の概念を生み出すこともない。サーモスタットと暖炉が一体化し、全く同一のものになっており、制御されるものから区別される、制御の主体の概念がないのである。

したがって、残念ながら、カプランが体系的理論を普及させると同時に不可解なものにしたというC. マクレランドの意見には賛成せざるをえない（McClelland 1970, p. 73）。カプランの著作は、理論というよりもアプローチであり、分類である。しかし、そのアプローチは、矛盾と概念的な不十分さのために、読者が解明できない謎に満ちている。同じ理由から、カプランの分類はほとんど役立たない。大きく分けて、そこには明らかに以下の３つの問題があり、あとで述べるものほどその重大性が高い。

1. 主要なシステムである勢力均衡システムを、５カ国ほどの大国が拮抗す

る歴史的条件によって特定化することで、カプランは、勢力均衡理論が、2つ以上のユニットが自助システムにおいて共存するすべての場合に当てはまるという事実を曖昧にしている。新しい用語を用いながらも、カプランは勢力均衡理論に関してよくある誤解をさらに恒久化し、国際政治学における勢力均衡とは単に、アナーキーにおかれたユニットの行動の結果についての理論であるということを前にも増してわかりにくくしている（本書第6章Ⅱ節を参照）。

2．体系的アプローチに従うべきなのはシステムレベルの原因が作動しているように思える場合だけである。その場合、システム内のユニットの属性と相互作用を構造の定義から注意深く切り離さなければならない。これをしなければ、システムレベルの説明はできないし、システムがユニットにどれだけ影響しているか述べることすらできない。私はカプランの著作においては、ユニットの属性や相互作用がシステムレベルに入り込んでいることを示してきたが、この点に関してもカプランは一貫性がない。構造にユニットの属性を入れることを公然と否定しておきながら、カプランは、彼のルールをとおして、属性をこっそりと持ち込んでいるのである。また、彼のいう勢力均衡システムにおいては、国家間の関係はシステムレベルには含まれていないように見える。たとえば、第一次大戦前の大国間政治を2極として描写するような一般的誤りに、カプランはおちいってはいない（Kaplan 1966, pp. 9-10）。しかし、彼の緩い2極システムと緊密な2極システムには、まさに関係における違いをとおして、つまりブロックの特徴の違いをとおして、特定のアイデンティティーが与えられているのである。

　もしも、部分的にであれ、システムそのものの区別が〔ユニット同士の〕関係の特徴によってなされてしまうならば、支配的なシステムの種類を考えることでブロックや同盟の形成、さらにはその重要性や存続性について説明することはできない。カプランは勢力均衡システムにおいて、その論理に従っているが、彼の緩い2極システムおよび緊密な2極システムにおいてはそうしていない。この重要な点でのカプランの混乱によって、国際システムの構造に同盟の配置を含めるという慣行が長続きしてしまったことは疑いない。全く憂鬱になるほど頻繁に、われわれが説明したいと

思うもの、すなわち、同盟を形成しようとする傾向の強さ、同盟が維持されたり変化したりすることのむずかしさといったことが、それらを説明するのに役立つものと混同されているのである。国際政治について体系的観点から書かれたなかでも早いものであるカプランの著作が、この広く行きわたった混乱にいくらか責任を負っていると疑わざるをえない。

3. 体系的アプローチは、システムの構造とシステムのなかで相互に作用しあっているユニットとが互いに影響しあう場合にのみ必要となる。体系的アプローチが成功するのは、構造の効果が明確に定義され、提示された場合である。カプランによれば、国際政治システムは開放的である。開放的システムにおいては、変数の変化や一部の変数の消滅あるいは新しい変数の生成とは別に、システムの構造が結果を決定することもある[12]。1つのシステム内では、異なる「原因」が同じ結果を生むこともあれば、異なるシステムにおいて同じ「原因」が異なる結果を生むこともある。つまり、組織の影響がそのなかの要素の属性や相互作用に対して優位であることがある。システムの構造は完全に圧倒するにはいたらずとも、システム内のユニットへの制約として働く。システムの構造は、ユニットが、ほかならぬある特定の行動をするよう促し、それによってシステムは維持されるのである。もしシステムの力がこうした作業に照らして不十分ならば、システムは解体するか変容する。しかしながらカプランは、彼の体系的アプローチにおける本質的に体系的な要素を明らかにしていない。政治学者によくあるように、構造の概念が貧弱かもしくは欠如しており、過程と機能がそれにとって代わっている。カプランが自分のアプローチの限界を明示的にしているのは、いうまでもなく国際システムが下位システム支配的であると述べるときである。下位システムが支配しているようなシステムは、システムでは全くない。またしても、本質的には還元主義でありながら、体系的アプローチと呼ばれている例が、ここにある。

　体系的アプローチに従うことを宣言する国際政治学者には、2種類ある。まず、「システム」や「構造」といった言葉を、この分野で増え続ける専

---

[12] これは、「等結果性 (equifinality)」という概念である。異なる初期の条件から同じ最終的状況に到達する場合である (Bertalanffy 1968, pp. 131-49)。

門用語のなかの単なる流行語として用いる者がいる。この場合、国際的事件および国家間関係の分析は、これらの言葉が削除されてしまっても変わることがない。他方、一般システムモデルを真似ようとする者もいる。しかし、システムの影響が存在するからといって、国際政治という領域が、一般システムの理論家が意味するようなかたちのシステムとして定義されるということではない。一般システム理論では、システムとは、異なる部分が特定の機能を遂行するように階層的にできている全体的組織である。そのような一般システムモデルに追随しようとしたのは、不幸なことであった。なぜなら、国際政治の研究対象は、そうしたモデルが有用になるほど、正確にはそれに当てはまらないからである。国際政治には、一般システム論的アプローチが応用できるような、明確な秩序や階層的な配置が欠けているのである。

第4章　還元主義的理論と体系的理論

　第2章と第3章は非常に批判的な章であった。批判は消極的な営為であるが、積極的な結果をもたらすことも期待されている。そうした結果を得るために、本章ではまず、これまでに明らかにしてきた理論の欠陥について考察したうえで、国際政治についての体系的理論が何を包含し、何を達成でき、何を達成できないかを述べよう。

I

　国際政治の理論は、還元主義的か体系的かにかかわらず、何らかの方法で、サブナショナルなレベルから超国家レベルまで、あらゆるレベルの出来事を扱う。理論が還元主義的か体系的かは、何を対象とするかによってではなく、どのように材料を整理するかによって決まる。還元主義的理論は、国際政治の結果を、国家やサブナショナルなレベルで起こる要素もしくはその組み合わせをとおして説明する。国内要因が対外的結果を生むというのがこの理論の主張であり、$N \rightarrow X$ がそのパターンである。この場合、国際システムは、仮に認知されたとしても、単に結果としてである。

　還元主義的理論は、部分の行動についての理論である。部分の行動を説明する理論がつくられると、それ以上の努力は必要とされない。たとえば、第2章で検討した帝国主義理論によれば、国際政治の結果は、個々の国家が生み出す結果の単なる総和にすぎず、それぞれの国家行動はその国内的特徴をとおして説明される。ホブソンの理論は、一般的にいえば、国民経済活動についての理論である。それは、一定の条件下において、なぜ需要が低迷し、生産が落ち込み、資源が活用されないのかを説明するものである。ホブソンは、資本主義経

済の活動についての知識から、資本主義国の対外行動を推論できると考えた。ここで彼は、属性から結果を予測するという誤りを犯したのである。これは、ある人がもめごとを起こすタイプの人であるということと、その人が実際にもめごとを起こすこととの区別を見落とすのと同じである。アクターの属性が一意的に結果を決めるのでないならば、前者から後者を導くことは必ずしもできない。もめごとを好まないタイプの人がもめごとを起こしてしまうことがあるのと全く同様に、もめごとを起こすタイプの人が必ずしももめごとを起こすとも限らない。結果がアクターの属性だけでなくアクターが置かれている状況にも依存するならば、属性だけから結果を予測することはできない。

　国際政治上の結果が、国家の性質によって単に影響を受けるばかりか決定されるという考え方から一貫して逃れられる者は、ほとんどいないようである。少なくとも19世紀以降は、ほぼだれもが、ホブソンと同じ誤りを犯してきた。近代大国間政治のはじめのころの歴史においては、すべての国家は君主制であり、またその大半は絶対主義的であった。当時パワーポリティクスのゲームが繰り広げられたのは、国際政治の必然からか、それとも単に権威主義国家がパワー志向だったからなのか。もし後者への答えがイエスなら、国家レベルで甚大な変化が起こることによって、国際政治が変容することになる。そのような変化は、1789年にヨーロッパとアメリカにおいてもっとも顕著に起こり始めた。あるところでは、世界を平和に導くはずの民主主義が国家の形態となり、またあるところでは、しばらくして、社会主義がそのような変化を導くであろうといわれた。さらに、戦争と平和のみならず国際政治一般が、国家や政治家、エリートや官僚組織、サブナショナルや脱国家的なアクターの研究をとおして理解されるようになり、これらの行動と相互作用が国際政治の実質を形成するものと考えられるようになった。

　政治学者たちは、考え方が伝統的か近代的かにかかわらず、システムを具体化して考えるとき、相互作用している部分に還元する。歴史に重きを置く伝統的政治学者と、科学志向の近代的政治学者とを、このように一緒にするのは、2つの理由で奇妙に思えるかもしれない。第1に、彼らが用いる方法の違いが、彼らの方法論の類似性、つまり彼らが研究において従う論理の類似性を、わかりにくくしているからである。第2に、彼らが研究する対象の描写が異なるために、方法の違いが方法論の違いであるかのような印象を強めているからであ

第4章 還元主義的理論と体系的理論

る。伝統的政治学者は、国内政治と国際政治の構造的差異を強調するが、近代的政治学者は通常これを否定する。この差異とは、確立したルールのもとで行われる政治と、アナーキーのもとで行われる政治との差異のことである。たとえば〔伝統的政治学者である〕R. アロンは、国際政治に顕著な特質を、「裁判所や警察が不在であること、武力に頼る権利があること、意思決定を自律的に行う中心が複数存在すること、平和と戦争が交互に持続的に訪れること」に認めている（Aron 1967, p.192）。この見方に、〔近代的政治学者である〕J. D. シンガーの、2つの異なる分析レベル、すなわち、国家レベルおよび国際レベルにおける描写、説明、そして予測の可能性についての研究を対照させてみよう（Singer 1961）。シンガーの研究においては、組織化されている国内政治と、かたちのうえでは組織化されないままである国際政治のあいだの文脈的差異について、言及すらされていない。その文脈的差異が見逃されたり否定されれば、国内政治と国際政治の質的差異は消えてしまうか、もしくはもともとなかったということになる。そして、まさにこれが、近代的政治学者たちがたどりつく結論なのである。ここでは、国際システムとその下位システムとの違いは、前者のアナーキーと後者の形式的な組織化のあり方にあるのではなく、シンガーがいうように、「宇宙船地球号に」乗った国際システムは1つしかないという事実にある（Singer 1969, p.30）。もしそうだと信じるなら、「国際関係論における分析レベルの問題」は、選択の問題、すなわち研究者の興味に応じた選択の問題にすり変わることで解決される（Singer 1961, p.90）。

　伝統的政治学者たちは、国内領域と国際領域を区別するものとして国際政治のアナーキー性を繰り返し奏で、近代的政治学者はそれをしない。両者の言い分を聞くとその差は大きいが、行いを見ると、方法の問題はさておき、両者の差は狭まりほとんど消えてしまう。なぜならどちらの学者もみな、「下位システムの支配」に流され、ユニットの行動に焦点を当て、結果を生み出すためにだれが何をしているかを探ることに集中しているからである。アロンやその他の伝統主義者たちが、理論家による分類はアクターたちのもつ意図や認知に沿うかたちで行われなければならないと主張するとき、彼らの研究は顕著に行動主義的な論理を肯定し、それに従った分析が行われている。この意味で、近代的政治学者と伝統的政治学者は、同じ鋳型からできあがっている。両者とも、国際政治の結果の説明は、国家やその他のアクターの行動と相互作用を検証す

ることから導き出される、と思っているのである。

　国際政治研究の伝統的アプローチと近代的アプローチの類似性を示すのは、簡単である。システミックな原因が作動していることに気づかずに、相互作用するユニットにしか注目しない者は、自らの見落としを補うために、そういった原因を相互作用するユニットレベルに恣意的に押しつけ、アクターにそれを割り当てようとする。システミックな原因を相互作用するユニットレベルに移譲することで生じる影響は、理論的でもあり実践的でもある。つまり、国内政治が直接的に国際的な関心事につくり変えられるのである。このことは、1973年以降、デタントがアメリカ政治の争点とされたことによく表れていた。アメリカがソ連の政治指導者たちに対し、自由主義政治体制を打ち立てるよう圧力をかけると、デタントは続かないのではないか、と問う者たちがいた。これに対し、モーゲンソーは予想されたとおりに、議論を逆転させ、こう述べた。ソ連の国内政治に対するアメリカの関心は、「他国の国内事情への介入ではない。それはむしろ、安定した勢力均衡にもとづく安定的平和とは、ある一定の基本的道徳原則に関心をもつすべての国のコミットメントを表現する共通の道徳的枠組みを基礎にしているという認識を反映したものである。その基本的道徳原則のなかには、勢力均衡の維持も含まれる」(Morgenthau 1974, p.39)。しかし、国際政治の結果が国家の性質によって決まるのであれば、われわれは国際的に重要な国家の国内的性質に関心をもち、必要あらばそれを変えるために何かしなければならない、ということになる。

　政策決定者としての国務長官 H. キッシンジャーは、モーゲンソーの議論を受け入れなかった。しかし、政治学者としてのキッシンジャーは、以前には、平和の存続と国際的安定の維持が国家の態度や国内的特徴によるという考えにおいて、モーゲンソーと一致していた。キッシンジャーは、国際秩序がすべての大国によって受け入れられていれば「正統」であり、一国以上の大国がそれを拒否する場合は「革命的」であると定義した。正統な秩序とは対照的に、革命的秩序とは、一国以上の大国がゲームのルール慣行に則ったかたちで他国と接することを拒んでいる場合である。つまり、秩序の性質が、秩序を構成する国家の性質に依存しているのである。正統な国際秩序は安定と平和を導きやすく、革命的国際秩序は不安定と戦争を導きやすい。革命的国家は国際システムを革命的にし、革命的システムとは一国以上の革命的国家を含むものである

(Kissinger 1957, pp. 316-20; 1964, pp. 1-6, 145-47; 1968, p. 899)。これは循環論法にほかならないが、そうなるのは当然である。システムがその相互作用する部分に還元されてしまうと、システムの命運は主要なユニットの特徴によってしか決定されないことになるからである[1]。

　政治学者のあいだでは、モーゲンソーとキッシンジャーは伝統主義者、すなわち歴史に傾倒し、理論や科学的方法よりも政策に関心をもつ学者とみなされている。しかし、ここで問題となっているやり方は、背景の異なる社会科学者のあいだにも共通している。第3章では、カプランの論法が、一般システム理論から借用した用語によってわかりにくくなってはいるものの、モーゲンソーのものと同じであることをみた。国際政治についても著作のある社会学者M.リヴィも、もうひとつの例である。彼は、国際政治の「中心的問題」は、「相対的にまだ近代化されていない社会の近代化であり、相対的に近代化された社会内（また結果的にこれらの社会間）における安定の維持である」と、主張している（Levy 1966, p. 734）。

　インサイド・アウトの説明では、これらの例が示すような結果がつねに生じる。キッシンジャーが、国際的不安定や戦争は革命的国家の存在によって起こるというのは、戦争はある国家が好戦的だから起こるというのと同じである。しかし、革命的な政権も、国内的に生じる目的よりも対外的状況からの圧力のほうが圧倒的なために、国際的ルールに従ったり、あるいはより単純に平和共存の方向に向かったりすることもある。革命的な国際秩序も、時には安定的であり平和的である。逆に、正統な国際秩序が不安定で戦争が起こりやすいときもある。国家の特徴から国際的結果を予測しようとするリヴィの努力も、これと似たような、さえない結論を導くことになる。安定した国家が安定した世界

1　キッシンジャーが政治家として学んだことは、彼が学者として達した結論とは非常に異なっている。彼の新しい見解を表す発言は数多くあるが、つぎの一例で十分であろう。国務長官時代にW. F. バックレー・Jr. にインタビューされた際、キッシンジャーは以下の点を3つの段落で続けて述べた。第1に、「道徳的に、共産主義社会の国内構造は、われわれには受け入れがたい」。第2に、われわれと彼らのイデオロギーは両立しないままであるが、外交政策においては実践的かつ平和維持的な調整をすることができる。第3に、われわれは「ある外交政策問題の前進が、国内構造における変化を意味するなどという幻想をつくりあげるのを避ける」べきである（Kissinger, September 13, 1975, p. 5）。

　ここでは国内的属性と国際的結果との連関を断つことが不可能とは考えられていない。国内的状況やコミットメントが、国際的動向の質をもはや決定しないとされている。

を築くというのは、大半の国家が秩序立っていれば国際的な秩序が普及するというのと同じである。しかし、すべての国家が安定していたとしても、そうした国家で成り立つ世界は安定的でないかもしれない。たとえ安定している各国が自国の安全のためだけに努力し、隣国に対しては何の下心ももたなかったとしても、すべての国家はなおかつ不安定な状態に置かれたままである。なぜなら、一国を安全にする手段の存在そのものが、他国を脅す手段であるからである。国際政治の状況を国家の国内的性質から推論することはできないし、また国家の外交政策や対外行動の総和によって国際政治の理解に到達することはできないのである。

伝統的政治学者と近代的政治学者の違いが大きいため、両者が根本的に類似しているということはわかりにくい。しかし、この類似性は、一度気づくと目を見張るものである。どちらの学派に属する者も、一皮剝けば、行動主義者として正体を現す。彼らは、状況がもちうる影響力を脇にやり、行動ユニットの観点から説明をするのである。彼らの論理の様式が一致していることは、いま述べた例と、第2章や第3章であげた例を並べてみれば十分わかるだろう。ヴェブレンとシュンペーターは、国内社会発展の度合いによって帝国主義と戦争を説明した。ホブソンと彼の多くの後継者たちは、それらを国内の経済体制によって説明した。リヴィは国家の安定が国際的安定を決定すると考えた。カプランは、国際政治では下位システムが支配的であると主張した。アロンはシステムにおける極の性質のほうが極の数よりも重要であると述べた。キッシンジャーは政府スタッフとしてではなく学者としては、革命的国家を国際的不安定と戦争に結びつけて考えた。モーゲンソーは学者としてのキッシンジャーに賛成して、国際政治上の必要性という名のもとに、他国の国内事情への介入を勧めた。ローズクランスは国際システムを原因としてではなくすべて結果としてとらえ、国際政治研究を国内的状況と国際的結果とのあいだで「相関」させること、そして一連の結果を追うことに変えてしまった。多くの近代的国際政治学者は、ピアソン相関係数を計算するのに多くの時間を割いている。これは、伝統主義者たちが国内的状況と国際的結果とのあいだによく見出す印象論的な連関に、数字を添えているに過ぎない。つまり、インサイド・アウトのパターンに従う国際政治研究は、用いられる方法が何であれ、相関関係の論理によって進むのである。体系的理論の学者を自認しようとしまいと、また形式化の仕

方がより科学的か否かにかかわらず、同じ推論の仕方に従っている。彼らは国際政治を、国家同士がどのような関係に位置づけられているかという観点からではなく、どのような国家がどう相互作用するかという観点から検証しているのである。そうすることで彼らは、C. F. A. パンティンの「分析の誤謬（analytic fallacy）」を犯している。すなわち、「より高位の配置がそれ自体研究されるべき特性をもっている可能性がある」と考えることなく、現象に関係する要因に研究を限定してしまっているのである（Pantin 1968, p. 175）。

　単に国家の内部だけを見て世界政治を理解するのは、不可能である。国家の目的、政策、行動のみに注目したり、それらを中心に考えるだけでも、われわれは描写のレベルに引き戻される。しかし、単なる描写から妥当な一般化を導き出すことは、論理的にできない。何かが見えるということができても、その意味が何であるかがわかるとは限らない。異なるものや新しいものが見えたと思うたびにユニットレベルの別の「変数」を原因として示さなければならないなら、アクターの状況がその行動や相互作用に影響するとなると、ユニットレベルにおける説明は変数の無限の拡散を導くことになる。そのレベルにおいては、どのひとつの変数もあるいはどんな変数のセットも、観察される結果を生むには十分でないからである。採用されたアプローチが研究対象の重要な原因を把握できていない場合、いわゆる変数は極端に拡散する。なぜなら原因のないような結果にさえ、変数が加えられ、システムレベルで見落とされたものは──もしその見落としが取り戻されることがあるとすれば──特性であれ動機であれ義務であれ何であれ、個々のアクターに帰することで取り戻されるからである。観察された結果は、原因に転化され、それがアクターに割り当てられる。しかし、システムからの影響をユニットに帰するための、論理的に健全で透明性のあるプロセスはない。そのため、変数は、著者の善悪の判断に従って、主観的に加えられるしかない。こうして、結論の出ない議論が永遠に続くことになるのである。

　モーゲンソーやキッシンジャー、そしてリヴィらを真に受けるためには、国家の目的や行動と、それらが生み出す結果とのあいだに、何も重要な要因が介入しないと考えなければならないことになる。しかし、国際関係の歴史上、生じた結果がアクターの意図に呼応していたことはめったにない。では、なぜアクターの意図は繰り返し妨害されるのか。その自明の答えは、アクターの個々

の特性や動機以外のところに見出される原因が、アクター間に集合的に作動しているためだ、というものである。それぞれの国家は独自の国内過程に従って政策を定め行動を決定するが、その決定は他国の存在そのものや国家間の相互作用によって輪郭づけられているのである。国内的な力が対外的に表出することがあるとしても、それがいつどのようなかたちで表れるかは、相互作用している当事者たちの観点からでは説明できない。当事者たちが行動し相互作用するところの状況が、彼らがある行動をとるのを制約したり、別の行動をとるよう仕向けたり、相互作用の結果に影響するからである。

　国際的な結果の変化がアクターの変化と直接関連しているならば、持続する結果や繰り返し起こる結果の類似性はどう説明できるのか。国際政治の変化を説明できると考える人は、持続性がいかに説明できるのかをも問わなければならない。国際政治は、事故や動乱の世界、急速で予測不可能な変化の世界として描かれることがある。たしかに変化は多いが、持続性も変化と同じくらいか、あるいはそれ以上に印象的であり、この命題はさまざまなかたちで表現できる。第一次世界大戦中およびそれ以降に起こった事件を念頭において、聖書外典のマカベア第一書を読むと、国際政治は持続性によって特徴づけられると感じるであろう。紀元前2世紀であれ、紀元後20世紀であれ、アラブ人とユダヤ人は互いに争い、北方の帝国の残余地^{訳注}をめぐって戦い、まわりの国々は用心深く見守ったり積極的に介入したりする。この点をより一般的に示すには、ホッブズがツキジデスの同時代性を実感したという有名な例をあげることもできよう。また、それほど有名ではないが、同じくらい印象深いのは、核兵器・超大国時代においても、ツキジデスの今日性にL. J. ハレーが気づいたことである（Halle 1955, Appendix）。また別の種類の例をあげれば、今世紀における2つの世界大戦において、戦間期に起こった国内政治変動にもかかわらず、同じ主要国が対立したということがある。つまり、国際政治の素材は高度に持続的であり、パターンは繰り返し、事件は永遠に繰り返し起こるのである。国際的に支配的な関係がその種類や質において急速に変わることはほとんどない。逆に、人を失望させるほど持続的なのがその特徴であり、この持続性は、競合するどのユニットも、アナーキカルな国際領域を階層的(ハイラーキカル)なものに変えられない限り、

訳注　北方の帝国とは、紀元前2世紀ではセレウコス朝シリア帝国、紀元後20世紀においてはオスマン・トルコ帝国を指すと思われる。

末永く続くと予想されるのである。

　何千年にもわたって世界のあり方の質が驚くべきほどの同一性をもっているのは、永続的なアナーキーという国際政治の特徴による。この言明には幅広い同意が得られるだろう。ならば、なぜ還元主義への執拗な回帰が見られるのだろうか。その答えは、還元主義とは、学者の意図からではなく、学者の誤りから生じているから、というものである。相互作用しているユニットを研究することが、国際政治を余すところなく述べ、ユニットレベルとシステムレベルの両方に含まれるすべてを論じることになると考えられている。政治学者のなかには、システムの観点は国際政治の関係性の側面に注目するものであるという者もいる。しかし、相互作用する国家はこれまでもつねに研究の対象であった。相互作用する国家の観点からなされる分析を完成させるには、非国家主体についての考察を付け加えさえすればよいという者もいる。それは含めるべきかもしれないが、そのようにしたとしてもわれわれはユニットレベルかそれ以下のレベルに取り残されてしまう。相互作用はユニットレベルで起こるのであって、システムレベルにおいてではない。国家の行動の結果と同様、国家の相互作用の含意も、相互作用が起こっている状況についての知識なしには、知ることも知的に推測することもできない。たとえば、国家間で散発的に起こる相互作用のほうが、毎日取り交わされている日常的なやりとりよりも重要であるかもしれない。経済関係や観光による往来が希薄な国家同士でも、その命運が密接に結びついている場合もある。われわれは、その例としてアメリカとソ連を知っている。両国間の取引の数を数えたり、相互作用を測ったりしても、そのような結論に達することはできない。これは、計算や測定が無益だということを意味するわけではない。国際政治の状況についての結論は、国家間の公式・非公式の関係についてのデータから直接に引き出すことはできないということを意味しているのである。実際のところ、われわれは、そのやり方とは反対の方向に進むことのほうが多い。たとえば、われわれがアメリカとソ連、あるいはアメリカとソ連と中国が、密接に相互作用しているというのは、観察できる関係や数えられる取引が存在しようとしまいと、各国が個別にとる行動が2カ国もしくはその3カ国に強く影響すると信じているからである。こういった周知の事実をよりどころにすれば、ある国家間で観察された相互作用のレベルの低さがその関係が重要でないことを示す、などというばかげた言い方をしなくてす

むのである。

　持続性と繰り返しのまえでは、おなじみのインサイド・アウトのやり方で国際政治を説明しようとする試みは敗北する。国際政治学者が発見してきた多様な戦争原因を考えてみるとよい。政府形態、経済システム、社会制度、政治イデオロギーなどは、原因とされたもののほんのいくつかの例である。しかし、こうして原因が特定されても、われわれはありとあらゆる経済制度、社会慣習、政治イデオロギーをもつ国家が戦争をしてきたことを知っている。なお驚かされるのは、部族、小公国、帝国、国家、さらにはギャング集団などといった多くの異なる種類の組織のあいだでも、戦争が起こってきたということである。もしある状況がある戦争の原因となったように見えたとしても、原因が多様であるにもかかわらず戦争が繰り返し起こることをどう説明できるのかを考えなければならない。ユニットの性質の多様性は、ユニットの行動が生む結果にも、相互作用のパターンの多様性にも、直接結びついていない。たとえば、多くの人びとは、第一次世界大戦は、よく均衡していた2つの敵対する国家連合の相互作用によって起こったと主張してきた。しかし、また多くの人びとは、第二次世界大戦は、いくつかの国家が現存の同盟に対抗すべく協力してパワーの不均衡を是正しなかったことによって起こったとも主張してきたのである。

II

　国家の形態や目的は変化する。技術的進歩が起こり、兵器は劇的に一変し、同盟は形成されては崩壊する。これらはシステム内の変化であり、こういった変化が国際政治の結果の変動を説明する助けになることもある。第3章では、野心的な体系理論家たちが、そういったシステム内変化を、あるシステムから別のシステムへの変化としてとらえていることがわかった。構造を定義するのは次章の課題であるが、構造がいったん明確に定義されると、構造レベルでの変化はユニットレベルでの変化から区別される。ユニットレベルの変化を構造的変化と呼ぶような不注意な還元主義は、語彙を変えれば治ると思うかもしれないが、あいにくそうではない。構造的要因がどのように結果を生むかという課題が、解決されないまま残るからである。

　低次のレベルの説明は、繰り返し敗北してきた。国際政治の結果の原因とさ

れているアクターの属性や相互作用が非常に多様であるにもかかわらず、結果の類似性と繰り返しが続くからである。観察される原因と結果の乖離はどう説明できるのだろうか。原因らしきものがその結果とされているものよりもばらつきが大きい場合、われわれは原因の特定が誤っているかもしくは不完全であることを知る。国際政治の結果を分析的に説明しようとする試み——すなわち相互作用するユニットを学ぶことをとおして説明しようとする試み——が繰り返し失敗してきたことは、体系的アプローチが必要であることを強く示唆している。異なる原因から同じ結果が生まれるならば、結果に影響するようなかたちで、独立変数に制約が働いているはずだからである。そうした制約を独立変数のひとつとして組み入れ、すべての独立変数を同じレベルで扱うことはできない。なぜならば、制約はすべての独立変数に対して作用しているかもしれないし、またシステムが変化するにつれて異なる方法で作用するかもしれないからである。そのような組み入れを行うことができないゆえ、還元主義で十分であることはありえず、分析的アプローチは体系的アプローチに道を譲らなければならない。国際政治の結果の原因には、相互作用するユニットのレベルに位置づけられるものもあるだろう。しかし、原因と思われるものの変化が観察される結果の変化にさほど厳密に呼応していないのであるから、いくつかの原因はほかのレベルに位置づけられると考えざるをえない。そしてユニットレベルとシステムレベルの原因は相互作用しており、そのためユニットレベルのみの説明は必然的に誤りを導く。ユニットレベルとシステムレベルの両方を扱えるアプローチならば、システムで起こる変化と持続の両方に対処できることになる。しかも、そうしたアプローチは、変数を拡散したり範疇を増やすことなく、そうできるのである。

　第1章で述べたところから、われわれは、理論をどのように構築するかを知っている。理論を構築するためには現実を抽象化しなければならない。それはつまり、見たり経験したりするもののほとんどを無視するということである。国際政治学者は、国際的な実際の現実に近づき、自らの研究の実証的内容を増やそうとしてきた。逆に、自然科学は、過去数千年、日常的な現実から離れ、コナントが以前に述べた、「問題解決における実証主義の程度」を低下させるという目標を達成することによって進歩してきた。自然科学者が単純さ、すなわち基本のユニットとそれについての優美な理論を求める一方、国際政治学者

は研究を複雑にし、より多くの変数を突き止めたと主張する。社会科学と自然科学の研究対象は、非常に異なる。しかし異なるからといって、実現性や必要性がなくなるわけではない。研究対象が何であれ、われわれは関心領域を限定し、整理し、扱う材料を単純化し、主要な傾向に注意を払い、もっとも強力な影響要因を選び出さなければならないのである。

　この章の第Ⅰ節で述べたところから、われわれは、構築すべき理論が体系的でなければならないことを知っている。では、国際政治の体系的理論とはいかなるものであろうか。それは、どのような視野に立ち、何を説明でき、また何を説明できないのか。

　理論とは、行動の規則性を説明し、相互作用するユニットによって生み出された結果が特定の範囲内に落ち着くことを予測するものである。しかし、国家や政治家の行動は不確定である。不確定な行動を理解するのが国際政治の理論ならば、それはどう構築できるのか。これは、いまだに解答がなく、多くの者が解答は無理だと考える、国際政治研究の大きな問題である。これまで見てきたように、還元主義や行動主義のアプローチをとる者は、この問いに答えることができない。彼らは国際政治を主要なアクターの観点から説明しようとするからである。とくに支配的な行動主義のアプローチは、国家の行動、戦略、相互作用について命題を打ち立てることによって国際政治理論の構築を進める。しかし、ユニットレベルの命題によって、システムレベルで観察される現象を説明することはできない。アクターの多様性やその行動の多様性が、結果の多様性に合致しないため、われわれにはシステミックな原因が作動していることがわかる。それをわかっているということは、われわれは体系的理論が必要であり、またそれが可能であることを知っているのである。その実現のためには、国際システムの構造を考え、それがどう作動して結果を生んでいるかを示す必要がある。多くの者たちが必要だと言ってきたコペルニクス的革命を成し遂げ、国家行動とその相互作用およびそれらが生む結果が、どの程度ユニットレベルでなくシステムレベルで作動している力によって説明できるかを、示さなければならないのである。

　ところで、説明するとはどういうことか。説明とは、期待される結果がなぜ一定の範囲内に収まるのか、行動パターンがなぜ繰り返されるのか、だれももしくはほとんどのアクターが望まない場合ですら、なぜ事件が繰り返されるの

か、を述べることである。システムの構造がアクターの行動を制約したり促進したりする力として働くため、体系的理論はシステム内における持続性を説明し予測する。また、体系的理論は、システムの制約がない場合に、なぜユニットレベルの変化が生む結果の変化は、期待されるよりも小さいかを示す。そして、国際政治の理論は、予測される国際政治的な結果、異なる国家群の予測不可能な行動に対してシステムが示す抵抗、システムが国家にもたらすと予想される影響について、教えてくれるのである。

　理論には説明する力と予測する力がある。理論はまた優美さを備えている。社会科学理論における優美さとは、説明や予測が一般的であるということを意味する。たとえば、国際政治の理論は、なぜ戦争が繰り返されるのかを説明し、戦争が生じやすくなったり生じにくくなる条件を提示するものである。しかし、それは特定の戦争が起こることを予測するものではない。あるひとつのシステム内では、理論は持続性を説明するものである。理論は、何が予測されなぜそれが予測されるのかを示す。システム内では、変化ではなく再現や繰り返しを説明する。われわれは、時おり、構造主義のアプローチには失望するとか、構造を研究することで学ぶものは少ないといったことを耳にするが、これはどうやら2つの理由による。1つは、構造が概して静的な概念と考えられているからであり、もう1つは構造が中身のほとんどない概念であるとされているためである。どちらの指摘も正しくはないが、示唆に富む指摘ではある。構造が静的に見えるのは、それが長期にわたって持続することが多いからである。しかし、構造は、たとえ変化しないときであっても、アクターの行動を変化させ、その相互作用の結果に影響を与えるという点で、動的であり、静的ではない。構造の持続性が高いと、構造の効果はずっと同じであるため、見逃されやすい。このため、アナーキー状況では、国家の行動から予測されるのは決まった広さの範囲に収まる結果である。もちろん、持続し繰り返すものは、変化するものと同じくらい重要である。構造の不変性が、国際政治に繰り返し起こる特徴やパターンを説明するのである。それでも構造は中身のない概念なのであろうか。たぶんそうなのだろう。しかし、そうだからこそ、構造は優美さと力を得るのである。構造はたしかに詳細を知るのには役立たない。しかし、構造的概念は詳細な内容には欠けても、大きく、重要で、持続的なパターンの説明には役立つのである。

さらに、構造は急に変化することもある。構造的変化とは、それが暴力によってもたらされるか否かにかかわらず、革命である。構造の変化とともにシステムにおけるユニットの配置が変わり、その行動と相互作用によって生まれる結果について、新しい予測が生まれるからである。そこで、理論はシステムを越える変化を説明する。国際政治の理論が成功するのは、政治構造のもたらす因果効果が特定でき、構造変化とともにその結果が変化することが示されるようなかたちで政治構造を定義できる場合だけである。アナーキーであるということから、われわれは国際政治の質について大まかな予測ができるが、アナーキーでも異なるタイプの構造を区別することができれば、われわれはより限定的で、正確な予測をすることが可能になる。

　たとえば、多極システムから2極システムへの移行がヨーロッパ諸国に与えた影響について考えてみよう。ヨーロッパ諸国が世界の大国である限りにおいては、その国家間の統合はただの夢にすぎなかった。ヨーロッパ大国間の政治はゼロサム・ゲームモデルに向かう傾向があり、各国は自国の損失が他国の利得であると考えていた。たとえ相互利益のために協力する誘惑に直面しても、用心深くなり、手を引きがちであった。ときにいくつかの大国が協力の方向に動いても、それは他国に対して、より強力に対抗するためであった。しかし、ソ連とアメリカという超大国の台頭によって、西ヨーロッパ諸国間には、より広範囲のより効果的な協力を促す状況が生まれることになった。国際連盟時代に一般的であった表現を使えば、ヨーロッパ諸国は安全保障の消費者となったのである。近代の歴史において初めて、戦争と平和の決定要因がヨーロッパの場裡の外に存在し、ヨーロッパ諸国の存続の手段がほかから提供されることになった。そしてこの新しい状況によって、かの名高い「共通利益の　向　上　（グレードアップ）」が可能になったのである。この言葉には、利益をどう分配するかにばかり専念するのではなく、全員のわけまえが増えるようみなが協力すべきであるという考え方が込められている。協力への障害すべてが除去されたわけではなかったが、ひとつの重大な障害、すなわち、ある者が優位に立つと、それが他者に対して用いる軍事力に転換されるのではないか、という恐怖は取り除かれたのである。超大国の影に生きながら、イギリス、フランス、ドイツ、イタリアは、いちはやく自分たちのあいだの戦争には何の利益もないと理解し、次第に戦争が不可能であると考え始めるようになった。すべての国の安全保障が自国では

なく他国の政策に究極的に左右されるようになったため、各国間の一致団結が、簡単には達成できないにしても、事実上の努力目標となったのである。

　国家間の戦争の可能性がなくなると、すべての国家は相対的損失をこうむるリスクをより気軽に冒せるようになる。たとえば、ある当事者が他の当事者よりも得をするような事業であっても、後者の側が損得を逆転できるという希望をもっていたり、また事業そのものが全体的に価値があるという信念があれば、それが行われることもありうる。また、政治的利得を期待し、それと引き換えに、経済的利益がある国家から別の国家へ供与されることもあるだろう。そうした政治的利得には、ヨーロッパの協力の構造を強化するという利益も含まれるかもしれない。西ヨーロッパ諸国間の安全保障についての懸念が取り除かれたからといって紛争がなくなるわけではないが、紛争の内容はたしかに変化した。ヨーロッパ経済共同体（EEC）内の（たとえば農業政策をめぐるフランスによる）むずかしい交渉を見ると、だれがより多く、まただれがより少なく利得を獲得するかに各国政府が関心をもち続けていることがわかる。しかし、利害対立が続いても、その解決のためにだれかが軍事力を用いるとは、もはや考えられていない。ヨーロッパ諸国間の政治は、国際システムが多極から2極へと変化したため、第二次大戦後、質的に異なるものになったのである。経済やその他の分野において西ヨーロッパが統合に向けて一定の前進を遂げたのは、国際政治の構造変化から生じた効果を考慮することなしには理解できない。この例は、国際政治の理論が何を語ることができ、何を語ることができないかを示すのに役立つ。国際政治の理論は、所与のシステムにおいて国家の行動と相互作用から起こりうる結果の範囲を描写することができ、また、システムが変化するにしたがってその予測の範囲がどう変わるかを示すことができる。さらに、構造の異なるシステムによってどのような圧力が働き、どのような可能性が提起されるかも教えてくれる。しかし、国際政治の理論は、そういった圧力や可能性に対して、システムのユニットがどのように、またどの程度有効に反応するのかについては、語ることができないのである。

　国家が受けている圧力を構造的に描写し、理解することができても、国家の国内的性質を知ることなしには、国家が構造からの圧力にどう反応するのかを予測することはできない。体系的理論が説明するのはシステムからシステムへの変化であり、システムのなかでの変化ではない。しかし、所与のシステム内

における国際情勢は決して繰り返しばかりではなく、重大な断絶も起こる。長く存続するシステム内で断絶が起こるならば、その原因はユニットレベルに求められる。この場合、生じた結果は理論の視野の外にあるため、予測からの逸脱が生じることになる。

　国際政治の体系的理論は、国家レベルではなく、国際レベルで作動している力を扱うものである。ここで生じる疑問は、もしシステムレベルとユニットレベルの両方で作動している力があるのなら、外交政策の理論も同時に構築することなしに、どうやって国際政治の理論を構築できるのか、という疑問である。これは、企業の理論なしにどうやって市場の経済理論を書けるのかと聞くのとまさに同じである。その答えは「非常に簡単に」である。市場理論とは、企業が何をどのように行うよう市場から圧力を受けているのかを示す構造的な理論である。そのような力がはたして働いているのか、またどのくらいうまく働いているのかについては、企業ごとに異なり、その違いは企業の内部組織や管理形態の差によるものである。国際政治の理論が外交政策の理論を示唆したり必要としたりしないのは、市場理論が企業の理論を示唆したり必要としたりしないのと同じである。体系的理論とは、政治であれ経済であれ、ある領域の組織化のあり方が、そのなかで相互作用するユニットに対し、いかに制約的もしくは促進的力として働くかを説明する理論である。そのような理論は、ユニットが受ける力について語っている。そこから、われわれはユニットに期待される行動や命運について何らかの推論を導くことができる。すなわち、ユニットが生き残り繁栄するためには、互いにどのように競いあい、どのように調整しあわなければならないかについての推論である。システムのダイナミクスがユニットの自由を制限する範囲においては、ユニットの行動とその結果は予測可能になる。異なる構造をもつ市場に企業はどう反応し、異なる構造をもつ国際政治システムに国家はどう反応するか、という理論的問いに答えるには、企業を企業として、国家を国家として、それらの差異に注目せず扱う必要がある。そうすれば、ユニットの内的な性質ではなく、システムのなかでのユニットの配置に言及することで、その質問に答えられるはずである。つまり、体系的理論は、なぜ異なるユニットが同じように行動し、その差異にもかかわらず、期待された範囲内に収まるような結果を生むのかを物語るものである。逆に、ユニットレベルの理論は、システム内の配置が類似しているにもかかわらず、なぜ

第4章　還元主義的理論と体系的理論

異なるユニットが異なった行動をとるのかを教えてくれるのである。外交政策の理論は国家レベルの理論であり、外的な圧力に対して異なる政治体がどう反応するかについての期待を導くものである。一方、国際政治の理論は国家の外交政策に関係してはいるが、そのある側面のみを説明することを主張するものである。それは、われわれに、どのような国際的状況に国家の政策が対処しなければならないかを教えてくれる。したがって、国際政治の理論によって、その対処がどうなされるかがわかると考えるのは、還元主義の誤謬とは逆の誤りなのである。

　国際政治の理論は、国際政治についての物語と同じく、各時代の大国の観点から書かれる。これは、歴史学者のあいだでも、政治学者のあいだでも流行りであるが、流行はその背景にある理由を明らかにはしない。国際政治においては、ほかの自助システムと同じく、能力のもっとも大きなユニットが、他者および自らに対して行動の舞台を設定する。体系的理論においては、構造は生成的な概念であり、システムの構造は、主要な部分の相互作用によって生まれる。それゆえ、自助システムについて、システムの主要な部分の観点から描かれるのである。国際政治の理論をマレーシアやコスタリカにもとづいて構築するのは、寡占競争の経済理論をある経済セクターにおける小さな企業にもとづいて構築するのと同じくらい、ばかげている。あるシステム内のすべての国家や企業の命運は、小さな国家や企業ではなく、主要な国家や企業の行動とその相互作用から、より大きな影響を受けている。今世紀初頭にシステムとしての国際政治およびそのなかの大国や小国の将来に関心をもった者は、スイスやデンマークやノルウェーではなく、イギリス、ドイツ、ロシア、フランスの外交政策や軍事政策に注目した。大国に焦点を当てるということは、小国を見落とすことではない。小国の命運について知るためには、大国に注目することが必要なのである。システムとしての国際政治に関心をもつためには、もっとも影響力のある国に焦点を当てることが必要となる。このため、国際政治の一般理論は、必然的に大国にもとづいたものになる。そして、そうした理論は、いったん構築されれば、システムにおける大国が小国に無関心であったり、通信・交通が困難であったりするために、小国間の相互作用が大国の介入から隔離されている限りは、それらの小国にも当てはまるものとなるのである。

Ⅲ

　体系的理論において、アクターの行動やその結果の説明の一部は、システムの構造に見出される。政治の構造とは、物理学において力が作用する領域に似ている。ある領域における相互作用には、それがその領域外で起こった場合とは異なる特質が備わっている。また、領域が対象に影響を与えるように、対象も領域に影響を与える。では、構造という概念は、いかにして明確かつ有益な政治的意味をもつようになるのか。構造は、どのように効果を生み出すのか。構造を原因として考察するうえでは、構造の２つの定義を区別することが有益である。

　「構造」は、いまや社会科学のお気に入りの言葉であり、その意味は非常に包括的になった。ただし、すべてを意味する言葉になると、それは何も特定のことを意味しなくなってしまう。構造という言葉が、不用意に内容の乏しいかたちで用いられる場合はさておき、この言葉には２つの重要な意味がある。まず第１に構造とは、入力されるものが多様であるにもかかわらず、同じ結果を生むように働く補正装置を意味することがある。身体器官は、状況の違いにもかかわらず、その変動を許容範囲内に保つ。たとえば、人間の肝臓は、摂取された食べ物や飲み物の多様性にかかわらず、血糖値を一定の範囲内に保っている。同じように、所得に対する逆進的もしくは累進的な課税は、人びとの技術力、体力、幸運のばらつきにかかわらず、所得格差を狭める。そういった構造は平準化をもたらすために、平準化の影響を経験している者が、構造や、どのようにしてその影響が生じるのかに気づくとは限らない。この種の構造は、システム内で働くエージェントであり装置である。そして通常、政治学者が思い浮かべるのは、この種の構造である。ここには私が定義する構造と、１つだけ共通する性質がある。それは、結果を狭い範囲内に保つよう働くということである。しかし、異なっているのは、それらがより大きなシステムのなかで特定の目的のために作動するように自然もしくは人間によって考案されたものという点においてである。このような装置に言及するとき、私は、エージェント、エージェンシー、補正装置といった言葉を用いる。しかし、私が「構造」という言葉を用いるのは、以下で述べる第２の意味においてのみである。

第4章　還元主義的理論と体系的理論

　第2の意味において、構造は制約条件のセットを意味する。そのような構造は、淘汰装置として働くが、肝臓や所得税のように、作動している際に見えたり、検証したり、観察することはできない。自由に形成された経済市場や国際政治構造は、淘汰装置であるが、エージェントではない。構造は特定の行動を報い、ほかを罰することで淘汰を行うため、意図や行動から結果を推論することはできない。これはだれでも理解できる簡単な論理であるが、それほど簡単でないのは、行動と結果の不整合を起こすのは政治的にいったい何なのかということである。構造は原因であるが、AがXの原因であり、BがYの原因であるという意味においてそうなのではない。XとYは異なる行動、もしくは異なるエージェントによって生まれた、異なる結果である。AとBはXとYよりも強力で、速く、先にあり、重い。変数の値を観察し、その共分散を計算し、数列を追うことによって、そのような原因は定まる[2]。この場合、AとBは異なるため、異なる効果をもつが、逆に構造は、エージェントやエージェンシーを制限したり、型にはめたりするものであり、それらの努力や目的が異なっても共通の性質をもつ結果を生むように方向づけるものである。つまり、構造は効果を直接にはもたらさない。構造はエージェントやエージェンシーのようには働かないのである。では、どうやって構造の力を理解できるのか。どうすれば構造的原因を、曖昧な社会的傾向や定義の不明瞭な政治的潮流以上のものとして考えることができるのか。

　エージェントやエージェンシーは行動するが、全体としてのシステムは行動しない。しかし、エージェントやエージェンシーの行動はシステムの構造によって影響を受ける。構造は本来、ある特定の結果を直接にもたらすものではない。構造はシステム内の行動に影響するが、その影響は間接的である。その影響は2通りの方法、すなわち、アクターの社会化と、アクター間の競争によって、もたらされる。あらゆる社会においてと同様、この2つの過程が国際政治においても広範に生じる。この2つは根本的な過程であるため、私は、それぞれを初歩的な用語で説明しながら、あえて自明のことを述べよう。

　人の一対（ペア）——あるいは企業や国家の一対でもよいが——という、も

---

[2]　政治学での用語法とは逆に、変化するものすべてが変数なのではない。変数とは、異なる値をとる概念であり、世界のある部分についての高度に単純化されたモデルの一部として発達した概念である。本書第1章を参照。

っとも単純な場合の社会化の過程を考えてみるとよい。A は B に影響を与え、A によって異なるものにされた B は、A に影響を与える。組織理論の M. P. フォレットが述べるように、「A 自身の活動が、彼の活動の原因となっている刺激に入り込む」(Follett 1941, p. 194) のである。これは、結果が原因となる、おなじみの構造機能主義の論理の一例である（Stinchcombe 1968, pp. 80-101を参照）。B の属性と行動は A から影響を受け、A の属性と行動は B から影響を受ける。それぞれが相手にただ影響を与えているのではなく、両者は相互作用が生み出す状況によって影響されているのである。さらに例をあげれば、その論理はより明確になるだろう。E. アルビーの劇『ヴァージニア・ウルフなんかこわくない』のなかの主要登場人物であるジョージとマーサは、彼らの行動と相互作用をとおして、各自の行動や決定によっては制御できないような状況を生み出してしまう。アルビーの劇を深く研究した P. ワツラウィックらは、ジョージとマーサの活動は、彼らの相互作用から生じるシステムを考えることなしには理解できないことを示し、つぎのように述べている。

> 個別にどちらがジョージでどちらがマーサであるかは、彼らのあいだで何ができあがったか、またどうできあがったかを説明しない。この全体を個人の性格的特徴へと分解してしまうと、本質的に彼らを互いから引き離し、彼らの行動が相互作用の文脈のなかで特別な意味をもっていること――つまり実際は、相互作用のパターンが彼らの行動を永遠に続けさせているということ――を否定することになる (Watzlawick, *et al.* 1967, p. 156)。

ペアの行動は、ペアのどちらか一方だけを眺めても理解できない。また、ペアの行動は、相互作用を生む行動の各要素それ自体が、ペアであるということによって形成されているため、2方向の関係の集合として解析することもできない。2人はシステムの部分となっているのである。ジョージとマーサは一方の行動が他方からの反応を引き出すように相互作用しているなどと単純に述べるのでは、彼らの相互作用の循環性が曖昧になってしまう。彼らは、それぞれが行動すると同時に他方に反応しているのであり、刺激と反応の両方が話をつくっているのである。しかし、それに加えて、2人は、彼らの行動を動機づけ輪郭づけるゲームのなかで一緒に行動しているのである。それはまさに、彼らが

そのゲームを「編み出した」からでもある。つまり、彼らは、それぞれゲームをしていると同時に、一緒にゲームをしている。彼らは、互いに対して反応すると同時に、彼らの相互作用が生み出す緊張に対しても反応しているのである。

以上はだれもが知り経験することの描写であり、例である。人は、議論を終えようと固く意図して、それを宣言し、そうすると主張した場合でも、なおかつ議論に流されてしまうことがある。自分の行動をしっかり予測しても、他人ばかりか自分自身でも驚くような行動をとってしまうこともある。かつてG.ル・ボンは、個人に対する集団の影響について、つぎのように述べている。

> 心理的群集にみられるもっとも驚くべき特性は、以下のとおりである。それを構成する個人がだれであろうと、また、彼らの生活様式や職業、性格、知性が似ていようと異なっていようと、彼らが群集に転換したという事実によって、彼らはある集合的心理をもつようになる。これによって、彼らは、個人が孤立した状態にある場合に感じ、考え、行動したりするのとは全く異なる仕方で、感じ、考え、行動するようになるのである（Le Bon 1896, pp. 29-30）。

状況に強く影響されるからといって、われわれが自分自身でなくなるわけではない。しかし、われわれは、自分自身と同時に別のものにもなるのである。われわれは別のものになるが、エージェントやエージェンシーによってそうさせられたとはいえない。

ペアや群集が示すのは、大規模で長期にわたって組織や社会で起こる社会化の、小規模で一時的な例である。ある学校やある街の十代の若者すべてに、同じ服装をしろという者はいないが、彼らのほとんどは同じような服装をする。実際、彼らは多くの人、たとえば彼らの両親が通常やめろというにもかかわらず、同じような服装をするのである。このように、自然発生的かつ非公式なかたちで、社会は行動規範を構築する。集団の意見はそのメンバーを支配し、英雄や指導者が現れると、人びとは彼らを模倣する。集団の規範に従う行動が賞賛されると、規範はさらに強化される。社会化によって、集団のメンバーはその規範に従うようになるのである。集団のメンバーのなかには、これを抑圧と思い逸脱行動をとろうとする者もいるだろう。その逸脱者が嘲笑を浴びると、もとに戻ったり集団を離れたりして、どちらにしても集団の同質性は維持され

ることになる。社会は、このようにさまざまな方法で規範を構築し、順応を促す。社会化は、多様性を削減するものなのである。社会のメンバー同士の差異は、彼らの観察される行動の差異よりも大きい。集団の行動に持続的な特徴は、メンバーの性質に起因する部分もあるが、メンバーの相互作用が生み出す社会の特徴に起因する部分もあるのである。

　構造が自らの影響を及ぼす第1の仕方は、アクターの行動を制限し、型にはめる社会化をとおしてであるが、第2に、構造は、競争によって影響をもたらす。組織化の度合いが緩かったり、分裂している社会セクターにおいては、分裂した各部分のなかでは社会化が起こるが、それらのあいだでは競争が起こる。社会化は、アクターの属性と行動の類似性を促すが、競争も同じである。競争によって秩序が生まれ、その秩序のなかのユニットは、自律した決定と行動とをとおして、他のユニットとの関係を調整するのである。アダム・スミスが『国富論』を著したのは1776年であった。彼は、それ以降の経済的行動や結果だけを説明しようとしたのではないし、また彼は、アダム・スミスの著作を読み、理解し、その教えを奉ずる人びとの経済行動にのみ当てはまる理論を構築したのでもない。アダム・スミスの経済理論は、彼が述べている状況が存在するところならどこでも当てはまり、また生産者や消費者の知識にかかわらず当てはまる[3]。なぜなら、アダム・スミスの理論は構造的制約を扱っているからである。淘汰が支配する限り、アクターの意図を知っていようがいまいが、またアクターが構造的制約を理解しているかどうかにかかわらず、結果は予測できる。一例をあげよう。私が靴屋を開店する計画をもっていると仮定しよう。どこに店を開店すべきか。ここで私は靴屋は密集する傾向があることに気づく。政治学の一般的な考え方に従って、私は、その町が靴屋の場所を規制する法を通しているか、もしくは靴屋の経営者たちが、経済学者の立地理論に精通していると推測するだろう。立地理論は、できるだけ多くの消費者の注意を引くために、一般的にどこに靴屋を設けるべきかを示すものである。しかし、この2つの推測のどちらも正しくない。経済学の一般的な考え方に従えば、私は、知っていようがいまいが、市場の条件は、店を正しい場所に出した者を報い、そうしなかった者を罰するものであるというであろう。行動はそれがもたらす結

---

[3] 理論が当てはまるといいながらも、私は理論の妥当性の問題には触れないでおく。

果によって淘汰されるのである。企業家個人が利潤を生む機会を増やす方法を知る必要はない。彼らがそう望むのなら、ずっと失敗し続けてもよい。市場の淘汰が、たまたま賢く行動しているのがだれかを、そうでない者から選り分けてくれるのである。

　企業は利潤を最大化しようとするユニットであると考えられている。実際には、企業のなかには何も最大化しようとしていないものもあれば、利潤を最大化しようとしているにもかかわらず、能力が無いためにできないものもある。競争システムは、いってみればより成功している競争者の「合理性」によって規制されている。では、合理性とは何を意味するのか。それは、たかだか知力、技術、努力、あるいは単なる幸運のいずれかをとおして、ある者が他の者よりも成功していることを意味するにすぎない。成功している者たちは、他の者たちよりも魅力的に、またより安く、人びとの欲しがる財やサービスを提供しているのである。他の競争者たちは、彼らを模倣しなければ落伍していくしかない。彼らの商品への需要は縮小し、利潤は減少し、最後には破産する。この望ましくない連鎖を断ち切るには、自らの方法を変えなければならない。こうして、生き残ろうとするユニットは、互いと似通ったものになり、企業の場所、組織、生産様式、商品デザイン、マーケティングにおいてパターンが形成されることになる。秩序立っているのは結果であって、必ずしもインプットが最初から秩序立っているのではない。生き残るものは、ある一定の特徴を共有しており、破産するものはそういった特徴に欠けている。競争によって、アクターは、社会的にもっとも受け入れられ、成功する方法に自らを順応するよう促される。このように、社会化と競争が、アクターの行動や結果の多様性が削減される過程の2つの側面なのである。

　結果による淘汰が支配しているところでは、だれかがパターンを形づくるよう調整したりそれらを維持しようとしなくても、パターンは生じ、持続する。アクターの行動とアクター間の関係は、アクターが相互に行う調整をとおして規制されている。秩序は秩序をつくる者なしでも生じ、調整は調整者なしでも行われ、仕事はそれを割り当てる者なしに割り当てられることもあるのである。ニューヨーク市長が、ニュージャージー南部の野菜栽培者に電話をかけて、最近トマトの供給量が少ないので、来年はもっと栽培してくれといったりはしない。需要と供給は、市長の指導よりも、無数の買い手と売り手の利己的な反応

をとおして、より敏感に、より信頼できるかたちで調整されるからである。いくぶん異なる例として、理想社会の計画を見せられたときのモンテスキューの反応がある。彼は、「だれが寝室用の便器を掃除するのか」と尋ねたそうである。同等の質問として、われわれは、だれがごみを集めるのかと尋ねることができよう。ごみ収集サービスの買い手は、そのサービスを安く買いたいと思っている。売り手はサービスを高く売りたいと思っている。するとどうなるか。市はごみ収集をより魅力的にする措置をとる。たとえば、オートメーション化を図って、ごみ収集をより清潔で、簡単にし、ごみ収集担当者にしゃれた制服を着させて、ごみ収集という仕事の地位を高め、社会的により受け入れられやすいものにする。ごみ収集の仕事が魅力的でない限り、それに必要とされる能力に対して、ほかのサービスの場合よりも多くを社会は支払うことになる。このように、現実の社会は、理想社会から区別することはできなくなるのである。

IV

　ユニットや相互作用が多様でも、異なる構造が同じ結果を生む原因となることがある。多くの企業が競争したり、少数の寡占企業が共謀して価格を設定したり、政府が価格を統制したりすると、市場全体ではどんな財やサービスの価格も均一である。完全競争、完全な共謀価格設定、絶対統制といった異なる原因が、同じ結果を生むのである。しかし、結果が同一であるからといって、システムの部分の属性や相互作用が一定であると推論することはできない。構造は、ユニットレベルにおける変化や、ユニットの消滅や生成から独立して結果を決定する。つまり、異なる「原因」が同じ結果を生むこともあれば、同じ「原因」が異なる結果を生むこともある。ある領域がどのように組織化されているかを知らなければ、原因と結果を区別することはできない。

　組織化のあり方は、そのなかの要素の属性や相互作用よりも支配的な影響をもつ場合がある。初期条件から独立しているシステムは、等結果性（equifinality）を示すといわれ、その場合は「システムはそれ自体の最良の説明であり、現在の組織を研究することこそが適切な方法論である」（Watzlawick, et al., 1967, p. 129; p. 32も参照）。構造が決定をするのではなく、影響を及ぼすのであるならば、ある領域における構造がいかにまたどの程度結果

を説明するのか、そしてユニットがいかにまたどの程度結果を説明するのかが問われねばならない。構造は、ユニットと同じく、それ自体独立して探求されるべきである。体系的アプローチを採用していると主張したり、体系的理論を構築していると主張したりするのなら、システムレベルとユニットレベルがどう区別されて定義されるかを示す必要がある。構造からユニットや過程を区別し、その区別を維持しなければ、異なる種類の原因を分解することも、原因と結果を区別することもできなくなってしまう。あるシステムのもつ異なるレベルの区別を曖昧にしてきたことが、国際政治理論の発展を阻んできた主な要因であったと、私は考えている。次章では、体系的理論の構築を可能にするような方法で、政治構造をどう定義できるかを示す。

第5章　政治構造

　第2章、第3章、第4章で、国際政治は還元主義によっては説明できないことを学んだ。第3章では、体系的アプローチであると明言しているものでさえ、システムレベル要因とユニットレベル要因とを混同していることがわかった。一般システムモデルに従う理論を考察した結果、国際政治は、そうしたモデルが有効といえるほどそれにぴったり当てはまらないこと、同時に、何らかの体系的理論によってしか理解することができない、という結論に達した。そのような理論が成功するためには、一般の人が思い浮かべるような経済、社会、その他の国際領域から区別される領域として、国際政治をどう把握できるかが示されねばならない。国際政治システムをほかの国際システムから区別し、システムレベル要因とユニットレベル要因を識別するためには、政治構造がどのように生まれ、それがシステムのユニットにどう影響し、また逆に、ユニットによってどう影響されるかを示す必要がある。では、国際政治を、他と区別されるシステムとして把握するにはどうすればよいのか。相互作用するユニットと、ユニットの行動および相互作用が生み出す結果とのあいだに介入するものは何なのか。これらの問いに答えるため、本章ではまず社会構造の概念を考察し、国内政治および国際政治それぞれに適切な概念としての構造を定義する。

I

　システムは、構造と相互作用するユニットから成り立っている。構造とは、システム全体に及ぶ構成要素であり、システムを1つの全体として考えることを可能にするものである。第3章で考察した体系理論家たちが解決していないのは、ユニットの属性とその相互作用から独立したかたちで構造を定義する問

題であった。構造の定義は、ユニットの特性、行動、相互作用を無視するか、または抽象化して考えねばならない。ユニットの属性や相互作用が明らかに重要であるにもかかわらず、それらを排除する必要があるのは、ユニットレベルの変数とシステムレベルの変数とを区別するためである。問題は、習慣的に使われている環境、状況、文脈、場、といった、曖昧で不確定なシステムの概念に代わる、理論的に有益な概念を発展させることである。曖昧で不確定な用語に、一定の明確な意味を与えられるならば、構造は有益な概念ということになる。

　構造の定義を理論的に有効なものとするために、何を排除しなければならないかは明らかである。ユニットの属性から離れて抽象化するということは、政治指導者のタイプや、社会経済的制度、国家がどのようなイデオロギー的コミットメントをもっているかなどといった問題を棚上げすることである。また、ユニット間の関係を排除して抽象化するということは、国家間の文化的、経済的、政治的、軍事的相互作用などについての問題を棚上げすることである。何を排除すべきかを述べることで、何を考慮に入れるべきかがわかるわけではない。それでも、何を排除すべきかが重要な問題であるのは、属性を排除せよという指示が頻繁に踏みにじられ、相互作用を排除せよという指示もほとんど守られていないからである。しかし、属性と相互作用を排除するとなれば、何が残るのか。その問いは、「関係」という言葉がもつ2つの意味を考えることで答えられる。S. F. ネイデルが指摘するように、日常言語において「関係」は、ユニット間の相互作用という意味と、ユニット同士が互いに対してもつ位置関係という意味の両方を指して使われるため、理論上重要な区別が曖昧になってしまう（Nadel 1957, pp.8-11）。構造を定義するには、ユニットが互いにどう関係しあっているか（すなわちユニット同士の相互作用）を無視して、ユニット同士が互いにどのような位置関係にあるか（ユニットがどのように整理あるいは配置されているか）に注目することが必要となる。これまで主張してきたように、相互作用はユニットレベルで起こるが、ユニットが互いにどのように置かれているか、その整理や配置のあり方はユニットの特性ではない。ユニットの配置は、システムの特性である。

　アクターの性格、行動、相互作用を無視すると、純粋に位置関係だけをとらえた社会の図が得られる。そこからは3つの命題が生まれる。まず第1に、性

格、行動、相互作用が大きく変化しても、構造は持続しうる。構造は、行動や相互作用からはっきりと区別される。第2に、部分の配置が似ている限り、構造の定義は、内容が大きく異なる領域にも当てはまる（Nadel, pp.104-109を参照）。第3に、そのため、ある領域で構築された理論を、多少の修正によって、他の領域に応用することも可能になる。

　構造は、部分の配置によって定義される。配置の変化のみが構造的変化である。システムは、構造と相互作用する部分とからなっている。構造と部分は、どちらも、実在するエージェントやエージェンシーと関係してはいるが、それらと同一の概念ではない。また、構造は目に見えるものではない。文化人類学者M.フォーテスがこのことをうまく述べている。「構造を表現する場合、われわれは話し言葉の世界ではなく、文法やシンタックスの世界にいる。われわれが社会事象の『具体的現実』のなかに構造を見分けることができるのは、まず『具体的現実』を抽象化して構造を確立することがうまくできてからである」（Fortes 1949, p.56）。構造は抽象化されたものであるから、システムの物質的特徴を列挙することによってそれを定義することはできない。構造は、システムの部分の配置と、その配置の原則によって定義されなければならないのである。

　このような構造の概念は、政治システムの考え方としてはまれであるが、文化人類学者や経済学者にとっては、また政治システム一般ではなく政党や官僚といった政治システムの一部を扱う政治学者にとっては、なじみ深いものである。構造を定義する場合、文化人類学者は酋長やインディアンの習慣や価値観について問うたりはしないし、経済学者も特定の企業の組織や効率性、企業間の取り引きについて問うことはない。また政治学者も、さまざまな地位に就いている個人の性格やその利害について問うたりはしないだろう。アクターの資質や動機や相互作用を無視するのは、それらがおもしろくないからでも重要でないからでもない。部族というユニットの資質や動機や相互作用が部族の構造によってどう影響されているか、企業の意思決定が市場によってどう左右されているか、人びとの行動が役職によってどう型にはめられているかを知りたいからなのである。

II

　構造という概念は、ユニットはその配置や組み合わせが異なればとる行動も異なり、その相互作用によって生まれる結果も異なるという事実にもとづいている。ここではまず、国内政治構造をどう定義できるかを示そう。国際政治の理論についての本で国内政治構造を考察する必要があるのは、国内領域と国外領域とでアクターの行動やその結果についての期待が異なることを示すためである。さらに、まず国内政治の構造を考察すると、把握しにくい国際政治の構造をあとで理解するのが容易になるからである。

　構造は、システムの部分の配置または秩序のあり方を定義する。構造とは政治制度の集積ではなく、むしろそれらの配置である。では、配置はいかにして定義されるのか。国家の憲法はその配置の一部を描いているが、政治構造が次第に発展していくにつれ、それは公式の憲法と同一ではなくなる。構造を定義するとき最初に答えるべき問題は、部分の配置を決める原理は何かということである。

　国内政治はハイラーキカルに秩序づけられており、そのユニットである制度や機関は互いに上位―下位の関係にある。システムの秩序原理は、領域の各部分が互いにどのような関係にあるかについて、第１番目の基礎的情報を与えてくれる。政治体においては、役職のハイラーキーが完全に明示されているわけではなく、上下関係について曖昧さが全くないわけでもない。にもかかわらず政治的アクターは、その権威の程度によって公式に区別され、その独自の機能が特定されている。「特定されている」といっても、異なる部局が遂行すべき職務が国の法律によって十分に表現されているということではなく、単に、政府のさまざまな部局が引き受ける仕事と、それらの部局が正統に行使する権力の範囲について、幅広い合意が普及していることを意味しているだけである。たとえば、アメリカでは連邦議会が軍事力を拠出し、大統領がそれを統率する。議会が法律をつくり、執行府がそれを強制する。そして行政機関が法律を執行し、司法がそれらを解釈する。そういった役割の特定化と機能の差別化は、どの国家でも見られ、高度に発達した国家であればあるほど、それは進んでいる。公式に差別化された各部分の機能を特定することによって、構造についての第

2番目の情報が得られる。とはいえ、構造の定義のこの第2の部分は、構造にいくらかの内容を付与するといっても、それはユニットが互いにどのような関係にあるかをよりうまく伝えるといった程度である。たとえばイギリスの首相および議会の役割と機能は、アメリカの大統領と連邦議会のそれとは異なっている。以下すぐに示すように、役職の配置や機能の組み合わせが異なると、異なる行動と結果が生まれる。

　しかし、各ユニットの互いに対する配置は、システムの秩序原理や部分の形式的差別化によって完全に定義されるのではない。ユニットの位置は、その相対的能力の変化に応じても変わるからである。機能を遂行するうえで、機関は能力を獲得したり失ったりすることがある。イギリス首相の議会に対する関係、アメリカ大統領の議会に対する関係は、彼らの相対的能力によって異なり、変化する。構造の定義の第3の部分が示すのは、特定化された機能が変化しなくても、ユニット同士は、相対的能力の変化をとおして異なる関係に立つようになる、ということである。

　したがって、国内政治構造は、まず第1にその秩序原理に従って、第2に公式に差別化されたユニットの機能を特定化することによって、第3にユニット間の能力の分布によって、定義される。構造は高度に抽象的な概念であるが、構造の定義はすべてを抽象化するわけではない。すべてを抽象化するのでは、すべてを無視し、全く何も取り入れないということになる。3つの部分からなる構造の定義は、システムのユニットがどう位置づけられ、配置されているかを示すのに必要なものだけを含んでいる。それ以外のすべては排除されている。伝統や文化への関心、政治アクターの特徴や性格の分析、対立や協調の政治過程の考察、政策の決定および実行の描写、といった事がらはすべて棚上げされている。それらを排除するのは、重要でないからではなく、構造が過程に及ぼす影響と、過程が構造に及ぼす影響とを解明したいからである。そして、それは構造と過程とを区別して定義して、はじめて可能になるのである。

　政治構造は政治過程を形成する。これは、異なる政府のシステムを比較することにより、もっともよくわかるであろう。イギリスとアメリカでは、立法府と執行府の配置と組み合わせが異なっている。イギリスにおいては立法府と執行府は融合している。アメリカでは両者は分離され、さまざまなかたちで互いに対立している。公式・非公式の機関がもつ権力と権威の配分の違いは、執行

府の長の権力に影響し、両者のパフォーマンスのあいだに根強くある差異を説明することに役立つ。私はかつて他所で、イギリスとアメリカの政治行動パターンの対照性が、構造の違いによってどう説明できるかを示したことがある。そのなかからいくつかの論点を要約し、ここで繰り返すことで、構造の定義に関して述べてきた上記の言明に政治的な具体性を加味できるであろう。少し詳細な説明ができるよう、例としては政治的リーダーシップのみをとりあげ、アメリカよりもイギリスに焦点を置くことにしたい（Waltz 1967a; 主に Chapters 3 and 11に依拠する）。

イギリスでは、少なくとも19世紀後半以降、首相の力が次第に増し、議会制、いや内閣制とさえ、もはや呼べなくなったとよくいわれてきた。政治を牛耳っているのは首相だけである、などとわれわれはよく聞かされる。そうであるなら、次第に力をつけてきたはずのイギリスの首相たちが、なぜ事件に対して反応するのが遅く、非効率的なことを同じように何度も繰り返し、一般的な統治能力が非常に弱いのか、不思議に思わざるをえない。これは、首相の性格が異なるためではない。なぜならそのような傾向は、すべてのイギリスの首相に当てはまり、1860年代、すなわち政党規律がイギリス政治の際立った特徴として確立し始めた時期まで、さかのぼることができるからである。イギリスの首相の権力は形式上大きく見えるが、その行動はアメリカの大統領の場合よりもきびしく制約されている。その制約はイギリス政治の構造、とりわけリーダーの政党に対する関係に見出される。なかでも２つの重要な点は、リーダーのリクルートの仕方と、リーダーが政党運営を非常に慎重にしなければならないことからくる影響である。

イギリスとアメリカではどちらも、直接的にか間接的にかはともかく、執行府の長は二大政党のリーダーのあいだから選択される。では、どのようにして選択対象の２人が決まっていくのであろうか。ある下院議員（MP）が、政党の党首や首相になるためには、議会に長く席を置き、自分の能力を立証しながら閣僚ポストのはしごを一段いちだん上り、下院のメンバーが重要とみなす資質を披露しなければならない。だれがその最高の地位に就くかを決定するのは、二大政党の党員たちである。政党が与党でないときには政党のリーダーとして、政党が勝利を得たときには首相になる人として、選ぶのである。首相になるＭＰは、彼の第一の選挙民たち、すなわち下院に議席をもつ政党のメンバーたち

に、自分が有能であり、政党の見地からしても安全でかつ信用できる人物として、満足してもらわねばならない。彼らは、長年にわたって仲間のＭＰをほとんど不愉快にしなかった人材を求めている。また、首相としての任期に制限がないため、下院議員たちは若い人材を支持したがらない。その人が成功することで何十年にもわたって自らの首相への道がふさがれてしまうかもしれないからである。

　安定した政治制度をもつ多くの国々と同じく、イギリスは統治者に見習い奉公をさせているのである。統治者に見習い奉公をさせるイギリスのシステムでは、これとは非常に異なるアメリカのシステムよりも、執行府の長が年配になるばかりでなく、より安全で確実な長が選ばれる可能性が高い。1867年の第2回選挙法改正以来、イギリスには20名の首相が現れたが、その平均年齢は62歳である。首相になるまえの議会での在職年数は平均で28年であり、その期間に彼らは内閣のさまざまな高い役職で修業を積んでいる。つまり、イギリスでは、公職の最高位に就く方法は閣僚ポストのはしごを上ることなのである[1]。一方、南北戦争以来、アメリカでは22名の大統領が現れたが、その平均年齢は56歳である[2]。アメリカの議会が、執行府における昇進のための直接ルートではないため、アメリカ議会での在職とイギリス議会でのそれとを比較しても意味がない。しかし、アメリカ大統領が、より幅広い分野での経験、たとえばグラントやアイゼンハワーの場合のように、ときに全く政治と関係ない分野における経験を積んだなかから生まれてくるのは確かであり、重要である。

　イギリスのリクルートの仕方は、執行府の権限に大きな制約を課す状況を生み出している。首相が大きな権力を握ることがあるとしても、その者は年配で、経験に富み、世故に長けていることが多く、その権力を行使するときに勢いや力強さを感じさせることはない。イギリス式とは「どうにかこうにかやっていく（muddle through）」ことであるというのが本当ならば、その説明の一部はここに見出される。そしてそれは、しばしば指摘されるような、イデオロギー的コミットメントや政策綱領重視の政治と無縁であるはずのイギリスの国民性といったことよりも、説明力がある。

---

[1] 例外は、戦時の連立政権にも参加せず、党が与党でなかったため、大臣職にも就いたことがなかったR. マクドナルドである。もちろん、この例外が一般的慣行を否定することにはならない。
[2] すべて1978年7月現在の計算である。

首相の選ばれ方そのものによって首相に課せられる制約は、重要であるが、とらえどころがなく、わかりにくく、一般に見落とされている。こういった傾向は、首相とその政党との関係、および首相の力がもっとも大きいとされている議会との関係からくる制約についても当てはまる。アメリカとイギリスの状況は、つぎのように言い表せよう。大統領は、リーダーシップはとれるが、政党を従わせるのがむずかしい。一方、首相は、従う者はいるが、そこには彼が政党に対して先へ行きすぎたり横にそれたりしないという条件が付いているため、リーダーシップをとるのがむずかしい。首相に必要とされる技法は、多数による反抗や、少数であっても重要な人びとが反乱を起こすことを避けるようなかたちで、つまり、そうした反乱を起こした人びとに制裁を加えないでいいようなかたちで、政党をうまく運営していくことである。たいていの場合、首相の悩みは、メンバーの一部が言うことを聞かなくなることではなく、つぎの選挙までに彼に対する実質的で効果的な支持がしぼんでしまうことである。これは、チャーチルやマクミランの最後の任期に起こったことであり、イーデンやヒースの場合にはより明確に生じた。政党が分裂したり、首相が手に負えない派閥に直面したときだけ、与党が政府の足かせとなると考えるのは間違いである。なぜなら、政党は、決して一枚岩ではないからである。うまく運営されている政党は、ほとんど受動的で柔順にみえるが、その運営技術の習得はむずかしい。有能な首相や政党のリーダーは、可能であれば反対意見を避けられるよう、事前にそれを予測して行動する。それゆえ、妥協がなされたり、議論が延期されたり、時にはそれが完全に回避されたりするのである。リーダーの命令に柔順に従って行進する規律ある軍隊のようなものとして２つの政党をとらえると、多くの重要な歴史を無視することになるばかりか、軍隊であれ、フットボールのチームであれ、政党であれ、集団を協調させて行動させる際に必要な、計りしれない心くばりや計算を見落としてしまう。首相は、通常は自分の政党からの支持を期待できるが、それは政党のメンバーが集団で定めた範囲のなかだけである。首相は政党が与えるものしか望むことができない。「労働組合を抑え込まなければならない」、「労使関係は見直さなければならない」、「産業は合理化されなければならない」などということはできない。たとえそう思っていても、発言することは許されないのである。首相が大胆なリーダーシップがとれるのは、主要派閥の離反なく、党が彼についてきてくれるのが確実な

場合だけである。しかし、それが確実になったときというのは、リーダーシップが大胆でなくなったときである。つまり大胆な首相になるためには、党運営に失敗するというコストを支払わなければならない。魔術のような党運営能力をもっていた T. ビーズワックスの経歴について、A. トロロープはつぎのように言っていた。「党が運営されねばならない。そしてその運営をもっともうまくできる者が、おそらくもっともよいリーダーになるであろう。立法や行政という付随的な仕事は、さほど頭の切れない、下位の実務家に任せておけばよい」(Trollope 1880, Ⅲ, 169; I, 216も参照)[3]。国家リーダーとしての役割と党の運営者としての役割とは、よく矛盾する。イギリスにはアメリカのような抑制と均衡の制度がないため、政党はやろうと思えばそれを実現することができる。そして与党は党首の言葉にもとづいて行動するため、党首は、発言する言葉の選び方に気をつけなければならないのである。

見習い奉公の要因に関連したリーダーシップの問題は、イギリス政治の特質を非常にうまく表している。首相は、争点ごとに異なる構成の多数派を次から次へと形成して支配し続けることはできず、それゆえ彼は、党の統一性を維持しなければならない。首相は、議会内与党に受け入れられなければならず、その後も受け入れられるよう努力し続けなければならない。つまり、自分が活動している政治システムによって、行動の自由をかなり減らして、党全体の支持を得ようと努めざるをえないのである。首相は、慎重に這うようにして進み、決定をしなければならないという必要性によって、いかなる決定をなすべきかについて議論する余地がなくなるまで期が熟すのを待つべく、制約されている。リーダーシップの性格は、システムに組み込まれている。典型的な首相は、国家指導者としては弱いが、党運営のエキスパートである。そして、党運営の資質は、その地位に就き、そこに居座るために、通常備えていなければならないのである。

これとは対照的に、アメリカの大統領を考えてみよう。大統領は、自らの任期を全うするために議会で多数の支持を獲得する必要がない。ある政策で敗北

---

[3] 一世紀たっても、物事はほとんど変化しない面もある。クロスマンやウィルソンなどが、キャラハンについて多くの辛らつな批評を述べたにもかかわらず、クロスマンは、彼を「明らかに労働党のなかでもっとも多くを成し遂げた政治家」と見ている。そのように際立っていたがために、キャラハンは、首相としてウィルソンの跡を継ぐ際、ウィルソンの助力を得たようである (Crossman 1977, Ⅲ, 627-28 *et passim*)。

しても、在職し続けることができる。また、議事進行上の妨害がシステムの一端を担っていることを、彼は通常のこととして受け入れている。それゆえ、大統領は、当面は受け入れられなくても当然と思われるような要求を出すことを奨励されている。大統領は、議会が通過を拒否している法律が国益に必要であると説明するために、人びとを啓蒙し、情報を与えることを期待されている。実際、大統領は、必要であるよりも多くを要求し、その半分でも手に入れることができれば、自らが本当に必要だと推定したところと見合うであろうと思うかもしれない。したがって、公約とパフォーマンスとのあいだのギャップ、また大統領の要求と議会の承認とのあいだのギャップは、しばしば錯覚を起こさせる。一方、イギリスの首相は要求のすべてを得られるが、イギリスでは通常、重要な社会経済的法律は成立までに長い時間を要する。それに対し、アメリカ大統領は、得られないものまで多く要求し、改革のペースは遅くなく、アメリカ政府の柔軟性と即応性はイギリスをしのぐのである。

　しばしば、外見はあてにならない。イギリスの首相は、人前で反対されることが非常に少ないので、強い指導者であると考えられている。しかし、権限が融合しているために、首相の関心は公共の利益よりも党の統一性のほうに向きがちになる。そして、有権者には党に責任があると思わせることで、政府が国民の要求に応じなくてもいいようにする。ディズレイリの小説に出てくるある人物がかつて言ったように、「公人には責任がある。そして、責任ある人は奴隷である」(Disraeli 1880, p.156)。責任を明確にもとうとすると、高度に人目を引くことになる。アメリカでは、議会において演じられることが、大統領に通常向けられる注目をいくらかそらすが、イギリスでは、公衆は、首相に一点集中して注目する。公正な評価かどうかは別にして、首相は、政治体が健全であるか不健全であるかについて、賞賛や非難を受ける。責任が分散されず、集中しているのである。そのため、責任ある指導者は、権力を倹約しなければならない。リスクある政策をとってそれが成功しなかった場合の責任が、すべて彼に降りかかるからである。

　強い大統領の支配に慣れているアメリカ人は、当然ながら、イギリス政府に制度的に課せられている限度の観点からのみ考え、構造的な制約を見落としてしまう。実際のところ、この両国において、「リーダーシップ」という言葉は、異なる政治的意味をもっている。それは、アメリカでは強い人間が大統領の地

位に就くという意味であり、イギリスでは首相の意志が国の法になるという意味である。指導者の意志が法になるといっても、アメリカのような意味での強いリーダーシップによるシステムであるということではない。すべてが指導者のアイデンティティーとその決定を形成している力に依存することを意味しているのである。イギリスのシステムでは、指導者が穏健で、作法どおり行動することが確実になる。このことは、政治の過程を観察するだけではみえてこない。まず政治の構造を過程と結びつけて、政治的役職や制度の配置の仕方と組み合わせ方を考えなければならない。イギリスでは、権力は首相の手に集中しているが、権力の衝動的な行使に対しては、非公式ではあるが大きな抑制がかかる。つまり、議員が首相の地位に登りつくまでの見習い奉公のシステム、首相に対する党からの微妙な制約、そして制度的に促進される習慣、すなわち事件にゆっくり対応し、政策を変更する必要性が幅広く認識されるまでは変更を延期するやり方である。

　何十年にもわたって同じパターンが持続してきたことには、目を見張るものがある。20世紀はじめ以降のイギリスの首相を考えてみるとよい。バルフォア、キャンベル＝バナマン、アスキス、ロイド＝ジョージ、ボナ＝ロー、ボールドウィン、マクドナルド、チェンバレン、チャーチル、アトリー、イーデン、マクミラン、ヒューム、ウィルソン、ヒース、キャラハンのうち、パターンに当てはまらなかったのはロイド＝ジョージとチャーチルだけであった。この２人は下院に長く在籍し、努力して「はしご」を登りつめた。見習い奉公をしたが、そのことで彼らが飼い慣らされることはなかった。平時には、この２人は大目にみても頼りなさそうであり、その地位から彼らを引きずり降ろすこともできたような大きな党内派閥にとっては、彼らはまぎれもなく危なっかしいと映っていたことだろう。一般の議員の多くも、この２人が、党内の多様な集団がもつ利益や信念を均衡させたり、だれの勤務ぶりや支持がどのくらい高い閣僚の地位に値するかをうまく計算したり、他人の意見が正当な根拠にもとづいていない場合であっても紳士的な敬意を払ったりすることはなさそうだと思っていた。チャーチルについて何点か述べれば、このことがわかる。1900年以来下院議員であり、イギリス史上、どの政治家よりも閣僚の地位を多く経験したチャーチルは、首相となる資質を十分にもっていた。しかし、政治生活の大半、彼は一匹狼であった。政治的キャリアを積み始めたころ、チャーチルは保

守党に属していたが、1906年には自由党員になり、1920年代半ばまで保守党に戻らなかった。1930年代には、まずインドの問題に関して、続いてヨーロッパの問題に関して、国家政策の重要事項をめぐって党と意見を異にした。チャーチルが首相の座に就くことができたのは、党に対する彼の負債が国家としての財産に転換するほど、大きな危機があってこそであった。彼が首相に昇進するのに必要な事件が例外的な性質のものであったことを考えると、通常の慣行がどういうものかがより際立ってわかる。例外はたしかに起こるが、それを生むには大きな危機がなければならない。通常の継承路線の外側にいる人物が引き抜かれることは、容易には起こらないのである。

　構造が持続する限り、政治構造は、政治の過程とパフォーマンスの類似性を生む。もちろん、類似性とは均一性ではない。構造は原因として働くが、それが唯一の原因ではないからである。では、観察された結果が、政治家たちの交代や非政治的状況の変化、その他多くの要因によってではなく、国内政治の構造によって引き起こされたと、なぜわかるのか。それは、たったいま用いた比較の方法を応用することによって、わかるのである。たとえば、構造が異なったときのイギリス政治の行動として、労働運動の行動様式を議会の労働党のそれと比較してみよう。権力の行使が抑制され均衡している労働運動においては、とくに労働党が野党である場合、政治のあり方がアメリカで広くみられる政治行動に非常に似ている。対立やあからさまな反対を前にして、党の指導者たちはリーダーシップを発揮し、支持を固め、妥協を探し、政策路線を定め、熱弁を振るって説得し、脅し、おだて、情報を与え、啓蒙するように促される。すべて、全国執行委員会、労働組合、選挙区の党、MPといった党の部分がまとまって指導者に従うことをもくろんでそうするのである。

　ひとつの国のなかでは、異なる構造をもつ部分における行動の差異に気づけば、構造の効果を特定できる。一方、国家間では、似通った構造をもつ政治体における行動の類似性に気づくことによって、構造の効果を特定できる。細谷千博による戦後日本の議会システムにおける首相の行動の描写が、イギリスの首相にもぴったり当てはまるのはこのためである（Hosoya 1974, pp. 366-69）。文化やその他の違いにもかかわらず、似た構造は類似の効果を生み出すのである。

第5章　政治構造

III

　私は国内政治構造を、まず第1にそれを組織化して秩序づける原理に従って、第2にユニットの差別化とその機能の特定化によって、第3にユニット間の能力分布によって、定義した。今度は、これら3つが国際政治にどう当てはまるかを見てみよう。

1. 秩序原理

　構造の問題は、システムの部分の配置についての問題である。国内政治システムの各部分は上下関係に置かれ、ある者は命令する資格を有し、別の者は従う義務をもつ。つまり、国内システムは中央集権的であり、ハイラーキカルである。これに対して国際政治システムの各部分は調整しあう関係にある。形式的には、国際システムの各部分はほかのすべてと同等であり、命令する資格のある者も、従う義務がある者もいない。つまり、国際システムは非集権的でありアナーキカルである。両者の構造の秩序原理は明確に異なり、実際のところ正反対である。国内政治構造には、その具体的表現として政府機関や役所がある。逆に国際政治は「政府の存在しない政治 (politics in the absence of government)」と呼ばれてきた（Fox 1959, p. 35）。たしかに国際組織は存在し、その数は次第に増加している。しかし、効果的に活動できる超国家機関は、インノケンティウス三世時代の中世の教皇制度がそうであったように、国家に似た何らかの属性や能力を獲得するか、さもないと、その時どきの関係主要国の支持か少なくとも黙認がないと、重要なかたちで行動できないことが露顕してしまうものである。国際的にいかなる権威が現れるにしろ、権威の体裁の基礎となる能力から切り離すことはほとんどできない。権威は、すぐさま能力のひとつの表現に帰着してしまう。システム全体にわたって権威をもつ機関が存在しないので、公式な上下関係は発達しないのである。

　構造の定義の第1項は、システムが秩序づけられる原理についてである。構造とは組織的な概念である。しかし、秩序や組織が欠けていることこそ、国際政治の顕著な特徴であるようにみえる。では、国際政治にそもそも秩序なるものが考えられるのか。国際政治はアナーキーであるとしばしばいわれるが、も

し構造が組織的な概念であるならば、「構造」と「アナーキー」という言葉は矛盾しているように思われる。国際政治が「政府の存在しない政治」であるならば、国際政治とは何が「存在する」政治なのか。国際政治の構造を探求するうえで、われわれは目に見えないものに直面し、こうして居心地の悪い立場に立たされるのである。

　問題は、秩序をもたらすものが存在しないところでの秩序、公的組織が存在しないところでの組織的影響をどう考えるか、である。これはむずかしい問題なので、ミクロ経済理論からの類推で答えることにする。類推による説明は、理論がよく発達している分野からそうでない分野に移る場合、有効である。そして、異なる分野であっても構造的に似ている場合には、類推による説明が許される。

　アダム・スミスとその追随者たちによって発達した古典経済理論は、ミクロ理論である。政治学者たちは、ミクロ理論を規模の小さい事象についての理論として考えがちであるが、それは定着している意味とは異なっている。経済理論の「ミクロ」という言葉は、理論が関係する事象の範囲ではなく、理論構築の仕方を指している。ミクロ経済理論は、自己利益にもとづく行動と、個々のユニット、すなわち個人や企業の相互作用から、どのように秩序が自然発生的に形成されるかを描くものである。ミクロ経済理論は、そこから経済ユニットと市場という2つの中心的概念に移る。経済ユニットと経済市場は概念であって、現実の描写や具体的実体ではない。このことを強調しておかなくてはならないのは、18世紀初頭から今日まで、社会学者 A. コントから心理学者 G. カトナにいたるまで、経済理論は、その前提が現実に対応していないと非難されてきたからである (Martineau 1853, II, 51-53; Katona 1953)。経済学者たちは、非現実的にも、経済が社会や政治体からはなれて作動していると考えている。また、経済学者たちは、経済の世界が世界全体であると決め込んでいる点でも、非現実的である。そしてさらに、彼らは、行動ユニットとして例の「経済的人間」が、利潤の最大化のみに専念するものと考えていることにおいても、非現実的である。人間の1つの側面を取り出し、人間生活の驚くべき多様性を無視しているのである。ほどほど分別ある経済学者ならだれでも知っているように、「経済的人間」は実在しない。どのように物事を決定するのかをビジネスマンに聞けば、人間が経済的利潤の最大化を求めるという仮定が彼らの特性を大き

く歪めているとわかるはずである。しかし、人間が経済的人間として行動するという仮定は、現実を描写する言明としては間違っていても、理論を構築するうえにおいては役立つのである。

　市場は、ミクロ経済の理論家たちが発明した第2の主要概念である。市場に関して問われるのは、それがどう形成されるのか、またどう機能するのかという、2つの一般的問題である。最初の問題に対する答えは、以下のとおりである。つまり、非中央集権的な経済の市場は、もともと個人主義的であり、自然発生するのであって、意図されたものではない。市場は個人や企業といった個別のユニットの活動から生じ、その目的や努力は秩序を構築することではなく、自らが内的に定めた利益を、自ら利用しうるあらゆる方法で達成することに向けられる。各ユニットは、自らのために行動し、類似のユニットが共＝行動（コアクション）することによって、すべてのユニットに影響し拘束するような構造が生まれてくるのである。市場はいったん形成されると、それ自体が力となり、構成ユニットが単独もしくは少数で行動しても制御できないものとなる。実際のところ、程度の差はあるにしても、市場の状況の変化に応じて、市場の創造者が逆に、その活動によって生まれた市場の創造物になるのである。アダム・スミスのもっとも偉大な成果は、自己利益にもとづく欲望に駆られた行動も、政治社会的状況が自由競争を許す限り、好ましい社会的結果を生む可能性を示したことである。自由放任経済が調和的であるのは、アクターの意図が、その行動が生む結果に直接に対応していないからなのである。では、アクターの目的を邪魔するかたちで、アクターとその行動目的とのあいだに介入するものは何なのか。利己的な行動が生む、この予期せざる好結果を説明するために、導入されたのが市場の概念である。各ユニットは自らの善を追求するが、多くのユニットが同時に自らの善を追求して生まれる結果は、個別のユニットの動機と目的を超越している。だれもが、できればより少ない労働で、自分の生産物に高値をつけたいと思っている。しかし全体としては、みなが懸命に働き、その生産物に低値をつける結果になる。各企業は利潤を増やそうとするが、多くの企業がそうすると、収益率が下がる。おのおのの人間が自己目的を追求することによって、その意図にはなかった結果が生まれるのである。こうして社会の構成員のさもしい野望から、より大きな社会善が生まれることになるのである。

　市場とは、経済的アクターと結果とのあいだに介在する原因である。市場は

アクターの計算、行動、相互作用を条件づける。それは、A は X という結果を生むという意味でのエージェントではない。構造的原因なのである。市場は、それを構成するユニットが、ある種の行動をしないよう制約し、他の行動をとるよう促す。それは、相互作用する自発的な経済的ユニットによって生まれ、それらユニットの行動を、結果にしたがって淘汰する（第4章Ⅲ節を参照）。そして市場は、ある者には高い報酬をもたらし、ほかの者には破産をもたらす。ただし、こうした言明が説得力をもつのは、理論から根拠をもって推論され、より熟慮されたいくつかの予測の一部として述べられたときだけである。市場は、具体的な意味もしくは手にとってわかるような意味での制度や機関ではないからである。そうした推論を行うことは、可能である。ミクロ経済学理論は、経済がいかに作動し、なぜある結果が期待されるかを説明するものであり、比較的簡単に確かめられる「もし～ならば～である」という多くの仮説を導く。たとえば、単純ではあるが重要な、以下のような命題を考えてみよう。もしもある商品に対する貨幣需要が増えたならば、価格も上がる。価格が上がれば利潤も上がる。利潤が上がれば資本が引き寄せられて、生産が増加する。生産が増加すれば、その商品の生産者に現行の生産速度で利潤がもたらされるレベルまで、価格は下がる。こういった命題連鎖をさらに延長し洗練することもできるが、それは私の目的ではない。私が指摘したいのは、こうした予測は、いまでは当たりまえであるが、理論ができるまえの時代の経済学者にはできなかったということである。むろん、これらの命題はすべて適切なレベルの一般性をもってなされており、「他の条件が同じならば」という留保を必要とする。どんな理論から推論される場合もそうであるが、命題は、理論によって予測されている条件が通用する範囲内でのみ当てはまる。それらは理念化されたものであり、決して経験だけから生まれるものではない。社会的慣習や政治的干渉など多くのものが、実際は理論的に予測される結果に介入するが、そういった介入を考慮に入れなければならないとしても、何が一般的に期待されるのかを知っていると、非常に役立つのである。

　国際政治システムは、経済における市場のように、利己的なユニットの共行動によって形成される。国際政治構造は、都市国家であれ、帝国であれ、国民国家であれ、その時代の主要な政治的ユニットによって定義される。そして構造は、国家が共存していることから生まれるのである。自国および他国を制約

する構造の形成に、自らすすんで参加しようとする国家はない。国際政治システムは、経済における市場のように、元来利己主義的なものであり、意図なくして自然に発生するものである。どちらのシステムにおいても、構造はユニットの共行動によって形成され、ユニットが生きるか、繁栄するか、死ぬかどうかは、ユニット自体の努力にかかっている。どちらのシステムも、ユニットにはたらく自助の原則にもとづいて形成され、維持されるのである。しかし、この両分野の構造が似ているからといって、この2つが同一であるといっているのではない。経済では、自助の原則は政府によってつくられた制約のなかで働くため、エネルギーを建設的な方向に向けられるような防護装置が市場経済には備わっている。純食料・薬品基準、反トラスト法、証券取引規制、過当競争排除法、過大広告禁止法、などがその例である。一方、国際政治は、何でも起こりうる領域により近い。しかし、自助の原則が作用しているという点では、市場経済と構造的に似ている。

　ミクロ理論においては、国際政治であれ経済であれ、アクターの動機は現実的に描写されるのではなく、仮定される。私は、国家は生き残ることを確実にしようとする、と仮定する。仮定とは、理論構築のためになされる過度な単純化であり、仮定について問うべきなのは、それが真実かどうかではなく、それがもっとも意味があり有益かどうかである。それが有益な仮定であるかどうかは、その仮定にもとづいた理論が構築できるかどうか、さもなければ自明ではない重要な結果が導き出されるような理論を構築できるかどうか、にかかっている。また、意味のある仮定かどうかについては、そのこと自体を議論することもできる。

　生き残るという動機のほかにも、国家の目的は果てしなく多様にある。世界制覇の野望から、単に干渉されたくないという希望にいたるまで、幅がある。しかし、生き残ることは、政治的実体としての消滅が目的である場合を除いては、国家のいかなる目標を達成する場合でもその前提条件となる。生き残るという動機は、国家行動すべての背後にある衝動の現実的な描写というより、国家の安全が保障されない世界における行動の根拠と考えられる。したがって、この仮定は、国家はつねに生き残ることを確実にすることにだけ専念して行動するわけではないという事実を念頭に入れている。たとえば、生き残ることよりも高い価値を置く目標を追求し続ける国家もあるかもしれない。たとえば、

自らの生き残りよりも他国との統合を好む国家があるかもしれない。さらに、この仮定は、安全保障を追求するうえで、どの国家も完全な知識や知恵——完全な知識や知恵が、実際に何を意味するのかがわかるとして——をもって行動するわけではないという事実も考慮に入れている。システムのなかには、それが機能するために多くの条件を必要とするものがある。たとえば、交通の流れは、大半の人が道路の正しい側で運転しても、全員がそうしないならば、止まってしまう。全員が正しい側で運転するよう、必要あらば、強硬な手段が講じられなければならない。また、中程度の条件を必要とするシステムもある。高層ビルのエレベーターは、ほとんどの人が、高い階に行く場合は快速に、そして低い階の場合には各階止まりに乗るならば、乗客量を調整できるよう設計されている。もし、快速に乗るとめまいがするという理由で、高い階に行く場合でも各階止まりに乗る人がそのなかにいたとしても、エレベーターのシステムは崩壊しない。それが動き続けるためには、大半の人が期待どおりに行動する必要があるが、全員でなくてもよいのである。なかには、市場経済や国際政治も含めて、さらに低い条件しか要求しないシステムもある。交通システムは、システムの要求が強制的に満たされるという知識にもとづいて設計されており、エレベーターは人間の気まぐれを許容する余裕をもって設計されている。しかし、競争経済や国際政治のシステムは、それらとは異なった働き方をする。そこでは、各部分の相互作用によって生まれる構造が、システムで成功したいと思う者が満たすべき要件に順応する度合いに応じて、各部分の行動に報酬や罰を与える。イギリスの議会システムの制約について、思い出していただきたい。首相をめざす人が、なぜ大胆な自分独自の方針を打ち出さないのか。なぜ他の典型的な政治的指導者と全く異なる仕方で行動しないのか。それはもちろんだれもができることであり、首相をめざす者のなかにそうする者がいないわけではない。しかし、そのような者が首相の地位に就くことはほとんどない。システムは、深刻な危機の場合を除けば、首相の地位を占める者として別のタイプの人を選び出す。つまり、個人が好き勝手に行動していたとしても、行動のパターンは生じるのであり、それはシステムの構造的制約から導き出されるのである。

　アクターは自らを制約する構造を認知し、それが行動にどう報酬や罰を与えるかを理解しているかもしれない。しかし、アクターはそれに気づかなかった

り、あるいは気づいていてもさまざまな理由で、報酬をもっとも得やすく罰をもっとも受けにくいパターンに順応しないこともある。「構造は淘汰する」ということが意味するのは、単に成功を導くと認められている慣行に従う者のほうが、そうでない者よりもトップの地位に就きそこに居続ける可能性が高いということにすぎない。勝ち負けのあるゲームとは、どういったプレーヤーが繁栄しそうかを定める構造によって定義されるのである。

　何らかの基準が強制されたり認められたりしているほうがシステムがうまく作動するかもしれないが、行動にもとづいて淘汰が起こる場合には、システムの作動のための強制的基準は必要ではない。国際的には、国家が行動する環境、すなわち国際システムの構造は、短期的に達成できる他の目標よりも生き残りという目標を優先し、その目的を達成するために他よりも効率よく行動する国家が存在する、という事実によって決まっている。国家は、他国との相互作用をとおして形成される構造のゆえに、行動を変化させるかもしれない。しかし、そうした変化はどのように、なぜ起こるのか。これらの問題に答えるためには、国際構造の定義を完成させなければならない。

2．ユニットの特徴

　国内の政治構造の定義の第2項は、異なるユニットによって遂行される機能を特定していた。ハイラーキカルなシステムは、システムの部分同士に上下関係があることを意味し、そのことは部分の差別化を示唆している。国内政治構造を定義するうえで、第2項が第1、第3の項と同じく必要であるのは、それらがそれぞれ構造のバリエーションの原因となっている可能性をもっているからである。しかし、国際政治システムのユニットである国家は、遂行する機能によって形式的に差別化されない。アナーキーとは、システムのユニットが調整的関係に置かれていることを意味し、それはユニットの同一性を示唆している。構造の定義の第2項は、国際政治の構造を定義するのに必要ではない。アナーキーである限り、国家は類似のユニットのままだからである。国際政治の構造は、秩序原理の変化をとおしてしか、あるいはそうでない場合はユニットの能力の変化をとおしてしか、変化しない。にもかかわらず、以下本項でこれら類似したユニットについて論じようとするのは、これらの相互作用によって国際政治構造が生まれるからである。

ここで2つの問題が生じる。なぜシステムのユニットとして国家がとりあげられるべきなのか。そして、国家の多様性にもかかわらず、なぜそれらを「類似したユニット」と呼べるのか。世紀の変わり目でもそうであったが、1960年代、70年代には、国家を国際政治システムの主要なユニットとして扱うことに対して盛んに疑義が唱えられた。論理的に考えることができれば、この問題は簡単に解決できる。国家中心の見方に疑問を投げかける者は、2つの理由からそうする。まず1つは、国家は国際政治という舞台における唯一の重要なアクターではない、という理由である。もう1つは、国家の重要性は低下しており、他のアクターの重要性が高まっている、という理由である。このどちらも当を得ていないことを以下で示そう。

　国家はいまも国際関係の唯一のアクターではないし、かつても唯一のアクターであったことはない。しかし、構造とは、そのなかで繁栄するすべてのアクターではなく、主要なアクターによって定義されるものである。システムの構造を定義するうえでは、システムを構成している無数の対象から、1つあるいは少数のアクターを選び出し、その観点から定義するのである。いかなるシステムの場合にも当てはまるが、国際政治システムについては、まずシステムの部分としてどのユニットをとりあげるかを決めなければならない。ここでも再び経済からの類推が助けになる。市場の構造は競争している企業の数によって定義される。もし多数のほぼ同等の企業が競争するならば、完全競争に近くなり、もし少数の企業が市場を支配するならば、たとえ多くの小企業が存在していても寡頭競争と呼ばれることになる。ひるがえって、国際政治においては、国家間の相互浸透のため、また国家は自らが行動する環境を制御できないため、さらには台頭しつつある多国籍企業やほかの非国家主体を規制しにくく、影響力においてそれらが一部の国家と肩を並べる可能性があるため、このような定義は当てはまらない、といわれる。たしかに、非国家主体の重要性や脱国家的活動の広がりは、明らかである。しかし、だからといって国際政治を国家中心にとらえるのが時代錯誤になったという結論にはならない。経済学者たち、あるいは経済的な考え方をする政治学者たちがそうなったと考えるのは、皮肉なことである。なぜ皮肉かといえば、国家中心の考え方を破棄すべきだとする理由のすべては、より強く言い換えて、企業に当てはめられるはずだからである。他の多数の企業と競争している企業には、市場を制御しようなどという望みは

ない。また寡占企業は、必死にそうしようとしているけれども、完全に市場を独占することはできない。企業も速い速度で、相互浸透し、合併し、互いを買収しあっている。そして企業は、「非企業的」アクターとも呼べるものに、つねに脅かされ、規制されている。すなわち、政府が、ときに企業の合従を促進するし、またそれを阻止しようとすることもある。経済の一部の市場の構造は、幅広い競争から狭い競争へと移ったり、それと逆の方向に移ったりするが、そうした変化の度合いや頻度にかかわらず、企業の相互作用から生まれる市場構造は、企業の観点から定義されるのである。

　経済学者が市場を企業の観点から定義するように、私は国際政治の構造を国家の観点から定義する。もし、「経済ユニットとしての国民国家はなくなろうとしている」（Kindleberger 1969, p.207）と述べた C. P. キンドルバーガーが正しいならば、国際政治の構造を定義し直さなければならなくなる。国家の経済的能力と、国家のほかの能力は切り離せないからである。ハイ・ポリティクスとロー・ポリティクスの区別は頻繁になされるが、それは間違っている。国家は軍事的および政治的目的のために経済的手段を用いるし、経済利益達成のために軍事的・政治的手段を用いることもある。

　しかし、キンドルバーガーの発言を修正し、「国家のなかには経済的実体として破局を迎えているものもあれば、そうでないものもある」という言い方にすれば、国際政治の理論として問題ない。国際政治は概して、不平等に関するものだからである。大国が主要なアクターである限り、国際政治の構造はその観点から定義される。この理論的命題は、もちろん実践面からは証明されている。国家は、非国家主体と並んで、ドラマを演出したり単調な劇を続けたりする舞台を設定するのである。非国家主体の活動に長いあいだ干渉しないことがあっても、国家は、非公式のルールが発達するのを黙認したり、あるいは自らにとって適切でないルールを変えるべく積極的に介入したりして、非国家主体との関係のあり方を設定する。大きな危機的状況が訪れると、国家はルールをつくり変え、それに従って非国家主体は活動するようになる。弱小国家でさえ強力な国際的な企業の活動を妨げる能力をもっていること、そして国際企業がそうした国家の意向に大きな注意を払っているのには、実際、驚かされる。

　脱国家運動の性質、それが浸透している度合い、それに対する国家の管理を困難にしたり容易にしたりする条件（第7章を参照）を考えることは、重要で

ある。しかし、これらを十分に研究するためには、ほかの場合と同じく、国際政治研究に適切なアプローチを見つけて、それを発展させる必要がある。近年の脱国家的研究については、2点述べておく必要がある。第1に、脱国家的現象の研究者たちは、研究対象について、もしくは国際政治一般について、明確な理論を全く構築しておらず、経済であれ政治であれ、彼らは既存の理論に頼っている。第2に、彼らが明確な理論を発達させていないというのは当然であり、それはなぜかといえば、国家の中心的役割を否定する理論が必要となるのは、非国家主体が、少数の小国だけでなく大国と肩を並べ、それらをしのぐまで発達した場合だからである。いまのところ、その兆候は見られない。

脱国家運動の研究は、理論の助けを借りて扱うことができる重要な事実問題を扱っている。しかし、非国家主体が国家中心の見方に異議を差し挟むものだと考える限り、理論の助けは得られないであろう。主要国家が中心的重要性をもっているということは、ほかに重要なアクターが存在しないということにはならない。「国家中心」という言葉は、システムの構造について示唆しているのである。脱国家運動は、そのなかで起こっている過程のひとつである。国家中心の見方が頻繁に問題視されているということは、政治学者が構造と過程との明確な区別をつねに念頭に置いておくのがいかにむずかしいかを反映しているにすぎない。

国家は、その相互作用によって国際政治システムの構造を形成するユニットであり、今後も長きにわたってそうであり続けるであろう。国家の消滅率は、際立って低い。多くの企業は消滅するが、国家はそうではない。いまから100年後にまだ存在しそうなのはアメリカ合衆国、ソ連、フランス、エジプト、タイ、ウガンダであろうか、それともフォード、IBM、シェル、ユニリバー、マッセイファーガソンであろうか。私なら、たとえウガンダでも、国家のほうに賭けるだろう。とはいえ、雑多な集合を形成する今日の世界における150もの異なる国家を「類似したユニット」と呼ぶのは何を意味しているのであろうか。多くの国際政治学者が、この描写に悩まされている。国家を「類似したユニット」と呼ぶことは、各国家が自律した政治的ユニットであるということにおいて、ほかのすべての国家と似ているということである。これは言い換えれば、国家が主権をもっている、ということである。もっとも主権は、またやっかいな概念である。文化人類学者M. G. スミスが述べたように、「主権国家システ

ムにおいては、どの国家も主権をもっていない」⁴と信じている者は多くいるが、この誤りは、国家主権を、国家が自ら望むがままを行う能力と同一視している点にある。国家が主権をもっているということは、国家が好き勝手に行動でき、他国の影響から自由で、欲しい物を手に入れられる、ということではない。主権国家は、あらゆる面で強い圧力を受け、望まない仕方で行動させられ、望むことがほとんど何もできないこともある。国家のもつ主権とは、他国の行動による影響から隔離されることを意味するのではないし、主権をもっていることと他国に依存していることとは矛盾しない。実際、主権国家が自由安楽であったことは、これまでほとんどなかった。それでは、主権とは何か。国家が主権をもっているということは、他国からの援助を求めるか否か、また求めることによって他国に債務を負い、自国の自由を制限するかどうかも含めて、国内外の問題にどう対処するかを独力で決める、ということを意味している。国家は、自ら戦略を練り、進路を定め、直面する窮乏や変化する欲求をどう満たすかについて決定する。主権国家がつねに制約され、ときには強い制約さえ受けているということが矛盾でないのは、自由な個人が諸事の大きな圧力のもとで意思決定するということが矛盾でないのと同じである。

　国家はそれぞれ、他の国家と同じく、主権をもつ政治的実体である。しかし、コスタリカからソ連まで、ガンビアからアメリカ合衆国まで、国家間の差異は非常に大きい。国家は似ているが、異なってもいる。それは、企業も、リンゴも、大学も、人びとも同じである。同じカテゴリーに２つ以上のものを入れる場合はいつでも、それらがすべての点において似ているということではなく、いくつかの点において似ている、ということである。この世界のいかなる物も同一ではないが、それらを比較したり組み合わせたりするのが有益なこともある。「リンゴとオレンジを一緒にしてはならない」という古いことわざは、自分たちの商品を他と比べてほしくないセールスマンたちのあいだでとくに人気があるようである。しかし、周知のとおり、似通っていない物を一緒にするための仕掛けは、それらが含まれるカテゴリーで結果を表現することである。３個のリンゴに４個のオレンジを加えれば７個の果物となる。ここで唯一重要な

4　スミスはより思慮深くあってもよかった。彼自身がほかの場所で非常に効果的に用いた言葉にこれを言い換えると、国家が主権をもっているということは、国家が多元的社会の一部であるということである（Smith 1966, p.122; Smith 1956も参照）。

問題は、共通の性質によって物を分類するそのカテゴリーが有益かどうかである。非常に多様な物をたくさん集め、800万の物をもっているということは可能だが、そのようなことをする必要はめったにないはずである。

国家は大きさ、富、パワー、形態において大きく異なっている。こういった差異は、類似したユニットのあいだの差異である。では、国家はどういう意味で類似したユニットで、なぜ1つのカテゴリーに入れることができるのか。国家は、課題遂行能力においては似ていないが、直面する課題そのものにおいて類似している。国家の差異は、機能ではなく、能力においてある。国家が遂行する、もしくは遂行しようとしている仕事の大半は、すべての国家に共通であり、国家の目標は似ている。国家はどれも相当程度、他国と同じ活動をする。たとえば、法律や規則をつくり、執行し、それを解釈する機関、歳入を調達する機関、防衛するための機関を、それぞれの国家がもっている。また、どの国家も、国民が消費し、使用するほとんどの食糧、衣類、住宅、交通、アメニティーを自国の資源のなかから独自の方法で供給する。小国を除くすべての国家は、外国よりも国内で役目を果たしている。このような国家の機能的類似性、そしてその発展の経緯が、現在かつてないほど類似してきていることには、目を見張るべきである。豊かな国から貧しい国まで、古い国から新しい国まで、大半の国家が、経済的規制、教育、衛生、住宅、文化、芸術その他に際限なく関与している。また、国家の活動が拡大していることは、驚くほど各国に共通した強い傾向である。このように、国家の機能は似ており、国家間の違いは主に能力の差異から生じる。国内政治は、特定の機能を遂行する差別化されたユニットから成り立っているが、国際政治は互いに同じような活動をする、類似したユニットから成り立っているのである。

3．能力分布

ハイラーキカルなシステムの各部分は、その機能的差別化と能力レベルによって規定されるかたちで、相互に関連している。アナーキカルなシステムにおけるユニットは、機能上は差別化されない。したがってそのようなシステムのユニットは、同じ課題を遂行する能力の大小によって主に区別される。このことは国際政治学者がずっと認めてきたことをフォーマルに述べたものである。実務家も理論家も、つねに各時代の大国を他の国々から区別してきた。国内政

第5章　政治構造

治の研究者たちは、議会制と大統領制とを区別する。統治のシステムは形式において異なるというわけである。一方、国際政治学者たちは、大国の数によってのみ、国際政治のシステムを区別する。システムの構造は、システムのユニット間の能力分布が変わることで変化するのである。そして構造の変化は、システムのユニットがどう行動し、その相互作用がどのような結果を生むかについての期待を変更させる。国内政治においては、システムの異なる部分が似た課題を遂行することがある。たとえば、アメリカ政府を観察すれば、執行府が時に立法をし、議員や立法府が時に執行にかかわることもあることがわかる。国際政治においては、類似のユニットが時に異なる課題を遂行する。それはなぜか、そしてその可能性がユニットの能力によってどう変化するかは、この本の終わりの3つの章で詳しく扱う。ここではさしあたり、2つの問題について考察しよう。

　1つ目の問題は、能力がユニットについて何かを教えてくれるということである。構造を能力分布の観点から部分的にも定義するのは、構造の定義からユニットの属性を切り離すべきであるという私の方針に反しているように思われるかもしれない。しかし、前に述べたとおり、構造は非常に抽象的な概念ではあるが、完全に抽象的というわけではない。最大限の抽象にも最小限の内容がともない、その最小限度の内容が、ユニットが互いにどのような関係にあるかを知るのに必要となる。すなわち、国家は、パワーによって異なる配置となるのである。しかし、なぜ能力だけが構造の定義の第3項に含まれ、イデオロギー、政府形態、平和志向の度合い、好戦性などその他の特徴が含まれないのか、と疑問に思われるかもしれない。その答えはつぎのとおりである。パワーは、多くのユニットの能力を比較することによって推定される。能力はユニットの属性であるが、ユニット間の能力分布はそうではない。ユニット間の能力分布は、むしろシステム全体にかかわる概念なのである。再び、市場理論との比較がここでもぴったり当てはまる。企業と国家は、どちらも類似したユニットである。形態のあらゆる差異にかかわらず、すべての企業はある一定の性質を共有している。企業は、政府が課す制約のなかで、どのように環境に対処し、目的のためにどうするかを自ら決める自己中心的なユニットである。構造の差異は、ユニットの性格や機能の違いをとおしてではなく、ユニット間の能力上の違いをとおしてのみ、現れるのである。

2つ目の問題は、相互作用の観点から定義される関係は構造の定義から除かれなければならないが、国家のグループ分けの観点から定義される関係は、国家がシステムのなかでどう配置されるかについて何かを教えてくれる、ということである。そうだとすると、国家が形成する同盟を考察して、国家が互いにどのような関係にあるかを特定化してはどうか。それこそ、大統領や首相が他の政治機関とどういう関係にあるかの観点から国内政治構造を定義することに対応するのではなかろうか。しかし、答えは否である。国内政治でも国際政治でも、エージェントやエージェンシーのあいだの関係を扱う構造の定義は、それらのあいだの順応や対立、あるいはそれらが時に形成する集団の観点からではなく、領域の組織化の観点からなされるものである。政府の各部分は、まとまったりばらばらになったりし、互いに対立したり協力する度合いも異なる。しかし、それは1つのシステム内で形成され崩壊する関係なのであって、ある1つのシステムから別のシステムへの移行を示す構造的変動ではない。このことは、同盟とパラレルに考えられるつぎの例によって明らかである。政党の数によって政党システムの区別をするのは、一般的である。多党システムは、たとえば8つの党が2つの党になった場合には変化したということになるが、8つの政党のなかで選挙に対応して2つの陣営ができあがったとしても、それだけでは変化したとはいえない。同じ論理に従えば、3カ国以上の大国が2つの同盟に分かれた国際政治システムと、2大国に挑戦できる第三国が存在しない2極システムとは、構造的に区別される。市場の構造を定義するうえで、企業の特殊な性質についての情報は必要ではないし、公的な合併によって企業数が大幅に減らない限り、企業の相互作用についての情報も必要ではない。市場構造の定義のなかでは、企業が特定化されることはないし、その相互作用が描写されることもないのである。企業の性質とその相互作用の特徴を市場構造の一部とみなすならば、単にいくつの主要企業が共存しているかだけでなく、企業が内部的にどのように組織され、企業が互いにどう接しているかによって、経済のあるセクターが寡占状態であるか否かが決まることになってしまう。しかし市場の構造は、企業の数を数えることによって決まるのである。同じように、国際政治の構造は、国家の数を数えることによって決まるのであり、数える場合には、能力によってのみ区別がなされるのである。

　国際政治の構造を定義する際、伝統、習慣、目標、欲求、政府形態のことご

第5章　政治構造

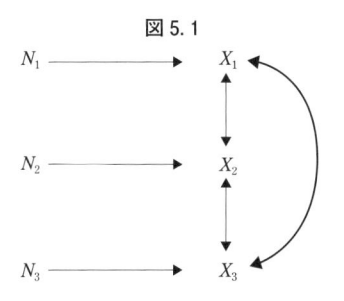

図 5.1

$N_1 \longrightarrow X_1$
$N_2 \longrightarrow X_2$
$N_3 \longrightarrow X_3$

とく異なる国家が考慮に入れられる。国家が革命的か正統性をもっているか、権威主義的か民主主義的か、特定のイデオロギーをもっているかそれともプラグマティックかといったことは問わない。能力以外の国家の属性のすべては、捨象されるのである。また、構造を考えるにあたっては、国家間の関係、つまり友好・敵対といった感情、外交的やりとり、結んでいる同盟、国家間の接触や交流の度合いについても問題としない。われわれは国家と国家のあいだに形成されている秩序のタイプとその秩序のなかの能力分布だけから、どのような期待が生まれてくるのかを問う。国家のあらゆる特質、国家間の具体的関係のすべてを捨象することによって現れるのは、配置の構図である。すなわち、ユニットの特徴の観点からではなく、その位置関係の観点から一般的に描かれる社会の秩序づけられた全体的配置である。

Ⅳ

ここまでで、私はシステムの構造とその相互作用するユニットという、国際政治の体系的理論における2つの根本的な要素を定義した。これによって、私は通常のアプローチからは明確に決別したことになる。いままで見てきたように、国際政治の体系的アプローチを試みる学者のなかには、システムをその相互作用する部分の産物としてとらえようとした者がいるが、彼らはシステムレベルの何かがそれらの部分に影響するかどうかを考えるのを怠った。国際政治学者一般と同じく、国際環境の影響が考慮に入れられなければならないと述べる体系理論家も時にいるが、彼らはそれをどう達成するかの問題を通り越して、相互作用するユニットのレベルにすぐに焦点を戻してしまう。体系的アプロー

図 5.2

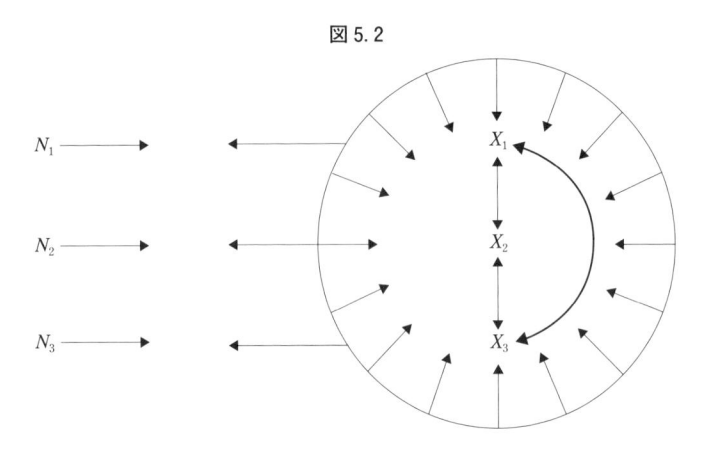

チに従うと明言するかしないかにかかわらず、大半の研究者は、図 5.1 が示すように国際政治を考えている。$N_{1,2,3}$ は、国内の活動によって対外的影響を発生させている国家である。$X_{1,2,3}$ は対外的に行動し、互いに相互作用している国家である。この図にはシステムの力や要因は表れていない。

しかし、システムの影響が明らかである以上、国際政治は図 5.2 のようにとらえられるべきである。円は国際政治システムの構造を表している。矢印が示すように、それは、国家の相互作用と国家の属性の両方に影響する[5]。組織的な概念としての構造はとらえどころがないが、その意味を説明するのは簡単である。国家は自律性を保ちながらも、互いと特定の関係に立ち、ある種の秩序を形成している。制度化以前のこの状況を表すのに「組織」という言葉を──W. R. アシュビーのように組織を単なる制約として考えるならば──用いることができよう（Ashby 1956, p. 131）。国家は互いを制約し限定するため、国際政治は原初的な組織の観点から考えることができる。そして構造という概念によって、期待される組織的効果が何であり、構造とユニットがどう相互作用して互いに影響を与えるかを語ることができるのである。

私が定義した方法で構造を考えると、システムレベルの変化からユニットレベルの変化を切り離す問題を解決できる。各システムに期待される異なる効果に関心があるならば、システムの変化とシステム内の変化とを区別しなければ

---

[5] 図 5.2 では、重要なものは見落とされていないが、省かれている複雑なものはある。たとえば、完全な図ならば、右側には形成されうる国家連合が含まれるであろう。

ならないが、体系理論家を自称する者たちはこれを非常に苦手としてきた。構造を3つの項目に分けて定義することによって、以下のタイプの変化を区別できることがわかった。

・構造は、まず第1に、システムを秩序づける原理によって定義される。1つの秩序原理が他の秩序原理に変われば、システムは変化したことになる。アナーキカルな領域からハイラーキカルな領域へと移ることは、システムが別のものへと変化することである。

・第2に、構造は、差別化されたユニットの機能の特定化によって定義される。ハイラーキカルなシステムが変化するのは、それまでと異なる機能が定義されたり、加わったりするときである。アナーキカルなシステムに関しては、類似したユニットから成り立っているため、定義の第2項から導き出されるこのシステム変化の基準は抜け落ちることになる。

・第3に、構造はユニット間の能力分布によって定義される。アナーキー・システムにおいてもハイラーキー・システムにおいても、能力分布の変化はシステムの変化である。

第6章　アナーキーという秩序と勢力均衡

　残っている課題は2つである。ひとつは、アナーキーという状態の特徴およびアナーキカルな領域に関連して起こる結果についての期待を検討すること、もうひとつは、国家間の能力分布の変化をとおしてアナーキカルなシステムの構造が変化するにともない、その期待がどう変わるかを考察すること、である。後者については、異なる国際システムの比較が必要となるが、これは第7章、第8章、第9章でとりあげる。この章では前者を扱う。そのためには、アナーキカルな領域とハイラーキカルな領域における行動と結果を比較するのがもっともよい。

I

1．国内の暴力と国際的暴力

　国家間関係において国家は、暴力の影が垂れ込めるなかで外交を行うとしばしばいわれる。いつ軍事力を行使するかわからない国家がいくつかでも存在すれば、すべての国家は軍事力行使の準備を整えなければならない。さもなければ、軍事的により強力な隣国のなすがままになるしかない。国家間関係においては、自然状態は戦争状態である。これはつねに戦争が起こっているという意味ではなく、それぞれの国家が軍事力を行使するか否かを自ら決定するために戦争がいつ起こってもおかしくない状態という意味である。家族であれ、共同体であれ、世界全体であれ、全く対立することなしに互いに接触することは考えられない。また、対立する当事者を管理したり、懐柔する機関が欠如しているなかで、暴力の行使をつねに回避できる見込みは、現実にはありえない。国

家間の場合と同じく、人間同士のあいだでも、アナーキー状態、すなわち政府の不在は、暴力の発生に結びつく。

　国際問題は、暴力の脅威と軍事力の使用が繰り返される点で、国内問題から区別されるといわれるが、世界の歴史においてほとんどの支配者は、臣下が抵抗したり、自らを打倒するために武力が行使される可能性に留意してきた。つまり、政府の不在が暴力の脅威と密接に結びつくとしても、政府の存在もまたそうだったのである。国内で起きた悲劇のリストを手あたりしだいに見れば、このことは自明である。たとえば、ナポレオンの敗北に続く100年間でもっとも破壊的な戦争は、国家間ではなく、国内で起こった。1851年に始まり13年間続いた中国の太平天国の乱の死亡者は、2千万人に上ると見積もられている。アメリカの南北戦争では60万人が命を落とした。より最近の歴史では、強制的な集産主義化とスターリンの粛正によって500万人のロシア人が死に、ヒトラーは600万人のユダヤ人を殺した。ラテンアメリカには、クーデターと反乱が国民生活の日常茶飯事になっている国もある。1948年から1957年のあいだには、20万人のコロンビア人が内戦によって死んだ。1970年代半ばには、アミン政権下のウガンダに暮らすほとんどの人びとは、自分たちの生活がホッブズのいう自然状態のように、「みじめで、残酷で、短い」と感じたに違いない。こういったケースを例外と呼ぶならば、それらは残念ながら、よくある例外ということになる。権力の獲得・維持や秩序構築のため、また国内に一定の正義を生み出すための闘争は、国家間の戦争よりも残酷な場合もあるという事実を、われわれはよく忘れてしまう。

　ということは、アナーキー状態が混沌、破壊、死と同義に扱われるにしても、アナーキーと政府とのあいだの区別がわれわれに教えるところは少ないのである。国家間関係における国家と、被支配者との関係における政府とでは、どちらがより不安定か、という問いに対する答えは、時と場所によって異なる。ある時期のある国家においては、暴力が実際に起こる頻度やその可能性は低い。違う時期の違う国家では高い。したがって、軍事力の使用あるいは軍事力使用についての不断の恐怖は、国際政治を国内政治から区別するのに十分な根拠ではない。軍事力の使用またはその可能性は、国内秩序と国際秩序に共通の特徴であり、そうであるならば軍事力の使用・不使用の観点から2つの領域をうまく区別することはできない。人間のつくりあげいかなる秩序も、暴力がない

ことの証明ではない。

　国内政治と国際政治の質的相違を発見するには、暴力の発生以外の基準が必要である。その区別は、暴力の使用・不使用にではなく、2つの領域の異なる構造に見出される。しかし、たとえば、デトロイトのダウンタウンを夜に散歩するほうが、フランスとドイツの国境でピクニックをする場合よりも暴力的攻撃を受ける危険性が大きいとすれば、その構造上の違いは、実際上どのような意味をもっているのか。国際政治の場合と同様、国内政治の場合も、接触は対立を生み、時には暴力に及ぶ。国内政治と国際政治の違いは、軍事力の使用にではなく、それに対処する組織形態にある。政府は、一定の正統性の基準に従って支配しているならば、軍事力を使用する権利、すなわち被支配者の軍事力使用を管理するためにさまざまな制裁を行う権利をほしいままにしている。それゆえ、私的な武力を使用する者に対しては、政府に訴えることができるのである。政府が武力行使を独占しているわけではないのは明白であるが、有効な政府であれば、正統な軍事力の使用を独占している。この場合の正統とは、私的な軍事力の使用を防止し、それに対抗するために公的機関が組織されていることを意味する。市民は自ら防衛の準備をする必要はなく、公的機関がそれをしてくれる。つまり、国内システムは自助システムではない。しかし、国際システムは自助システムなのである。

2．相互依存と統合

　相互依存が政治的に重要であるかどうかは、問題領域が特定化され確立された権威関係で組織化されているか、それともフォーマルには組織化されていないままかどうかに依存する。問題領域が権威関係で公的に組織化されている限り、ユニットは、ほかのユニットに対して自分のアイデンティティーを維持したり安全を保持したりするための手段をもつ心配もなく、自由に専門性を保ち、自己利益を追求できる。ユニットが自由に専門化できるのは、専門化にともなって進む相互依存を恐れる理由が存在しないからである。そして、もっとも専門化した者がもっとも利益を得ているならば、専門化の競争が起こる。より専門化された人びとによって製品が製造され、農作物が生産され、法と秩序が維持され、商取引が行われ、金融サービスが提供されることになる。単純な経済の観点からいえば、靴屋は自分のズボンを仕立て屋に頼っており、仕立て屋は

靴を靴屋に頼っている。両者とも互いのサービスなしにはうまく装うことができない。単純な政治の観点からいえば、カンザス州はワシントンD.C.による保護と規制に頼っており、ワシントンD.C.はカンザス州に牛肉と小麦を頼っている。そういった状況において相互依存関係が緊密であると述べる場合、一方は他方なしに生きていけないと主張する必要はない。相互依存関係を崩壊させるコストが高いと主張するだけで十分である。人びとや制度が互いに大きく依存しあうのは、遂行する仕事や生産・交換する物品が異なるためである。あるひとつの政治体の各部分が結束しているのも、その差異によってである（Durkheim 1893, p.212を参照）。

　国内政治と国際政治の構造の違いは、システムのユニットが目標を設定する仕方、そして、それを達成する手段を発展させるやり方に反映されている。アナーキカルな領域においては、類似したユニットが共＝行動する。ハイラーキカルな領域においては、類似していないユニットが相互作用する。アナーキカルな領域においては、ユニットは機能的に似ており、また、似たままでいる傾向がある。類似したユニットは、一定の独立性を維持しようとするだけでなく、経済的自給自足[訳注1]を必死に達成しようとすることもある。一方、ハイラーキカルな領域においては、ユニットは差別化され、より専門的になる傾向がある。専門化が進めば、異なるユニットのあいだの相互依存は、より緊密になる。構造が違うために、国内の相互依存と国家間の相互依存の概念は異なっている。議論のなかでは1つの言葉を1つの意味で使うべきであるという論理学者の忠告に従い、ここでは国内の状況を描写するのには「統合」という言葉を用い、国家間の状況を描写するのには「相互依存」という言葉を用いることにしよう。

　国家は機能的に類似したユニットではあるが、その能力は大きく異なっており、その能力の差から分業らしきものが生じる（第9章を参照）。しかし、国家間の分業は、高度に組織化された国内の分業と比べると、わずかなものである。統合は国家内の部分を緊密にまとめるが、国家間の相互依存は国家を緩やかにつないでおくだけである。国際統合がしばしば話題に上るが、それはめったに起こらない。国家同士は商品生産における分業のみならず、ほかに政治運営や軍事防衛などの仕事の分業によっても、互いを豊かにできるはずである。では、

訳注1　原文ではautarchy（専制主義）となっているが、autarky（経済的自給自足システム）の間違い。

なぜ国家間の統合は起こらないのだろうか。これは、国際政治の構造が国家間の協力を２つの仕方で制限しているためである。

　まず、自助システムにおいて、各ユニットは自己利益を伸長するためではなく、他から自分を守る手段を備えるのに一定の努力をする。分業システムにおける専門化は、全員に有利に働くが、それは全員に平等に働くというわけではない。全体の生産量が増えてもそこから期待できる配分が不平等であれば、国際分業の拡大には大きな妨げとなる。自らの安全に不安を感じている国家は、互いの利益のために協力しあう可能性があっても、利益がどう分配されるかを問題にせざるをえない。国家が問わざるをえないのは、「どちらも一緒に利益を得られるか」ではなくて、「どちらのほうがより多く利益を得るか」である。期待される利益がたとえば２対１の割合で分配されるとすれば、より大きな利益を得た側の国家は、その利益を使ってもう一方に対して損害を与えたり破壊する政策をとる可能性がある。両者が大きな絶対的利益を得る見込みがある場合でも、増加した能力を相手国がどう使うかをそれぞれが恐れている限り、協力は引き出せない。注目すべきは、協力を阻んでいるのが当事者どちらかの性格や短期的意図ではない、という点である。安全が保障されない状況——少なくとも互いの将来の意図と行動が不確実な状況——が協力を阻むのである。

　いかなる自助システムにおいても、ユニットは自己の生き残りについて懸念を抱いており、その懸念がユニットの行動を条件づけている。寡占市場が企業間の協力に制約を加えるのも、国際政治構造が国家間の協力に制約を加えるのと同じである。政府によって定められたルールのもとで、企業が生き残り繁栄するかどうかは、企業自体の努力による。企業は、ほかの企業から受ける妨害に対して自らを物理的に守る必要はなく、自由に経済的利益に集中できる。しかし、経済的実体としては、企業は自助の世界に生きている。どの企業も利潤を増やそうとし、その努力のなかで過度な危険を冒せば、その結果を覚悟をしなければならない。W. フェルナーがいうように、「関連するすべての変数を結託して扱わなければ共同の利得を最大化することは不可能である」。そして、これは「企業が互いに完全に武装解除する」ことによってしか、達成できない。しかし、利潤を増やすためであっても、企業が武装解除をすることは賢明ではない。この言明は、企業の目標が利潤の最大化であるという仮定に矛盾するというより、むしろその仮定に条件をつけるものである。今日だけでなく明日も

利潤を最大化し続けるためには、企業はまず生き残らなければならない。再びフェルナーを引用すれば、ありとあらゆる資源を動員するということは、「参加するすべての企業の将来を割り引いて考えていることを意味する」(Fellner 1949, p.35)。しかし、将来を割り引くことなどできない。企業の相対的強さは、予測できないかたちで時間とともに変わるからである。つまり、企業は利潤を最大化することと、消滅の危険を最小化することとのあいだで、妥協を図るよう制約されている。2つの企業のうちの一方が市場から部分的に身を引き、その代わりにもう一方の企業から補償を受け取るならば、互いにとって良いかもしれない。しかし、大きな利潤と引き換えに小さな市場を受け入れる企業は、たとえば市場を求めて闘争が再燃して価格戦争が起こった場合、深刻な不利益を被ることになる。そのため、企業は可能な限り、大きな利潤と引き換えにであっても小さな市場を受け入れることは避けなければならない (pp.132, 217-18)。フェルナーが主張するように、「ライバル企業に対して武装解除するのは賢明ではない」(p.199)。なぜなら、「企業間の戦争が再発する可能性がつねに存在するからである」(p.177)。フェルナーの理由づけは、資本主義国家はひとつの巨大な帝国主義の企てとして互いを豊かにするかたちで協力することは決してできないと考えるにいたったレーニンの立論と、よく似ている。国家と同じように、寡占企業も、絶対的優位よりも相対的強さにより大きな関心をもたざるをえないのである。

　国家は、自国よりも他国にとってより有利になるかもしれない利得の分配に懸念を抱く。これが、国際政治の構造が国家間協力を制約する第1の仕方である。国家はまた、互いの協力的活動や物品・サービスの交換をとおして、他国に依存するようになるのも恐れている。これが、国際政治の構造が国家間協力を制約する第2の仕方である。国家は、ある分野に特化すればするほど、自国が生産していない原料や物品の供給を、他国に頼ることになる。そして、国家の輸出入量が大きければ大きいほど、その国は他国に依存していることになる。より複雑な分業が発達すれば、世界の厚生は増進されるであろうが、それによって国家は自らをより緊密な相互依存関係に置くことになる。それを受け入れる国家も確かにある。たとえば、小国や貧困国は、相互依存関係を拒むコストのほうがはるかに高い。しかし、他国との関係のなかに埋め込まれることに抵抗できる国は、通常2つの方法のどちらかでそうするものである。依存度が高

かったり、緊密な相互依存関係にある国は、自国が依存しているものを確保できるかどうか心配する。高度の相互依存関係とは、相互依存に必然的にともなう脆弱性を経験すること、もしくはそれに左右されることを意味するからである。そこで国家は、他の組織と同様、自らが依存しているものを管理しようとするか、あるいは依存度を低くしようとするのである。このように単純に考えるだけでも、支配領域を広げようとする帝国主義的活動や、自給自足訳注2をめざそうとする努力など、国家行動のかなりの部分を説明できる。

　構造は一定の行動を奨励し、それに応えない行動に対して懲罰を加える。一国のなかでも、過度な分業によって、あまりに限定的な仕事が個人に割り当てられるのを嘆く者は多い。それでもなお専門化は進み、その度合いは社会の発展を測るひとつの尺度となっている。フォーマルに組織化された領域においては、おのおののユニットが何らかの専門に特化することにプレミアムが置かれる。それは、分業システムのなかで、他者に対して自らの価値を高めるためである。国内における要請は、「専門化せよ！」である。一方、国際的には、多くの者は、国家が非生産的なかたちで自己防衛のために資源を費やしたり、他国との協力をとおして国民福祉を拡大する機会を逃したりするのを嘆いている。しかし、それでもなお国家のやり方はほとんど変わらない。組織化されていない領域においては、各ユニットは他に頼れるものがないため、自らの面倒をみられる立場に自らを置くよう動機づけられるのである。したがって、国際的な要請は、「自分の面倒をみろ！」ということである。指導者のなかには、国家間の完全分業に参加することですべての国家の厚生が増進すると考えている者もいるかもしれない。しかし、そういった考えに則って行動するのは、国内的な要請、すなわち国際的に作用しているわけではない要請に則って行動するに等しい。構造的制約のないところで人が望むことは、構造的制約があるところで奨励されることとは異なる。国家は、他国への依存度が高い状況に自らを進んで置こうとはしない。自助システムにおいては、安全についての考慮から、政治の利害が経済の利得に優先するのである。

　国家が自らのために行っていることは、他のすべての国家が行っていることによく似ている。国家は、完全な分業が提供する政治的・経済的利点を得られ

訳注2　前訳注参照。

ないのである。さらに、防衛費は、すべての国家にとって非生産的でありながら、ほとんどの国家にとっては避けられない。そこで得られる報酬は、経済的厚生の増進ではなく、独立の維持である。国家は競争するが、それは相互利益をめざして物品を共同で生産することに各国が貢献することをとおしてではないのである。ここに国際政治システムと経済システムのあいだの、第2の大きな違いがある。これについては次章の第Ⅰ節4項で検討する。

3．構造と戦略

　アクターの行動の動機と結果とは、切り離されているかもしれない。いまやこのことは簡単にみてとれるであろう。構造は、行動が意図せざる結果を生む原因となる。ほとんどのアクターは、それに気づいている。そして少なくとも一部にはその理由がわかり、構造が結果をどう引き起こすのかについてかなりよく理解しているアクターもいる。では、戦略を適切に調整することで、アクターは元来の目的を達成することはできないのだろうか。残念ながら、それはできないことが多い。この理由を示すために、ほんの2、3の例をあげることにする。論点が明らかになれば、読者は容易にほかの例を思いつくであろう。

　商品不足が予想される場合、物価上昇を緩和し不足分を平等に分配するためにだれもが買う量を減らせば、集団としてはより良い状況が生じる。しかし、即座に予備供給を蓄える者がいれば、その者はより豊かになる。そのため、だれもが予備供給を蓄える強いインセンティブをもつことになる。預金者が預金の引き出しに銀行に駆け込むと予想されるならば、賢いのは他の預金者よりも先に行くことである。預金引出しに駆け込む者がほとんどいないときには銀行は支払い能力を持ち続けるが、多くの者が駆け込むと支払い能力がなくなることがわかっていたとしても、である。そういった場合、個人の利益追求がだれも欲しない集団的結果を生むことになるが、他者と異なった行動をとる個人は、結果を変えることなく自らを傷つけることになるのである。よく引き合いに出されるこの2つの例で、重要な点がわかる。つまり、ある種の行動は、相手もそうするのでなければ追随するのは賢明でないし、また、他の多くの人もそうするという相当の確信をもっていなければ、自分も相手も追随するのは賢明でないのである。別の2つの例を詳しく考察することで、この問題をより深く探求してみよう。

第6章　アナーキーという秩序と勢力均衡

　多くの人はそれぞれ、電車に乗るよりも自家用車を運転することを選ぶかもしれない。車だと、予定や目的地の選択に柔軟性をもたせることができるからである。しかし時に、たとえば悪天候の場合には、電車のほうが便利なこともある。また、多くの人は、街角の八百屋よりもスーパーマーケットで買い物をするかもしれない。スーパーマーケットのほうが在庫も豊富で、価格も安いからである。しかし時に、街角の八百屋のほうがツケがきいたり、配達サービスをしてくれるという点で便利なこともある。ほとんどの人が通常自家用車を運転し、スーパーマーケットで買い物をすることの結果は、電車の本数を減らし、街角の八百屋の数を減らすことである。人びとは、こういった結果を望まず、電車や八百屋がなくならないよう、代価を支払う気があるのかもしれない。しかし、結果に影響を与えるために個人ができることは、ない。ひいき客が増えれば可能でないこともないが、自分や少数のものがそうしたから皆も自分たちにならえと説得するのは無理である。

　自分たちの行動が望まざる結果を生み出すことにわれわれが気づくとしても、同時にまたこういった例は、A. E. カーンがいうような「小さな」決定の累積によって「大きな」変化がもたらされる例であることもわかるであろう。そのような状況において、人びとは「小さな決定の専制」の犠牲者である。この言葉が意味するのは、「100人の消費者がxという選択を選ぶことにより、市場がX（Xは$100x$に値する）という決定をする原因となったとすれば、その大きな決定（X）が消費者に明確に考慮されるかたちで提示されていたとしても、同じ消費者たちがそれに投票したであろうと考えるのは必ずしも正しくない」（Kahn 1966, p. 523）ということである。決定に際して市場がその大きな問題を提示しないならば、個人は、決定をするにあたって、たとえそれが自分たちのほとんどが欲していない結果をもたらすとわかっていても、狭い文脈のなかで賢明と思われる決定をせざるをえない。または、彼らは共同で市場の構造を変化させて、その影響のいくつかを克服しようとするか、のどちらかである。たとえば消費者側の意志決定ユニットの規模を、生産者側の規模くらいまで引き上げることによってである。これは、要点をうまく言い当てている。つまり、構造をそのまま何の影響も受けないようにしておく限り、特定のアクターの意図や行動の変化によって望ましい結果を生んだり、望ましくない結果を回避するのは、不可能なのである。たったいま述べたように、構造はユニット間の能

力分布を変えることによって変化する。また構造は、以前は人びとが自分自身で決めなければならなかったことに、条件が課されることによっても変化しうる。もし日曜日にも物を売る商人がいたならば、たとえ大半の商人は週6日制を好んだとしても、競争力を確保するため自分たちもそうしなければならないこともある。自分たちが好きなようにできるのは、すべての者が同等の営業時間を維持するよう義務づけられている場合だけなのである。つまり、強力な構造的効果に対する治療薬は、構造的変化のみなのである。

多くの者は理解していないが、構造的制約は望んでなくなるものではない。いかなる時代や場所においても、国家や企業など自助システムのいかなるユニットも、自らの善とともにより大きな善のため、また狭隘な自己利益のためではなくシステムのため行動することが必要である、と聞かされてきた。1950年代には、核戦争で世界が破壊される危惧が高まるにつれ、世界的破滅を避ける唯一の選択肢は世界的軍縮であると結論づけた者がいた。人口、貧困、公害が急激に増加した1970年代には、ある政治学者が述べたように、「国家は、地球次元における政治的生態システムの要請に応えるか、地球の絶滅を招くかである」と結論する者もいた (Sterling 1974, p.336)。国際的利益が満たされなければならない、ということに意味があるとすれば、それは国際的利益が国益に優先するということである。問題は地球レベルにあるが、問題の解決は国家の政策に依存し続けている。では国家に対して頻繁に課される命令に国家が多かれ少なかれ自ら進んで従うようになる条件とは、何であろうか。国家は自己利益の追求とシステムのための行動とのあいだの緊張を、どうすれば解くことができるのであろうか。多くの者は気をもみながら合理的な解決を願うばかりで、それをどう達成できるのか示した人はいない。しかしながら、問題はまさに、構造的制約のあるなかでは、合理的行動が望ましい結果を導かないということにある。各国家が自らの面倒をみるよう制約されているなかでは、だれもシステムの面倒をみることはできないのである[1]。

危険と運命を強く認識すると、達成すべき目標が明確に定まることがあるが、

---

[1] 言い換えると、国家は「囚人のジレンマ」に直面している。これは、2人の当事者が自己利益に従えば、両者が連帯して利益を得る場合よりも悪い結果に終わるというものである。このような状況の論理を詳細に考察したものとして、Snyder and Diesing (1977) を参照。国際関係への簡潔で示唆に富んだ応用については、Jervis (January 1978) を参照。

第6章 アナーキーという秩序と勢力均衡

だからといって、その目標が達成されるわけではない。効果的な行動をとれるかどうかは、必要な手段を提供する能力があるかないかによる。さらに、国家や他の機関が適切な政策や戦略をとる条件が存在しているかどうかにもよる。世界を揺るがすような問題には地球規模の解決策が必要であるが、それを提供できるような地球規模の機関は存在しない。必要が可能性を生むわけではない。また、究極の目標が達成可能であると願ったところで、実際にそうなるわけではない。

偉大な仕事は、偉大な能力をもつものにしか達成できない。だからこそ国家、とくに大国が、世界の存続にとって必要なことをするよう要求されるのである。しかし、国家は、他に頼るものがいないため、自己保存のために必要と思うことならば何でもしなければならない。国際的利益を国家利益に優先させるという忠告がなぜ意味をなさないかは、ミクロ理論とマクロ理論を区別する観点から正確に説明できる。この区別は経済学者のあいだではよく理解されているが、政治学者のあいだでは理解されていない。すでに説明したように、ミクロ経済理論は、個人の行動についての仮定から構築された、市場についての理論である。それは、ユニットの行動と相互作用がどのように市場を形成し、どのように市場に影響するか、そして逆に市場がどのようにユニットに影響するかを示す。一方、マクロ理論は、システム全体の合算としての供給、所得、需要から構築された、国民経済についての理論である。マクロ理論は、これらの合算が他の合算といかに相互連関しているかを表し、そのうちのどの変化が他にどう影響するか、また経済パフォーマンスにどう影響するかを示す。経済学では、ミクロ理論もマクロ理論も両方とも大きな領域を扱っている。両者の違いは研究対象の規模にあるのではなく、研究対象へのアプローチの仕方、また、研究対象を説明する理論が構築される仕方にある。国際政治のマクロ理論は、国際システムがシステム全体の合算によってどう動くかを示す。そういった合算が、たとえば世界GNPの大きさ、世界輸出入量、戦死者、すべての国の防衛費、移住の規模などであることは、想像できるであろう。国際的な合算にどれだけ意味があるのか、またその部分的変化がほかにどう変化をもたらすかはわかりにくいが、おそらくマクロ国際政治理論はJ. M. ケインズ流のマクロ経済理論に似たものになるであろう。そのような理論が構築できないとはいわないが、いかに有益なかたちで構築できるのか、私にはわからない。ともあれ、明白な

のは、国際政治のマクロ理論は、経済のマクロ理論がもつような実用性を備えていないということである。国家の政府はシステム全体の経済変数を操作できるが、国際的にそれに匹敵する能力をもつ機関は存在しないからである。国際政治のマクロ理論が調整の可能性を明らかにしたところで、それにもとづいてだれが行動を起こすというのであろうか。そのような理論がたとえあったとしても、地球的問題を解決できる唯一の行為主体が国家であるというところで行き詰まってしまう。善意で効果的な国家の個別的ないし集団的行動を可能にしたりしなかったりする条件を考察するには、われわれはなおミクロ政治的アプローチに頼らねばならないのである。

国家の認識や目的の変化、組織やイデオロギーの変化が国際関係の性質を変えることを期待していた者もいるが、長年のあいだに国家が多くの点で変化しても、国際関係の性質はほとんど同じままであった。国家は理にかなった価値ある目的を追求しているのかもしれないが、それをどう達成すればいいのかはわかっていない。国家に愚かさや悪意がないと断言する気はないが、問題は国家の愚かさや悪意にあるのではない。知性と善意があっても、適切な行動計画を見出しそれにもとづいて行動できるとは限らないということに気づいてこそ、この困難の深さがわかる。今世紀はじめにチャーチルは、イギリスとドイツのあいだの海軍の軍拡競争は破滅をもたらすとみていたが、同時に、彼はイギリスには軍拡競争をする以外に現実的な選択肢がないこともわかっていた。世界的な問題に直面する国家は、「小さな決定の専制」の罠にはまった個々の消費者と似ている。消費者と同じく、国家は活動分野の構造を変えることによってしか、その罠から抜け出すことはできない。強力な構造的影響に対する唯一の治療薬が構造的変化であるという教訓は、繰り返すに耐えるのである。

4．アナーキーの美徳

アナーキー状態に置かれたユニットは、人、企業、国家、あるいは何であれ、目標を達成し安全を維持するために、自分が生み出せる方法となしうる調整に頼らねばならない。自助は必然的にアナーキカルな秩序の行動原理なのである。自助という状況は、たとえば、経済領域においては破算、自由な国家からなる世界においては戦争、といった高いリスクをともなう状況である。しかしそれは、組織的コストが低い状況でもある。ある経済体もしくはある国際秩序にお

いてリスクを回避したり軽減したりするためには、行動を調整する状態から上下関係の状態へと移行すること、つまり、効力ある権威をもった機関を設立し支配システムを拡張することが必要となる。政府は、規制と管理の機能そのものが明確で専門化された仕事となったところで出現する。しかし、ハイラーキカルな秩序が欠如していることを嘆く者は、それを維持するコストをしばしば無視している。組織には何かを成し遂げること、および組織として自らを維持することという、少なくとも2つの目的があるのであり、組織の活動の多くは後者の目的に向けられている。組織の指導者たち、そしてその顕著な例としての政治のリーダーたちは、組織が扱う問題に通じているわけではない。彼らは、ある物事の専門家になることによってではなく、組織についての技能に秀でることによって指導者となったのである。すなわち集団のメンバーを支配し、メンバーに予測可能で満足のいく努力をさせ、集団をまとめるといった技能である。政治的決定をする際、最初にもっとも重要となるのは、組織のメンバーの目標を達成することではなく、組織の持続性と活力を確保することなのである（Diesing 1962, pp. 198-204を参照 ; Downs 1967, pp. 262-70）。

　ハイラーキカルな秩序の長所には、コストがついてまわる。さらに、ハイラーキカルな秩序においては、支配の手段が闘争の目的にもなる。実質的な問題と、支配者に影響を与えようとしたり支配者を支配しようとする活動とが、絡み合ってくるのである。つまり、ハイラーキカルな政治秩序においては、すでに多い闘争の目的にまた別の目的が付け加えられ、それがまた別の大きな重要性をもっているのである。

　戦争のリスクが耐えがたいほど高い場合、そのリスクは国家間関係を管理することで減少できるであろうか。管理するためには最低限、国家が意のままに動かせる軍事力を統制することが必要となる。国内では、組織は自らを維持するために活動しなければならないが、国家も、組織として自らを維持するうえで、反体制的な分子や地域に対して軍事力を行使しなければならないことがある。ハイラーキカルなシステムとしての政府は、対内的にも対外的にも、その主要部分が背信すれば混乱する。凝集性のない国際社会において世界政府を試みても倒壊してしまうのは、中央の権威に、システムの部分を規制したり管理したりして、その統一性を高め維持するのに必要な資源を動員する能力が備わってないからである。世界政府が誕生すると予想することは、世界的内戦へ準

備を整えよという招待状である。ここで M. ジラスの第二次大戦の回想録を思い出そう。ジラスによれば、彼と多くのソ連の兵士たちは、戦争中の議論のなかで、もしもすべての人間が同じ社会システムに従属させられることになったら、人間の闘争はこのうえもなく激しいものになるであろう、と信じるようになった。「なぜならば、そのようなシステムは支えられず、さまざまな党派がより大きな『幸福』を求めて、向こうみずに人類の破壊を試みるからである」(Djilas 1962, p.50)。国家は、その管理権限を何らかの中央機関に委託しようと思っても、その機関が依頼人である国家を保護できないのであれば、そうすることはないであろう。国家が強力であればあるほど、また個々の国家のパワーが他国に脅威に映れば映るほど、その中央機関に預けられるパワーは大きくなければならない。しかし、中央のパワーが強ければ強いほど、それを支配しようとする闘争にかかわる国家の動機づけも強いのである。

　国家は、人間と同じく、もっている自由の大きさに応じて不安なものである。自由を欲するならば、不安を受け入れなければならない。権威と支配の関係を確立している組織は、自由を減少させれば安全をより確実にできる。人間同士のあいだであれ、国家間であれ、力が正義でないならば、何らかの制度もしくは機関が介入して、自然状態から彼らを救い出してきた。機関の影響力が強ければ強いほど、それを支配しようとする欲求も強くなる。逆に、アナーキーという秩序におけるユニットは、自らのために行動するのであって、組織を維持したり組織内での幸運を求めて行動するのではない。軍事力は、自己利益のために使われるのである。組織化されていない状態では、人びとも国家も互いを自由に放っておく。たとえそうでなくても、組織内政治が欠如しているなかでは、組織の統一性を保つために最大限の合意を得るよりも、むしろ問題となっている政治に集中し、互いが別個に存在することを許すような最小限の合意をめざしたほうがよいのである。力が物事を決定する場合、正義をめぐる血みどろの闘争は、かえって容易に回避できるのである。

　国内的には、政府の軍事力は正義と公正の名のもとに行使される。国際的には、国家の軍事力は自らの保全と優位のために用いられる。内乱を起こす者は政府の権威に挑戦し、支配の正統性に疑いを投げかける。しかし、国家間の戦争が、権威や正義の問題を解決することはない。対立する国家間の利得と損失の配分を決定し、当面はだれが強いかという問題を解決するのみである。つま

り、国内であれば権威の関係が構築されるが、国際的には力の関係だけが決定されるのである。国内的には、政府に対して向けられる私的な軍事力は、政治システムを脅かす。公共体としての国家によって用いられる軍事力は、国際的視点からいえば私的な軍事力の使用であるが、そこには転覆すべき政府も攻め落とすべき政府機構も存在しない。世界を制覇しようという野望がなければ、私的な軍事力の使用は、国際政治システムのメンバーのいくつかを脅かすだけで、システムそのものを脅かすことはない。戦争とは、同じように構築された実体同士の闘争として、国家同士が戦うものである。強い国家のパワーが弱い国家の主張を思いとどまらせるとすれば、それは弱いほうの国家が強い側の支配の正統性を認めたからではなく、単に強い国と折り合ったほうが賢いからである。逆に、弱い国は、その能力において強い国と格段に差があり、その行動や能力の増加を強国がさほど気にかけないならば、かなりの行動の自由を享受できる。

　国内政治は権威、行政、法律の領域である。国際政治はパワー、闘争、妥協の領域である。そして国際政治の領域は、顕著に政治的である。国内領域がハイラーキカル、垂直的、中央集権的、非均一的、一方向的、人為的といった言葉で表現できるのに対し、国際領域はアナーキカル、水平的、非中央集権的、均一的、非方向的、相互順応的といった言葉で表現できる。秩序が中央集権的であればあるほど、意思決定の場所はトップに近くなる。国際政治においては、意思決定はボトムレベルでなされる。ボトム以外のレベルはほぼ存在しないからである。垂直と水平との両極端のあいだで、国際構造は水平の側にかたむく。つまり、国際的にも調整はなされるが、それはフォーマルなもしくは権威的な調整者なしでなされるのである。また、調整や妥協は、相互順応的に行われる（Barnard 1948, pp. 148-52; Polanyi 1941, pp. 428-56を参照）。行動と反応、そして反応への反応は、少しずつ進展する。当事者は互いの意向をいわば打診しあい、状況が展開するなかでそれを定義する。ユニット間での調整と妥協は、バーナードが述べたように、「命令の義務と服従の望みが本質的に欠けている」状況で、「配慮」（Barnard, pp. 150-51）しあうことによって達成される。対立が配慮を超えている場合には、当事者は謀略や交渉、戦闘をとおして自分の立場を維持したり改善しようとする。競争の仕方と激しさは、個別の存在でありながら同時に相互作用している当事者同士の欲求と能力によって決まる。

軍事力によるか、よらないかにかかわらず、各国は自己利益にもっともかなうと思う方策を練る。ある国家によって軍事力が使用されたり、または使用されることが予想されるならば、他国が頼みにできるのは、個別もしくは共同で軍事力を用いるか、その準備をすることである。権威をもち、自ら率先して行動する能力のある高位の実体に訴えることなどできない。そのような状況下では、当事者のだれかが軍事力を使う可能性は、脅威としてつねに背景にある。政治において軍事力は最終手段であるといわれるが、国際政治において軍事力は最終手段のみならず、最初の手段でもあり、日常的な手段としての役割も果たしている。軍事力を政治の最終手段に限定することは、たとえば、オルテガ・イ・ガセットの言葉によれば、「理性という方法に軍事力が先に降伏した」（Johnson 1966, p.13より引用）ことを意味する。軍事力が使用される可能性がつねにあれば、謀略は制限され、要求は抑制され、紛争解決への動機が生まれる。自分の立場をあまり強く押しつけると戦争を導くことになると知っている者が、もたらされるかもしれない利得のために、それにともなうリスクを冒す価値があるかどうか考えるのは当然である。国際的な軍事力の脅威は、労使間交渉におけるストライキの役割に匹敵している。リヴァーナッシュが述べたように、「実際に起こるストライキが少数であるということは、ある意味では、多くの交渉のなかで、問題解決にストライキを選択するとかかるコストが高いことを示している」（Livernash 1963, p.430）。労働者がめったにストライキをしないとしても、その可能性はつねにある。労使間の対立は、長期にわたりコストのかかるストライキを導く可能性があるため、労使双方は困難な争点に真正面から立ち向かって互いの問題を理解しようとし、懸命に妥協を見出そうとする。国家間の対立が、長期的でコストの大きい戦争につながる可能性も、同じような沈静効果をもっているのである。

5．アナーキーとハイラーキー

　ここまでは、あらゆる政治的秩序がアナーキーかハイラーキーかのどちらかであるかのように描写してきた。構造について述べる多くの政治学者、いやおそらくほとんどの政治学者は、より多様な、時には驚くほど多くのタイプの秩序を許容する。アナーキー状態は、ある尺度でいうと一方の端にあると考えられ、そのもう一方の端には正統で有能な政府の存在があるというわけである。

第6章　アナーキーという秩序と勢力均衡

すると、国際政治は、政府という分子の点在と、共同体という要素の交じり合ったものとして表現される。後者には、世界的もしくは地域的な超国家的機関、同盟、多国籍企業、貿易ネットワークなどが含まれる。国際政治のシステムは、異なる程度のアナーキーとして考えられているのである。

　世界を緩和されたアナーキーとして見る者たちは、つぎの２つの理由からそうすると思われる。まず第１の理由としては、アナーキーは、単に政府の不在ではなく、無秩序とカオスの存在を意味するものとしてとらえられている。国際政治は確固とした平和ではないにしても、全くのカオスでもない。ゆえに、平和が出現するたびにアナーキーが緩和されたと見がちである。また、国際政治はフォーマルには組織化されていないものの、制度や秩序だった手続きが全く存在しないわけではないので、同盟が形成されたり、国境を越える取引が増加したり、国際機関の数が増加すると、研究者たちはアナーキーが緩和されたと考えがちである。こういった見方は、構造を過程と混同している。この誤りについては、すでに何度も注意を促してきた。

　第２の理由として、アナーキーとハイラーキーという単純な２つの分類は、われわれの感覚がとらえる社会の無限の多様性にうまく適合しないようにみえる。幅広い多様性を認めるのではなく、構造を２つのタイプに減らそうとするのはなぜか。アナーキーは類似のユニットが相対峙することによって秩序づけられているが、これらの類似するユニットは全く同一ではない。それらのユニットのあいだにも何らかの機能による専門化が発達する。一方、ハイラーキーは異なる仕事を専門とするユニット間の社会分業によって秩序づけられるが、ユニットの類似性が全くないわけではない。すべての社会は、さまざまな程度にばらばらか、もしくはハイラーキカルに組織化されている。では、なぜ組織化の原理の混合の度合いにもとづいて、もっと多くの社会のタイプを定義しないのか。純粋なアナーキーに近い社会、純粋なハイラーキーに近い社会、そして２つの組織タイプの混合としての社会、というように考えられなくもない。アナーキーにおいては、ユニットの類似性と能力によってユニット間の関係が決定され、それだけで完全に政治とパワーの領域が表現される。ここでは、ユニットの相互作用が行政によって導かれたり、権威によって条件づけられることはない。一方、ハイラーキーにおいては、ユニットの完全な差別化とその機能の完全な専門化によって、完全に権威と行政の領域が生まれる。ここでは、

相互作用する部分のどれも政治とパワーに影響されることはない。こういった純粋な秩序はたしかに実際には存在しないが、領域を組織化原理によって分類するのは、やはり適切であり、重要である。

　類型の数を増やすと、社会の分類は現実により近づくことになる。しかし、そうすると、説明力があったはずの理論が、より正確な現実描写はできても理論的でないものになってしまう。描写するよりも説明したいと思うのなら、描写への移行に抵抗するのが妥当な場合は、抵抗すべきである。では、それは妥当なのか。類型を3つか4つにしてもなお大胆に単純化したといえる場合、2つだけの類型を主張することで、何が得られるであろうか。得られるのは、概念の明確さと簡潔さである。新しい概念は、既存の概念が扱いきれない事がらを扱うためにのみ導入されるべきである。アナーキーでもハイラーキーでもない社会があるならば、そしてその構造が、ある第3の秩序原理によって定義づけられるのならば、第3のシステムを定義しなければならない[2]。すべての社会は混合型であり、その要素は両方の秩序原理を体現している。しかし、それは第3の原理によって秩序づけられる社会があるということを意味しない。通常、社会を秩序づける原則は、簡単に見分けられる。ハイラーキーのなかにアナーキカルなセクターが現れても、大きなシステムの秩序原理が変わったり不明確になったりすることはない。こういったセクターは限られた範囲でのみアナーキーだからである。さらに、大きなシステムのなかでこれらのセクターを占めるユニットの属性や行動は、システムの外ではそのあり方も行動の仕方も異なるであろう。寡占市場における企業が、ここでも再び申し分のない例となる。企業は互いに争いあうが、物理的に自らを防衛する準備の必要がないため、国家の場合よりも専門化し、より十分に経済的分業に参加する余裕がある。アナーキカルな世界に位置を占める国家も、軍備を制限する協定を互いに結んだり、国際組織を設立して協力するよう互いに努力するのが不可能なわけではない。つまり、国際構造のなかのハイラーキカルな要素は主権の行使を制限し抑制するが、それはアナーキーというより大きなシステムによって強く条件づけられ

2　E. デュルケームによる連帯社会と機械社会の描写は、この2つの秩序原理の最良の表現である。彼が社会を2つのタイプに限定した論理は、それを打倒しようとした多くの批評にもかかわらず、いまだに説得力がある（とくにDurkheim 1893を参照）。私は将来、この問題を詳しく論じるつもりである。

第6章　アナーキーという秩序と勢力均衡

ているのである。そしてその秩序がアナーキーであることは、国家間協力の可能性、軍縮協定の範囲、国際組織の法的管轄権に強く影響を及ぼすのである。

　しかし、それでは、明確にアナーキーでもハイラーキーでもない、境界線上の社会はどうなのであろうか。そういったケースは第3のタイプを表すのではないだろうか。境界ケースがあるからといって、その境界に第3のタイプのシステムが現れたわけではない。すべての類型には境界があるのであり、類型があるということは、そもそも境界のケースが存在するということである。概念がいかに明確であったとしても、類型化のむずかしさはなくならない。1920年代から1940年代の中国はハイラーキーだったのか、それともアナーキーだったのか。当時の中国は、名目上は国家であったが、数々のばらばらの国家が並立している状態であった。1930年の毛沢東は、彼以前のボルシェビキの指導者たちがそうであったように、革命の火花を散らすことによって「牧草の大火事」を引きおこし、それが世界中ではないにしても中国全土に広がるであろうと考えていた。しかし、国家間の相互依存も中国の省のあいだの相互依存も十分に緊密でなかったため、炎は燃え広がらなかった。中国の省はほとんど自立していたため、国内の一部の戦争の影響は、ほかの地域では弱く感じられるだけであった。湖南省の丘の戦いは、中国全土に革命の火花を散らすどころか、隣接している省でもほとんど知らなかった。ほぼ自給自足の省のあいだの相互作用はわずかであり、散発的であった。経済的に相互に依存することなく、また政治的に中央政府に依存してもいなかったため、組織化され統合された政治体の特徴である緊密な相互依存関係に影響されることはなかったのである。

　実際的な問題としては、いつ中国がアナーキー状態におちいったのか、あるいは西ヨーロッパ諸国は次第にひとつの国家になりつつあるのか、それとも頑固に9つのままなのか、といった問題に対して、異なる見解があるかもしれない。しかし、理論的に重要なのは、こういった地域の運命についての予想は、構造の問題についてどの答えが正しいかによって、大きく異なるということである。2つの異なる秩序原理によって定義される構造が、社会的・政治的行動の重要な側面を説明するのに役立つことを、引き続きさまざまなかたちで、次節以降で示していこう。この節では、なぜこの2つのタイプの構造があらゆる種類の社会を検討するのに必要か、また、なぜこの2つのタイプの構造のみなのかを示したのである。

Ⅱ

　国際政治の理論はどのように構築できるだろうか。それはほかの理論の場合と同じである。第1章と第4章で説明したように、まず第1に、国際政治を境界づけられた領域として考えねばならない。第2に、そのなかに法則のような規則性を発見しなければならない。そして第3に、観察された規則性を説明する方法を考えなければならない。このうち第1の点は第5章で行った。第6章ではこれまでのところ、繰り返される国家行動やいくつかの持続的なパターンが政治構造によってどう説明できるかを示してきた。エージェントやエージェンシーが、権威と法ではなく力と競争に結びつけられて考えられるところでは、つねにそういった行動と結果が予想される。それはレアルポリティークと称される、政治へのアプローチに近い。レアルポリティークの要素を余すところなく並べると、つぎのようになろう。まず、行動の源泉は、統治者の利益——のちには国家の利益——である。また、政策の必要性は、国家間競争が規制されていないことから生じる。この必要性にもとづく計算によって、国家利益をもっともうまく満たすような政策が見出される。そしてそれが成功するかどうかがその政策の究極的なテストである。この場合、成功とは、国家を存続させ、強化することである。マキアヴェッリ以来、利益と必要性——そしてこの2つの言葉を包括する「国家理性」（*raison d'état*）という言葉——が、つねにレアルポリティークの鍵となる概念であった。マキアヴェッリからマイネッケ、モーゲンソーまで、このアプローチの要素と論理は一貫している。マキアヴェッリがレアルポリティークの主唱者であることがあまりに明白なため、それと密接な関係にある勢力均衡という考え方も彼が生み出したと誤って考える傾向があるが、そうではない。もっとも、政治は政治に固有の考え方で説明できるというマキアヴェッリの確信が基礎となって、勢力均衡理論が構築されたのは確かである。

　レアルポリティークは、外交政策が行われる手法を示し、その理由づけを提供する。人や国家が異なっても、その手法が繰り返し用いられるのは、構造的制約のためである。勢力均衡理論は、そうした手法が生み出す結果を説明しようとするものである。いやむしろ、説明すべきものである、といったほうがよ

いであろう。国際政治に独特の政治理論がある、とするならば、勢力均衡理論をおいてほかにない。ところが、この理論がどういうものであるかについて、一般的に受け入れられている言明は見当たらない。E. ハースは勢力均衡に関する豊富な文献を注意深く調べた結果、勢力均衡という言葉が8つの異なる意味をもつと言っている。またM. ワイトは9つの意味を見つけた（Haas 1953, Wight 1966）。さらに、H. モーゲンソーは、この問題を深く歴史的かつ分析的に扱ったなかで、4つの異なる定義を用いている（Morgenthau 1973）。勢力均衡を自然法に似たものと思っている者もいれば、単にそれを非道ととらえる者もいる。また、国家指導者への指針と考える者もいれば、彼らの帝国主義政策を覆う隠れみのと見なす者もいる。さらに、勢力均衡こそ国家の安全と世界平和の最良の保障であると信じる者もいれば、勢力均衡こそ国家が行った大半の戦争の原因で、国家を破滅させてきたと考える者もいる[3]。

　こういった混乱を収拾できると考えるのは空想に思えるかもしれないが、それを試みることにしよう。出発点に戻って、理論についてのいくつかの基本的な命題を思い出すとよい。(1) 理論には少なくとも1つの理論的仮定が含まれている。そうした仮定は事実にもとづくものではない。したがって、問われるべきなのは、それが真実であるかどうかではなく、それが有益であるかどうかである。(2) 理論はそれが説明しようとするものの観点から評価されねばならない。勢力均衡理論は、所与の状況における国家行動の結果を説明しようとするものであり、それらの結果はいかなるアクターの動機によっても予見できないし、その政策目標に含まれるものでもない。(3) 一般的な説明体系としての理論は、詳細を説明することはできない。

　勢力均衡理論についての誤解と批判のほとんどは、これらの3つの点を理解していないことから生じている。勢力均衡理論を正しく言い表すためには、国家についての仮定から始めなければならない。すなわち国家は、最小限自己保存を、最大限世界支配を、追求する統一的アクターである。国家あるいは国家のために行動する者は、当面の目的達成のために、利用できる手段を分別ある仕方で使おうとする。これらの手段は、対内的努力（経済力の向上、軍事力の増進、巧妙な戦略の開発）と、対外的努力（味方の同盟の強化・拡大、敵の同盟の弱

---

[3] 以下に続く勢力均衡理論の解説に加えて、読者は実際の勢力均衡政治の歴史的研究をひもとくのもよい。最良の簡潔な著作はWight (1973) である。

体化・縮小化）との２つに分類される。対外的に行う編成や再編成のゲームには、３かそれ以上の数のプレーヤーが必要であり、勢力均衡システムにも少なくともその数が必要であると通常いわれる。しかし、これは誤りであり、２大国のシステムにおいても、均衡の政治は持続する。ただし、２大国システムの場合、初期の対外的不均衡を是正するのは、主に対内的努力の強化である。つぎに、理論の仮定に、その操作化の条件をつけ加えることができる。それは、２カ国以上の国家が自助システムに共存しており、そのシステムには、弱体化しつつある国家を助けたり、目的にかなうと見られる手段を国家が使うことを否定できるような、上位の機関が存在しない、という条件である。こうして、国家の動機についての仮定と、それに対応する行動から、理論が構築されることになる。また理論は、行動がつくりだしているシステムから生じる制約を描写し、期待される結果、つまり勢力均衡が形成されることを示す。勢力均衡理論は、経済学者がいう意味において、まさにミクロ理論である。経済における市場のように、システムはそのユニットの行動と相互作用からなり、理論はユニットの行動についての仮定にもとづいている。

　自助システムとは、自らを助けないもの、あるいは他者にくらべて非効果的なかたちでしか自らを助けることができないものが繁栄できず、危険に身をさらして苦しむシステムである。そのような望まれざる結果に対する恐怖から、勢力均衡が生じるようなかたちで行動するよう、国家は促される。理論が、すべてのアクターの合理性やその意思の持続性についての仮定を必要としていないことには、注目すべきである。理論が示すのは単に、比較的うまくやっている者がいれば、他の者はそれらを模倣するかあるいは落伍していくしかないということである。すべての国家が自己保存への関心を失うならば、システムが機能しないのは明らかである。しかし、たとえば他国と結合して政治的アイデンティティーを自ら失おうとする国家があったとしても、他の国々がそうしようとしないならばシステムは持続する。また、競争するすべての国家がパワーを増強するよう絶え間なく努力していると仮定する必要もない。ただ、一部の国家が他国を弱体化したり破壊したりするために軍事力を用いる可能性がある場合、他の国家はその競争的システムから抜け出すのがむずかしくなるというだけである。

　この理論がもつ意味と重要性は、この理論についての一般的な誤解を考察す

第6章　アナーキーという秩序と勢力均衡

ることによって明らかになる。理論についての最初の命題を思い出そう。理論には、事実にもとづいた仮定ではなく、理論的な仮定が含まれている。勢力均衡理論に対してのもっともよくある誤解のひとつは、この点に集中している。つまり、理論はその仮定が間違っているという理由で批判されているのである。つぎの文章がそれを代弁している。

> 国家が実際に、互いに永遠の関係を結ばない不変のユニットだったならば、また、他のどの国家にも圧倒的パワーをもたせないことを目的とする単一のバランサー以外、すべての国家がパワーを最大化する衝動によって動機づけられているならば、勢力均衡は実際に結果として起こるかもしれない。しかし、われわれはこれらの仮定が正しくないことをみてきた。理論の仮定が間違っているため、その結論もまた間違っているのである（Organski 1968, p. 292）。

この文章の作者が犯している付随的な誤りは、理論の仮定について大まかながらも述べた部分と、そうでない部分の両方で、文を組み立てた点にあるが、より基本的な誤りは、仮定とは何であるかを誤解している点にある。これまでの議論からわかるとおり、仮定とは真実でも虚偽でもない。また、それは理論構築に不可欠なものである。国家が統一的で目的をもったアクターであると認めないのは自由である。国家は多くの目標を追求するし、その目標が曖昧に形成されたり、一貫性がなかったりすることもしばしばである。国内政治の流れの変化に左右されたり、政治指導者の交代のあおりを受けたり、官僚たちの闘争の結果に影響されたりもする。しかし、これらはすべて周知のことであり、勢力均衡理論の長所について何も語っていない。

　さらなる誤解は、理論についての第2の命題に関連している。勢力均衡理論は、（勢力均衡が繰り返し形成されるという）結果を説明しようとするものである。その結果は、結果を生じさせている行動を起こしているユニットの意図と必ずしも一致しているわけではない。均衡をつくりだし、維持することは国家の目標かもしれないし、そうでないかもしれない。勢力均衡理論によれば、国家が意識的に均衡を打ち立てたり維持したりする目標をもとうがもつまいが、あるいは国家が世界支配を目標にしようがしまいが、均衡が形成される傾向が

あるのである[4]。しかし、勢力均衡について語られるものの多く、いやおそらく大半は、均衡の維持を個々の国家の動機として考えている。「勢力均衡について」という古典的論文のなかで、D. ヒュームは、思慮深い政治の不変のルールとして「勢力均衡を保持すべきであるという金言」を提示した（Hume 1742, pp. 142-44）。そうであるにしても、均衡維持を重んじるのが賢い政治家精神の中核であるという信念は、勢力均衡が維持されるべきならば国家もこの金言に従わねばならないという信念に、不幸にも置き換えられてしまっている。これは、モーゲンソーによる勢力均衡の4つの定義のうちの「ある状況をめざす政策」という第1番目の定義にも表れている。この論理は容易に同義反復におちいる。つまり、勢力均衡が維持されるべきならば、国家の政策はそれを目標としなければならないということだからである。もし勢力均衡が実際に維持されたならば、それは目標が正しかったからであると結論される。勢力均衡が生じなかったとすると、それは理論の仮定が誤っていたから、ということになる。さらに最後に、そしてこれで概念の具象化への漂流がすべて出そろうことになるのであるが、国家目標が均衡の維持ならば、均衡の目的は「システムを構成する多数の要素を破壊することなく、システムの安定性を維持すること」だというのである。概念の具象化は、たとえば均衡が「うまく」作動しているなどと述べているくだりや、均衡を適用するうえでの国家の困難について書かれているくだりに、明らかに表れている（Morgenthau 1973, pp. 167-74, pp. 202-207）。

　概念の具象化は、文章をより受け入れやすくするために、言葉をルーズに用いたり、比喩を使うだけでもしばしば生じる。しかし、ここでは、理論が極端に歪められている。それは単に、均衡が形成されるならば、だれかがそれを望み努力しているからであるという考え方が導入されているからではない。さらなる歪曲は、国家行動の結果からある規則が導き出され、それが非論理的にアクターの義務として処方されていることによって生じている。ひとつの可能性でしかないある結果が、明文化されたルールのなかで必然的な原因としてすりかえられているのである。こうして「勢力均衡」は、国家がまず「自らの営為の共通枠組みとして勢力均衡システムを受け入れて自らを抑制する」限りにお

---

[4] ダウティは、広い時間的・空間的スパンにおいて国家をみると、同盟の変遷が「全体的な勢力均衡を考慮して」生まれたことはないと、結論づけている（Dowty 1969, p. 95）。

第6章　アナーキーという秩序と勢力均衡

いて、「国家のパワーへの野望に制約を課す」ことができる、とされる。国家が「同じゲームのルール」に気づき、「同じ限定的利害」をめざしてプレーする場合にのみ、勢力均衡は「国際的安定と国家の独立のための機能」を果たすことができる、というのである（Morgenthau 1973, pp. 219-20）。

　これと密接に関連し、理論の第2の命題についての誤りであるのは、これまでも見てきたが、国際政治という学問の双子の特徴、すなわち、動機と結果とが必然的に呼応していると前提すること、および観察されたアクターの行動の結果からアクターのルールを推論しようとすること、である。どこが誤りであるかは、経済からのアナロジーを思い出すことで明らかになる（第5章Ⅲ節の1項）。純粋な競争経済においては、だれもが利潤を得ようとすると、利潤率は低下する。同じ状況下で競争を十分長く持続させれば、だれにとっても利潤はゼロになる。しかし、この結果をみて、すべてもしくは多くの者が利潤を最小化しようと行動しており、競争する者はシステムの機能のために利潤の最小化をルールとして受け入れねばならないと推論するのはばかげている。にもかかわらず、国際政治学においては、しばしば、国家の相互作用の結果から推論されるルールがアクターに処方箋として与えられ、それがシステム維持の条件であるといわれるのである。こういった頻繁になされる誤りは、同じく頻繁に指摘されてはいるものの、全く改善されていないようである。S. F. ネイデルはこのことを端的に述べている。「行動から抽象化された秩序が、行動に指針を与えることはできない」（Nadel 1957, p. 148; Durkheim 1893, pp. 366, 418; Shubik 1959 pp. 11, 32も参照）。

　体系的アプローチが必要であるのに、分析的な論理が適用されると、勢力均衡の形成や均衡が安定に向かう傾向に必要な条件、さらには世界の安定と平和のための一般的な前提条件を、いろいろ並べたてることになる。勢力均衡には大国の数が2カ国より多く必要であるとする者もいれば、主要国はバランサーとしての役割をすすんで果たすことが必要であるという者もいる。軍事技術が過激にもしくは急速に変化しないことが必要だという者もいれば、主要国が任意に特定化されたルールに従うべきであるという者もいる。しかし、勢力均衡はこれらの「必要」条件なしに形成されるものである。1945年以降、国際的条件は理論家たちの言ってきたことと嚙み合わなかったが、世界は安定し、主要国間の関係は驚くほど平和的であり続けてきた。勢力均衡の政治は、2つの、

いや2つだけの必要条件が満たされるところなら、どこでも生じる。その2つとは、秩序がアナーキーであること、そしてそこに分布しているのが生き残ることを望むユニットであることである。

　ある結果が生まれるのは、だれかが、もしくはだれもが、それを欲し努力するからであると考えるのであれば、究極的にはおのおのの国家の性質に説明を頼ることになる。もしそうなら、国家レベルまたはそれよりも低次のレベルの理論で、国際政治を十分説明できることになる。たとえば、もしも国家がルールを遵守することで均衡が安定的に保たれるのならば、そのルールについての合意がどう達成され維持されるかの説明が必要になる。この場合、勢力均衡理論は必要ない。おそらく国民心理についての理論、もしくは官僚政治の理論によって説明できるある種の行動から、均衡が生まれていることになるからである。ここに勢力均衡理論が説明すべきものは何もなく、それを構築する必要はない。また、もし国家の動機づけの善し悪しが均衡の維持または崩壊をもたらすのならば、勢力均衡の概念は、起こったことを単に整理する枠組みでしかなくなってしまう。実際、勢力均衡の概念はそのように使われることが多い。理論を構築するつもりで始まったものが類型の束で終わってしまうのである。そして類型は、萌芽段階にある理論では予想されなかった出来事を扱おうとすると、急速に増えていく。こうして、説明力の探求が叙述の正確さの探求にすり替わってしまうのである。

　最後に、理論一般についての第3の命題に関してであるが、勢力均衡理論は国家の特定の政策を説明しない、としばしば批判される。たしかに、この理論は、なぜXという国家が先週の火曜日にある行動をしたのかを教えてはくれない。しかし、理論にそれを期待するのは、引力の法則に枯れ葉が落ちる細かな道筋の説明を期待するようなものである。ある一般性のレベルの理論は、別の一般性のレベルの事がらについての問いに答えることができない。これに気づかないことが、先の批判を支えているひとつの誤りである。もうひとつの誤りは、国際政治の理論を外交政策の理論と取り違えていることである。適切に表明された勢力均衡理論が何を説明できるかについて誤解があるが、それらは国内政治と国際政治との区別を明確にしないこと、またはそれが区別されるべきであることを認めようとしないことに起因している。この区別を否定する者、すなわち相互作用しているユニットの観点だけから説明しようとする者にとっ

ては、国際政治の説明が外交政策の説明そ・の・も・の・であり、外交政策の説明が国際政治の説明そ・の・も・の・なのである。また、説明を混同し、国際政治を理解する問題と外交政策を理解する問題とを取り違える者もいる。たとえばモーゲンソーは、外交政策を予測しそれについての理論を生み出すうえでの問題が、国際政治理論の構築を不可能にしないまでも、むずかしくすると考えている（Morgenthau 1970b, pp.253-58）。しかし、外交政策を説明するむずかしさが国際政治理論の構築を困難にするのは、後者が前者に還元される場合のみである。G.アリソンも似たような誤解をしている。彼の3つの「モデル」は、国際政治の研究に異なるアプローチを提供することをもくろんでいるが、1番目のモデルだけが国際政治研究のアプローチであり、第2と第3のモデルは、外交政策研究のアプローチである。官僚政治モデルを国家中心モデルの代替として提示するのは、企業の理論が市場の理論に代わるというのと同じである。有能な経済学者なら、そのような間違いはしないだろう（Allison 1971; Allison and Halperin 1972も参照）。モーゲンソーとアリソンがもし経済学者で、同じ思考様式に従うならば、企業の政策を確実に理解できないことは市場理論の発達にマイナスであると主張しなければならなくなる。彼らは2つの全く異なる事がらを混同し、融合してしまっているのである[5]。

　いかなる理論にも、それが扱う事がらと、扱わない事がらとがある。勢力均衡理論は、諸国家の調整されない行動が生む結果についての理論である。この理論は、国家の利益や動機を説明するのではなく、それらについての仮定を設ける。説明しようとするのは、すべての国家に課される制約である。この制約をはっきりと認識することによって、国家の反応を予想する多くの手掛かりが得られるが、この理論だけでは国家の反応を説明することはできない。国家の反応は、国際政治の制約のみならず、国家の特性にも依存するからである。ある特定の国家がどのように反応するのかという問いに答えるためには、いうなれば、市場についての理論のみならず、それを構成する企業についての理論も必要になる。国家は何に対して反応するかという問いには、勢力均衡理論は一般的で有用な答えを与えられる。それは、なぜ類似した状況に置かれた国家は、

---

[5] この混同は広く2通りの仕方でいきわたっている。それゆえたとえば、H.サイモンは、古典経済理論家たちは、「心理的特性の実証なしに合理的人間の行動を予測」しようとしたため、彼らの目的は達成不可能であると、間違って考えている（Simon 1957, p.199）。

ある特定の類似した行動をとると期待できるのかを説明する。期待される行動は似ているが、同一ではない。国家の反応にどのような違いが期待されるかを説明するには、国家の異なる内的構造がいかに対外政策とその行動に影響するかを示す理論が必要となる。外交政策の理論は政策内容の詳細を予測するわけではないが、その代わりに、異なる国の政策の傾向やスタイルについて異なる期待を導く。国内レベルと国際レベルは連繋しているため、よい理論であれば、国内政治の理論と国際政治の理論はどちらも、両レベルの行動と結果について何か、それぞれ異なったことを教えてくれるものである（第4章と第5章それぞれの第Ⅱ節を参照）。

Ⅲ

　前章で、私は国際政治の体系的理論を構築した。この章では、勢力均衡理論が、それをさらに発展させたものであると論じてきた。これに続く3つの章においては、国際システムの構造変化にともなって期待がどう変わるかを示し、理論を洗練させていく。ここでは、一度立ち止まってこれまで発展させてきたこの理論がどれほどよい理論かを考えたい。

　理論を検証するまえに、理論が内的に整合性をもっているか、また理論がそれなしでは知りえないような興味深いことを教えてくれるかを、問う人がいる。しかし、これらの条件を満たすからといって、理論は検証テストに合格するわけではない。多くの人は、合格しなければ理論が反証されることになるテストを好む。K. ポッパーに従って、理論は、それを反証する試みによってのみ検証されると主張するものもいる（Popper 1935, Chapter 1）。彼らによれば、理論を確証することは重要ではない。なぜなら、確証されるケースは何よりも証拠として提供される可能性があるからであり、理論と矛盾するようなケースは意識的であれ無意識的であれ避けられるからである。この困難については、あとで述べるように、ハードケース――たとえば、当事者が理論の予測と逆に行動する強い理由をもっているような状況――を選ぶことによって、緩和される。また、確証が退けられるべきであるのは、理論を確証しそうな多くのテストが1つの反証事例によって覆されてしまうからだ、ともいわれる。しかし、第1章で述べた理論の概念は、確証のためのテストを考案できる可能性を示唆して

いる。ある理論がある領域を描き、そのなかの組織化のされ方と部分同士の関係を表すならば、観察された領域の特徴を理論が描写するところと比較することができる（Harris 1970を参照）。そして期待される行動と結果が、理論が設定する条件がそろっているところで繰り返し見られるかどうかを問うことができるのである。

さらに、構造理論は、つぎのようなとき、信憑性が高まる。すなわち、実質は異なるが構造が似た領域において類似した行動が見られる場合、他方、実質は似ているが構造が異なる領域において違った行動が観察される場合、である。こうした特別な場合の証明として、国際政治理論は、経済学、社会学、文化人類学、その他の非政治的分野の理論の確証をとおして、信頼性を獲得できる。

いうまでもなく、理論の検証とは、期待あるいは仮説を理論から推論し、それらを試すことを、つねに意味する。事実と理論の相互依存性のために、また、現実と現実を理解するための道具としての理論とのあいだのつかみどころのない関係のために、理論の検証は困難で微妙な仕事である。正しいか正しくないかの問題も何らかのかたちで関係しているが、同時に役に立つか立たないかの問題もある。最終的には、妥当性の点で疑わしくても、もっとも多くを明らかにしてくれる理論に、われわれは執着する。理論の受容と拒否については別のところで述べるが、ここでは理論を検証するためのいくつかの例の関連性を明らかにする程度にとどめておこう。そうすれば他の例は、簡単に思いつくことができるはずである。とりたてて検証テストと呼んできたわけでもなく、またテストできる形式にしたわけでもないが、多くはすでにこの章の最初の部分で提示されており、またこれに続く3つの章のあらゆるところで提示されることになる。

検証のためのテストは、検証すべき理論があれば簡単に思いつくことができるが、それを実行するのはむずかしい。理論検証の困難性に加えて、国際政治のような実験ができない分野において理論を検証するのはさらにむずかしいということを考慮すれば、上で述べた検証の方法のすべてを活用すべきであろう。すなわち、反証を試みること、確証のためのハードケースを考案すること、現実の世界と理論の世界の特徴を比較すること、構造が似通った領域と異なる領域における行動を比較すること、などである。よい理論は、多くの期待を生み出す。仮説を増やし、さまざまなテストを行うのがなおさら重要であるのは、

理論を検証しても、その結果は必然的に疑問の余地を残すからである。ひとつの仮説が成立したとしてもそれほど大したことはないが、理論から引き出された多くの仮説がうまくテストに通れば、理論は信憑性をもつようになる。

　理論の検証について少しわかったところで、われわれの理論から導かれる期待が検証に耐えうるかどうかを問うてみよう。その期待とはどのようなものか。上の議論のなかでは、密接に関連している２つが浮かび上がってくる。われわれの理論によれば、勢力均衡は繰り返し形成され、国家は成功した他国の政策を模倣する傾向がある。これらの期待は検証できるであろうか。原則として、答えは「イエス」である。ある一定の領域においては、長年のうちに、軍事的に弱小である国家や国家群のほうが強大な国家や国家群と比べて、軍事力をより速く増加したり縮小したりすることが見てとれるはずである。また競争する国家間では、他国の模倣が広く見てとれるはずである。しかし、実際、そのような期待を歴史に照らし合わせて確認することはむずかしい。

　重要な問題は２つある。第１に、勢力均衡理論は予測をするが、それは決定的な予測ではないということである。緩く定義された不確定な均衡の条件しか予測されないため、どのパワー分布なら理論を反証するかを言いきることはむずかしい。さらに、この理論は、国家間が互いに模倣しあうといっても、競争する国家が全く同一になると期待するわけではない。では、国家は何を模倣するのか。そしてどのくらい速く、どの程度模倣するのか。これらに対する正確な答えを理論は与えないため、反証は再びむずかしくなる。第２の問題は、国家は理論の予想に従って国際的な制約と動機づけに反応するかもしれないが、国家の政策と行動は、その国内条件によっても影響を受けるということである。均衡が形成されなかったり、国家が他国の成功例にならった行動をとらない場合、この理論の範囲外にある力が生む効果を指し示すことで、あまりに簡単に説明されてしまう。

　では、確実で詳細な期待を導けるような理論的洗練なくして、われわれには何ができるのか。いま述べたように、また第１章で示した理論検証の第６番目のルールが要請するように、検証のためのテストをよりむずかしいものにすることができる。反対方向に働く強い力があっても、理論の期待どおりの結果が観察されるなら、その理論は信用されることになる。この理論を実証するには、勢力均衡の全盛時代であった18世紀ばかりを見るべきではない。その時代は、

第6章　アナーキーという秩序と勢力均衡

ちょうどよい数の大国が相互作用し、イデオロギーその他の対立がなかったおかげで、同盟相手を簡単に変えることによってパワー分布の変化に適応できたとされている。そうではなく、われわれはむずかしいケースを観察することによって確証すべきである。たとえば、国家が互いに協力しない強い理由があるにもかかわらず、理論が予想するようなかたちで国家が同盟を結ぶような例を探すべきである。1894年に正式に結ばれたフランスとロシアの同盟は、そのような例のひとつであった（第8章Ⅰ節を参照）。また、たとえば、いかに志に反し困難であっても、国家が国力を増加しようと対内的に努力している例を探すべきである。第二次大戦後のアメリカとソ連がそのような例にあたる。アメリカは、世界でもっとも強力な軍事施設を解体してまで再軍備しない強い意志を見せていたにもかかわらず、再軍備することになった。また、ソ連は戦争中にひどい破壊をこうむったにもかかわらず、コストのかかる新しい軍事技術を懸命に手に入れようとし、さらに300万人の軍隊を確保しようとした。

　こういった例が、理論の確証につながるのである。これらの例では、国家が望もうと望むまいと、勢力均衡を形成するのが見てとれる。ただ、これらの例は、理論の検証のむずかしさも示している。たとえば、ドイツとオーストリア＝ハンガリーは、1879年に二国同盟を形成した。理論から詳細な推論を導くことはできないので、他の国々がいつこの同盟に対抗するかは予想できない。フランスとロシアは、結局1894年まで待った。この例は、国家は均衡することもしないこともあることを示している。すると、この理論は間違っているということになるのか。このような場合でも、理論が間違っているとすぐに結論づけるべきではないし、また、フランスとロシアの遅い反応を理論との「不一致」として軽々しく扱うべきではない。そうではなく、外交と政策を15年おきの間隔で調べ、理論が国家の行動や反応を説明し大まかな予測をするのに役立っているかどうかを考察し、また、そのような遅い反応が理論と噛み合っていないかどうかを考察するべきである。これには注意深い判断が必要であり、私が提供できる歴史の要約よりも、歴史家の叙述のほうがうまくその役目を果たすであろう。

　勢力均衡理論は、結果的に均衡を形成するようなかたちで国家が行動することを予想するものである。よくいわれることであるが、均衡をとること、すなわちバランシングが政治的な行動の普遍的パターンならば、理論からそのよう

な予想を推論したところで、たいして驚くにはあたらない。しかし、実際には、バランシングは普遍的パターンではない。政治的アクターが互いに均衡するのか、それとも勝ち馬に乗るのかは、システムの構造による。大統領候補を選ぶときの政党が、この両方を劇的に示している。指名の時期が近づいても、格別に強い候補者がいないときには、何人もが党首をめざして対抗しあう。なかには連合を形成して、ほかの候補の進捗を牽制する者もいるだろう。党にリーダーが不在の場合の候補者のあいだでの動きとバランシングの仕方は、国家の対外行動に似ている。しかしこれはリーダーがいないときのパターンでしかない。だれかが勝者になりそうになるや否や、ほぼ全員が、権力を他のだれかが勝ち取るのを防ぐためにつくっていた連合から降りて、勝ち馬に乗ろうとする。バランシングではなく、バンドワゴニングが行動の特徴となるのである[6]。

　バンドワゴニングとバランシングは正反対である。国内では、負けそうな候補者は、自分の運命を勝者に託す。政党のメンバーはみな、だれかに勝ってほしいと思っており、だれが党首になるべきか合意しなくても、党首が選ばれること自体は願っている。党首の座をめぐる競争においては、敗者も得することが可能であり、負けても安全が危険にさらされることがないので、バンドワゴニングが賢明な行動である。他方、対外的には、国家は自国の力を高めようと努力し、自国が劣勢にあるときには他国と連合を形成する。指導的地位をめぐるそこでの競争においては、バランシングが理にかなった行動となる。なぜなら、ある連合が勝利すると、勝った連合のなかの弱いほうの構成国は強大な構成国のなすがままになってしまうからである。この場合、皆だれにも勝ってほしくないと思っている。つまり、どの大国も、一国が指導的立場に躍り出てほしくないと考えているのである。

　いま、2つの連合が形成されたとしよう。そのうちの1つが、たとえば構成国の国内政治の混乱のために弱体化したとする。すると、もう一方の連合の軍事的準備が緩むか、連合の結束が緩むことが予想される。後者の典型的な例は、戦争に勝利した瞬間もしくはその直後に、勝った側の連合が崩壊する場合である。われわれは、強国が、他国に対してパワーを拡大するために別の強国と連合を形成するとは予想しない。むしろ、それまでを清算し、自国を助けてくれ

---

[6] S. ヴァン・エヴェラが「バランシング」の反対として「バンドワゴニング」を使うことを提案した。

第6章 アナーキーという秩序と勢力均衡

る同盟国を探すことが予想される。アナーキーにおいては、安全保障が最高次の目標である。生き残ることが確実であってはじめて、国家は平安、利潤、パワーといった他の目的を安心して追求できる。パワーは手段であって目的でないので、国家は2つの連合のうちの弱いほうに加わることを好む。パワーは有用な手段であるが、それ自体を追求すべき目標とするわけにはいかない。システムが国家に促すのは、安全保障という目標を追求することである。パワーの増大は、その目標に役立つ場合とそうでない場合とがある。たとえば、2つの連合のうち、一方が多くの国をメンバーに引き入れることに成功したならば、もう一方は予防戦争の危険を犯し、パワーの格差が広がるまえに奇襲によって勝とうとするかもしれない。もし国家がパワーを最大化したいと思っているならば、より強い側につくので、われわれは均衡ではなく世界的覇権の形成を見ることになるだろう。しかし、これは起こらない。システムが促す行動が、バンドワゴニングではなく、バランシングだからである。国家の第1の関心事は、パワーを最大化することではなく、システムのなかで自国の地位を維持することなのである。

　二級国家は、選択肢があるならば弱い側につく。彼らを脅かすのは、強い側だからである。弱い側にとって、そのような国は感謝すべき、安全な存在である。むろん、そういった国が参加する連合が、敵の攻撃を阻止するだけの防衛力あるいは抑止力をもっていれば、である。ゆえに、ツキジデスはペロポネソス戦争において、ギリシアの弱小都市国家が強力なアテネを暴君とみなし、弱いスパルタを自分たちの解放者とみていたことを記録している（Thucydides, circa 400 B.C., Book v, Chapter 17）。W. イェガーによれば、ツキジデスは、これは「このような状況下では全く自然なことであった」と考えていたが、また「暴君と解放者といった役割分担は、両国の永続的な道徳的資質と関係なく、いずれ勢力のバランスが変われば観察者が驚くほど入れ替わってしまうこともある、仮面にすぎない」とも見ていた（Jaeger 1939, I, p. 397）。これは、国家の配置がいかに行動に影響し、その性格まで特色づけるかをうまく示している。それはまた、国家はパワーを最大化するよりも均衡させるという命題を支持している。つまり、国家がパワーの最大化をその目標にできることはめったにない。国際政治は、そうするにはあまりに深刻な営みだからである。

　勢力均衡理論は、国際政治を競争的な領域として描く。では、国家は、競争

者として期待されるような性格を発達させるのであろうか。この問題は、別の理論検証テストを必要とする。各国家の命運は、他国の行動に対する対応にかかっている。軍事力によって行われる紛争の可能性は、軍事技術や軍事手段における競争を導く。このため、競争は競争者を同一なものに向かわせる傾向を生む。だからこそ、1866年のオーストリア、1870年のフランスに対するビスマルクの驚嘆すべき勝利をみた主要なヨーロッパ大陸国家（と日本）は、プロシアの軍事参謀システムを模倣したのである。イギリスとアメリカがこれに従わなかったのは、単に彼らが直接の競争の領域の外にいたことを示唆する。競合する国家は、最大の能力と発明力をもった国が考案した軍事革新を模倣するため、主要な競合国の武器やさらには戦略までが世界中でほとんど同じものになっていく。19世紀から20世紀への世紀の変わり目に、A. ティルピッツ提督は、ドイツがイギリスに海で挑戦できるのは、イギリスと似た海軍原理と武器をもった場合でしかないという根拠でもって、ドイツの戦艦艦隊の建設の説得に成功したのである（Art 1973, p.16）。

　競争の効果が表れるのは、軍事の領域に限られるわけではない。システムへの社会化も、また起こるはずである。しかし、社会化は本当に起こっているのか。これについても、一生懸命に探せばわれわれはほぼ必ず理論を確証する例を見つけられるので、ここでもむしろ理論に信憑性を与えそうもないケースを探してみよう。たとえば、共通の国際的慣行に従ってはいるが、国内はそれを望んでいないような国家の例を探すのである。初期のソ連の行動は、そのような例のひとつである。政権についてまもないボルシェビキは、国際的革命を説き、外交の慣習を愚弄していた。実際のところ、「われわれがこのシステムに社会化されることはない」と言っていたのである。この態度をよく表現したのは、トロツキーである。彼は、外相として何をするかと聞かれて、「私は人民に革命宣言を出し、彼らを団結させる」と答えたのである（Von Laue 1963, p.235より引用）。しかし、競争的領域においては、一方は他方からの援助が必要となることもある。政治のゲームを拒否すると、自分が破滅するリスクを負うかもしれないからである。その後、競争の圧力はソ連外交のなかで急速に意識されるようになり、それが外交に反映されるようにもなった。このためレーニンは、1922年のジェノヴァ会議に外相チチェーリンを送る際に、「大言を避けよ」（Moore 1950, p.204より引用）という注意をして見送ったのである。単な

る制服を着た革命家というよりは、注意深く鍛練された伝統的外交官の人格がにじみ出ていたチチェーリンは、交渉を成立させるため、華々しいレトリックを用いるのを慎むことになった。そうして彼は、同じくのけ者扱いされイデオロギー上の敵国であったドイツに対して、交渉をうまく成し遂げた。

　国家の位置関係が近いと、成功を導く慣行に行動を合わせないことから生じる不利益が多いため、国家の同一性が促進されることになる。国家行動のいわゆるルールの受容としばしば考えられているのは、システムの影響であるこの「同一性」が原因なのである。時に千年至福説を唱える統治者が権力の座につくことがあるが、権力を手にいれると彼らのほとんどは方針を変えてしまう。方針の変更を拒否し、かつ生き残る希望をもてるのは、彼らが国家間の競争にほとんど影響されることのない国の統治者である場合でしかない。順応しようとしない国家の社会化は、その国がシステムとかかわる度合いに応じた速度で進むことになる。これは、また別の検証可能な仮説であろう。

　勢力均衡理論は、行動と結果についての多くの期待を導く。この理論から予測されるのは、勢力均衡が国家行動の目的かどうかにかかわらず、国家はバランシング行動をとるだろうということである。そして、システムのなかの均衡へ向かう強い傾向を予測することもできる。これは、いったん達成された均衡が維持されることではなく、破壊されても均衡は何らかの仕方で回復されるという予測である。勢力均衡は繰り返し形成される。この理論は、国際政治を競争システムとして描くので、国家が競争者としての共通の特性を示すこと、つまり国家が互いを模倣し、システムに社会化されることを、より具体的に予測できる。本章では、これらの命題を検証できるよう、より個別的で具体的にする方法を示してきた。以下の章においては、理論をより詳しく精緻化して、検証可能な命題をさらに扱うことにする。

第7章　構造的原因と経済的影響

　第6章では、国内システムと国際システムを比較し、システムによって行動と結果がどう変わるかを示した。第7章、第8章、第9章では、異なる国際システムを比較し、秩序原理が持続していても、国家間の能力分布の変化をとおして構造が変わるとアクターの行動と国際政治の結果がどう変化するかを示そう。本章の問題は、大国の数が多いのと少ないのとでは、どちらが好ましいかである。第Ⅰ節では理論をさらに検討し、第Ⅱ節では理論から実践へと移ることにする[1]。

I

1．極の数とパワーの測定

　構造の種類を見分けるためには、極の数をどう数え、パワーをどう測定するかという問題に答えなければならない。第二次大戦後しばらく世界が2極であったことには、だれもが同意するだろう。しかし、今日においても2極が続いていると考える者は、ほとんどいないようである。W. リップマンは、2極世界は終始速いスピードで過ぎ去りつつあると、ずっと述べてきた（たとえば、Lippmann 1950 and 1963）。リップマンが築いたこの確固たる伝説は、ほかの多くの者によって引き継がれている。しかし、2極世界が過ぎ去りつつある、あるいは過去のものになったという結論を出すには、奇妙な計算をしなければならない。人がおかしな方法で計算したがるのは、ある特定の答えを求めている

1　この章および次章の一部は、国務省の相互依存研究のために書いたものである。なお、国務省の見解は、私の見解と必ずしも同じではない。

ためである。学者たちは、メッテルニヒやビスマルクの勢力均衡の世界に強い愛着をもっており、彼らの理論的概念の多くがその世界にもとづいている。それは、5カ国程度の大国が隣国を操り、自国に有利な方向に策略した世界であった。そしてその大国とは、かつては能力によって定義されていた。ところが、今日の国際政治学者たちは、他の条件を考慮に入れるようである。たとえば、問題を解決する能力があるかないかによって、国家の地位が上下するといわれることがある。あるいは、国家の能力の代わりに、国家間関係を調べることもでき、そうすると国家間関係はつねに多国間関係であるので、世界は多極だということになる。こうして、ブロック（勢力圏）の解体は2極世界の終焉を示すものであるといわれたりした。しかし、ブロックの存在から2極であることを推論すること自体、国家間関係と国家の能力とを混同している。世界が2極であったのは2つのブロックが対抗していたからではない。2つのブロックの主導国が圧倒的だったからである。

　何を数えるべきかについてのこの混同に加えて、能力を測ることによって大国かどうかを見分けようとして、おかしな測定をすることもしばしば見受けられる。すべての数え方ゲームのなかでも、もっとも好まれているのはおそらく、国家の行動する能力を経済的、軍事的、政治的能力に区別して測るやり方であろう。たとえば、H. キッシンジャーは、国務長官時代に、軍事的には「2つの超大国が存在する」が、経済的には「少なくとも5つの主要なグループが存在する」とみていた。パワーはもはや「均質ではない」。歴史をとおして、「軍事的、経済的、政治的能力は密接に関連していた。国家が強大であるためには、すべてのカテゴリーにおいて強大でなければならなかった」。しかし、これはもはや当てはまらない、と彼は付け加える。「軍事的な腕力が政治的影響力を保証するわけではない。経済大国が軍事的弱国であることもあるし、軍事力によって経済的弱さを隠蔽できるわけでもない。また軍事力も経済力も持っていなくても、国家が政治的影響力を及ぼすこともある」というのである（Kissinger, October 10, 1973 p.7）。国家の各面での能力が互いを高めあうのでないならば、国家の秀でた部分に注目して、弱い部分を見過ごすことができる。すると、かつての超大国に必要とされた特徴が部分的にしかなくても、国家は超大国と呼ばれるようになる。たとえば、中国は8億人の人口をもっている。また、日本は経済が強い。西ヨーロッパには政治的存在感はないが、人口と資

源がある。そして毎度のことだが、出したい答えの数は、未来を現在に投影することによって得られる。もしヨーロッパが統合されたら……、もし日本の経済が成長し続けたら……、もし中国の勤勉な人びとが資源を開発したら……、といった具合である。すると、想定されている未来はまだ何十年も先なのに、世界はもはや2極ではないということになってしまうのである。さらには、他国の地位を、その国に対するわれわれの政策から推論してしまうこともよく起こる（ホフマンについて第3章Ⅱ節ですでに述べた私の批評を参照）。それゆえに、ニクソンは大統領時代に、中国がいつか超大国になるという議論から、中国に超大国の地位を与えるところまでいってしまったのである。ニクソンは、彼の訪中を容易にしたある声明のなかの2つの段落でこれを行った（Nixon, August 5, 1971, p.16）。さらに、彼の中国訪問前、訪問中および訪問後のニュースのさまざまな見出しによって、中国の新しい地位は確実なものになったのである。これはアダムとイブ以来のもっとも偉大な創造であり、超大国としてのアメリカの地位の真実をよく物語っている。つまり、ある国家は、アメリカがそれを超大国として扱うならば、超大国になるのである。アメリカは、他国を、自らのイメージでつくりあげるのである。

　世界が多極に戻ったと近年多くの者が唱えているのは、構造と過程を混同しているがためであって、無理もない。能力がどう分布しているかという問題と、所与の分布のもとで起こりうる結果が何であるかという問題とは、別である。極を数えることのむずかしさは、この区別ができないことに由来する。体系的理論においては、ユニット間の能力分布によって構造の一部を定義することが必要となる。自助システムのなかの国家は、国益を満たすためにその能力を総合的に用いなければならない。国家の経済力、軍事力、その他の能力を分割して別々に測ることは、できないのである。国家がトップランクに位置づけられるのは、1つや2つの面で国家が秀でているからではない。国家の地位とは、人口や領土の大きさ、資源の豊富さ、経済力、軍事力、政治的安定性や政治的実行力などすべてにおいて、どのくらいの点数をつけられるかによる。国家は、互いの能力、とりわけ危害を他国に与える能力を見積もることに、多くの時間を費やす。各国家は測定したり比較することがむずかしい能力を組み合わせてもっている。異なる能力の重要性は時代とともに変化するため、測定や比較はなおさらむずかしく、時々間違った答えが出ても驚くにはあたらない。プロシ

アが1866年にオーストリアを、1870年にフランスを破った速さと勝利の大きさには、多くの外国人だけでなくプロシア人さえも驚いた。国家のランクづけは、戦争やその他の営為において、国家が成功するかどうかを予測することを必要としない。国家は、その能力によって大まかにランクづけされればよいのである。いかなるランクづけにも、比較のむずかしさや、どこに線を引くべきかについての不確定性が、時にはともなう。しかしそうしたむずかしさにもかかわらず、歴史的には、どの国がその時代の大国かについて一般的な合意がみられるのであり、微妙な事例がときどき問題となるだけである。近年、大国を数えるのが過度にむずかしくなっているのは、パワーの測定の問題のためではなく、極をどう定義すべきかについて誤解があるためである。

ある時代の大国の数を数えるむずかしさや容易さは、経済の寡占セクターにおいて大企業がいくつ存在するかを言い当てるのに似ている。それは経験上の問題であり、常識によって答えられる。多くの経済学者はつぎのことに同意するであろう。すなわち、あるセクターにおける企業の総数が多くても、そのなかの少数が傑出していれば、数えるべき企業の数は最終的には少数におさまり、たとえその相互作用を完全に予測することが不可能であっても、寡占理論をとおしてそれを理解できる、と。国際政治も同じように考えられる。世界の150余りの国家が、かなり多くの数からなるシステムを形成しているように見えるが、国家の能力の不平等性を考えれば、結果に影響を及ぼすことができる国家の数は少ない。ウエストファリア条約から今日まで、平和共存を模索したり、世界制覇を求めて戦ったりした主要国は、せいぜい8カ国であった。国際政治は、強者による政治ととらえれば、少ない数からなるシステムの論理によって研究できる。

2．不平等性の美徳

少数からなるシステムの論理が国際政治に当てはまるのは、少数の大国と多数の小国とのあいだに能力の不均衡があるからである。パワーの不均衡は弱国にとって危険であるが、強国にとっても危険な場合がある。たとえば、パワーの不均衡は、いくつかの国家の支配力拡大の野望を増大させ、危険な冒険的行動を促す可能性がある。すべての国家の安全は、国家間の均衡維持にかかっていると結論することもできるかもしれない。この見方によると、国家の大まか

な平等性によって、それぞれが自己を守る能力を保持していることが理想的である。すると、平等性は、道徳的にも望ましい条件として考えられる。勢力が均衡している場におかれた各国家は、少なくとも自国の統一性を維持する程度の能力をもっていることになるからである。また、不平等性は正義の感覚を冒瀆し、多くの場合面倒を引き起こす国家の恨みにつながる。これらの理由から、大国の数が多いほうが好まれることもあるかもしれない。しかし、不平等性は、国家で構成されるシステムに内在するものであり、除去することはできない。パワーの頂点においてほぼ同等のものとして共存できるのは、ほんの少数の国家のみである。そうした少数の大国との関係において、他の国々はつねにより不利な状態にある。

　ただし、国家間に不可避の不平等性にやっかいな性質があるからといって、その利点を見逃してはならない。経済や政治体において、あるいは世界全体において、極端な平等性は不安定性と結びつく。国内政治からの類推でいえば、たとえば、極端な個人主義が横行し、社会が分裂し、代理集団が欠如しているとき、政府は崩壊してアナーキー状態におちいるか、もしくは高度に中央集権的で専制的になる傾向がある。極端な平等性のもとでこれら両極端のあいだを揺れ動く見通しについては、トックヴィルがうまく表現し、ホッブズが指摘し、『ザ・フェデラリスト』の著者たちがそれを避けるべく熱心に説いたところである。平等な者が集まったところでは、いかなる衝撃も社会全体に波及する。一定の凝集性と持続的なコミットメントをもつ代理集団が欠如していると、たとえば選挙も、各候補者が他を上回るいい値を公約しあうオークションになってしまう。社会的・経済的集団の存在は、それらが平等であることはありえないが、社会における不安定性を減少させる。これは、政治理論のなかで長くいわれてきた命題である。重要な国家の数が多いほど大戦争がより確実に避けられ、国家の存続は保証され、大国のうちのある一国による支配も避けられると考える者たちは、この命題を見落としている（Deutsch and Singer 1964）。そのように考えることの論理的帰結は、ほぼ同等のパワーをもっている多数の国家からなる世界においては平和が普及することになるというものである。私の結論はこれと異なる。すなわち、国家の不平等性は、平和と安全を保証できなくとも、少なくともそれを可能にするのである。

3．少数からなるシステムの特徴

　少ない数からなるシステムと多数からなるシステムはどう異なるのか。まず経済からの類推によって答えよう。完全競争から2社による競争まで、市場構造は元来個人主義的であり、自然発生的に生成され、その構成が均質であるという点では同じである。構造の違いは、ユニットの属性や機能の差異ではなく、ユニットの能力の違いによってのみ生じる。そのため、数が説明力の高い要素となるのである。たとえば、生産者の数が著しく異なると、異なる結果が生まれる。何千もの小麦農家のなかでは、あるひとりの生産者の影響力はとるに足らない。小麦生産農家にとって、市場とは、農家自身の行動にほとんど影響されることのない、専制的な力である。普遍的かつ非人間的な市場の圧力のまえに、農家は内向きになり、自分の事業の観点から意思決定をする。多くのなかのひとりとして、自分自身で目標を決定しなければならないのである。努力に対する見返りを考え、予想される価格変化の観点からそれを計算して考える。価格は市場によって決定されるのであり、自分がどれだけを売りに出すかには影響されない。したがって、競争相手の計画を考えることなく、生産を増やし、生産コストを下げようと努める。もし価格が下がり、所得を現状維持したいと思うならば、生産量を増やすことが自分にとってもだれにとっても自己利益の命ずるところとなる。これによって価格はさらに下がり、全体の利益に反する結果が生まれることになるが、それ以外の行動を個人としてとったとすると、さらに悪い結果がもたらされる。ここにも小さな決定の専制の例をみることができる。そのような事例は、たとえば1936年にアメリカ政府が農業調整法を導入することで起こした、構造的変化によってしか克服されない。

　ここでの独立変数は、生産量についての各自の決定である。だれの決定であれ、全体の生産量にはほんのわずかの違いしかもたらさないため、市場にいる者が独立変数にアクセスすることはできない。個人の利益を賢明に追求するとすべての生産者は以前よりも悪い結果におちいるのであるが、だれの決定も目立った差異を結果的にもたらさないため、この競争は他の当事者に影響を与えることで自分のわけまえが多くなると信じているときに生じるような紛争につながることもないし、努力して調整しなければならないということにはいたらない。ある小麦生産者は、他のいかなる小麦生産者の支配も受けない。つまり、

自分の計画や行動が特定の他者の計算や操作に影響したりされたりする可能性がある場合に生じる圧力は、受けないのである。市場に影響力をもたないため、各農家は競争相手を自由に無視できる。市場が支配しているため、農家は、それぞれ自分の仕事をどう計画し、どう遂行するかを考える必要があるのみである。市場を見ているのは、結果を説明しようとする経済学者であり、アクターは自分のことだけを考えているのである。

　完全競争の場合は、個々の生産者は戦術的な制約から解放され、戦略的な制約だけを受ける。一方、主要な競争相手の数が少ない場合は、個々の生産者は両方の制約を受ける。大企業は自らの行動によって変えられないような非人間的な市場の力に支配されない。そのため、自らの行動がその分野の他の企業に与える影響を考えることなしに、社内の態勢や対外的な政策を決定する自由はない。つまり市場だけが唯一結果を決定しているわけではないので、すべての企業は競争相手を注意深く見守りながら、市場を操作しようとするのである。

　会社も農家も、大きかろうが小さかろうが、どれも利益を追求する。しかし、それを述べるだけではあまりおもしろくはない。フォード自動車もひとりの小麦生産者もどちらも、予想される収益を最大化しようとする、と述べているようなものである。これはわかりきったことである。どのような行動が利益をうまく追求するために必要なのかがわからなければ、前提となっている利益から何も有用な推論をしたことにはならない。利益がどう適切に追求されるかは、企業が位置づけられている市場の構造にかかっている。同じように、国家が自己保存もしくは国益を追求するという主張は、国益のために国家が何をすることが必要とされているかがわからなければおもしろくない。国家、とくに大国は大企業と同じで、状況から制約されていると同時に、状況に影響を及ぼす行動をとることができる。大国は他国の行動に反応しなければならず、その他国の行動は大国の反応によって変わることもある。その結果は、寡占市場のように、不確定である。状況とアクターの両方が影響を及ぼすが、そのどちらも支配的ではないからである。このように、国家と企業を比較すると、国益の概念がいかにとらえどころのないものかが明らかになる。仮定によれば経済的アクターは見込まれる収益を最大化し、国家は生き残ることを確実にしようとするとされる。しかし規模の大きな企業は自助の状況におかれ、その生き残りは法律によって確定された制限内での独自の努力にかかっている。自助の状況にお

かれている限り、生き残ることは他の目標を達成するための必須条件であり、目標として利潤より優先する。この結論は、企業が市場および他の企業の両方に影響を及ぼすことができる状況においては、経済学者の基本的前提につけ加えられることになる。また、絶対的利得よりも、相対的利得のほうがより重要になる。他と比較測定した場合の自己利得こそが、独力で道を切り開く力に影響するからである。企業も、そのように位置づけられているのであれば、他の目標よりも生き残りという急務を優先することが必要となる。

同じく、国家が国益に従って行動するというのは、安全保障上の要請をまず検討したうえで、それを満たそうとしている、ということを意味する。これは単純であるが、重要なことである。国益という概念には、国家の存続が危険にさらされることがないよう、外交や軍事行動を注意深く計画しなければならないという意味が内包されている。国家の適切な行動は、国家が自らがおかれていると認識する状況に従って計算される。大国は、大企業のように、他者の反応を見越して行動しなければならない。各国は自ら政策を選択するが、効果的に選択するには、状況に合わせて目標を考慮する必要がある。では、国家が抱える問題や国家システムの命運は、大国の数が異なると、どう変化するであろうか。大国の数はつねに少ないが、いつも同じではない。安定性、平和、集団的な事がらの管理のために、われわれが望む大国の数は10であろうか、5であろうか、あるいは別の数であろうか。

4．少ないより、より少ないほうが美しいのはなぜか

小さい数とより小さい数では、どちらがよいのか。そしてそれは何のためか。再び、経済学にまず答えを求めよう。経済の安定性は、寡占セクターが縮小するにつれて増す[2]。それに加えて、他の効果も現れる。価格戦争の可能性は少なくなり、競争者同士の関係も扱いやすいものとなり、より秩序だってくる。主要な競争相手の数が減少することによってこれらの効果が生まれるのには、9つの主な理由がある。最初の2つの理由は、規模という、企業のひとつの特徴がセクターの安定性をどう促進するかを示している。残りの7つの理由は、市場の構造が異なることによって行動がどう影響を受けるか、参加している者

---

[2] システムは、構造が持続する限り安定する。自助システムにおいては、構造は、主要ユニットの数に重大な変化がない限り持続する。これについての詳しい議論は、第8章Ⅰ節を参照。

の数が変化するにつれて問題解決がどのくらい容易に、もしくは困難になるかを示している。基本的命題は以下のとおりである。共謀や交渉が容易になるにつれ、企業の繁栄と市場の秩序は促進される。共謀や交渉は、当事者の数が減少するにつれ容易になる。その主要な含意は明らかなので、ポイントを手短に述べ、政治の事例を考えながら、そのうちのいくつかをさらに発展させよう。

（i）　経済学者のあいだでは、他のどの要因よりも企業の相対的規模がその生き残りを決定するという合意がある。ある分野において他の大半の企業に比較して大きい企業は、他の大企業に対抗して自らを守り、他社の技術革新の速度についていけるような研究開発プログラムを展開し、景気後退を切り抜けられるよう資本を集め借入能力を創出するなど、自らの面倒を見る多くの方法を見出すことができる。

（ii）　市場の安定性は、新規に参入してくる者が、すでに確立された市場で活動している大規模で経験豊富な企業と競争する場合の困難によって、さらに促進される。寡占セクターがもっとも安定するのは、参入への障害が高いときである。既存の企業と競争するのに必要な投資が大きければ大きいほど、参入はむずかしくなる。企業の数がより少ないということは、それらがより大きい企業であることを意味し、より大きな企業であるということは、参入の障害がより高いことを意味する。障害が十分高ければ、その障害を飛び越えようとする者はほとんどいないであろうし、それに成功するものはさらに少ない。

（iii）　交渉にかかるコストは、当事者の数が増えるにつれ、加速度的に増加する。当事者の数が増加するにつれ、各当事者はより多くの者と交渉しなければならなくなり、複雑さも急速に増す。ある集団内の2者間の関係の数は、当事者の数がnである場合、以下の公式で求められる。

$$\frac{(n-1)n}{2},$$

このように、当事者が3いれば、3とおりの異なる組み合わせがつくられ、6当事者の場合は15、10当事者の場合は45組の組み合わせとなる。

（iv）　集団が大きくなるにつれ、各メンバーは交渉コストを引き受けるインセンティブが少なくなる。2人のペアの場合、各メンバーは交渉から得ら

れる利益の約２分の１を得ると期待されるが、３人の場合は３分の１……というように減っていく。
(ⅴ)　集団が小さくなると、残っている各メンバーのシステムに対する利害が高まり、システムを維持しようとするインセンティブが高まる。
(ⅵ)　合意を強制することにかかる期待コスト、および合意の利益を収集することにかかる期待コストは、集団が大きくなるにつれて飛躍的に増大する。
(ⅶ)　当事者が多様であると、合意に達しにくくなる。当事者の数が増えると、当事者の多様性も増すことが予想される。
(ⅷ)　合意の効果、および合意を維持もしくは修正することが妥当かどうかは、時とともに変化するため、各当事者は当事者全員を監視する必要が生じる。当事者の数が増えれば、監視の問題も飛躍的に増大する。
(ⅸ)　また、他の当事者によって自分にとって不利なかたちで取引がなされるのを予測したり、それを探知する困難も増加する。

　これらの９つの点が強く主張しているのは、数は少なければ少ないほどよいということである。数がより少ないシステムはより安定し、メンバーが相互利益のために物事をよりよく管理できる。さらに、安定したシステムは自己強化的でもある。それは他者の行動を理解し、合意を取り付け、その監視をすることが、持続的経験をとおして容易になるためである（上記のさまざまな論点は、以下が指摘している。Bain 1956, Baumol 1952, Buchanan and Tullock 1962, Diesing 1962, Fellner 1949, Olson 1965, Shubik 1959, Simmel 1902, Stigler 1964, Williamson 1965）。
　一方、ここまでの議論の２つの限界について強調しておく必要がある。まず、数が少ないほどよいと述べることは、自助システムにおけるもっとも少ない数である２が最良であるということではない。たとえば５のメンバーからなるシステムがそれより少ない数のシステムよりも利点があるかどうかは、まだ考察していない。第２に、数が少なければ少ないほどよいというのは特定の目標のためであって、それはだれもが追求する目標ではないかもしれない。たとえば安定性を例にとってみよう。企業は生き残ることに利害をもっており、安定性に高い価値を置いている。長期にわたっては、大企業は小企業よりもより多く

の利潤を得て、よいパフォーマンスを見せる。しかし消費者の利害は、古い企業が新しい企業によってつねに脅かされているという刺激を感じている場合のほうが満たされるかもしれない。つまり、競争の幅が狭まることは企業の生き残りにとってより好ましいが、競争の幅が広がるほうが経済にとってはよりよいかもしれないのである。このように、システム全体の観点は、システムの参加者による観点と異なることもある。H. J. カイザーが自動車産業における安定性を望んだのは、カイザー゠フレイザーが企業として確立されたあとのことであっただろう。国際政治においては、とりわけ今日の兵器を考えると、もし既存のシステムが大国間の平和共存のための最良の展望であるならば、そのシステムが安定することは重要な目的にみえる。もしこのシステムのもとで他の利益も実現されるならば、安定性はなおさら望まれる。それでもなお、安定性がすべての人にとってもっとも価値の高いものではないであろう。2極世界がシステムとして最良であると考えても、多極の世界のほうを好む者もいるかもしれない。また、たとえばヨーロッパが統合することや自国が隆盛することが、安定性や平和よりも、目標として高く位置づけられることもあるだろう。

経済の領域においては、調和は、生産物の品質と価格の観点から定義される。しかし、生産者はつねに危険にさらされている可能性がある。調和は、システムの構成ユニットのいくつかが時に消滅し、ほかにとって代わられることと矛盾していないばかりか、それに依存している面もある。経済競争のシステムにおいては、非効率的なものが追いやられるのは望ましいことである。各企業は自己利益を促進しようとしているが、競争がもたらす建設的成果は、個々のユニットの利害を超越している。経営が堪能な企業は生き残り、下手な企業は倒産する。非効率な企業の消滅は、システムの作用によって強制されるものであり、経済のよいパフォーマンスのための条件でもある。国際政治においては、「効率性」がシステム全体に及ぶ意味をもつことはほとんどない。生産物ではなく、生産者が、最大の関心事である。第三国を味方にしたいために競争している2つの国家は、競争をとおして、より多くの、よりよい政治的、経済的、軍事的財やサービスが世界の特定の地域で消費されるべく、それらを提供するようになるかもしれない。しかし、競争はどちらの国家にとっても自己利益を促進するためのインセンティブとして主に働くのであり、他国が得るかもしれない利益はその副産物である。経済システムは生産者の命運よりも生産物の量

と質によって判断されるが、国際政治システムは生産物の量と質よりもユニットの命運によって判断されるのである。

　経済競争に建設的な目的があることは容易にわかる。他方、国家が政治競争に関与することで、国家の状況がよりよくなると論じるのはむずかしい。社会的ダーウィニズムの時代には、競争の結果として国家が活気づくという考えが賞賛された。強者の勝利は徳を示すものであり、弱者が屈服するのはその悪徳のためであった。国際政治では不調和が常態であり、その理由は、われわれがシステムが恒久化することに満足できず、システムを構成するユニットの命運に執着せざるをえなくなるからである。競争経済がしばしば調和的であると表現されるのに対し、国際政治を調和的領域と呼ぶのが躊躇されるのは、破壊という現象と「滅亡」とのあいだの違いのためではない。現在適用されている国際政治システムのパフォーマンスの基準が、以前より高いか、少なくとも以前と非常に異なるためである。J. M. ケインズがかつて述べたように、自然淘汰の過程が妨害されなければ進歩が導かれると考える者は、「闘争のコストを考慮に入れていない」(Keynes 1926, p.37)。しかし、国際政治においては、しばしば闘争のコストのみが考慮に入れられるのである。

　国際政治では、攻撃的国家が強くなったり、強国が攻撃的になったりすると、他国は被害をこうむると考えられる。しかし、国家の滅亡率は、際立って低い。過去半世紀のあいだに非自発的に消滅した国家で私が思いつくのは、エストニア、ラトビア、リトアニア、チベットのたった4カ国である。自由競争経済において、多くの企業が滅亡するのに対し、国際システムにおいて国家が滅亡することは、ほとんどない。経済的に多数の競争者が必要とされるのは、自由競争によって、消費者がよい値段でほしいと思うものを供給しようと、競争者が懸命になるためである。その努力を惜しむと、自らの生き残りが危うくなる。多数のアクターからなるシステムは、滅亡率の高さと同じくらい出生率が高ければ、安定する。国際政治では、競争がいかに効率よく行われるかよりも国家の命運が気にかかるため、大国の数が多いことは望ましくない。経済学者が少数からなるシステムを嘆くのは、そうしたシステムは消費者を犠牲にして生産者をひいきにするからである。しかし、経済において嘆かれるこのことは、政治的にはまさに望まれることなのである。したがって私は、多数システムと少数システムとを比べるよりも、少数の大国からなる国際システムとさらに少数

の大国からなる国際システムとを比較することにする。

II

　国家間関係はシステムの変化にともない、どう変わるのか。これに答え、理論をさらに洗練するために、本節では経済的相互依存を、そして第8章では軍事的相互依存を考察する。

　自助システムにおいては、当事者の数が減るにつれ、相互依存度は低下し、システムはより秩序だった平和的なものとなる。われわれの理論の観点からすると、国際政治学上の他の概念もそうであるように、相互依存が異なって見えてくるようになる。多くの者は、相互依存度が高まると平和の可能性も高まると考えているようであるが、緊密な相互依存は、接触が緊密であることを意味し、紛争の可能性も高める。もっとも激しい内戦やもっともむごたらしい国際紛争は、密接な関係のある高度に類似した人びとが居住している場所で起こってきた。当事者が何らかのかたちで関係していない限り、戦争が始まることはありえない。規制のない相互依存関係にある国家が対立を経験するのは必至であり、時には暴力にもいたるであろう。中央による管理が発達するよりも早く相互依存が深化するならば、相互依存は戦争の勃発を早めることになる。

　私は、今日の2極システムにおいては、それ以前の多極システムと比較して相互依存度が低いと考えるため、楽天的になれる。現在一般的に受け入れられているのは、これと反対の考え方であるが、それは4つの主張にもとづいている。まず第1に、国民国家からなっていた世界は、国家が一貫して普遍的にもっとも重要なアクターではなく、その地位や命運が主に能力の差異によっては決まらない世界へと移行した。非国家主体、なかでも多国籍企業の重要性が高まり、国家がそれを規制するのはかつてないほど困難になった。第2に、国家のなかには、近年アメリカやソ連よりも能力を高めたものがあり、このため米ソの優越性は低下した。国家の地位と命運は、ますますその能力とは関係なくなり、軍事力が政治的支配をもたらすことはなくなった。第3に、各国に共通した問題はいくつもの国家による共通の努力をとおしてのみ解決できるようになり、それはしばしば多数の国家による共通の努力を必要とするようになった。空と海を汚染する者が効果的に規制されないならば、われわれはみな窒息する

か、泥沼に沈んでしまう。人口が連鎖反応のように爆発的に増加し続けるならば、われわれはみな餓えてしまう。核兵器が拡散し続けるならば、われわれはみな壊滅してしまう。公害（pollution）、貧困（poverty）、人口（population）、拡散（proliferation）の4つのPは、緊急を要する問題を提示しており、国益を集合的要請に従属させる必要がある。第4に、国家は非常に緊密な相互依存関係にあるため、すべての国家は厳しく制約されている。国家は次第に相互の活動で絡み合うようになっている。国家はまた、国境外の資源にますます依存するようになっている。

これら4点が主張しているのは、大国はもはや明確に他から区別できないということである。それが真実ならば、国際構造の私の定義は適切でないことになる。第1の主張がはなはだしく間違っていることはこれまでみてきた。多国籍企業は政治的に重要でないことはないし、簡単に管理できるわけでもないが、国際システムの構造を揺るがしてはいない。第2と第3の主張については、つぎの2つの章で考察する。ここでは第4の主張について検討しよう。

1. 敏感性としての相互依存

「相互依存」は、今日のキャッチフレーズである。すべてのキャッチフレーズがそうであるように、相互依存という言葉も、通常定義されないまま用いられている。だれもが経験しているはずなので、その正体がわかっていると思われているのである。『アメリカ大統領国際経済報告書』の序文には、以下のようにある。「世界的経済相互依存の現実と特徴は、過去10年のあいだに、社会すべての部門のリーダーたちおよび世界の大半の人びとのあいだで不動のものとなった」（CIEP, March 1976, p.1）。しかし、「相互依存」は事実であるまえに概念であり、概念が定義されないのに、今日の相互依存状況が何であるか、それが深化しているかどうか、その政治的影響は何かを、知的に議論することはできない。まず最初に、相互依存の一般的な概念、つまり敏感性としての相互依存を考察しよう。そのあとで、より有益な定義、すなわち、相互脆弱性としての相互依存を定義する（Waltz 1970を参照）。

今日使われる「相互依存」という言葉は、世界のどんな場所で起こるいかなることも、ほかの場所にいるだれかもしくはすべての人びとに影響する可能性がある、という状況を描写している。相互依存が緊密であること、またそれが

急速に緊密になってきているということは、地球上のいかなる場所で起こっている事態の影響も、さまざまな遠隔地で急速に表れるということである。これは根本的に経済学者の定義であり、ある意味では驚くにあたらない。相互依存は、ほとんど経済的観点から議論され、世界の経済学者の10分の9を抱えるアメリカがその議論の先鋒である（Strange 1971, p.223）。経済学者は、やはり市場の観点から相互依存を定義づけることによってそれに意味を与える。生産者と消費者は、市場を形成するかもしれないし、しないかもしれない。では、市場が形成されたことは、どうしてわかるのか。それは、ある場所における生産コスト、商品価格、生産物の品質の変化が、他の場所で起こっている変化に呼応しているかどうかに気づくことによってである。敏感に呼応しあう当事者たちは、緊密な相互依存関係におかれている。そのため、R. クーパーは相互依存を「生産要素ごとの収益の差を大きく縮小する結果をもたらすような、所得機会格差へのすばやい反応」と定義するのである（Cooper 1968, p.152）。

　相互依存の概念は、19世紀の自由主義的経済学者たちによって表現されたような、自由に相互作用し自己調整する市場を思い起こさせる。当時突出した先進国であったイギリスが、1846年の穀物法廃止以降、自由貿易政策をとったこと、アメリカの国境が人と資本の自由な流れに開放されていたこと、ドイツ、イタリア、東ヨーロッパ地域の分裂した諸国家が、国内外を問わず経済動向を管理する政治力を欠いていたこと、第一次大戦前には大戦後のように経済管理をする知識や手段を持ち合わせた国家が存在しなかったことなどの理由で、19世紀の終わりと20世紀初頭は、A. ブリッグズの言葉を借りれば、「美しい相互依存の時代」であった（Briggs 1968, p.47）。商品はそれほどではなかったが、資本と労働は自由に移動し、国内人口と生産物に対比して、また今日と比較して、すべてが莫大な量で移動していた（巻末の付表Ⅰ、Ⅱ、Ⅲを見よ）。ナポレオンの敗北を起点とする100年間の大部分において、「大西洋国家共同体」は、国境が軽視されるなか、「相互に依存しあう地域からなるひとつの経済体として」とらえられたのである（Thomas 1961 pp.9-15）。

　経済活動が国境を越えてあまりに大きく広がったため、時事評論家たちは、イデオロギー的傾倒に関係なく、急速に進み新しい形態で人びとを緊密に結びつけている相互依存が、国境の浸透性をかつてないほど高め、国境の政治的・経済的意義を低下させているという考え方を共有していた。『共産党宣言』に

おいてマルクスとエンゲルスは、世界市場の発達は、国家間の経済的条件を均一にすることによって、その差異や対立を急速に消滅させつつあるという確信を楽観的に表現した（本書 p.30 を見よ）。N. ブハーリンは、1915年に著わし、レーニンの許可を得てその2年後に出版した本のなかで、膨大で急速に増加している人、商品、物、金、資本の移動から「さまざまな国が緊密に結びつき、かつてないほど進展した国際的相互依存のネットワークが生まれた」と考えた（Bukharin 1917, pp. 25, 41-42）。またリベラル派の雄弁家 N. エンジェルは、1900年代のはじめにもっとも影響力をもった冊子である『大いなる幻想』のなかで、自由主義的経済学者たちが1世紀にわたって抱いてきたのは、経済的利益は国家のものあるいは特殊なものではなく個人のものであり普遍的であるという確信だったと述べ、ますます繁栄し平和的になりつつある世界においては、見せかけの政治利益が本物の経済的利益によって急速に鎮圧されつつあると、多くの人びとを説得した（Angell 1913）。相互依存の並はずれた進展について、これらの評論家たちが述べたことは正しかった。しかし、それが及ぼすであろう効果については、彼らは間違っていた。

　古いタイプの自由主義者の信条は、政治的には J. ロック、経済的には A. スミスにもとづいており、彼らは地球的観点で物ごとを考えた。その見地からいえば、世界経済について語ることには意味があった。経済調整を世界市場に任せたなら、長期的にはすべての人びとの利益が最善のかたちで満たされる。経済学者の見解においては、国家間の不均衡な能力分布は無視できるものであった。上記の評論家たちが、不平等がもたらす歪みの効果を見逃し、世界経済全体を1つのように描いたのは、それほど驚くにあたらない。しかし、古きよき時代においても、そのような経済的見解は歪んだものであった。E. H. チェンバレンや J. ロビンソン以降、経済学者たちは「独占的」競争と完全競争の違いを認識してきた。卓越した能力をもつユニットが市場を左右する力や政府の介入によって経済ユニット間の相互調整が影響されることがないところでは、単純な市場の観点から相互依存を考えるのが適切である。しかし、あらゆる経済は、政治的につくられ維持されている秩序のなかで作動している。政治的に敷かれたルールや、実在する経済的不平等を考慮せずに、経済を理解することはできないし、その働きを説明することもできない。これは国内政治にも国際政治にも当てはまる（Robbins 1939, p. 6; Gilpin 1975を参照）。

第7章 構造的原因と経済的影響

　だとすると、相互依存についての近年の著作の多くが、あたかも19世紀から20世紀への移行期に書かれたもののように見えるのは驚きである。経済学者も政治学者も、他の人びとと同様に、宇宙船地球号、縮小する地球、地球村、国際相互依存といった、今日の常套句を気軽に用いている。いたるところで目にするこれらの言い回しが主張しているのは、世界を1つの全体として考えなければならないということである。世界を1つのユニットとして扱い、市場の観点から解釈するのは、目的によってはよいことかもしれない。国境を越える経済その他の調整の敏感性は、かつてないほどきめ細かくなった。このことは迅速なコミュニケーションと交通によって、すべての重要な場所でとはいえないまでも、世界の多くの場所で、真実になっている。経済分析はそのことを考慮に入れなければならない。しかし、経済目的のなかには、異なる焦点が必要とされるものもある。そして、そのような異なる焦点は、政治的理解に必須である。

　相互依存を依存の相互性よりもむしろ調整の敏感さとして定義づけたR.クーパーは、無意識のうちに、昔と比べて今日の大国間の依存度が低下していることを映し出している。このことは、付表の表Iから抜き出したデータにありありと示されている。

GNPに占める輸出と輸入の合計

1909-13年	イギリス、フランス、ドイツ、イタリア	33-52%
1975年	アメリカ、ソ連	8-14%

　かつての大国のほうが今日の大国よりも互いに、そして世界の他の国々に依存していたからといって、現在は国境を越えるコストの調整がより早くよりきめ細かくなされていることを否定することにはならない。しかし、敏感性としての相互依存は、脆弱性をほとんど含意しない。自動的に、素早く、そして円滑に生産要素のコストが調整されればされるほど、政治的影響は少ない。クーパーが述べているように、第一次世界大戦前にコストに大きな差があるということは、「貿易は社会的に非常に利益がある」が「コスト、価格、品質の小さな変化にはより鈍感であった」ことを意味した（Cooper 1968, p.152）。当時、コストのわずかなばらつきは、ほとんど重要ではなかった。自国で生産ができなかったり、できたとしてもむずかしい商品や物資を大量に輸入することに依

存することのほうが、重要であった。当時の大半の大国や今日の中小国は、自国の年間国民総生産の15パーセント以上を輸出入しているが、そうした国家は、国境外の市場に信頼できるアクセスをもっていることに大きく依存していた。そのような関係にある2カ国もしくはそれ以上の当事国は、交易関係の崩壊に対して互いに脆弱であるという意味で、相互依存関係にあった。これは、敏感性とは別問題である。

　クーパーが正しく述べているように、一国にとっての貿易の価値は、敏感性に応じてというよりも、貿易量に応じて変化する。「比較的小さな利益の違いにも反応して」外国生産や対外投資への依存と、国内生産や国内投資への依存とのあいだを行きつ戻りつできるのであれば、国家の敏感性は高い。そういった状況では、貿易の価値は下がる。一方、外国からの輸入品の代替物を国内でつくれない場合、もしくはそれに高いコストがかかる場合は、貿易は国家にとって価値の高いものとなり、外交政策を担う者にとっては最重要となる。クーパーの例を用いれば、日本は貿易に高い価値を置いていたため、「1941年、東インド諸島との石油貿易に対する脅威を取り除くために、フィリピンと真珠湾のアメリカ艦隊を攻撃するにいたった」のである。ここでのクーパーの論点は、敏感性が高いことによって国家の脆弱性は軽減されるが、同時にそれは異なる問題を生むということである。つまり、国家が敏感になればなるほど、国内経済政策は対外的な経済状況に見合ったものにならなければならないということである。もっとも、敏感性は国家の自律性を蝕むものの、蝕み方はすべての国家に対して同じではない。クーパーの結論は、私の結論と同じで、敏感性が提示する問題はやっかいであるが、それは脆弱性の相互依存より国家にとっては扱いやすいということ、またアメリカが置かれた優位な位置は、アメリカの自律性と他国に対する影響力を高めるということ、である（Cooper 1972, pp. 164, 176-80）。

　敏感性として相互依存を定義すると、世界を経済の観点から解釈することになる。しかし、相互依存度の高低が外交政策にもつ意味を理解するためには、国際政治の経済学ではなく、国際経済の政治学に専念しなければならない。一般的な相互依存の概念は、経済的か政治的かを問わず、不平等を見落としている。しかし、不平等こそ、政治の根幹である。政治研究、政治理論、そして政治の実践は、利益団体のあいだであれ、宗教・民族コミュニティーのあいだで

あれ、階級間であれ、国家間であれ、つねに不平等に注目してきた。国内的にも不平等は政治の物語の重要な部分であるが、そのすべてであるとはいえない。国内政治は、同時に権威と法の領域でもあり、確立された制度の領域でもあり、物事を進めるうえで社会的に安定し受容されているやり方がある領域でもある。他方、国際政治においては、不平等は政治のほとんどすべてを物語っている。国家の強さ、パワー、能力、実行力における差異が、国際政治に関する研究と実践のほぼすべてである。これは、国際政治においては国内に見られるような有効な法と権能をもった制度が欠如しているからだけではなく、国家間の不平等が国内の不平等よりも大きいからである（Kuznets 1951）。大きな不平等が国家間を特徴づける世界は、通常、分析の有用なユニットとは考えられない。

　相互依存についての誤解のほとんどは、第1に、国内政治および国際政治において、構造の違いがユニット間の相互作用の意味、発展、効果にどう影響するか、第2に、国家間の相互依存が、国家の能力とともにどう変わるか、の2点を理解していないことに原因がある。国家は、相互作用することで統合される、差別化された部分から構成されている。一方、世界は、異なった度合いで依存しあう、類似したユニットから構成されている。ある政治体のそれぞれの部分は、差異によって互いに引き寄せられ、各部は提供する財とサービスを特化し依存しあうようになるのであるが、国家は自らの面倒をみて、他国への依存を避けようとして、互いから離れようとする。国家がどの程度独立を保ち、どの程度依存するかは、その国家の能力次第である（第6章I節2項）。つまり、相互依存を敏感性として定義すると、2つの誤りを犯すことになるのである。まず第1には、前述の常套句に反映されているように、そのような定義は世界をある1つの全体として扱ってしまう。そして第2には、そのような定義は、ある場合には独立のさまざまな度合いであり、また他の場合では依存のさまざまな度合いを表す関係や相互作用を混同してしまい、すべてを相互依存という表題のもとにひとまとめにしてしまう、ということである。

2．相互脆弱性としての相互依存

　政治的観点からのより適切な相互依存の定義は、日常の用法に見受けられる。相互依存とは、当事者同士が互恵の関係にあることである。2つかそれ以上の

当事国が、財とサービスの供給において同程度互いに依存しているならば、相互依存関係にあるということになる。また、関係を破壊したり交流を削減したりするコストがそれぞれにとって同等であるならば、相互依存関係にあることになる。相互依存とは、当事者が互いに依存していることを意味する。この定義によって、程度の異なる相互依存の関係において何が政治的に重要であるかを見極めることが可能になる。量的には、当事国がより多くの財やサービスの供給のために互いに依存するにともなって、相互依存は緊密になる。質的には、国家が他では入手しがたい重要な財やサービスについて互いに依存するほど、相互依存は緊密になる。この定義には２つの要素が含まれている。つまり、国家が相互作用をとおして経験する損得の総和と、そうした損得が配分されるうえでの平等性である。交流度の高い相互依存関係にある国家は、高度な相互依存が共通して内包する脆弱性を経験し、それから影響を受けることとなる。
　国家は類似したユニットであるため、国内の秩序のなかで各部分が緊密に統合しあっているのと比べて、国家間の相互依存度は低い。ひとつの政治体のなかの部分同士のようなかたちで、国家が相互作用することはない。ひとつの国の少数の人びとや組織が、外国の人びとや組織といくつかの活動領域において相互作用するのである。政治体における各部は、その差異のため、多くを補完しあうことができる。逆に、国家はその類似性のために、互いにとって有益であるというよりも危険である。国家は機能的に差別化されていないため、類似した課題に対処する能力の大小によっておもに区別される。これは、国際政治学者がひさしく気づいてきたことを公理として述べているものである。実務家も理論家もつねに、ある時代における大国を、他の国々とは区別してきたからである。
　システムの構造は、システムのユニット間の能力分布の変化にともなって変わる。国際構造が変化すると、相互依存の度合いも変化する。国際政治システムは政治システムとしては緩やかに結合したものであるが、われわれが知りたいのはこれを前提として、異なる構造をもつシステムのもとで相互依存がどう変化するかである。相互依存は、同等なもののあいだの関係である。そのため、相互依存は、国家の能力差が拡大すると、低下する。第二次世界大戦が終止符を打った３世紀にわたるヨーロッパ中心の国際政治においては、５カ国かそれ以上の大国が平和共存をめざし、時に支配権獲得のために戦った。第二次大戦

第7章　構造的原因と経済的影響

後の30年間の世界政治においては、わずか2カ国だけがパワーの頂点に存在してきた。経済的にも軍事的にも、アメリカとソ連は、以前の大国が経験しなかったような、外部の世界からの独立性を保ちながら行動している。5カ国以上の大国が世界に存在していたとき、その多くは今日の大国よりも地理的に小さいものであった。当時の大国は、比較的多くのことを大国同士あるいは世界の他の国々を相手に行っていた。しかし、1930年代に国家がより自給をめざそうとした結果、相互依存は低下した。そして、第二次大戦後それはさらに急激に低下し、そのあとで台頭した2つの超大国は、かつての大国よりも、経済的にはるかに自立している。アメリカとソ連は、互いに対しても他国に対しても、昔の大国よりも経済的依存度が低い。このような国際政治の世界を考えるならば、それを表現するのに「相互依存」という言葉が一般的に用いられるようになったのは奇妙である。

　なぜ私は、通常受け入れられているのとこれほど異なる結論に達するのか。人が世界を眺めるときに見えるものは、その人の理論的見地によって異なる。理論的見地は、概念の意味に色づけをする。私が相互依存関係が緊密であるとか緩いとか述べるとき、私は国際システムについて述べているが、そのシステムレベルの特徴は、つねに大国の状況によって定義される。いかなる国際政治システムにおいても、主要国や小国が緊密な相互依存関係にあることもあるし、過度な依存関係にあることもある。しかし国際システムは、大国の相対的依存度の高低によって、相互依存関係が緊密であったり緩かったりするものである。すると、現在の相互依存関係は、2つの世界大戦以前および大戦間よりも緩いことになる。経済的相互依存を測定しようと主張している者たちの多くは、今日では20世紀の初頭よりもさまざまな側面において相互依存が緊密であると考えている。しかし、彼らと私との違いは概念的なものであって、実証的なものではない。彼らは一定の国々もしくはすべての国々のあいだの相互依存を測定している（たとえば、Rosecrance and Stein, October 1973; Katzenstein, Autumn 1975; Rosecrance *et al.*, Summer 1977）。彼らは、ユニットレベルの現象として、相互依存に関心をもっているのである。国際政治学では還元主義が支配的なので、これは驚くにはあたらない。ユニットレベルに分析を限定する者は、国際商取引の成長と国際的活動の増加から「国際的相互依存」が高まったと推論する。そして争点、行動、政策が複雑に絡み合うようになったこと、またそれら

に影響を与えたりそれらを管理することがだれにとってもむずかしくなったことについて詳述する。彼らは、過程の複雑さを発見したが、過程が構造によってどう影響を受けるかを見失ってしまったのである。公的な問題あるいは私的な問題の複雑性の高まりはたしかに重要であるが、国際政治構造がそれらに対してもつ影響も同じく重要である。複雑性がシステムに対してもつだろうと思われる効果は何か、システムの主導的国家はそれに対しどう反応するか、システムにおける国家の位置づけは、その能力、機会、行動の傾向にどう影響するか、といった基本的問題に答えるためには、相互依存を体系的にとらえることが必要である。システムの相互依存関係が変化するのにともない、国家の行動は変化し、その変化はシステムおよびその部分——大国と小国両方を含む——の命運について何かを教えてくれるのである。

　相互依存度は大国の数が減るにともなって減少するものであり、大国の数としては2つがありうる最少の数である。しかし、システムの変化と相互依存度の関係について述べるときには、注意を要する。その相関は完全でなく、それは経済的相互依存が大国の規模によって変化するものであり、必ずしもその数によって変化するものではないからである。大国の数が減るに従い大国の規模は増加する傾向があるものの、経済的相互依存度が低い4つの大国からなる世界も考えられる。国家が大きければ大きいほど、その活動が国内で行われる割合は高くなる。バーグステンとクラインは、西ヨーロッパの9カ国が、1つのチームとして活動し始めれば、輸出入がGNPに占める割合は9パーセントくらいにしかならないことを指摘した。このことは、相互依存についての多くの叙述が政治的に意味がなく、国家の規模の拡大がいかに国内セクターを増加させるかをよく表している（Bergsten and Cline 1976, pp. 155-61）。西ヨーロッパで政治統合が達成されたり、中国が近代経済を確立したりすると、それらは非常に自給度の高い大国となるであろう。大国レベルで競争するのが可能なのは、今日では、大陸並みの規模の国家だけである。そういった大きさの3カ国もしくは4カ国の国家間においては、軍事的にはさておき、経済的相互依存度は低いままにとどまるであろう。

Ⅲ

理論から実践に目を移すと、何がみえてくるであろうか。国際システムは、どの程度緊密な、もしくは緩やかな相互依存関係にみえるであろうか。

1．経済的状況

今日の大国は、自らの生産物をわずかしか輸出していなくても、大切な原料の非常に多くを輸入に依存してはいないだろうか。ここではアメリカの場合を考えてみよう。アメリカのほうがソ連より多くを輸入しているからである。重要な点は、つぎの3つである。第1に、いかなる国際システムにおいても、相互依存の度合いは変化する。かつての多極世界においては、経済的相互依存は第一次世界大戦前に頂点に達し、大戦後は低下した。新しい2極世界においては、経済的相互依存は第二次世界大戦終結時の低いレベルから高まってきた。ただし、この2つの国際システムの相互依存にはかなりの差がある。相互依存度の低い、あるシステム内での相互依存の変化に注目するあまり、システムとシステムのあいだにある差異を見落としてはならない。

第2に、ある原材料のなかには将来希少になるものがあり、それを供給する者にだれもがより依存するようになる。石油輸出国機構（OPEC）が石油の供給と価格をコントロールしたことは、天然資源であるか人工資源であるかを問わず、将来の原料不足について大きな懸念を引き起こした。ただ、研究が進むと、結論はより明確になった。それは、多少心がけて適切な行動をとることによって、アメリカは十分な供給を確保できるという結論である。アメリカは世界の財の約4分の1を生産し、少なくとも世界の資源の4分の1をもっている。より多くの金とよりよい技術、およびより大きな研究費があれば、アメリカは他国よりも容易に、重要な原料を合成したり、貯蔵したり、代替したりできる。1976年、商務省標準局の「実験技術インセンティブ・プログラム」のために7人の経済学者グループによってなされた研究が完了したが、そこでは、アメリカが今日多く輸入している、ボーキサイト、クロム、マンガン、コバルト、白金パラジウム、銅、石油という7つの重要な品目における自給率を高めることを目的としたプロジェクトへの政府の資金援助が妥当であるかどうかが検討さ

れた。その結論は、10年間は、クロム以外の原料供給停止や価格上昇を心配する必要はない、というものであった。そこで、このグループは新しい技術への資金援助に反対し、一定の期間十分な供給を貯蔵することを提言した。石油と銅以外、貯蔵はすべてグループが勧めた量をすでに上回っている。また、銅は、どの道それほど問題にはならない。したがって、通常戦争が3年間続きそれによって混乱が引き起こされたという想定のもとで、連邦軍備局の試算結果が高い目標を掲げているにもかかわらず、貯蔵の問題は、目標量に達しないことではなくて、目標量を上回らないようにすることだったのである（Crittenden, December 31, 1976; Snyder 1966, p. 247; Finney, November 28, 1976; CIEP, December 1974, p. 16）。さらに、依存とは相対的なものである。アメリカは近年、それまでより多くを依存するようになったが、他の多くの国もそうである。アメリカは、輸入原材料をより多く使うようになってはいるものの、19の重要原材料について、アメリカは1973年に年間使用量の15パーセントを輸入するだけであったのに対し、西ヨーロッパは75パーセント、日本は90パーセントを輸入していた[3]。また、アメリカの輸入のうち、3分の2はカナダ、オーストラリア、南アフリカ、およびその他の先進国からであり、半分以上がカナダ1国からであった（CIEP, December 1974, p. 4）。

　第3に、アメリカは国内生産に占める貿易量は低いが、このわずかの量が世界の総貿易のなかで大きな割合を占めている（付表の表Ⅳを参照）。国家の貿易が絶対量で大きければ、輸入相手の数も多い。世界最大の貿易国として、アメリカは多数の供給先から輸入している。世界の他地域において意に反するような政治運動や革命や戦争が起こり、国家にとっての供給が断たれることがあっても、やはり規模が安全をもたらす。さらに、大きな買い手として、アメリカにはお得意先ならではの影響力がある。アメリカはまた世界でとびぬけて大きな、食糧、技術的にもっとも進んだ工業製品、そして資本の供給国でもある。さしあたり、農産物供給についてだけ、他国のアメリカへの依存を考えてみよう。1960年代および1970年代をとおして、アメリカは世界の大豆輸出の90パーセントを占めていた。大豆は、人間と動物の両方にとって重要なたんぱく質源である（Schneider 1976, p. 23）。1975年には、アメリカは世界の小麦輸出の48

---

[3] ここでは石油を除外している。石油については、以下で議論する。

第7章　構造的原因と経済的影響

パーセント、穀物飼料輸出の56パーセント、脂肪種子輸出の50パーセントを占めていた（CIEP, March 1976, p. 16）。1970年代には、ソ連が散発的ではありながらも、大量のアメリカ穀物を、輸入するようになった。ヨーロッパはアメリカの飼料穀物を、また日本および後進国はアメリカの穀物を、輸入した。これらの依存は急速に、また不安を抱かせるほどに、増加したのである。他国がもっていないものや非常に必要としているものをもつ国は、有利な立場にある。国家は、重要な資源の入手が確実な場合や、可能な代替物がある場合、またその資源なしでやっていく能力がある場合、そして他国に対して影響力を行使する手段がある場合には、より自立している。依存とは双方向のものであり、依存の度合いは、こちらが相手をどのくらい必要としているか、そして相手がこちらをどのくらい必要としているかの両方によって変化する。

　アメリカの対外投資についても、述べておく必要があろう。1974年にアメリカは、さまざまな外国資産が約2,650億ドルあった。1973年には、海外で活動しているアメリカ企業の売上は2,920億ドルに達した。GNPとしてもこれを上回るのは、アメリカ、ソ連、日本、西ドイツしかない（CIEP, March 1976, p. 160, Table 42; *Survey of Current Business,* August 1975, p. 23）。アメリカの海外での活動は、その利害の大きさに比例して、脆弱性を抱えていると考える人もいるかもしれない。たしかにアメリカには失うものが多くあり、他国は折をみてそれを奪いたがっているかもしれない。しかし、アメリカ資産の押収は、これまでは限定的でありまた低下している（UN Department of Economic Affairs, 1973, pp. 76-77; Barnet and Muller 1974, pp. 188-89）。ここで再び3点を指摘しておこう。まず第1に、国家としてのアメリカの脆弱性の問題と、アメリカ企業の脆弱性の問題とは、区別する必要がある。では、アメリカ企業はどのくらい脆弱なのか。1971年の売上によれば、多国籍企業のトップ9企業のうち8企業が、トップ90企業のうち52企業が、アメリカの企業である。海外で得られた利潤の割合は、その8つのうちの7企業、そして52のうちの22企業について公表されており、それぞれ利潤の34.4パーセントと33.5パーセントを海外で得て、総売上の29.2パーセントを海外であげている（UN Department of Economic Affairs, 1973, pp. 130-32から計算）。海外での売上が利潤の大きな部分を占めるため、企業は海外のどこに進出するかを注意深く決定する。大企業は、リスクを冒すことはあるが、地理的多角化をとおして安全性を得る。アメリカ経済にと

って重要な企業であればあるほど、さまざまな国々でその企業が懲罰的な規制や押収によって致命的な損失を受ける可能性は低くなる。また、アメリカの投資は、その種類や地理的場所が多様なため、唐突に起こる大きな逆境に対して保証されている。国家が容易には政策を一致させないことも、グローバルな活動をする国家にとっては安心である。アメリカ企業のなかに脆弱なものがあっても、国家全体としてのアメリカはそうではないのである。失うものが多い者には多くを失う余裕があるという格言は、寡占経済の一般的命題である。大きくて地位の高い企業が、損失がある状態で数年間経営を続けても、それは弱さの兆候ではなくむしろ強さの重要な証しとなる。企業のあいだであれ、国家のあいだであれ、規模に大きな差がある場合、最大のものは、他のものたちの迷惑な活動について心配する必要が全くないのである。

アメリカの対外直接投資（FDI）

1950年	先進国向け	45%
	後進国向け	55%
1975年	先進国向け	68%
	後進国向け	32%
1950年	アメリカの総FDIのうちの採掘産業へのアメリカFDI	38%
		28%が後進国向け
		10%が先進国向け
1975年	アメリカの総FDIのうちの採掘産業へのアメリカFDI	29%
		10%が後進国向け
		19%が先進国向け

　第2に、アメリカの投資は、後進国の採掘産業から先進国における製造業へと移る傾向にあるため、より安全になっている。付表の表Ⅴのデータは、その傾向を示している。採掘産業へ投資している投資家たちは、資源がある場所にお金を落とさなければならない。彼らは、受け入れ国の扱いが悪くても、よい国に移動するのが容易ではないため、受け入れ国からの圧力に対してより脆弱である。しかし、製造業セクターにおいては、L. ターナーの言葉でいう「身軽な企業」は、片目で利潤を、もう片方の目で安全を気にしながら、投資国を選べる。

　第3に、製造業セクターでは、さらにアメリカの利益に有利なバイアスがある。一方において、外国の国々は、急成長を遂げハイテクで輸出志向セクター

第7章　構造的原因と経済的影響

にあることが多いアメリカ企業の存在に敏感であることがみてとれる。アメリカの浸透力の強さに用心深くなると、外国の国々は、アメリカ企業を締め出したり、自国の企業が競争できるよう補助金を出して、依存度を低くしようとするかもしれない。たとえば，ド・ゴール時代のフランスはしばしばそのような政策をとったが、高いコストがかかったうえにほとんど成功しなかった。他方、諸外国がアメリカ企業に抵抗するのはむずかしいこともみてとれる。アメリカ企業は技術的に進んでおり、外国企業が追いつくことは困難である。自国の市場が大きいため、アメリカ企業は大規模に活動し、他国における土着産業と競争したりそれを圧倒するためのリソースを生み出すことができる。たとえば1976年には、IBMは10億ドルを研究開発に投資した。この額は、イギリス最大のコンピューター会社の総売上高を上回り、イギリスの科学研究評議会が使うことのできる予算の4倍であった（*Economist*, August 13, 1977, pp. 64-65）。IBMは活動規模が大きいため、政府が使うような規模の金を使うことができるのである。

　外国企業が不利なのは、国民経済の規模がより小さいことと直接関係している。イギリス、西ドイツ、日本は、GNP比で計ると、今日アメリカと同じくらいを研究開発に支出しているが、絶対額では低い（付表の表Ⅵを参照）。このような状況のもと、各国政府は、国内企業がアメリカの会社と取り決めを結ぶ許可を出すよう余儀なくされている。さらに、小国が策略をめぐらす余地は、小国間の競争によっても制限されている。たとえば、フランスが排他的政策をとるならば、アメリカ企業はフランスの隣国に移るであろう。それらの国々はアメリカに恩義を感じるようになるにちがいないと思う者でさえ、その国の人びとがより豊かになり、アメリカ企業を排除している国々の市場も含めた海外市場でうまく競争できるようになっていくことは、認めざるをえない。遅れをとっている国家は、アメリカの資本と技術を排除すれば、より弱くなるだけである。アメリカのコンピューター産業はフランス企業の援助なしにやっていけるが、マシン・ブルは、アメリカの資本と技術なしには存続できない。1962年にフランス政府は、ブルの株式の20パーセントをゼネラル・エレクトリック（GE）が買収することに抵抗した。しかし、フランス国内やヨーロッパでパートナーを見つけることができなかったため、フランス政府は1964年、GEとの持株五分五分の取り決めを受け入れざるをえなかったのである。1960年代半ば

には、GEによるブルの持ち株比率は、約3分の2に増加した。その後、GEは敗退し、ヨーロッパのコンピューター市場でIBMに対抗することはなくなり、1970年には、GEはハニーウェルに売却した。話はまだ続くが、さして驚く展開はないので、ここでやめてよいだろう（Tugendhat 1971, p. 36; *International Herald Tribune,* May 1977を見よ）。

　ド・ゴールはアメリカの支配を避け、コンピューターを製造するフランスの自立した能力を維持したいと思っていた。だれでもそう思って当然である。しかし、実際上の選択肢は、競争力のあるアメリカ資本の会社と、技術的にさらに遅れをとりつつある競争力のないフランスの会社のどちらかであった。フランスにおける外国資本の浸透は、西ヨーロッパの平均よりも低いが、先進技術を用いた分野においては平均よりも高い。異なる分野の平均がどのくらいか見てみよう。EEC委員会の1970年の研究によると、域内の集積回路の95パーセント、電子コンピューターの80パーセント、チタンの40パーセント、車と乗物の30パーセントをアメリカが生産している（Stephenson 1973, p. 27）。自動車産業は技術的に最先端にあるわけではないにもかかわらず、アメリカの企業はヨーロッパ市場で顕著な割合を占めている。また、アメリカ企業は、技術や資本といったリソースのみならず、経営技術とマーケティング・ネットワークにおいても優勢である。

　GE、ハニーウェル、その他のアメリカ企業が、IBMと競争するために、外国との提携を必要とすることもある。企業レベルでは、真の相互依存関係が存在するかもしれない。しかしそのレベルの相互依存を、国家間の相互依存と同一視するのは間違っている。技術的な面とともに、アメリカ企業が他の面においても優位を保っているために、アメリカ企業は外国企業にとっても大切である。そのため、外国企業が団結しようとしても、アメリカの企業との関係を構築する魅力のほうが大きく、その団結はくずれてしまう。外国もまたアメリカとの提携に魅力を感じるのであるが、それは、アメリカの企業が自国の経済や輸出を助けてくれるためである。1966年と1970年に、イギリス、フランス、西ドイツ、ベルギー＝ルクセンブルク、カナダ、メキシコ、ブラジルの7カ国で行われた調査では、どちらの年においても、アメリカ企業は各国の総固定資産形成の平均13パーセント、重要な機械セクターの資本形成の20～22パーセントを占めていた（付表Ⅶを見よ）。また、その両年、アメリカ企業は同7カ国の

7〜45パーセントの輸出を生み出し、1966年には世界総輸出の21パーセント、1970年には24パーセントを占めていた（付表Ⅷ、製造セクターによる輸出については、表Ⅸを見よ）。

上の数字と説明によって、なぜアメリカ企業の侵入を制限したり排除しようとする衝動が、アメリカ企業に熱心に言い寄る結果に終わってしまうのかが明らかになる。1966年、フェアチャイルド社がド・ゴール時代のフランスで新しい工場を開く際、政府の役人たちが「施設を提供するために、ありとあらゆる努力をした」という（Tugendhat 1971, p.37）。アメリカ企業を迎える競争は、いっそう激しくなっている。イギリスは、他のヨーロッパ諸国との激しい競争のあと、1977年にフォードのエンジン工場を勝ち取った。その工場は、競争する価値のあるものであった。直接的には2,500人の雇用、間接的にはさらに5,000人の雇用を提供し、年間2億5,000ドルもの輸出をもたらすと期待されているからである（Collins, September 10, 1977）。一般的には、外国企業より国内企業のほうが好まれるとしても、衰退している国内企業よりは、経済を幅広く活性化してくれる繁栄している外国企業のほうが好まれるのである。

多国籍企業とは、間違った命名の仕方である。それはある国家のなかに基盤をもって外国で活動する企業のことであり、そのなかでも大きなものの半分以上はアメリカに基盤をもっている。多国籍企業はグローバルな基準で意思決定をする、などといわれる場合、人びとは国家はもはや重要でないという印象を受けるが、それは大きな間違いである。意思決定は、企業全体の観点から行われるのであって、特定の子会社の状況や利益によって行われるのではない。通常頭に浮かぶのは、経済活動が脱国家的になり、国境が高度な浸透性をもち、ビジネスマンが国境など気にとめずに決定をなす世界であるが、もっとも大きな国際企業のほとんどは、アメリカに基盤を置き、研究開発のほとんどがアメリカでなされ、そのトップの人材のほとんどがアメリカ人なのである（Tugendhat 1971, pp.17, 124）。このような状況において企業の意思決定がなされる場合、アメリカの見方が突出すると考えるのが妥当である。同じく、アメリカ政府と外国政府は両方とも企業活動を規制しようとするが、それら企業のほとんどがアメリカに基盤があるということは、アメリカに大きく有利に働く。活動が分散しているからといって、それが支配の中心の不在を意味すると簡単に結論づけてはならない。19世紀の半ばからアイディアがより早く伝達される

ようになったことによって、R. D. マッケンジーのいう「支配の中央集権化と活動の分散化」が起こったのである。彼が述べるように、「近代世界は、固定された支配の中心に集められ、そこから分配される情報をとおして統合されている」(McKenzie, July 1927, pp. 34-35)。アメリカ国内では、産業が北東から全土に広がった際、南部および西部の市民は、地域の利害が考慮に入れられることのないまま企業の決定がなされるニューヨークやシカゴに支配権が残っていることに対して、不満を述べた。現在ヨーロッパやその他の人びとが述べているのも、同じような不満である。織糸がどこで一緒になるかといえば、答えは、ロンドンでも、ブリュッセルでもパリでもなく、ニューヨークであり、ワシントンなのである。「多国籍企業」という言葉は、「相互依存」という言葉と同じように、アメリカがもつ特別な地位をわかりにくくしている。そしてこの特別な地位は、ソ連が共有していないものである。

2．政治的影響

　相互依存の程度は、第二次世界大戦後、低いままである。近年われわれは、相互依存を多少経験して、依存が何を意味するのかを以前よりも理解するようになった。しかし、アメリカとソ連とのあいだの低調な相互依存が、以前の大国間の高度な相互依存とどう比較でき、それが国家行動にどう影響を与えるかについては、理解できていない。近代以降の歴史において、大国が他の小国からこれほどはっきりと区別され、また大国同士が互いの経済社会問題に関与しないでいることは、いままでになかった。では相互依存の度合いが緊密になったり緩くなったりすることは、いかなる政治的影響をもつのであろうか。

　国内秩序と国際秩序の違いについては、詳しく述べてきた。しかし、相互依存が国際政治の性質を変えたと主張する者は、その大きな違いを否定する。単なる国際交易の相互性が本物の経済・社会・政治的統合になりつつあると、多くの者は考えているのである。この考え方を支持すべき点としては、1つしかない。それは、相互依存の一般的概念は、国家間の不平等が急速に低下し、その政治的重要性が失われている場合にだけ、当てはまるという点である。国家間の不平等が依然として国際関係に支配的な政治的事実であるならば、相互依存は低いままである。このことを、本節では経済的事例を、次章では軍事的事例をとりあげて、明らかにする。

第7章　構造的原因と経済的影響

　平穏な時代には、政治家や評論家は、グローバルな相互依存という概念にまつわる常套句を豊富に用いる。しかし、危機が起こると、稲妻の閃光のように現実の様相が露呈される。1973年10月の第四次中東戦争後の石油危機によって露呈されたのは、何だったのか。あの危機はわれわれ皆になじみがあり、長く記憶されるであろうから、詳細を繰り返すことなくその教訓に注目することができる。それは、国家が共通の制約から圧力を受け、共同で考察した解決策を適用するよう制限されているということであっただろうか。それとも、国家の能力の不平等が依然として国家の命運を説明し、国際政治を決定づけるということであっただろうか。

　キッシンジャーが述べたパワーの新しい側面を思い出そう。「経済大国が軍事的弱国であることもあるし、軍事力によって経済的弱さを隠蔽できるわけでもない。また軍事力も経済力も持っていなくても、国家が政治的影響力を及ぼすこともある」と、彼は述べた（本書 p.172）。ここでは、経済、軍事、政治能力は、国家が行動する能力を測るうえで、区別して考えられている。経済やそうした事象にかかわるロー・ポリティクスが、国際政治の優先事項として軍事問題にとって代わったのである。しかし、その考え方が間違っていることは、第四次中東戦争によって数日間のうちに証明された。そのような考え方は、1970年代初頭に、軍事的に弱く政治的にも統合されていない西ヨーロッパの国々が「偉大なシビリアン・パワー」を形成しているなどと言及されたときの根拠となっていた。しかし、第四次中東戦争後の「偉大なシビリアン・パワー」の政治行動を思い出すとよい。危機に対応したのは、西ヨーロッパ全体としてではなく、個々の西ヨーロッパ諸国である。『エコノミスト』の比喩によれば、西ヨーロッパ各国は、鶏とダチョウを同時に演じるかのように行動した。つまり、頭を砂に深く埋めて、やかましく鳴きながら目的もなく走り回ったのである。そういった行動をどう説明するのか。それは、勇気がくじけたからであろうか。つまりそれはかつてのアトリーやベヴィン、アデナウアーやド・ゴールといった大物たちが、より度量の小さい者にとって代わられたということであろうか。たしかにそのような人物の差で説明できることもあるが、さらに多くのことを説明するのは状況の差である。1973年の時点で、西ヨーロッパ諸国はエネルギー供給の60パーセントを石油に依存しており、その石油の多くは中東からのものであった（付表Ｘを見よ）。高度に依存している国、すなわちど

うしても必要とするものの多くをもしかしたら信用できない少数の供給国から多く輸入している国は、それを輸入し続ける可能性を増すために、できる限りのことをしなければならない。弱小国は、交渉材料をもっていないゆえに、懇願するかパニックにおちいるかである。大半の当該国が、その両方をどちらも少しずつ経験したのは驚くにあたらないであろう。

　軍事危機のあとに起こったエネルギー危機のなかでの諸国家の行動は、敏感性として定義される相互依存がいかに政治的には意味がないかを明らかにした。逆にいえば、私が先に指摘した諸命題が真実であることが明らかになったのである。円滑で細かな経済調整が問題を起こすことはほとんどない。価格と供給に大きく急激な変化をもたらす政治的介入が、経済的にも政治的にも対処がむずかしい問題を引き起こすのである。また石油危機は、いつもながらに、国家の政治的影響力が経済力および軍事力と密接な相関関係にあることも明らかにした。1973年から74年にかけての冬に、西ヨーロッパ諸国の政策は経済上の必要性と合致しなくてはならなかった。他国に依存していればいるほど、また他国への影響力が少なければ少ないほど、国家は厚生と生存がかかっている供給先および市場へのアクセスに自国の決定がどう影響するかをより注意深く考えなければならない。それが、他の多くの国々と同等でしかない国家の状況であった。対照的に、アメリカは、政治的および軍事的計算に沿って、政策を決定することができた。アメリカは、全エネルギー供給の2パーセントしか中東から輸入していないため、経済的にアラブ諸国に過度に依存したり、経済その他の影響力を欠いたりする場合と違って、アラブ諸国を宥和する必要がなかったのである。アメリカは平和の望みを抱きつつ、他国が生み出した危機を操り、利益と力のバランスを促進できた。エネルギー不足が不平等に訪れたため、アメリカがそれを操る可能性が生まれたのである。だとすれば、すべての国家が制約を受け、すべての国家が管理能力を失う相互依存の世界になりつつある、などということは、ほとんど何も意味しない。不平等から生じる影響をみるには、「相互依存」という言葉を分解して、相対的に依存している国と相対的に自立している国がさまざまに混じっていることを見極めねばならない。世界が高度に不平等な諸国家から成るのであれば、そこで予想されるのは、極端に制約を受ける国もあれば、幅広い選択肢をもっている国もある、ということである。国境外の事件に影響を及ぼす力をほとんどもたない国もあれば、多大な影

響力をもつ国もあるのである。

　こうしたことはエネルギー危機によって明確になるはずであったが、実際はそうはならなかった。時事評論家たちは、世界の相互依存を強調し、あたかもすべての国家が管理能力を失い、より緊密に結ばれつつあるかのように語り続けた。概念を現実にすり替え、そこに因果関係まで付与するのは、容易におちいりやすい習慣である。政府関係者も国際政治学者も、かつては勢力均衡が戦争もしくは平和維持の要因であると述べた。いまや彼らは、同じぐらいのリアリティーを相互依存という概念に託し、強い因果効果を付与している。たとえば政府関係者でもあり国際政治学者でもあったキッシンジャー国務長官は、「相互依存は共通の進歩を促すのだろうか、それとも共通の破綻を促すのだろうか」と問う (Kissinger, January 24, 1975, p. 1)。彼は、アメリカの中東政策を、ヨーロッパと日本の脆弱性を減らし、生産国と対話し、そして「世界的規模で相互依存の原則を有効にするもの」として表現した (January 16, 1975, p. 3)。相互依存は実体をもつものとなり、その要求に対しては「挑戦」があり、またそれ自体に「物理的で道徳的な方向づけ」がある、というのである (January 24, 1975, p. 2; April 20, 1974, p. 3)。

　しかし、キッシンジャーは、現実問題に対処するとき、アメリカの特別な立場を強調した。エネルギー、食料、核拡散といった問題について彼が述べるやり方は、これら共通の苦境のために単独の国家による効果的な行動の可能性がすべて否定されていると強調しながらも、続けてアメリカについては別のカテゴリーに置くということであった。そのため、相互依存が存在していると宣言した2段落後で、彼はつぎのように問いかけるのである。「指導者が『エネルギー問題をわれわれは解決する。食糧問題も解決する。核戦争の問題も解決する』と述べて、それをまともに受け止めてもらえる国がアメリカ以外のどこにあるだろうか」(October 13, 1974, p. 2)。

　相互依存についての多くの言及と、アメリカが自らおよび他国をどう助けられるかについての言及とを一緒にすることで、キッシンジャーは、アメリカは他のほとんどの国よりも依存度がずっと低いと言っていたことにならないだろうか。われわれはみな制約を受けている。しかし、どうやら、制約の程度は同じではない。国家に影響を及ぼす国際的圧力を制御することはどの国家にとっても問題であるが、なかには他国よりもその問題をうまく解決する国家もある。

エネルギー不足のコストはみなに降りかかってくるが、その度合いは異なる。考えようによっては、相互依存とは、多くの国々の依存を隠蔽するために用いられる婉曲語法である（Goodwin 1976, p.63を参照）。しかし、いやそうではない、とキッシンジャーはいう。他国と同じく、アメリカも網の目にとらえられており、それは、アメリカが主要な資源問題を解決できないと他国の景気が後退し国際経済が壊滅するからだ、という。そのようなことになれば、すべての国家は傷つく。たしかにそうではあるが、国家がこうむる打撃の度合いが異なることが、ここでも無視されている。ある国の景気の低迷が他国に影響を与えることがあっても、その影響はどの国の景気が低迷するのかによって異なる。経済については、無名のアラブの石油大臣のほうが、キッシンジャーよりも影響力を握っているようにみえる。ただ、その石油大臣は、石油不足がアメリカ経済を低迷させるならば世界全体が被害をこうむると観察し、「われわれの経済、われわれの体制、われわれの存続そのものが、健全なアメリカ経済にかかっている」（*Newsweek*, March 25, 1974, p.43）と述べている。ある国がどのくらい被害をこうむるかは、その経済活動がおよそどの程度外国でなされているかによる。西ドイツのシュミット首相は、1975年10月、西ドイツ経済は年間GNPの25パーセントを輸出するため、アメリカと比べて国際経済の強い回復により多くを依存していると述べた。（Schmidt, October 7, 1975）。その年のアメリカの年間輸出は、GNPの7パーセントであった。

　どのように考えてみたところで、いつも同じ答えが表れる。アメリカは外部世界にいくらか依存はしているものの、他のほとんどの国々はそれ以上に依存しているのである。重要な側面において他国に依存している国は、そうできると考えられれば自国の依存を制限したいもしくは少なくしようとする[4]。1973年末以降、石油禁輸と価格上昇の時期に、ニクソンおよびフォード大統領とキッシンジャー国務長官、そして数えきれないほど多くのアメリカの指導者たちが、新しい相互依存の時代を宣言すると同時に、1985年までにアメリカをエネルギー面で自立した国家にするという目標を掲げた。これは、大国の行動とし

---

[4] L. ブレジネフの以下の発言が示唆するところに注目しよう。「ソ連が他よりも経済および科学技術分野において関係や交流が必要であると考えるものは、間違っている。資本主義諸国からのソ連の輸入は、その社会総生産物の1.5パーセントにも満たない。これがソ連経済の発展に決定的な重要性をもたないことは明らかである」（Brezhnev, October 5, 1976, p.3）。

てあまりに自然にみえたため、それを発言した人のみならずそれを聞いた聴衆もそのおかしさに気づかなかったようである。国家は自助システムのなかにあるため、不可欠な財やサービスを他国に依存するのを避けようとする。ただ、エネルギー面での自立性を達成するのにはコストがかかる。経済学者が相互依存を定義するにあたり、目標を達成するコストは、国際的状況がどのくらいわれわれに影響するかによって測定される、と指摘したのは正しい。しかし、それでは相互依存を単に敏感性としてとらえていることになる。政治的に重要なのは、そもそも最大の能力をもつ少数の工業国だけが、エネルギー供給における自立を真剣に考えることができるという点である。キッシンジャーが述べたように、「アメリカは自分で多くのことができるので他国よりも行動の自由がある。その自由は他国にはない」(Kissinger, January 13, 1975, p. 76)のである。

もっとも、「エネルギー問題を解決」できるにもかかわらず、アメリカはまだそうしていない。アメリカの外国への石油依存は、近年増加しているし、また1973年から1977年のあいだに石油価格は5倍に上昇し、輸入石油のコストがインフレに火をつけ経済成長を阻害していると考えがちになる。しかし、アメリカは以前よりも依存しているが、他国はもっと依存し続けているのである。1973年に、アメリカは年間エネルギー消費の17パーセント、1976年には20パーセントを輸入した。一方、イタリア、フランス、ドイツ、日本は、使用するエネルギーのほとんどを輸入資源に依存し続けた。付表Xのデータは、アメリカと他国の依存度の違いを明らかにしている(付表XIも参照)。

エネルギー供給に輸入石油の占める割合(1)、およびエネルギー供給に中東からの輸入石油の占める割合(2)

	西ヨーロッパ		日本		アメリカ	
	(1)	(2)	(1)	(2)	(1)	(2)
1967年	50%	25%	62%	52%	9%	0.7%
1970年	57	28	73	60	10	0.5
1973年	60	41	80	61	17	2
1976年	54	37	74	55	20	5

いくつか指摘すべき点がある。アメリカはほとんどの国よりもよい境遇にあるが、付表XIIが示すように、依存をさらに制限もしくは削減する措置をとるのは遅れている。アメリカは他の工業国よりも1人あたりのエネルギー消費量が2

倍から3倍多く、また、より十分なエネルギー資源があるため、もし望めばアメリカは依存を減らすことができる。フォード大統領の目標は、それが賢明であったかどうかはともかく、達成不可能ではなかったのである。彼が言ったように、それは「外国供給者が起こす経済攪乱に対する脆弱性を1985年までに断つ」ことであり、「アメリカが20世紀末までに自由世界のエネルギー必要量の相当量を供給する能力をもてるよう、エネルギー技術と資源を開発すること」であった（Ford, January 16, 1975, p. 24）。石炭を液体や気体に変えたり、石油を頁岩から抽出したり、さらに多くの原子力発電所を建設することによって、アメリカは自らのエネルギー資源にさらに頼って他国への依存を減らす立場に立つことができる。しかし、そのような努力を急いでする必要はない。アメリカの石油を確実に先に使うために、資源開発の名のもとに何十年も外国石油に対して割り当て制限を課してきたいま、輸入により多くを頼るのは理にかなっている。アメリカの現在の状況では、つぎのようにするのが賢明かもしれない。つまり、エネルギーを節約するための措置をとり、アメリカ自らのエネルギー資源の開発ではなく研究に専念し、そしてたとえば6カ月の禁輸に十分耐えうるような石油の備蓄を確保するようにするのである[5]。6カ月分の備蓄があれば、安全の余裕が十分に得られるはずである。石油輸出国機構の大半の国々は、豊富な石油を別にすれば、軍事的や政治的ばかりか、経済的にも弱い。しかも、これらの国々の多くは利害が異なるため、これらの国々が世界の大国や主要国に対して、懲罰的政策を維持できるのが短期間でしかないことは、間違いないであろう。

　結論は見逃しようがないかのようである。すなわち、世界の財の多くを生産する国は、他の大半の国より多くの方法で、自らの面倒をみることができる、ということである。これはアメリカが他国に全く依存していないということではないし、アメリカが望む選択肢のなかでコストが高くなったものがないと言っているのでもない。他のどの国よりも、アメリカは自らが望む選択肢に高い代価を払う余裕がある、ということである。

5　1976年の石油備蓄戦略計画では、5億バレルの石油を1982年までに備蓄することを目標にしているが、これは1977年の消費水準だと、4カ月もつ量である。カーター政権は最初の年に、10億バレルを1985年までに備蓄する目標を決めた。さらに国際エネルギー機関は、そのメンバー国に70日分の輸入量に当たる緊急備蓄を維持することを義務づけており、これは1980年には90日分に引き上げられる。

アメリカの状況と、世界が相互依存的であるという主張とのあいだにある矛盾は明らかである。この矛盾を解決する方法としては、2つのやり方が際だっている。第1に、流行の言葉を使うのが好きな人は、「相互依存」のまえにくる形容詞を果てしなく変化させ続け、それを変貌自在な用語にする。たとえば、「心理的」、「セクター別」、「政治的」、「非対称的」といった言葉が、「相互依存」の修飾語として用いられる。すると、一般的な相互依存関係にはない当事国も、限定的で特定の意味においては相互依存的かもしれない、ということになるのである。非対称の相互依存は、相互には依存してはいないが、何らかのかたちで互いに影響しあう当事国を示している。他国と比較すると、アメリカは依存するというよりも自立している。「非対称的相互依存」という用語は、そのことに気づいていながらも、国家間の不平等性についての率直な言及は避けたい、という願望を示している。また、「セクター別」という言い方は、少数の側面において依存度が高いかもしれないが、相互依存関係に堅く組み込まれてはいないことがわかっていることを示している。このように、「相互依存」を修飾する形容詞を変化させることで、異なる状況に応じてその概念を適応するのである。すると、この概念は、状況を解明するものではなく、描写的に状況に順応するものになってしまう。用いられる形容詞の多様性は、形容詞が修飾している言葉の流行を反映している。しかし、流行に順応することで、その分、分析に有用な相違点は見えにくくなってしまう。すべてがその他のすべてに影響することになるからである。相互依存は、通常それ以上を意味するものではない。相互依存の考え方は知恵の始まりかもしれないが、その終わりではない。われわれはどのようにして、どの程度、だれがだれによって影響を受け、依存しているのかを知りたいのである。

　第2に、アメリカが他の国々といっしょに巻き込まれていると考える人は、相互依存という言葉を、国家の状況ではなく国家が従う政策を意味するように転化している。そのようなゲームの転化の究極を担っているのは、心理的相互依存や政治的相互依存に言及し、アメリカはほかの多くの国家の繁栄を気にか

け、それらの国々の行く末に影響するべく行動を選んでおり、それゆえに、アメリカは巻き込まれているし制約されている、などという者たちである[6]。ただ、相互依存にそのような意味を与えることは、アメリカは大国であり、相互依存的世界の単なる一部ではないということを意味する。他国の利益を気にかける余裕と、そのために行動することを選ぶ自由をもっている国は、特別の地位にあると考えられる。ここでは、相互依存の経済が、他国を案じるアメリカの政治に転化しているが、どのような言い方をするにせよ、アメリカは他のほとんどの国々と同じ経済的基盤に立っているということはない。相互依存経済を実践せよという忠告をしばしば聞くが、アメリカはそれを実践することはできない。なぜなら、他の多くの国々と違って、アメリカは網の目にとらえられていないからである。相互依存は状況であり、政策ではない。それゆえ、相互依存政策を取り入れる、などということはできない。依存している当事国は、依存している相手の選好に自らの行動を順応させるが、アメリカは自国の政治目標を支持すべく、有利な経済的地位を用いることができる。だれもが期待するとおり、非依存的、すなわち自立した経済が、アメリカの目標追求を可能にしているのである（Nau 1975を参照）。

IV

　世界の大国が地理的領土としては小さかった時代には、大国はその事業の大部分を海外で展開した。今日では、アメリカとソ連にパワーが集中し、両国が世界の他の地域にほとんど依存していないことによって、非常に異なった国際的状況が生まれている。新しい2極世界における大国の状況とかつての多極世界における大国の状況との差は、今日のアメリカと古い時代の大国とを対照させればわかる。イギリスが経済的に世界の主導国であったころの、イギリスの対外投資の割合は、今日アメリカが世界にもつ利害をはるかに超えるものであった。1910年に、イギリスの対外投資の総額は、国民所得の1.5倍であったが、

---

[6] 参考：この言明は、連邦エネルギー局の文書に出てくる。すなわち、アメリカは、資源において自立することによって、「世界石油供給の緊張を解き、他の輸入国に益する。この意味で、『自立計画』は『相互依存計画』と呼ばれるべきかもしれない」とある（US Senate, Committee on Government Operations, 1974, p.14)。

1973年のアメリカの対外投資は国民所得の5分の1である。1910年にイギリスの対外投資収益は国民所得の8パーセントであったが、1973年のアメリカのそれは1.6パーセントにすぎない（イギリスの数値は Imlah 1958, pp. 70-75, および Woytinsky and Woytinsky 1953, p. 791, Table 335より。アメリカの数値は、CIEP, March 1976, pp. 160-62, Tables 42, 47, および *US Bureau of the Census,* 1975, p. 384, *Survey of Current Business,* October 1975, p. 48より）。最盛期のイギリスは世界に大きな利害関係をもっており、その利害関係はイギリスの総生産とくらべて大きく見えた。巨大で広範囲にわたる活動から、イギリスは相当の影響力を保持していた。世界の他の地域への依存度が高かったからこそ、イギリスはその影響力を賢明かつ巧みに用いる必要があった。昔の大国は、今日のアメリカやソ連よりも、外国からの食料と原材料の輸入に大きく依存していたため、その重要な供給源を支配するよう努めざるをえなかったのである。

　今日、相互依存の神話は、国際政治の現実を見えにくくすると同時に、第一次世界大戦で決定的に示されたはずの、平和を促進する条件についての誤った考えをまた助長している。かつてケインズは「ドイツとその隣国とのあいだの経済的相互依存の数値は、極端に高い」と述べたことがあった。ドイツは、ロシアとイタリアを含む6カ国のヨーロッパ諸国の最大の輸出相手国であった。イギリスともう2カ国にとっては2番目の、そしてフランスにとっては3番目の輸出相手国であった。またドイツは、ロシア、オーストリア＝ハンガリー、イタリアを含む10カ国のヨーロッパ諸国にとっての最大の輸入相手国であり、イギリスとフランスを含む3カ国の第2の輸入相手国であった（Keynes 1920, p. 17）。そして、当時の貿易の量は、割合としては現在よりずっと多かった。当時、各国政府は、国民経済よりも国際経済に多く関与していたのである。今日ではそれが逆であるが、これは幸いなことであろう。

　経済的にアメリカの依存度が低いことは、貿易相手を失うコストや可能性が低いことを意味する。他国のアメリカに対する依存度は、アメリカの他国に対する依存度よりも高い。したがって関係が断たれると、アメリカよりも他国の受ける被害のほうが大きい。このような状況においては、他国がアメリカに対して持続的に経済制裁を行ったとしても、自らが損害をこうむるだけである。世界のほとんどの国々はアメリカなしではやっていけないが、アメリカは他の国々なしでもやっていける。そういうと、いやもしソ連やその他の国が世界の

多くの地域で継続的にアメリカの貿易と投資を締め出せば、アメリカは静かに首を締められていくように破滅する、とすぐさま反論する者もいよう。それは、政治の観点からの見方ではなく、黙示録に従うような考えである。もしある国がアメリカと取引を減らしたいとすれば、別の国がアメリカと経済的により密接な関係になることになる。アメリカは、他のどの国よりも、貿易、援助、融資、平和目的のための原子力エネルギー供給、軍事的安全保障といったさまざまな恩典を、付与することもできるし差し止めることもできる。アメリカが好む政策に他国が従うよう説得する平和的手段がほしいとき、アメリカはそれを容易に見つけることができる。ソ連は、アメリカよりも経済的な対外依存度がさらに低いが、経済的にも政治的にもアメリカほどの影響力はもっていない。アメリカはソ連よりも経済的に外部世界に依存しているが、経済的および政治的影響力をソ連よりも多くもっているのである。

　2大国は、その規模のおかげで支配のための能力を得ると同時に、他国の行動の影響から快適に自らを隔離することができる。国家間の不平等は、相互依存の低いレベルにおいて均衡状態を生み出す。これは脱国家主義者や相互依存論者が今日描くのとは、かなり異なった世界である。脱国家主義者や相互依存論者は、経済版のドミノ理論に固執している。すなわち、世界のいかなる場所で何が起こっても、直接的もしくはその影響をとおして自分たちに損害が及ぶかもしれないので、それに対応しなくてはならない、というのである。この主張は、政治的に重要な国家が緊密に結びついている場合にのみ当てはまるが、国家がそのように結びついていないことは、これまで見てきたとおりである。「相互依存」が暗示する均質性と、われわれが住んでいる世界の不均質性との落差が、これほど大きいことはこれまでなかった。大きく不平等なユニットから構成される世界は、相互依存的とはいえない。少数の国々だけが自らの面倒を上手にみられる一方で、大半の国々がそのようにできる望みのない世界は、相互依存的ではない。ソ連と中国が排外主義政策をとるような世界も、ナショナリズムに満ちた世界も、相互依存的ではない。概念の混乱は、分析の明晰さを阻害し、行動をとる可能性と必要性を曖昧にしてしまう。世界を1つのユニットとみなし、それを「相互依存的」であると呼ぶのは、論理的に間違っており、政治的には蒙昧主義である。しばしば、外交の複雑さはチェスにたとえられるが、外交もチェスも、チェスボードが正確に表現されないとプレイできな

いのである。

　以上、私は少なくとも世界の頂点に立つ国々にとっては、数が多いよりも少ないほうが好ましいことを示してきた。しかし、相互依存の概念を定義し、相互依存の経済を考察しても、少ない数のなかでもどの数がいちばん良いのかは明らかでない。その問いに答えられないのは、経済的な相互依存度が大国の規模にともなって変化するからであり、大国の規模はその数と完全な相関関係にはないからである。そこで次章では軍事的相互依存を考察することによって、正確な答えを出すことにしよう。

第8章　構造的原因と軍事的影響

　第7章では、なぜ数が少ないほど好ましいのかを示したが、数が多いよりも少ないほうが良いからといって、必ずしも2という数が最善だということにはならない。企業や政党や結婚相手については、2という当事者数の安定性がしばしば評価されてきた。しかし、たとえ多くの国際政治学者が多くの大国からなるシステムが不安定であると考えても、2という数字がいちばん良い小さな数字であるという一般的な考えには抵抗を感じるだろう。彼らの抵抗感は、正しいのか。安定や平和のためであれ、何のためであれ、2つの大国からなる世界と、5、6カ国以上の大国からなる世界とでは、どちらが好ましいのだろうか。この第8章では、少ない数のうち、なぜ2が最良の数であるかが示される。経済的相互依存を考察してわれわれはいくつかの結論を得たが、この結論にはまだ達していない。多極および2極世界における国家安全保障の問題を考察すると、システムに2つの大国が、そして2つの大国だけが存在する場合の長所が、明らかになる。

I

　当事者の数が2であるシステムの長所を立証するには、当事者の数が異なるシステムとの比較が必要になる。前章では少数の大国からなるシステムを論じたが、システム内に存在する主要な当事国の数が2、3、4、あるいはそれ以上である場合の差異を考える必要はなかった。しかし、ここではそれを考える必要がある。われわれは、いかなる基準で、国際政治システムが変化するといえるのか。また逆に、いかなる基準で、システムは安定しているといえるのか。政治学者は、安定性という見出しのもとに異なる効果を一緒にしてしまうこと

213

がよくある。私も、1964年と1967年に書いた論文で、安定性を、平和と国際関係の有効的管理の両方を意味するものとして使ってしまった。以下、この2つは本章と次章で、それぞれ別個の事項としてとらえることにする。いまでは、原因を正確に突き止めるためには、異なる効果を分けて考えることが重要であると信じるようになったからである。

　アナーキカルなシステムは、組織化原理の変化、およびそれにともなう主要当事国の数の変化によってのみ、変容する。それゆえ、国際政治システムが安定しているということは、2つのことを意味している。第1に、それがアナーキー状態であることが変わっていないこと、第2に、国際システムを構成する主要当事国の数が重大なかたちでは変化していないこと、である。主要当事国数の「重大な」変化とは、構造がユニットに対して及ぼす影響が異なる期待をもたらすような数の変化のことである。国際システムの安定性は、システムがアナーキー状態のままである限りは、主要国の命運と密接に連関している。この密接な連関は、大国の数の変化がシステムの変容と関係していることで構築される。しかし、この連関は絶対的なものではない。なぜなら、ある大国がその地位から転落しても他国にとって代わられるのであれば、大国の数自体は変わらないか、もしくは「重大なかたちで」変化するわけではないからである。国際政治システムは、表8.1が如実に示すように、驚くほど安定している。多極システムが3世紀ものあいだ続いたのは、いくつかの国家がトップの地位から落ちると、他国がそれに見合うだけ能力を増加させて、その地位にのし上がったからである。つまり、システムは、メンバーが変化しても続いたのである。一方、2極システムが30年間続いているのは、アメリカとソ連に匹敵する能力をもつ第三国が存在しないからである。2極システムは以前の多極システムほど長くは続かないであろうが、健全に見える。これについては、この章の第Ⅳ節で考察することにしよう。

　特定の大国の生き残りとシステムの安定性との連関は、大国の数の変化がつねにシステムの変化につながるわけではないという事実によっても弱められている。2極システムと多極システムとが区別されるべきであることは、広く受け入れられている。2極システムは3カ国以上の大国からなるシステムと区別される性質をもっている。ではこの差を決定するのは何なのか。その答えは、自助システムのなかに置かれた当事国に必要とされる行動、つまりバランシン

表8.1　大国　1700-1979年

	1700	1800	1875	1910	1935	1945
トルコ	×					
スウェーデン	×					
オランダ	×					
スペイン	×					
オーストリア（オーストリア＝ハンガリー帝国）	×	×	×	×		
フランス	×	×	×	×	×	
イギリス（大英帝国）	×	×	×	×	×	
プロシア（ドイツ）		×	×	×	×	
ロシア（ソ連）		×	×	×	×	×
イタリア			×	×	×	
日本				×	×	
アメリカ				×	×	×

Wright, 1965, Appendix 20, Table 43より

グに見出せる。バランシングは、多極システムと2極システムとでは、異なったかたちで起こる。国際政治学者の多くは、勢力均衡のゲームには少なくとも3か4のプレーヤーが必要であると考えているが、第6章において、プレーヤーは2人で足りることがわかった。2カ国が対抗している場合、勢力の不均衡は対内的努力によってのみ正すことができる。しかし、2を超える数の大国が存在する場合は、同盟の変化という追加的な調整手段によってシステムに柔軟性がもたらされることになる。このことは、多極と2極との、決定的に重要な違いである。では、2カ国を超えたところでは、どのような数の変化が重大な効果をもたらすのだろうか。3と4のあいだには、大きな境界がある。3と4とでは、ひとつのシステムから別のシステムへの変化を表している。なぜなら他国と協力して行うバランシングの機会が、期待される結果を変化させるように変わるからである。3カ国からなるシステムは、際立って不運な特徴をもっている。3カ国のうちの2カ国が結託して3番目の国を襲い、戦利品を分配し、システムを2極に戻すことが容易だからである。とすると、多極システムにおいては、4がかろうじて条件に合う最少の数であるといえる。4ならば対外的に同盟を結ぶことも可能となり、ある程度の安定性を約束できる。5は、バランサーに役割を与えつつ安定性を約束するもっとも少ない数として、もうひとつの大きな境目の数であると考えられている。この主張については、あとで吟味する。さて、5を超えると境目となる数は現れない。数が多くなれば、多数

の他の国々の不確定な行動に対処するのが困難になり、つくられる国家連合の数と種類が増え、複雑さが増す。しかし、たとえば数が7から8になったとしても、その複雑さがある境界を超えるという根拠はない。また、実際問題として、幸運にも、大国の数が今後増加する見込みはない。

1945年まで、国民国家システムは、つねに5カ国以上からなる多極システムであった。近代史を通じて、国際政治の構造は一度しか変化していない。つまり、われわれは2つの国際システムしか見たことがないのである。しかし推論と類推を用いれば、大国の数がより多かったりより少なかったりする国際システムについても何らかの結論を引き出せるであろう。次節では、5つの当事国による国際システムが独特のシステムではないことを示し、2極システムと4カ国かそれ以上のシステムとのそれぞれの含意を考察する。

Ⅱ

大国が2カ国しかないと勢力均衡システムは不安定であり、それが正しく機能するには4カ国が必要であり、また、調整を容易にうまく行うためにはバランサーとしての役目を果たす5番目の国によってシステムがさらに洗練される、というのが従来からの定説である。この考え方を受け入れるべきであろうか。5という数は、2カ国からなるもっとも単純なシステムと、国家の数があまりに多くアナーキカルなシステムを際限なく複雑にしてしまうシステムとのあいだの、ほどよい妥協なのであろうか。

バランサーという考え方は、理論的概念というよりも、歴史からの一般化である。この一般化は、18世紀および19世紀におけるイギリスの地位と行動から引き出されたものである。イギリスの経験は、バランサーが効果的な役割を果たすには、どのような条件が満たされなければならないかを示している。その第1の条件は、イギリスが力の弱い側に加勢しても均衡を是正できないほど、攻撃国側のパワーの優位が大きくないことであった。イギリスは大陸における国家同士がほぼ均衡しているとき、効果的に行動できたのである。第2の条件は、イギリスの大陸における究極的な目的が消極的なものにとどまることであった。積極的目的をもっていたら、同盟が画定されることになった。領土を欲しがる国家は、それをまだ手にしていない国家と同盟を結ぶものであり、もし

イギリスがそういった積極的目的をもっていたならば、外交的策略の余地は狭まることになったからである。第3に、バランサーの役目を効果的に果たすために、イギリスはもっとも強力な国家と少なくとも同等のパワーをもっている必要があった。イギリスが大陸諸国と比べて弱小である場合、それは今日までイギリスが深く関与せざるをえないことを意味してきた。大陸国家がほぼ均衡しているか、もしくはイギリスが際立って強い場合にのみ、イギリスは自国のコミットメントが外交上決定的となる最後の瞬間まで、超然としていることができたのである。しかし、これらは非常に特殊な条件であった。さらにむずかしくしていたのは、バランサーはいかなる実際もしくは潜在的な国家集団とも、政治的選好のために提携してはならないという事実であった。勢力均衡理論は、バランサーの役割を理論のなかに組み込むことはできない。なぜならば、バランサーの役割は、非常に限定的に定義され、歴史的にはありえないような状況でしか、果たすことができないからである。5という数字には、何の特別な魅力もない。なぜなら、国がバランサーとしての役割を果たす能力と意図があることは、まず考えられないからである。

　このように考えると、柔軟な同盟関係について誇張していわれている利点に対しても、さらに一般的な疑念が生じる。柔軟性がうまく働くためには、1カ国以上の国家が他国を脅したときに、侵略国となる国に対抗してバランスをとるために、一方の側に加担するか他方を裏切る国家がなくてはならない。すると、かつての勢力均衡システムは、国際連盟や国際連合のような新しい集団安全保障の体制のように見えるのではないかと疑いたくなる。どちらのシステムも、それが維持され機能するためには、深刻な脅威の際に同盟が中立的であることが必要とされている。システム維持のためには、少なくとも1つのある強力な国が、イデオロギー的選好や過去の国家間の結びつきの影響、そして現在の利害対立からくるプレッシャーを克服して、平和的な側に加担しなければならない。つまり、その瞬間が命じるがままに行動しなければならないのである。

　もしどの国家にとっても国益のひとつが他国からの支配を回避することであるならば、一国もしくは少数の国家が、脅威を受けている側に参加することはなぜむずかしいのだろうか。実際のところ、それらの国々は共通の危険を経験しているはずである。しかし、A は B に「脅威は私に対してと同時にあなたに対しても向けられているのだから、私は身を引いて、これへの対処をあなた

に任せよう」というかもしれない。この場合、Bが実際に行動するならば、Aはタダで利益を受けとる。もしBがこれに憤慨して、対処しないならば、AとBは両方とも損をする。つまり、共通の運命を考えなければならないからといって、公正な分業がなされるとは限らないし、分業が全く起こらないことすらあるかもしれない。それは、集団の大きさや集団内の不平等性、およびメンバーの特徴によるのである。(Olson 1965, pp. 36, 45を参照)

　同盟関係が不確実な状態で、ある国家が他国を脅した場合には、いかなる多極システムにおいても困難が生じる。フランスのフランダン外相はイギリスのボールドウィン首相に対して、ヒトラーが1936年にラインラントを軍事占領したことで、イギリスには率先してドイツに対抗する機会が訪れたと告げた。しかし、ドイツの脅威が増大するなか、イギリスとフランスの指導者には、彼らの国が超然としたままならば、ロシアとドイツが互いに均衡するか、戦って決着をつけるだろうと考える者もいた (Nicolson 1966, pp. 247-49; Young 1976, pp. 128-30)。だれがだれを脅すのか、だれがだれに対抗するのか、だれが他国の行動から利益を得たり失ったりするのかについての不確実性は、国家の数が増加するにともなって、加速度的に増える。大半の国家の目標が価値あるものだと認めたとしても、それに到達するための行動のタイミングと内容を算定するのはますますむずかしくなる。国家が従うべき一般規則を指示しても、事態は単純になったりはしない。むしろ、状況の要請に従って自らのために行動せよということと、学者たちが忠告するように、システムの安定もしくは存続のために行動せよということとの、2つの矛盾する要請を国家が両立できないことが判明するだけである。同盟関係における柔軟性が好ましいと考える政治学者は、柔軟性は国家の数が増加するにつれてこそ得られるのであり、したがって複雑さや不確実性をも倍増させることになるということを受け入れなければならないのである。

　3カ国以上の場合には、パワーをめぐる政治は、同盟を結んだり、維持したり、妨害するための外交となる。同盟関係の柔軟性は、口説こうとしている相手の国が別の求愛者のほうを好む可能性があること、そして現在の同盟相手が離反していく可能性があることを意味している。このため、同盟の柔軟性は、政策の選択肢を狭くする。国家戦略は潜在的な同盟相手を喜ばせるか、現在の同盟相手を満足させるものでなければならないからである。似たような状況は、

政党が、異なる経済的、民族的、宗教的、地域的集団の選挙連合を形成したり再形成したりして、票を獲得しようと競争する場合にも見られる。政党の戦略や政策は、有権者を引きつけ、引きとどめておくためにつくられる。政党が選挙で勝つとすれば、その政策は、その政党のリーダーが国家のために最良だと信じたものだけであるはずはない。少なくとも部分的には、政策は選挙に勝つためにつくられなければならないからである。同じように、ほぼ同等の国家が多く存在する場合、戦略は少なくとも部分的には、同盟国を引きつけ、引きとどめておくためにつくられる。同盟が形成される可能性があるならば、国家は自らを魅力的に見せたいと考えるものである。求愛者は、自分の適格性を高めるために、外見を変え、行動を適応させる。競争が下手で、魅力的でない者は、その分、自分の外見と行動を変えようとなおさらがんばるであろう。選択肢のひとつとして認めてもらうためには、性格や政策において、十分魅力的にならなければならないのである。第一次世界大戦前のヨーロッパの同盟外交には、こういった例が豊富にある。ナポレオン戦争後、多くの者は、「共和国〔フランス〕」と「コサック〔ロシア〕」は決して婚約などできないし、ましてや結婚することなどありえない、と考えていた。にもかかわらず、フランスとロシアはある程度互いに適応して歩み寄り、1894年には同盟を結ぶにいたった。そして1904年にまずフランスとイギリスが、そして1907年にロシアとイギリスが、それぞれ長年の敵対関係を克服し、その申し子として三国協商が正式に生まれたのであった。

　強い圧力がかかると、国家はほとんどだれとでも取引をするようになる。1930年にリトヴィノフは、敵対的な世界のなかで安全を確保するために、ソ連はヒトラーのドイツをも含むいかなる国家とも協力すると述べた（Moore 1950, pp. 350-55）。軍事的敗北という地獄を避けるためには、国家は悪魔とも手を結ぶということに気づくのは、重要である。そしてさらに重要なこととして覚えておくべきは、だれがどの悪魔と手を結ぶかという問題が決定的でありうる、ということである。結局はヒトラーの行動によって、イタリアと日本以外のすべての大国は、団結して彼に対抗することになった[1]。

1　W. チャーチルは、ドイツがソ連へ侵攻する前夜、秘書につぎのように述べた。「ヒトラーが地獄を侵略したならば、私は下院で、悪魔について少しは好意的に言及することになろう」（Churchill 1950, p.370）。

安全を確保するために、同盟が形成されなければならない場合がある。そして、いったん形成されると、同盟は維持されなければならない。1890年代のヨーロッパの同盟は、2つのブロックの形成にともなって硬化した。このブロックの硬直性が、第一次大戦勃発を招く大きな要因であったと考えられている。しかし、この解釈は表面的である。同盟は何らかの共通利益をもつ国家によって結ばれるが、国家間ですべての利益が共通ということはない。共通の利益は通常、他国に対する恐れという消極的なものである。積極的利益が問題になると、分裂が訪れる。2つの例を考えてみよう。ロシアはオーストリア＝ハンガリー帝国に対する戦争を計画し、準備することを元来望んでいた。ロシアはオーストリア＝ハンガリーを打ち負かせる望みはあったが、ドイツを敗る望みはなかった。ロシアにとってオーストリア＝ハンガリーは、地中海と黒海とを結ぶ海峡の支配権を得るうえで邪魔な存在であった。そして、フランスは、ドイツを敗ることでしかアルザス＝ロレーヌを取り戻すことができなかった。こうして、共通の脅威の認識がロシアとフランスを結びつけることになったのである。同盟内外交と、フランスからロシアへの大きな資金の流れによって、両国は結びつきを維持し、同盟としての戦略はロシアよりもフランスの好みに合うかたちで形成されることになった。同盟国の利害、および利害をどう保障するかについての考え方は、決して同一ではないため、同盟戦略はつねに妥協の産物となる。さらに、多極世界においては、ブロックが形成されていても、同盟国が対抗陣営ににじり寄ることもある。そして、同盟のメンバーが、違う同盟のメンバーと利害の相違を解決したり、何らかのかたちで協力しようとすれば、同盟自体が不安定になる。バルカン危機を鎮圧するためにイギリスとドイツが1912年と1913年に協力したこと、また両国間で植民地問題の一部が解決されたことは、有害であったかもしれない。イギリスとドイツは、1914年、それぞれの同盟諸国の反応をみて、南東ヨーロッパにおいて似たような役割を演じるのを控えたが、それぞれ、相手の同盟がそれほど堅固ではないという期待を抱かせることとなった (Jervis 1976, p.110)。もしブロックの結束がより強ければ、政策はより柔軟になっていたであろう。しかし、ブロックの結束とは、政党の規律がそうであるように、専門的で注意深い管理をとおして達成されるものである。そして、ブロックの維持管理は協力してなされなければならないため、ほぼ同等の力をもつ国家間では、それは非常に困難なのである。

第8章　構造的原因と軍事的影響

　もし競争するブロックがほぼ均衡し、しかも競争が重要な事がらをめぐるものならば、自らの側を弱めることは自己破壊の危険を冒すことになる。危機の際には、弱い国かあるいはより冒険的な国家が、同盟の政策を決定することが多い。その同盟のパートナー諸国は、そのメンバー国によって自らが窮地におちいることを見過ごすわけにはいかないし、また弱いメンバー国が冒すリスクをたとえ嘆いても、そのメンバー国の冒険を支持しないことで同盟の結束が弱いことを宣伝するわけにもいかない。第一次世界大戦の前兆が、この顕著な例である。同盟国はほぼ同等であったので、各国は緊密な相互依存関係にあった。同盟国間の相互依存と２つの陣営のあいだの激しい競争は、どんな国でも自らの友好国をコミットさせることはできても、いずれの側のどの国も支配的な力を行使できない、ということを意味した。オーストリア＝ハンガリーが進軍すれば、ドイツも従わねばならない。オーストリア＝ハンガリーが解体すれば、ドイツはヨーロッパの真ん中にひとりとり残される。一方、フランスが進軍すれば、ロシアは従わねばならない。しかしドイツがフランスに勝てば、ロシアにとっては敗北となる。このように、すべては悪循環であった。ひとつの主要同盟国の敗北もしくは背信が均衡を揺るがすため、各国は、戦略と軍事力の行使を、自らの同盟国の目標と恐怖に合わせて調整しなければならない制約を受けていたのである。ある意味では、バルカン半島における不安定な政治が世界を戦争に導いたといえるが、そう言ってしまうと重要な点を見落とすことになる。国際的に、不安定性をもたらすような事件や状況はいたるところにある。問われるべき重要な問題は、果たしてそうした事件や状況を、ある国際システムはほかのシステムよりもうまく管理できるのかどうか、そしてその影響が迅速に吸収されるかどうか、である（本書 pp. 275-76 を見よ）。

　パワーをめぐる政治ゲームは、もしそれが本当に真剣にプレイされるならば、プレーヤーを２つの対立する陣営に押しやる。もっとも、同盟を形成したり維持したりする営為はとても複雑なので、ゲームがそのような結果を生むのは戦争という圧力があるときに限られるかもしれない。戦間期における６ないし７つの大国が、第二次世界大戦が始まって２年以上経つまで、２つのブロックを形成するにいたらなかったのは、そのためである。また、２つのブロックが形成されたからといって、多極システムが２極システムになったわけではない。それは、対立する政党が選挙を戦うために連合を形成したからといって、多党

制が二大政党制に移行するわけではないのと、全く同様である。外部からの圧力が非常に大きい場合でも、同盟の団結は完全からはほど遠い。戦争時の国家も選挙同盟における政党も、互いに調整しあいながらも優位を求めて立ちまわり、勝負が終わったあとに生成される力の配置について心配するのである。

多極システムにおいては、同盟国と敵国のあいだに、だれも明確な一定の区別をすることができないくらい多くの数の国が存在する。しかし、その数は他国の背信行為の影響を低くとどめられるほど多くもない。3つ以上の国家があると、同盟の柔軟性によって、友好と敵対の関係が流動的なままになるため、現在および将来の力関係についての予測はだれにとっても不確実になる。システムが比較的少数の国家から成り立っている限りは、どの国家の行動も他国の安全を脅かす可能性がある。しかし、何が起こっているのかを正確に見極めるには、数が多すぎるし、起こっていることに無関心でいられるには、数が少なすぎる。伝統的に、国際政治を学ぶ者たちは、同盟関係の柔軟性からくる不確実性によって、どの国家の外交政策にも健全な警戒心が生まれると考えてきた（Kaplan 1957, pp. 22-36; Morgenthau 1961, part 4を参照）。反対に、彼らは、2極世界は二重に不安定であり、容易に衰退するか暴発してしまうと考えていた。しかしこの結論は、誤った推論と乏しい証拠にもとづいている。軍事的な相互依存にはばらつきがあるが、それは大国が安全保障のために他国に依存している程度と、依存の仕方が他国とどのくらい同等であるかによって決まる。2極世界においては、軍事的相互依存は経済的相互依存よりもさらに急激に減少する。ソ連とアメリカは、軍事的には自らの能力に主に頼っている。つまり、両国は同盟国の能力に頼る「対外的」手段ではなく、自らの能力に頼る「対内的」手段によって、互いと均衡している。対内的バランシングのほうが対外的バランシングより、あてになるし正確である。国家は、敵対する国家連合の力や信頼性を誤って判断することはあっても、自国の相対的国力を誤って判断することは少ないからである。不確実性と誤算は、国家を適度に警戒させたり、平和の機会を増やしたりするよりも、戦争の原因となる（Blainey 1970, pp. 108-19を参照）。しかし、2極世界においては、不確実性は少なく、計算は容易なのである。

2極システムの長所が疑われるのは、多くの場合、多極世界のなかに2つのブロックが形成されることが、システムが2極になることであると考えられて

いるためである。上手に維持管理されないブロックは、崩壊する。多極世界においては、ブロックの主導国は、同盟国の離反が友好諸国に致命的にならないよう、同盟の管理と、対立しているブロックの目的および能力とに、同時に関心をもたなければならない。2つの世界大戦へといたった歴史的経緯が、このことの危険を劇的に示している。現在では同盟管理に多くの努力が割かれており、そのことが古い形態の同盟と新しい形態の同盟との甚大な差をわかりにくくしている。同等の国家間の同盟においては、ある当事国の背信は他国の安全保障を脅かす。一方、同等でない国家間の同盟においては、小国の貢献は望まれてはいるものの、それほど重要性をもたない。多くの当事国の貢献がすべての国にとって非常に重要である場合、各当事国は戦略と戦術についての自国の見解を受け入れるよう他国を説得し、説得が失敗したときには譲歩する強いインセンティブをもっている。主要当事国は同盟内の結束に自らがどれだけ依存しているかを理解しているので、その結束は維持しやすい。第一次大戦前に、イタリアの三国同盟脱退の可能性をドイツが受け入れたことは、イタリアが相対的に重要でなかったことを示していた。一方、同等でない国家間の同盟においては、その同盟の主導国は、もともと選択肢をほとんどもたない追随国の忠誠を心配する必要がない。1914年の状況を、1956年におけるアメリカとイギリスおよびフランスの状況と比べてみるとよい。アメリカはスエズ危機にかかわった2つの主要同盟国の冒険から自らを切り離し、両国に大きな財政的圧力を与えることができた。イギリスとフランスは、1914年のオーストリア＝ハンガリーがそうであったように、既成事実を提示することによって、同盟国にコミットさせようとし、少なくとも動けなくしようとしたのだが、アメリカは優位な地位にあったため、同盟国を統制しながら主要敵国に注意を集中し続けることができた。同盟のコストを支払う能力という点において、それができるアメリカとそれができなかったドイツとの違いは際立っている。とすれば、多極世界のなかの2つのブロックの形成と、今日のシステムの構造的2極性とをはっきりと区別することは重要である。

　多極世界と同じく、2極世界においても、同盟の主導国は関係国から最大限の貢献を引き出そうとすることがある。他国の寄与は2極システムにおいてもやはり役立つ。しかし、それは必要不可欠ではない。そのため、同盟主導国の政策と戦略は、究極的には主導国の計算と利害によってつくられる。他の同盟

国の意見を軽視できるのは、軍事協力の重要性がかなり低いからである。これは、ワルシャワ条約機構（WTO）と北大西洋条約機構（NATO）の両方に当てはまる。たとえば、1976年にソ連の軍事支出はWTO全体の90パーセント以上で、アメリカのそれはNATOの約75パーセントであった。実際、形式上はともあれ、NATOは、ヨーロッパの同盟国およびカナダにアメリカが与える保証からなっている。核兵器の優位と西ヨーロッパ諸国すべてを合わせたのと同等の兵力を背景にして、アメリカは同盟国を守れるが、同盟国がアメリカを守ることはできない。同盟諸国の能力差が巨大なため、かつての同盟システムに見られたような、ほぼ同等の責任分担はもはや不可能なのである。

　軍事的には、相互依存は２極世界において低く、多極世界において高い。多極世界の大国は、危機や戦争における政治的および軍事的支持のために、互いに依存しあっている。確固たる支持を確保することが、非常に重要なのである。２極世界の場合には、これは当てはまらない。第三国が同盟から離反したり、他の同盟に参加しても、勢力均衡を崩すことができないからである。したがって、戦後世界において、まずアメリカが、そして後にソ連が中国をパートナーとして「失った」ことは、両国の均衡を破壊的に歪めることなく、また、大きな影響を与えることすらなく、調整された。フランスのNATO脱退も、２極のバランスを目立って変化させることにはならなかった。アメリカの政策がフランスのためにつくられる必要がなかったので、フランスは部分的に離反したのだと説明することもできよう。２つの超大国と、それぞれの同盟国とのあいだには著しい不平等があるため、超大国以外の同盟国がいかなる同盟の再編成を試みようとも、さして重要ではないのである。したがって、この場合、同盟の主導国の戦略は柔軟になる。古い形態の勢力均衡政治においては、同盟の柔軟性は、戦略の膠着性もしくは政策決定における自由の制限につながったが、新しい形態の勢力均衡政治においては、逆こそ真なりなのである。２極世界の同盟の硬直性が、戦略の柔軟性と政策決定の自由の拡大を促している。同盟国への譲歩もときどきなされるが、アメリカとソ連はどちらも、友好国の便宜を図るためだけの理由で自らの戦略や軍事的展開を変化させたりはしない。両超大国は第三国の要求に応じる必要がないため、自らがもっともよいと思うかたちで、長期的な計画を作成し政策を遂行できるのである。

　多極世界においては、国家は、国益にかなうかたちで資源を持ち寄ることが

しばしばある。ほぼ同等の当事国が協力しあうとき、それらの国々は政策の共通項を探さなければならない。そして、最低限の共通項しか見つけられない危険を冒し、最悪の帰結を導くこともある。一方、2極世界においては、同盟の主導国は、主に自国の利害の計算に従って戦略をつくる。戦略は、自らの同盟国を満足させるためというよりも、主要な敵に対処するためにつくられる。同盟主導国は、自らの方針に従う自由がある。この方針は、もちろん、主導国のよい判断とともに悪い判断、現実的恐怖とともに想像上の恐怖、価値ある目標とともに追求するに値しない目標をも反映する可能性がある。同盟の主導国に対して制約がないわけではない。しかし、その主な制約は、自らの友好国からではなく、主要な敵国から生じるのである。

Ⅲ

　アメリカもソ連も、他国に受け入れられる必要はないが、互いに対しては対処しなければならない。多極世界の大国間政治においては、だれがだれにとって危険であり、だれが脅威や問題に対処するのかが不確実である。2極世界の大国間政治においては、だれがだれに対して危険であるかは疑いの余地もない。このことが、2つの国際システムにおけるパワーをめぐる政治の最大の違いである。アメリカとソ連は、ほかのどの国とも比較にならないほどの規模の損害を互いに与えることができる。それゆえ、ソ連にとってアメリカは絶えざる危険の種であり、アメリカにとってのソ連も同様である。一方の国の命運にかかわる世界の出来事は、すべて自動的に他方の関心を引くことになる。朝鮮侵攻の際のトルーマン大統領は、チェコスロヴァキア危機におけるN. チェンバレンのように、朝鮮の人びとはアメリカ人が何も知らない遠い東アジアの人びとであると主張することはできなかった。アメリカは朝鮮の人びとについて知らなければならず、もしそうでなければ彼らについてすばやく調べなければならなかったのである。1930年代、フランスはイギリスとドイツのあいだにあり、イギリス人たちもわれわれアメリカ人も、その国境はライン川にあると考えていた。第二次大戦後、アメリカとソ連とのあいだに入り込むような、第三の大国は存在しない。1930年代にリトヴィノフが平和は分割不可能であると述べたとき、その言葉は議論の余地が多いものであり、また実際それは真実ではなか

った。政治的スローガンは、現実よりも希望をうまく表現するものである。しかし、2極世界においては、希望は現実となる。戦争の脅威や戦争そのものがどこで起ころうと、重要な利得や損失をもたらす可能性があるならば、それは両超大国の関心事である。2つの大国間の競争においては、一方の損失は他方の利得になる。このため、2極世界の大国は、安定を損ねるような事件に対し迅速に反応するのである。他方、多極世界においては危険が分散され、責任は不明確であり、死活的利益の定義も曖昧になりがちである。多くの国家が均衡状態にある場合、急進的な国家の巧妙な外交政策は、他国を敵に回したり、脅して統一行動をとらせたりすることなく、ある国家に対して優位に立つよう計画される。近代のヨーロッパでは、しばしば利得を得る可能性が損失の可能性よりも大きいようにみえた。それゆえ、国家の指導者たちは、潜在的なすべての敵国を団結させることなく、争点を限界まで推し進めることができると考えた。潜在的な敵にあたる国の数が複数である場合、それらの国家が統一的な行動をとるのはむずかしい。そのため国家指導者たちは、敵が団結して対抗してくるとは考えなかったし、2つの世界大戦のまえのB. ホルヴェークとA. ヒトラーもそうならないことを切に望んでいた。このように、当事国の相互依存性、危険の分散、反応の混乱が、多極世界における大国間政治の特徴なのである。

　利害と野心が対立している場合、危機が繰り返されるよりも危機が訪れないほうが悩ましい。危機は、ある国家がもたらそうとしている変化にもう一方の国家が抵抗しようと決意することによって生じる。アメリカとソ連は、重要なことについて他の国々は抵抗してくれないだろうと思っているため、自らが抵抗しなければならない立場にある。戦後世界における政治行動は、この状況を反映したものであった。ギリシャで活動している共産ゲリラが、トルーマン・ドクトリンを生んだ。東ヨーロッパ諸国に対するソ連の支配強化が、マーシャル・プランと北大西洋条約を発足させ、これらがまたコミンフォルムとワルシャワ条約を生じさせた。西ドイツに政府をつくる計画がベルリン封鎖を生んだ。こういったかたちで、1950年代、60年代、70年代と続いていった。アメリカの反応がソ連の行動に連動し、ソ連の反応がアメリカの行動に連動することによって、次第に堅固な2極の均衡が生まれたのである。

　2極世界においては、周辺が存在しない。世界的規模で行動できる国家が2

つしかないため、世界のいかなる場所で起こるどんなことでも潜在的には両国の関心事となる。2極であることにより、両国の関心の地理的範囲が拡大されるのである。また、両国間の競争に含まれる要素の幅も広がる。同盟国は、超大国の能力に付加できるものが相対的にほとんどないため、自国の立場に注意を集中する。多極世界においては、だれがだれにとって危険であるかが不明確であることが多いため、不均衡をもたらすあらゆる変化に関心をもったり、必要な努力すべてでもってそれに対応したりする動機づけは結果的に弱まってしまう。しかし、2極世界においては、変化は2つの国それぞれに異なって影響する可能性もあるために、なおさら世界全体もしくはそれぞれの国家領域における変化が無関係であるとは考えられないのである。競争は、より広く拡大すると同時により包括的になり、軍事的準備のみならず経済成長や技術発展も、恒常的で大きな関心事となる。このように、当事国の自己依存性、危険の明確さ、だれが危険に直面しなければならないかについての確実性が、2極世界の大国政治の特徴なのである。

　多極世界では、いくつかの大国もしくはすべての大国による誤算が危険を生む。2極世界では、一方もしくは両方の大国による過剰反応が危険の源泉である。2極であることによって、大半の危機が相対的に重要でなくなる一方で、アメリカとソ連は、つまらない事件を危機にしてしまうこともある。両国が大きな敗北をこうむるのは、相互に戦争が起こった場合のみである。パワーにおいても富においても、両国は、他国にいいがかりをつけて勝利したり、あるいは他国と戦って征服したりするよりも、自らの国内資源を平和的に発展させることのほうが、得るところが多い。アメリカの国民総生産（GNP）は、5パーセントの経済成長が3年間持続すると、西ドイツのGNPの半分以上も増加し、イギリスのGNP全部よりも多く増加することになる（1976年をベースとした場合）。一方、GNPがアメリカの半分のソ連が同じように成長した場合、想像上の利得は2倍になる。それでも、その重要性は大したものではない。GNPバランスおよび資源配分の変化が危険をもたらすことになるのは、ソ連が日本、西ヨーロッパ、中東を獲得した場合でしかない。

　しかし、第二次大戦以降、アメリカは、その地域以外のだれの運命にも影響しないような、遠隔地のやっかいな事件に、コストをかけて対応してきた。誤算と過剰反応とでは、どちらが悪いのであろうか。誤算はバランスに変化をも

たらし、主要国を最終的に戦争へ導いてしまう一連の事件を引き起こす可能性が高い。これに比べて、過剰反応はコストがかかるだけであり、行われる戦争も限定的であり、害はより少ない。

　さらに、2極システムの力学は、ある程度の修正をもたらす。熱戦にせよ冷戦にせよ、すべての拮抗した競争においては、対外的状況が支配的となる。1950年代半ばにJ. F. ダレスは非道徳的な中立主義国を痛烈に批判した。ソ連の指導者も同じく中立主義国をばかにしたり、資本主義国の餌食と呼んだりした。しかし、国益よりもイデオロギーを優先することは、長くは続かなかった。ソ連とアメリカ両国は、すぐに中立国を受け入れ、激励するようにすらなった。ソ連は、エジプトやイラクといった、共産主義者を投獄している国々を援助した。アメリカも、1950年代後半から1960年代をとおして、共産主義国ユーゴスラヴィアに経済的・軍事的援助を行い、また中立国インドを経済援助対象国としてもっとも優遇したのである[2]。冷戦期のレトリックによれば、世界の亀裂の根は資本主義的民主主義国と無神論の共産主義のあいだにあるということであったが、アメリカとソ連の政策では、利害の大きさと闘争の圧力のために、イデオロギーよりも国益が優先された。両国とも、救世主的な運動の指導国としてよりも、伝統的な大国のように行動したのである。相互の敵対心で結ばれている2大国が他国をはるかにしのぐ世界においては、計算どおりの反応をするインセンティブが際立ち、無責任な行動に対しては大きな力で制裁が行われる。したがって、伝統的に孤立主義的で国際政治の手法が洗練されておらず、衝動的行動で名高いこの2大国であっても、慎重にふるまい、警戒し、注意深く柔軟に、また辛抱強く行動するようになった。いつでもどこでも、というわけではなかったが、重大な状況においては、必ずそうだったのである。

　新しい時代が広島の原爆で始まったと考える者もいるが、国家の行動を決定するうえでは、新しい軍事技術よりも昔ながらの政治の圧力のほうが重要である。イデオロギーを推進する主体も、依然として国家である。1815年以後の専制君主間の連帯、19世紀半ばの世界的な自由主義の広がり、第一次世界大戦前の国際的社会主義の流行、ボルシェビキ革命後の数十年にわたる国際的な共産主義の動き、これらの国際的運動はすべて国家によって取り込まれた。イデオ

---

[2]　1960年から1967年まで、アメリカの対インド援助は、他のどの国に対する経済軍事援助の合計よりも多かった（US Agency for International Development, various years）。

第8章　構造的原因と軍事的影響

ロギーの信奉者は国益のために利用され、国際的プログラムは国家の政府によって操作され、イデオロギーは国家の政策の小道具となった。そのため、ソヴィエト連邦は危機においてはロシアだったのであり、アメリカは、自由主義的レトリックはさておき、現実的かつ注意深く、政策を構築することになったのである。つまり、事件が展開するなかでは、ソ連もアメリカもそれぞれが言うことと矛盾したかたちで行動せざるをえなかった、ということである。国家の特徴から解釈を導こうとする政治学者たちには、このプロセスがなかなか理解されない。むしろ少数の当事者からなるシステムの特徴から導かれる解釈のほうが、政治をうまくとらえることができる。たとえば経済学者たちは、時間がたてば、主要な競争者間の平和共存が容易になると、かねてから認識していた。互いに慣れ、互いの動きをどう解釈し、それにどう適応もしくは対抗するかを学ぶからだ、というわけである。O. ウィリアムソンが述べたように、「経験によって」合意や一般に受け入れられている慣行への「より忠実な支持がもたらされるのは疑いようがないのであり」（Williamson 1965, p.227）、予測はより容易になるのである。

　完全競争の理論が教えてくれるのは、市場についてであって、競争者についてではない。一方、寡占競争の理論は、両方についてかなり多くのことを教えてくれる。競争が続くと、競争者たちは重要な点において互いに似てくる。第6章で見たように、これは企業と同じく国家にも当てはまる。W. ジマーマンが、ソ連が1960年代に、国際関係をボルシェビキ的に見るのをやめただけでなく、アメリカとよく似た見方をするようになったと述べているのも、このためである（Zimmerman 1969, pp.135, 282）。競争者の態度が次第に類似し、互いの経験が増加すると、関係調整も容易になる。

　こういった長所は、少数からなるあらゆるシステムに共通することである。では当事者が2人の場合には、互いの関係においてどのような利点がさらにあるのだろうか。集団が小さくなると、メンバーはだれと取引するかを考える際、その選択肢が狭まる。最小の集団においては、選択というむずかしい仕事がないため、物事の管理がもっとも容易になる。当事者の数が3以上の場合は、当事者は結託することで自分のわけまえを多くできるため、集団の結束はつねに危険にさらされている。相互依存は、敵対心と恐怖心を生むのである。当事者が3以上の場合、敵対心と恐怖心のためにAとBはCの支持を取り付けよう

とする。もし両者とも C に言い寄れば、両者のあいだの敵対心と恐怖心は増大する。これに対し、集団が 2 人のメンバーだけである場合には、選択肢は消滅する。各当事者は、もっとも重要な事がらについて、互いと取引できるだけであり、第三者に訴えることはできない。このように、2 人の当事者からなるシステムには、独特の特徴がある。互いが相手に対してあるいは相手のためにできることが多いため、システムにおける緊張は高い。しかし、第三者に訴えることができないため、行動を緩和する圧力も大きいのである（Simmel 1902; Bales and Borgatta 1953を参照）。3 人以上の当事者で交渉するのは、むずかしい。交渉者は、問題となっている争点について心配するが、当事者が 3 人以上いる場合は、自分や他の当事者が結託することで自分の立場の強さがどう影響を受けるかについても心配することになる。さらに、当事者のうちの 2 人が合意に達した場合、その合意が他の当事者の行動によって崩壊したり、無効にされたりするかどうかも考えなければならなくなる。

　軍縮問題を考えてみよう。限定的な解決策を見出すためにでさえ、少なくともつぎの 2 つの条件のうちどちらかが満たされなければならない。第 1 には、軍備競争に勝つであろうと思われる側が、軍備計画を削減する気があること、である。そうであれば合意は可能である。1920年代に、海軍軍拡競争に勝てたはずのアメリカは、率先して軍備削減交渉を進めた。そして、軍備競争に負けるはずの国々は、自己利益のために交渉を受け入れた。これが、ワシントン海軍軍縮条約を可能にした、唯一の条件ではないにせよ、必要条件だったのである。合意が可能となる第 2 の条件としては、2 カ国が、他国の軍事力が自らにどう影響するかをさほど省みずに、相互利益と恐怖を考慮できること、である。1972年の弾道弾迎撃ミサイル配備制限条約が、この顕著な例である。弾道ミサイル防衛は、発射されるミサイルが少数の場合に効果的であるとされているため、第三国の核兵器に対して役立つ。アメリカとソ連は、並外れた優越性のために、この防衛兵器を制限することができた。アメリカとソ連が他国の軍事力を懸念するのであれば、両国が 2 カ国間合意に達する能力は下がるが、これまでのところ、そういった懸念は少ない[3]。

　2 極世界の国家間関係の単純さと、そこから生まれる強い圧力のために、2

---

[3] Burt（1976）はこの懸念が増大する場合について注意深く考察している。

大国は保守的になる。しかし、構造がすべてを説明するわけでは決してない。このことを繰り返して述べるのは、構造決定主義に対する批判は、いとも簡単だからである。国際政治の結果を説明するには、システムの構造とともに、国家の能力、行動、相互作用を見なければならない。たとえば、核兵器をもつ国家は、通常兵器だけをもつ国家よりも戦争を避けるインセンティブを強くもっているかもしれない。また、経験豊富でイデオロギー的でない国家と比べて、1940年代および1950年代のアメリカとソ連は、互いに共存するのがむずかしいと思ったかもしれない。つまり、国内レベルと国際レベル両方の原因によって、世界はより平和的で安定的になったり、そうでなくなったりするのである。私が国際レベルに注目するのは、構造の影響が通常見落とされたり誤解されているからであり、また私が書いているのが国際政治の理論であって外交政策の理論ではないからである。

　アメリカとソ連がほかの分野の寡占主体と同様、互いにどう対処していくかを徐々に学びつつあるからといって、それで両国が危機におちいることなく相互作用したり、協調が容易に達成できるということを意味するつもりはない。しかし、両国の関係の質は、1960年代および70年代に、目に見えるかたちで変化した。緊張が許容不可能なレベルまで高まるのではないかという1940年代および50年代の懸念と反対に、1960年代、70年代には、アメリカとソ連は他国を犠牲にしても、互いの利益のために合意するのではないかという恐れも生まれた。西ヨーロッパ諸国、とりわけドイツとフランスはいらだち、中国の指導者たちは時おり、ソ連がアメリカと提携して世界支配をねらっていると批判した。これらの懸念や恐怖は、誇張されたものであった。ソ連とアメリカは、その影に隠れたいかなる国家が望むよりも、互いに影響しあうことができる。近い過去と同様、今日の世界においても、相互対立の状況は、国家間の差異の調整を排除するどころかむしろ必要とすることがある。しかし、合意への最初の一歩が第二歩、第三歩へとつながるわけではなく、それらは緊張のレベルを高くしている他の行動や事件と混ざり合ってしまう。これが、ソ連とアメリカが共同で軍事問題を規制した最初の主要な成功事例、すなわち1963年の核実験禁止条約にみられるパターンである。この条約は、アメリカでは、平和維持の可能性を高めるさらなる合意への最初の大きな一歩として表現されたが、それと同時に、ソ連の目標は変化していないため、アメリカは防衛のためのガードを下げ

るわけにはいかないともいわれた（Rusk, August 13, 1963を参照）。両国とも、安全保障のためには自己の方策に頼らなければならず、共同事業には用心深かった。両国は、利益が平等になるかどうかがわからなかったし、また結ばれた協定が確実に両国を拘束するかどうかも確かでなかったため、どちらも目先の利益のために将来的リスクを冒すことに尻込みしたのである。つまり、自助システムにおける当事者間には、互恵主義のルールと警戒心が顕著となるのである。両国は、平和と安定への関心によって結びつくが、恐怖によって引き離される。「敵対的兄弟」とか「利害対立するパートナー」などと呼ばれるのは、正しいことなのである。

　しかし、敵意によって「兄弟愛」が消し去られ、対立意識が相互利益を覆い隠してしまうのではないだろうか。少数の国家からなるシステムは、ヒトラーやチェンバレンのような人間の行動や対応の仕方によって、混乱する可能性がつねにある。これが真実であるため、われわれは、権力の座にある者の節制、勇気、良識に頼らねばならないという、居心地の悪い立場にいるようにもみえる。人間の気まぐれや、事件に対する個人の反応が予測不可能であることを考えると、ひざまずいて祈ることが唯一のよすがと感じるかもしれない。にもかかわらず、われわれはつぎのように考えて、安心することもできる。すなわち、他のだれとも同じように、大国の行動を指揮する者も決して自由なエージェントではない、ということである。指導者が分別ある対応をする望みが尽きても、指導者にそうさせる圧力を期待できる。相互の敵対心で結ばれている2大国が他国をはるかにしのぐ世界においては、計算どおりの反応をするインセンティブが際立ち、無責任な行動に対しては大きな力で制裁が行われる。指導者の行動だけでなくアイデンティティーも、そういった圧力の存在や、直面する課題の明確さによっても影響を受ける。たとえば、1930年代にチャーチルがイギリスの政権につかなかったことを、人びとは嘆く。彼は、勢力均衡維持のためにどのような行動が必要か心得ていたからである。しかし、チャーチルを権力の座に押し上げたのは、1930年代の漠とした戦争の脅威ではなく、戦争が始まったあとで明らかになった敗北の危険性であった。世界の1つの極を代表する国民が無能な支配者に対して寛容であるならば、それは明らかにリスクを冒すことになる。アメリカとソ連の指導者は、彼らが遂行しなければならない仕事を念頭において、選出されるのであろう。他の国には、国民をもっとも喜ばす

国内政治を行う指導者を選ぼうとすれば選べる贅沢があるが、アメリカとソ連ではそういうわけにはいかないのである。

　このことは、将来アメリカとソ連を統治する者すべてが、完璧に近い複雑な美徳の組み合わせを人格として持ち合わせるだろうなどというユートピア的希望を抱くためのものではない。2極世界の圧力によって、その性格から人びとが期待するよりもすぐれたやり方で、それらの統治者たちは国際政治において行動するよう促されるであろう、ということである。この命題を私は1964年に述べ、ニクソン大統領がそれを実証してくれた。世界の平和や生存について、穏やかに確信をもてるというわけではない。両国が対応しなければならない危険が明確に存在している限りにおいては、用心深い楽観主義が正当化されるということなのである。たしかにどちらかの国が狂暴になったり、愚かな行動に走ったり、弱体化する可能性はある。必要不可欠なものが明白であれば、それらが満たされる可能性は高まるが、必ずそうなるという保証もない。対外的危険が国家を統一し、人びとの英雄的行為に拍車をかけることもある。あるいはヒトラーのドイツに直面したフランスのように、外国からの圧力が指導者たちを分裂させ、大衆を混乱させ、外圧にすすんで屈するようになってしまうかもしれない。また、調整が過度にむずかしくなったり、計画された行動の必要性が過度に高まったりする、といったこともあるだろう。行動の必要性が明白でも、核爆発のまばゆい閃光によってそれが消滅してしまうかもしれない。ただ、そのようなことが起こるかもしれないという可能性の恐怖によって、これまで述べてきたような圧力と過程は強化されるであろう。

IV

　2極システムには、多くの長所がある。それらをさらに説明するまえに、今日の2極世界の存続性の問題を考察すべきである。これまで示してきたように、このシステムはダイナミックに安定している。しかし、これまでのところ私は、アメリカとソ連が他国に対する実質的な優位を失いつつある、もしくは失ってしまったとする多くの主張を、まだ吟味していない。過去の大国は実際そうなったし、今回ももちろんそうなるかもしれない。そこで、アメリカとソ連の優位が本当に深刻に衰退しているのかどうかをまず問い、そのあとで軍事力と政

治的支配力との関係を検討しよう。

　何百年にもわたる国家の隆盛と衰退を振り返って結論づけられるのは、国家の序列はゆっくりと変化する、ということだけである。戦争を別にすれば、ある主要国の経済やその他のパワーの基礎がほかの主要国よりも早く変わるということは、ほとんどない。経済成長率の差は、長期的でない限りは、国家の序列を変えるほど大きくもなく、また安定しているわけでもない。フランスとナポレオン戦争におけるその対抗国は、第一次世界大戦においても最初の主要な参戦国であった。プロシアがドイツになり、アメリカがのちに加わっただけである。ナポレオンのフランスもヴィルヘルムのドイツも完全に敗北したが、これらの国々が大国の地位から除外されることはなかった。第二次世界大戦では、大国のキャストはたしかに変わり、アメリカおよびソ連と競争できる国はもはや他にいなくなった。両国だけが、大規模な国土と人口を経済技術発展と組み合わせることができるからである。大国クラブに入るのは、大国の数が多く、大国の規模が小さかったときには容易であったが、大国の数が減り規模が大きくなると、大国クラブに参入するための障害は高くなった。しかし、時がたてばそれも乗り越えられる。では、第3、第4の国がその障害を乗り越えるようになるには、どのくらいの助走が必要なのであろうか。そしてその障害は、どのくらい高いのであろうか。

　障害はかつてほど高くはなくなったが、それでも考えられているよりは高い。アメリカで語られている最近のテーマのひとつは、アメリカは「衰退しつつある工業国である」ということである。たとえば、C. L. サルツバーガーは、1972年11月に、「アメリカは20年前のような世界的巨人ではもはやなくなった」と宣言し、アメリカの世界生産のシェアは「50パーセントから30パーセントに落ちた」と述べた（Sulzberger, November 15, 1972, p.47）。アメリカが徐々に衰退しつつあることについて聞きなれていなかったならば、そのような数字の乱用に人びとは驚いたであろう。1971年の夏、ニクソン大統領は、25年前の「アメリカは軍事的に世界一であり、経済的にもナンバーワンであった」と述べ、「世界のすべての財の50パーセントを生産していた」と彼はつけ加えた。しかし、もはやそうではない。1971年までに「経済的に世界でナンバーワンはアメリカだけではなくなった。経済および経済的潜在力の観点から考えると、2つの超大国があるのではなく、今日の世界には5つのパワーの中心がある」と、

彼は述べたのである（Nixon, July 6, 1971）。

　サルツバーガーとニクソンがわれわれをごまかし、まちがいなく彼ら自身もごまかされたトリックは明らかである。ニクソンの比較の年である1946年には、アメリカ以外の世界の工業国は、破壊された状態にあった。サルツバーガーの比較の年である1952年までには、イギリス、フランス、ソ連が戦前の生産レベルを回復したが、ドイツと日本の経済的奇跡はまだ起こっていなかった。戦争直後の年に、アメリカが異例の大きな割合で世界の財を生産したのは当然である[4]。いま再び、アメリカは戦前と同じく、世界の財の約4分の1を生産している。これはアメリカに続く2つの経済大国であるソ連と日本の2～3倍である。これでも、アメリカはナンバーワンではなくて、5つのうちの単なる1つになったというのであろうか。

　復興の成長は、通常の成長よりも速い。アメリカと他の工業国とのあいだの巨大な格差は、いまだに巨大ではあるものの、これらの工業国の早い経済復興によって以前よりも縮まった。しかし、アメリカの現在の地位がさらに著しく衰退している証拠はない。多くの証拠が示しているのは、アメリカが戦後の異常な支配的地位に十分に慣れてしまい、いまでは、他国の進歩がアメリカに匹敵するかどうかにかかわらず、それに過剰なほど敏感になっている、ということである。経済技術のゲームでは、アメリカは優位なカードを保持している。経済成長と競争力は、秀でた技術に大きく依存しており、アメリカは他国よりも研究開発に多く出費して、この優位を維持している。この点についても再び、最近述べられていることは誤解を招くものである。1976年3月の『大統領国際経済報告』は、「アメリカは、とりわけドイツや日本のような主要競争相手国の研究開発努力の伸びとその相対的重要性と比べて、遅れをとっている」（CIEP, p.119）と、議会に警告した。しかし、これはつぎのように解釈されるべきである。すなわち、ドイツと日本の研究開発支出の増加によって1973年までに、両国は支出ではほぼアメリカのレベルになった（付表Ⅵを参照）[訳註1]。しかし、ここ10年のアメリカの支出の減少のほとんどは宇宙および防衛関係の研

4　それにしても、サルツバーガーとニクソンはアメリカの戦後の経済優位を過大評価している。Woytinsky and Woytinsky（1953）は、1948年のアメリカが世界所得に占める割合を40.7パーセントと算定し、1938年の26パーセントと比較しており、このほうがよい推定値のようである（pp. 389, 393-95）。

訳註1　原文では付表Ⅲとなっているが、付表Ⅵの間違い。

究開発支出の減少を反映しており、これらは、経済状況とはそれほど関係ない。さらに、支出は GNP 比で測定されるため、アメリカの国家的支出はいまだに比べものにならないほど大きい。いくつかの例が示すように、支出は結果に反映されている。1943年以降の29年間で、科学における178のノーベル賞のうち、アメリカは86をとっている（Smith and Karlesky 1977, p.4）。1976年に、アメリカは、ノーベル賞のすべてをさらう最初の国になった（これを受けてもちろんのこと、マスコミは、アメリカの科学的および文化的地位が近々衰退するであろうと警告する記事を書いた。これは部分的にはいま要約したようなかたちで、他国が研究費の面で追いついているからである。しかしアメリカがこれ以上よくなることなどありえないのだから、この警告が聴くに値するかは疑わしい）。1953年から1973年までのあいだに、アメリカは492の主要な技術革新のうちの65パーセントを生み出した。2位はイギリスで17パーセントであった（同上）。1971年にはアメリカの労働人口1万人につき61.9人が科学者もしくはエンジニアであった。非共産主義国のなかで比較できる数値は日本の38.4人、ドイツの32.0人、フランスの26.2人であった。最後に、アメリカの製品輸出における優位はハイテク製品の輸出に大きく依存してきたが、1973年から1975年の3年間にこの輸出は年平均28.3パーセントの率で伸びた（CIEP, 1976, p.120）。

　このように、どう測定しても、アメリカは主導的国家である。主導国の地位を維持するのにはコストがかかると、人は考えるかもしれない。たとえば、ソ連や日本のように開発途上にある国は、より経済的に進んだ国で高いコストをかけてつくられた技術を取り入れることによって利益を得ている。しかし、これは4つの理由で、もはやそれほど簡単にできることではない。第1に、今日の技術は複雑なため、あることにおける競争力と他の分野における競争力とを切り離して考えることはできない。もっとも洗練されたコンピューターへの十分なアクセスなしに、どうして複雑な技術の最先端をいくことができようか。この問いが示唆するところのむずかしさを、ソ連やフランスのような先進国も感じてきたのである。第2に、技術変化の速さは、遅れが長引き、倍加することを意味する。V. バシウクが述べたように、「ほんの少し遅れている国々はしばしば、すでに時代遅れになろうとしている製品を製造していることに気づかされる」（Basiuk n.d., p.489）のである。第3に、アメリカは可能な技術を効率よく活用するに足る国内市場をもっていないとしても、アメリカの国内市場は

第8章　構造的原因と軍事的影響

他のどの国よりもそれに必要とされる規模に近い。このことが非常に有利なのは、ほとんどの事業が国際的でなく国内的に行われ続けるからである。第4に、経済的技術的先進性は、国際政治においてますます重要になる可能性がある。これは部分的には軍事的膠着状態のためである。今日の世界において、また将来においてはなおさらそうであるが、基本原料の十分な供給が容易に安い価格で行われるわけではない。そのため、海底を採掘したり、希少資源の代替物を開発したり、それらを間に合わせの材料からつくった合成物に置き換えたりすることは、国民経済の存続可能性を決定するまでにいたらないにせよ、その繁栄を決定するうえでますます重要となる能力である。

　私はアメリカの評価表のプラスの側に入れられるべき多くの事項を述べてきたが、マイナスの側に入れるべき項目を見逃し、事実と逆の図を描いたということはないだろうか。もし私が逆の図を描いたとすれば、それは世界のほうが転倒しているのである。アメリカがこうむる不利益のどれもが、他の主要国にとってはさらに過酷な不利益であることを想像するのはむずかしくない。ソ連はアメリカがもっている利点の多くとともに、アメリカがもっていないいくつかの利点をもっている。とりわけ天然資源においてはそうである。にもかかわらず、GNPがアメリカの半分しかないソ連は、競争に居残るために全力を尽くさなくてはならない。問題は、予見できる将来に大国クラブに第三国もしくは第四国が入るかどうかではなく、ソ連がこのままアメリカについてこられるかどうかである。

　戦後ソ連は、アメリカよりも少ない国民所得のなかから、不釣り合いに大きな金額を軍事的手段に使うことによって、世界のいくつかの場所でアメリカに挑戦することができた。アメリカの半分の生産でアメリカよりも大きな人口を維持しなければならないことですでに不利なうえ、ソ連はその生産を、アメリカよりも多い比率で防衛費に使っている。1973年から1975年にアメリカがGNPの約6パーセントを防衛費に使ったのに対し、ソ連は11から13パーセントを使ったと思われる[5]。これほど大きな軍事支出は、重い負担となる。支出割合がソ連よりも多いのは、イランなど中東で敵対している国家だけである。中華人民共和国もそのような道を歩み、国民を動員して生産を急速に増加させる

---

[5] ソ連の支出の推定のなかにはより高い数値もある。Brennan（1977）を参照。

と同時に、大規模で近代化された軍事能力を獲得するのではないか、と懸念する者もいた。しかし、中国がそのどちらもできるとは思えないし、両方を同時にすることができないことは確実である。さらには、前者を達成することなしには後者もできないのも確実である。中国は、将来の超大国として考える価値もないくらい、遠い水平線上にかすかに見分けられるだけである。

　たとえば、短期的に、20世紀末までに超大国になる可能性があるのは、西ヨーロッパのみである。その可能性は大きくはないが、少なくとも潜在能力は存在し、あとはその能力を政治的に開花させるだけである。合算すると、西ヨーロッパの9カ国はソ連よりもわずかに人口が多く、GNPは25パーセントも大きい。統合は明日達成されるわけではないし、もし達成されてもヨーロッパがすぐにスターの地位にのし上がるわけではない。ただ、政治能力と軍事力を高めた統合ヨーロッパが、アメリカとソ連のあいだにランクづけされる第三の超大国として、いつの日か台頭するかもしれない。

　ヨーロッパが統合されない限り、アメリカとソ連は、経済的に他国よりも抜きん出たままであろう。しかし、そのこと自体が両国をそれ以外の国から引き離すのであろうか。国際政治においては、力が最終的な審判を下す。それゆえ第三国が核兵器を入手すれば大国との距離を縮めると考える者もいた。「別の時代において火薬がそうしたように、核兵器は最終的には小国を大国と同等にするに違いないからである」(Stillman and Pfaff 1961, p.135)。しかし、火薬が大国とそれ以外の国との差をなくすことはなかったし、それは核兵器も同じである。核兵器とは、しばしば考えられているように、それさえもてば自らを同等の立場にするような装置なのではない。アメリカが少ししか原子爆弾をもっておらず、ソ連が全くもっていなかった1940年代後半においても、世界は2極であった。核兵器が2極の原因となったのではない。他国が核兵器を入手しても、その状況を変えることはできない。核兵器が国家間のパワーを均等にできないのは、核兵器によって国家のパワーの経済的基礎が変化するわけではないからである。核の能力は、それがなくても存在している状況を強化するものである。核技術がたとえなかったとしても、アメリカとソ連は巨大な破壊力をもつ兵器を開発したであろう。両国は、特定の兵器システムによってではなく、軍事技術を大規模かつ科学的先端をいくかたちで開発する能力によって、他国を引き離しているのである。核分裂が起こっていなかったとしても、両国は軍

第 8 章　構造的原因と軍事的影響

事力において他国をはるかにしのぎ、互いにとって最大の脅威かつ潜在的損害の源であり続けたであろう。

　近代兵器は非常に研究集約的なため、国家が超大国クラブのメンバーになるために乗り越えねばならない障害は高くなった。ミドルパワーの国々は、アメリカやソ連のレベル近くまで研究、開発、生産に支出できず、競争しようとしてもつねに遅れをとることになる[6]。それらの国々は、より豊かな競争相手のより進んだ兵器をまねる第二ランクの国々というお決まりの地位にあるが、彼らも大きな問題を抱えている。現在では、競争のペースが速くなった。兵器がほとんど変化しなかったり、あるいは変化のスピードが遅いならば、小国も時間をかければ、時代遅れにならない兵器を蓄積できるはずである。しかし、たとえば、核兵器を製造するなかで、イギリスはアメリカにさらに依存するようになった。ド・ゴールはこの先例を悩んだすえ、それでもフランスの核開発プログラムを推進することに踏みきった。戦略ミサイルを発射できる原子力潜水艦が世界で初めての、永久に非脆弱であり続ける軍事力であり、それによってフランスの軍事力が時代遅れである状況に終止符が打てると考え、そうしたのであろう。フランス人たちは、非脆弱性がお好みである。しかし、フランスが計画した潜水艦は少数であったため、海中に常時配備されているのはわずか1隻か2隻である。また、追尾行動を継続することによって、潜水艦の探知と破壊はますます容易になりつつある。フランスのもつ18の地上発射ミサイルも、ソ連が豊富にもっている中距離弾道ミサイルによって破壊されてしまう。それでも、フランス政府は彼らの軍事力の「非脆弱性」を宣言し続ける。私が彼らであっても、そうするであろう。しかし、その場合、私は自分の言葉を信頼できないことを知っている。アメリカとソ連はそれぞれ、相手が第一撃能力を獲得することを心配し、互いにそれを回避しようとしているが、より小さな核保有国の懸念はそれとは比較にならないほど大きく、解消しにくいものなのである。

　昔の弱小国は、同盟をとおして外国軍の力を自国の軍事力に加算することによって、自らの地位を改善できた。では、今日でもミドルパワーの国々は、一

---

[6]　1955年から1965年までのあいだ、イギリス、フランス、ドイツはアメリカの軍事研究開発費総額の10パーセントを支出し、1970年から1974年には27パーセントを支出した。R. バートが結論づけているように、ヨーロッパの国々が軍事システムを生産・調達することで協力しあい、アメリカがヨーロッパのものを買うようにでもならなければ、新しい技術開発は同盟国間の能力格差を広げるであろう（Burt 1976, pp. 20-21; また本書付表VIを参照）。

国ではできないことを一緒になってやることはできないのか。その答えは否である。それには2つの決定的理由がある。まず、核の力は加算不可能である。弾頭、運搬手段、探知・監視装置、指揮・統制システムの技術のほうが、兵器の数量よりも重要である。したがって、ばらばらの国家戦力を結合させても、あまり助けにならない。技術レベルの頂点に達するには複数のヨーロッパ諸国のあいだで完璧な協力が必要であるが、これは政治的に達成不可能であることが判明している。ド・ゴールがしばしば述べたように、核兵器は同盟を時代遅れにする。戦略レベルにおいて、彼は正しかった。NATOのことをかつてのような同盟ではなく保証の条約と呼ぶひとつの理由は、そこにある。超大国レベルまで能力を向上させるためにパワーを協調させるには、西ヨーロッパ諸国は、「関連したすべての変数を共謀して扱うこと」を達成しなければならない。しかし、そのようなことを寡占者が達成できないことは、フェルナーの言葉を思い出せばわかるであろう。国家は研究開発から生産、計画、配備にいたるまで、戦略的労働作業を完全に分業することを恐れる。それは、同盟内である国同士が将来戦争になるからというよりも、第三国に対して兵器を使用するある一国の決定が同盟全体にとって致命的となる可能性があるからである。核兵器を使用する決定は、自殺する決意にもなりかねない。ド・ゴールがいつも主張していたように、そうした決定は国家権威のみに託されている。アメリカがヨーロッパのためには報復しないのではないかとヨーロッパが恐れる理由は、ミドルパワーの結合による同盟をとおして世界的・戦略的レベルで行動しようとしても、それらの国々がパワーを拡張することができない理由と同じである[7]。核をめぐる協力における他の多くの障害については、触れないでおく。すでに述べたことだけでも十分な障害であろう。ミドルパワーが超大国になれるのは、政治的アイデンティティーを融合させ、それを消滅させることによってでしかない。繰り返すが、核戦力の加算不可能性は、2極世界においては中小国の努力によって戦略バランスが変わることはない、ということを示しているのである。

核兵器の拡散によって2極構造が影響を受けないことは、拡散に無関心であることを意味しない。世界が多極になることはないが、よい影響や悪い影響が

---

[7] 同じ理由で、遅れをとっている超大国は戦略的劣勢を補うために中小国と結託することはできない。

第8章　構造的原因と軍事的影響

他にも考えられる。悪い影響のほうが想像しやすいだろう。2極であることによって大国間の戦争は起こらないできたが、小規模の戦争は十分というほど多く起こってきた。また、管理も行き届かない脆弱なままの核を保有する国が多く存在するという見通しは、恐ろしい。拡散がシステムを変えるからではなく、中小国が互いに対して何かをしようとするかもしれないからである。A. ウォルステッターは、話題を呼んだ1958年の論文において、「繊細な恐怖の均衡」の危険を警告した（Wohlstetter 1958）。小規模の核戦力をもっている国々がこの危険にさいなまれるのは、一時的に脆弱と考えられる敵に対して先制的に兵器を発射する誘惑にかられる国があるからである。この危険が、これまで実際には表面化しなかったことは、付記しておくべきであろう。核拡散については再考が求められているが、ここではそれについては触れない。私は核保有国の増加が世界の2極構造を脅かすものではないという点を主張しているだけだからである。

　技術と規模の限界は、核レベルで大国と競争するミドルパワーにとって、決定的に不利に働く。この同じ限界のために、通常兵器においては、ミドルパワーはさらに遅れをとる。通常兵器は次第に通常ではなくなり、高度な技術の兵器システムが戦場を支配する可能性が出てきたからである。たとえば、アメリカのある軍関係者は、戦術攻撃用に開発中の護衛機について、「敵の防空システムに対して強力な電子妨害を発し、まぐれあたりの危険以外をなくしてわれわれの爆撃機が攻撃できるようにする」ものであると述べている。また別の軍関係者は、電子戦能力について「将来の紛争において生き残るために絶対に必要なもの」と表現している（Middleton, September 13, 1976, p.7）。絶対に必要なものであるかもしれないのに、それはアメリカと、そして遅れてソ連しか満たすことができないものである。ライフルから戦車へ、航空機からミサイルへと、兵器にかかるコストは数倍にもなった。軍事的に十分有効な数と多様性をもつ兵器をそろえるのは、大半の国家の経済的能力を超えている。1900年頃以降、規模の経済をもつ大国のみが、近代海軍を配備できるようになった。一方、他の国々は古くて安価なモデルに船を限定した。それらの国々の陸軍は、大国の陸軍のミニチュア版にすぎなかった。今日では、陸軍、空軍、海軍はすべて、大国で進んだ技術レベルで装備することはできない。ドイツやイギリスぐらいの規模の国々は、鉄鋼や冷蔵庫を製造することにおいて、また学校や医療サー

ビス、輸送システムを提供することにおいて、規模の経済を享受しているが、軍事的にはもはやそうではない。最先端の電子技術が欠如している場合、通常戦争のコストや複雑性のために、ミドルパワーは陸、空、海の戦争に十分な兵器を備えることはできないのである[8]。

　大国は、核兵器をもっているからではなく、戦略および戦術レベルにおける軍事やその他あらゆる種類のパワーを生み、維持できる巨大な資源をもっているがために強いのである。超大国クラブに参入する障害がこれほど高く多かったことはかつてない。このクラブは今後も長らく、世界でもっとも排他的なクラブであり続けるであろう。

V

　現在においては、近代以後としてはかつてないほど、少数の国に能力が集中している。それを疑う者はいないであろう。しかし、多くの者は能力の集中が効果的なパワーを生み出すわけではないと主張している。軍事力は、もはや政治的支配をもたらさない。アメリカはその巨大な能力にもかかわらず、「縛りつけられたガリバーで」、「自由裁量をもつ支配者ではない」(Hoffman, January 11, 1976, Sec. iv, p.1) のであろうか。また、ソ連にもこの表現が当てはまるのであろうか。互いの核能力によって手詰まり状態にある2超大国は、重要な政治目標を達成しようとするうえでは、実際のところ中小国のレベルにまで引き下げられているというのが一般的な考えである。つまり、国家間の実質的な平等が、まさにその巨大な不平等から生まれるというわけである。たとえば、われわれはつぎのような文章を目にする。「動員可能な潜在能力の性質が変化したことによって、不幸にもその能力の持ち主が緊急時にそれを実際に使用することはむずかしく自己破滅的になった。その結果、潜在能力が非常に低い国も、さまざまな争点において、パワーの差異が関係ないかのように行動できる」と。この結論は、つぎのように付け加えることで、さらに心に訴えるものとなる。すなわち、アメリカは「世界的大変動の観点」で考え、全面戦争の恐れのなかで生き、実際に起こる可能性がより高い、地味なケースで必要とされる軍事力

---

[8] Vital (1967) が小国に関してこの点をうまく述べている。それはミドルパワーにも当てはまる (pp. 63-77)。

第 8 章　構造的原因と軍事的影響

よりも、究極的で起こりえない危機に必要な軍事力をもとに軍事計画を立てているのである、と（Hoffmann, Fall, 1964, pp. 1279, 1287-88; Knorr 1966も参照）。

　J. ハーツは、絶対的パワーは絶対的不能と同じであり、少なくともアメリカとソ連の核兵器に代表される最高レベルの軍事力においてはそれがあてはまる、と言って多くの者の賛同を得た（Herz 1959, p. 22, 169）。より低い暴力のレベルにおいては、多くの国家が実質的に平等であるかのように競争できる。アメリカとソ連のもっとも優れた兵器は使用不能なため、この２カ国の明らかな優位は否定されてしまう。では、アメリカもしくはソ連の核兵器が、小さな核保有国や非核保有国に対して使われることについてはどうか。ここでも再び、最強国家の「最良の」武器は、もっとも使いづらい。「大量報復」できる国家は、その能力を用いる機会を見つけられそうもない。感染した指を治療する唯一の方法が腕を切断することであるとき、人は最善を念じつつ、それを治療しないままにしておきたくなる。同じように、全軍事力を投入することによってしか効果的に動けない国家は、自分で発した脅しを忘れ、以前には耐えがたいと考えていた状況さえ黙認するようになる。危険や損害の度合いが小さな事態に対処するために使えない道具は、大きな事態が生じるまでは無用なままである。ところが大きな事態でも、死活的利益を守るために主要な軍事力を用いることは、相手からの報復を招くという深刻な危険を冒すことになる。そういった状況下では、パワーのあるものは自らの強さにいらだつ。だからといって弱者が強くなるわけではないが、あたかも強くなったかのように振る舞える、というわけである。

　こういった議論は繰り返されており、まともにとりあう必要がある。こうした主張は、部分的には、明らかに妥当である。大国が膠着状態にあるとき、小国はより多くの行動の自由を得る。しかし、この現象が現在目立つとしても、弱国の強さや強国の弱さについて、それは何も新しいことを語っていない。弱国が勢力均衡のはざまにあって、巧みに立ちまわる機会を見出すことはしばしばある。２極世界においては、主導国は、同盟内の小国メンバーの望みに応じることなく政策を自由に決定するが、同じ論理によって小国は、主導国が決定した政策に従わない自由をもっている。小国は、かつてのアメリカがそうだったように、安全が主に他国の努力によって提供されているため、無責任者としての自由を享受するのである。勢力均衡とその副産物を維持するには、アメリ

243

カとソ連の持続的努力が必要である。そのような努力は、両国の自己保存本能によって生まれる。たとえ、2大国が仕事しているあいだに小国が楽しむことになっても、両国の目的は硬直状態を最低限の安全の基礎として永遠に持続させることでなくてはならないのである。

　戦略核兵器は、（それ以上のこともするかもしれないが）戦略核兵器を抑止する。各国家ができるだけ自国の安全に気を配らなければならない場合、一国が採用する手段は、他国の努力にかみ合っていなくてはならない。アメリカが平和時において核兵器を維持するために支払うコストは、国内秩序を維持し国内安全保障を提供するためにどのような政府も負っているコストと、機能的には同等である。そのような支出は、道路建設に支出するような意味で生産的なのではないが、非生産的でもない。その効用は明らかであり、そうでないという主張が受け入れられてしまったら、途端にそれが間違いであったことがわかるものである。パワーが完全十分なかたちで存在するときこそ、その力は、もっとも見えにくい（Carr 1946, pp. 103, 129-32を参照）。秩序を維持するのはパワーであり、軍事力の使用秩序を崩すのではないかという可能性を示唆する。社会が秩序をもち、政府が有能で信望されていればいるほど、警察は力を行使する必要はない。たとえば、かつての西部の開拓地よりも、今日のオハイオ州サンダスキーのほうが銃発砲事件は起こりにくい。同じように、国際政治においても、至上のパワーをもつ国が力を行使する必要は、あまりないのである。「軍事力に訴えないこと」が強力な国家の原則であることは、アイゼンハワーもフルシチョフも気づいていたと思われる。強力な国家は、説得やおだて、経済交渉や賄賂、援助、さらには抑止の脅しをかけるなど、他の方法で自国の利益を守ったり意志を通したりすることができ、弱少な隣国よりも軍事力を使用する必要は少ない。大量の核兵器をもつ国家が実際にはそれらを「使用」しないため、軍事力の価値は低いと考えられているが、その論理は間違っている。パワーの保持は軍事力の使用と同じに考えられるべきではないし、軍事力の有効性はその使用可能性と混同されるべきではない。そのような混同をパワーの分析に持ち込むとすれば、暴力をめったに行使しない警察は弱いとか、警察が強いのは警察官が銃を発砲しているときだけであると述べるに等しい。別の例をあげれば、大きな資産をもっていても金をほとんど使わないならば金持ちではなく、金をたくさん使う人だけが金持ちだと述べるのに等しい。

第8章 構造的原因と軍事的影響

　ただ、見過ごせないのは、けちな人の金の価値が何年もたつと下がるかもしれないのと同様に、大国の軍事力もその有用性を大部分失ってしまったのではないか、という議論である。もし軍事力が使えないお金もしくは価値が下がったお金のようなものならば、その使用を差し控えているというのは、価値の下落を隠そうとしているだけではないのか。第一次世界大戦前のオーストリアの参謀総長コンラート・フォン・ヘッツェンドルフは、軍事力を、投資されないと意味のない資本金であるかのようにとらえていた。彼の考えでは、軍事力に投資することは、それを戦場で使用することであった[9]。コンラートの論理では、軍事力は戦争で使用されるときにもっとも有用である。しかし、国の状況によっては、軍事力は他国の攻撃を思いとどまらせるとき、すなわち、戦場で全く使われる必要がないときにもっとも有用であるというほうが、ずっと理にかなっていることもある。軍事的に最強の国が現状維持国であるとき、軍事力の不使用はその強さの表れである。そうした国にとって、軍事力がもっとも有用であり国益をもっとも満たすのは、それが実際の戦争行為のなかで用いられる必要がないときである。1914年を最後の年とする1世紀間、イギリス海軍はすべての挑戦者を脅すに十分なほど強力であったが、そのあいだイギリスは世界の辺鄙な場所で時おり帝国主義的冒険を行ったにすぎなかった。全面戦争を戦うために軍事力が用いられたのは、イギリスのパワーが弱まってからであった。軍事力は、使用されたことにより、その有用性が確実に下がったのである。

　軍事力そのものの存在が、それを使用する必要がないかたちで作用するならば、とりわけ現状維持国にとっては軍事力は安くつく。だとすれば、軍事力を使用するコストがあがったのに軍事力の効用が低くなったというのは、何を意味するのであろうか。「世界的大変動の観点」でものを考え、全面戦争の恐れのなかで生き、究極的で起こりえない危機に必要な軍事力をもとに軍事計画を立てるのは非常に重要なことであり、実際、有益なのである。アメリカも、またどうやらソ連のほうも、そうすることで、「世界的大変動」が起こる可能性

---

[9] 彼はつぎのように主張している。「戦争を遂行する力が政治的利益を獲得するために用いられないならば、戦争遂行力に使用される額はむだな金である。場合によっては、単なる脅しで十分であり、戦争遂行力がそれに役立つこともある。しかし、戦争遂行力の使用をとおしてのみ、すなわちタイミングよく行われた戦争によってのみ、政治的利益を獲得できる場合もある。つまり、その正しい時期を逃せば、資本は失われてしまう。この意味で、戦争とは国家の巨大な金融事業である」（Vagts 1956, p.361より引用）。

は低くなっている。社会的営みや政治的営みのネットワークは、意図（インクリネーション）と動機（インセンティブ）、抑止のための脅しと懲罰によって紡がれているが、後者の2つを削除すれば、社会秩序は前2者に全面的に依存することになる。しかし、それは現実世界では実行不可能なユートピア的考えである。一方、脅しと懲罰に全面的に依存すれば、社会秩序は純粋に強圧にもとづくことになる。国際政治は後者の状況に傾きがちである。軍事力が日常的に存在し、それに繰り返し依存していることが国家間関係の特徴である。ギリシャのツキジデスやインドのカウティリヤの時代から、軍事力を使用すること、およびその使用を管理できる可能性が、国際政治研究の関心を集めてきたのである（Art and Waltz 1971, p.4）。

　「安全保障のジレンマ」という言葉を生み出したのはハーツであるが、これは互いの意図に確証がもてない国家が安全のために武装し、それによって悪循環を生む状況を表現している。どの国の安全の手段も他国にとっては脅威となり、各国が武装して対抗するようになるため、安全のために武装した国家はより不安になり、より多くの武器を買うことになる（Herz 1950, p.157）。兵器が何であれ、システムに国家がいくつあれ、国家は自らの意志ではなく状況によって生み出される安全保障のジレンマと折り合いをつけていかねばならない。ジレンマは解消できないが、多少はそれに対して用意を整え対処できる。軍事力を全廃できないとすれば、軍事力が核という恐ろしい形態をとるとき、平和はいかにして可能なのか。この章では、3カ国以上の場合よりも、2カ国の場合のほうが、このジレンマにうまく対処できることを見てきた。核の第二撃能力がそれに使用される主要な手段である。この手段は、全く使用不可能のようである。それは悲しむべき事態なのか。なぜ「使用可能な」軍事力のほうが好ましいのか。アメリカとソ連が、かつての大国が時おりそうしていたように、戦争ができるようになるからであろうか。軍事力が使用不可能なためにアメリカとソ連が束縛を受けているなどという主張はすべて、重大な点を見落としている。大国は、安全保障のジレンマに対処するために用いる兵器が大国間の戦争の可能性をなくすときに、もっとも安泰なのである。つまり、核兵器は有用であり、その有用さはそれが使用されないほど強化される。大国の保有する軍事力がもっとも有用でかつコストが一番かからないのは、人間の命で価値がつけられるときではなく、金銭的にのみ価格をつけられるときなのである。

　軍事力の使用可能性と有用性についての誤った考え方は、理論の混乱と歴史

想起の欠如からきている。大国は決して「自由裁量をもつ支配者」ではない。大国はつねに多少は縛りつけられた「ガリバー」なのであって、通常困難な道を歩むものである。大国は結局のところ互いに競争しあわなければならず、パワーが大きいために、それはむずかしいことなのである。大国の運命は時としてうらやましがられるが、多くの意味でそれはうらやましがられるべきものではない。このことは、大国のほうが小国よりも多くの戦争を行ってきたことを考えれば十分明らかであろう (Wright 1965, pp. 221-23 and Table 22; Woods and Baltzly 1915, Table 46)。大国の戦争への関与は、国際システムにおける地位から生じるものであり、その国内的な特性からではない。大国はシステムの頂点もしくは頂点近くにいるときは戦い、衰退するにつれ平和的になる。スペイン、オランダ、スウェーデン、オーストリアを考えてみるとよい。近年衰退した大国も、同等の利益を享受している[10]。大国であることを大きな幸運と結びつけようとする人がいるようであるが、そういう人は運命の女神が微笑まないときに、パワーがなくなったと結論づける。なぜそのように考えるのだろう。

　大国はかつてと同様、今日においても軍事力を使用する道を見出す。ただし、大国はお互いに対してそうするのではない。核による均衡かどうかにかかわらず、勢力が均衡してみえる場合は、対立する勢力の合力はゼロに見えるかもしれない。しかし、これは誤解である。国家のパワーが単一のベクトルに還元されないという理由だけをとってみてもわかるように、国家の力のベクトルはある一点で出会うわけではない。軍事力は、とりわけそれを多く保有する国家にとっては分割可能である。しばしば主張されていることとは逆に、核の世界においては、強国と弱国のあいだに実質的な平等を生むような不平等の弁証法は作用しない。核兵器は核兵器を抑止する。核兵器はまたエスカレーションを限定する役割も果たしている。ある国家が軍事力を次第に増強したいという誘惑にかられたとしても、敵が賭け金をつりあげる能力をもっているならば、その

---

[10] 国際システムにおける位置づけによって、国家の行動がどう影響を受けるかを理解しないために、人がいかに間違った方向に導かれるかに注意すべきである。以下のA. J. Pテイラーの言葉をツキジデス (本書p. 167を参照) と対照するとよい。「第二次大戦後しばらくのあいだ、私は、もう一度ドイツがヨーロッパの覇権を求めること、そしてそれに対して警戒しなければならないことを信じ続けた。その後起こった事態によって私は完全に間違っていたことがわかった。私は歴史から教訓を学ぼうとしたが、そうするといつも誤りをおかす。ドイツは、その国家の性格を変えてしまったのである」(Taylor, June 4, 1976, p.742)。

ような誘惑は減退するはずである。軍事的営為のさまざまなレベルで、攻撃を受け流したり、無理強いをしたり、脅したりできる国家は、軍事力を使用するのに躊躇することがない。これまで30年以上にもわたって、パワーは少数の大国に集中してきた。そして、軍事力は、今世紀の世界戦争のときのように野放図なかたちではなく、管理された仕方で、またつねに正しい目的のためにとはいえないまでも、政治目的のために、意識的に使用されてきた。軍事力が使用されないときにもパワーは存在するが、軍事力はオープンに使用されてもきた。軍事力が使用された例をあげると複雑で長いリストとなるが、アメリカ側の例としては、ベルリン駐留、ベルリン封鎖の際の空輸、ヨーロッパにおける軍の駐留、日本その他における基地の設立、韓国およびヴェトナムでの戦争、キューバ「封鎖」といった事項が含まれよう。軍事力がこれほど多様に、持続的に、幅広く適用されたことはかつてなく、また、国家政策の道具としてこれほど意識的に用いられたこともなかった。第二次世界大戦以降、われわれが見てきたのは、パワーの政治的組織化と浸透であって、核の手詰まりにより軍事力が無力化されたことではない。

　パワーは、時に不幸な結果を招くこともあったものの、このように多く用いられてきた。軍事力の使用を控える国家がその弱さを露呈しているといわれるのと同様に、支配を確立できない国家はパワーの欠陥を表しているといわれる。しかし、そういった判断には、パワーを支配と同一視するという基本的誤りが明らかにみられる。パワーが支配と同じであるならば、自由な者が強い者ということになり、その者たちの自由は、大きな物質的力をもつ者の弱点を表す、ということでなければならない。しかし、弱くて組織化されていない者のほうが、豊かで規律づけされた者よりも、支配されることに対して従順でないことは珍しくない。ここで再び、古くからの真理に注目する必要があろう。G. ジンメルが述べた古い真理は、「対抗する敵の群集が拡散しているときには、いくつもの単発的な勝利を得るかもしれないが、競争者同士の関係を決定的に固定化する明白な結果にたどり着くのは非常にむずかしい」(Simmel 1904, p. 675) ということである。

　D. ヒュームが述べたさらに古い真理によると、「力（フォース）はつねに統治される側にある」。彼は続けていう。「エジプト君主やローマ皇帝は、無害な家来たちについては、彼らの感情や好みに反するかたちで粗暴な野獣のようにこき使った

かもしれない。しかし少なくとも奴隷傭兵（*mamalukes*）や近衛兵団（*praetorian bands*）に対しては、彼らの意見に従って人間らしく扱ったに違いない」(Hume 1741, p. 307)。統治する側は数が少ないので、支配の行使にあたって、その臣下の自発的同意に依存している。したがって、あらゆる命令に対し、配下の者が不機嫌な態度でそれを無視するならば、政府は統治することはできない。国内的無秩序と統一性の欠如のためにそれ自体を統治できない国では、いかなる外国人が掌中の軍事力を用いたとしても、それを統治するのはまず無理であろう。暴動が問題なのだとしたら、自らを統治できない国を外国の軍隊が鎮圧することなどとうてい望めない。外国の軍隊は、そういった問題に無関係ではないにせよ、間接的な助けを差しのべることしかできないのである。つまり、対外的に使用される軍隊は、領土の上に支配を確立するための手段であって、領土内で支配を行使するための手段ではない。国家が軍事力を使用すると脅すとき、それは、核兵器か通常兵器かを問わず、第一義的には相手国の対外行動に影響を与える手段であり、侵略行為を思いとどまらせ、説得がうまくいかない場合に侵略に対抗するためのものなのである。

　防衛によるにせよ抑止によるにせよ、敵を思いとどまらせることは、T. C. シェリングがつくった適切な言葉である「強要（compellence）」よりも容易である（Schelling 1966, pp. 70-71）。強要はよりむずかしく、それを達成するのは複雑な作業である。ヴェトナムにおいて、アメリカはある特定の行動を相手に強要しようとしただけでなく、効果的な政治秩序を促進する任務に直面した。このような事例から軍事力の価値が低下したなどと主張する者たちは、自らの分析に歴史的・政治的知識を適用していないことになる。ビュジョー、ガリエニ、リョーテル、帝国的支配をつくりあげることの名手たちは、政治的および軍事的役割の両方を果たしていた。同じようにテンプラーやマグサイサイといった人びとによって指揮された反革命勢力も、軍事的資源と政治的手段を組み合わせて成功した（Huntington 1962, p. 28を参照）。軍事力は、自国軍か外国軍かにかかわらず、鎮静化の仕事には不十分である。国家が派閥間の不和に見舞われていたり、国民が政治にかかわり活発である場合には、なおさらそうである。事件のなかには、変化を意味する事件と、単なる繰り返しにすぎない事件とがある。アメリカがヴェトナムを鎮静化し好ましい政治体制を設立しようとして経験した困難は、単なる繰り返しであった。すでにフランスは1830年から

1847年のあいだ、同じような大義のもとでアルジェリアで戦った。イギリスも、1898年から1903年のボーア戦争において、ボーア人に手を焼いた。アルジェリア戦争の際のフランスは、世界で最良の陸軍を保有していると考えられていたし、ボーア戦争の際のイギリスは強力な海軍をもっていると考えられていたにもかかわらず、である（Blainey 1970, p.205）。しかし、小国に容易に秩序をもたらすことができないからといって軍事強国が弱いというのは、虫歯に穴をあけるのに適さないから気圧式ハンマーは役に立たないというのに似ている。手段の目的を混同し、対外的パワーの手段を国内統治の手段とごっちゃにしているのである。他者を政治的に支配できないことは、軍事的な弱さを示すものではない。ナポレオンが痛感したように、強国は軍事力ですべてのことができるわけではない。しかし、強国は、軍事的に弱い国ができないことができるのである。アメリカが東南アジアの問題を解決できないのは、中国がラテンアメリカの国々の統治問題を解決できないのと同じであるが、アメリカは危機拡大に対して効果的な抑止力を行使しながら、巨大な軍事力で世界の遠隔の地域に介入できる。そういった行動は、最強国以外の国々にとっては、その能力を優に超えている。

　強さの差異はもちろん重要であるが、強さの差異は考えうるすべての目的において重要なのではない。ただし、この留保的な言い方から、強国が弱いと結論づけるのは、文章の理解として誤りである。ヴェトナムのような事例が明らかに示しているのは、核世界における軍事大国の弱さではなく、今日の世界においてもこれまでと同じように、軍事力には限界があるということなのである。

　ただ、繰り返し起こる事件のなかにも、まだ言及されていない変化が忍び込んでいる。今日では、周辺地域における成功や失敗は、以前の大国にとってほど物質的な意味をもっていない。この違いは、システムが変化したことから生じている。国際政治学者たちは、戦争はかつて経済やその他の利益を戦勝国にもたらしたが、現在ではそれとは対照的に、アメリカが軍事力を使って積極的な業績をあげることはできない、と考えている（たとえば Morgenthau 1970, p.325; Organski 1968, pp.328-29）。しかし、こういった見解はいくつかの点で間違っている。第1には、アメリカが成功した例が見落とされている。西ヨーロッパの安全を強化したことは、疑いない業績である。韓国を防衛したこともそうであり、この業績リストは容易に長くなる。第2に、過去の時代において軍

事的事業がもたらした利潤が過大評価されている。戦争は、たしかに1789年以前は「儲かる仕事」であったかもしれない。しかしそれ以降は、めったに割に合うものではなくなってしまった（Schumpeter 1919, p. 18; Sorel 1885, pp. 1-70また Osgood and Tucker 1967, p. 40も参照）。第3に、アメリカには非常に多くの非軍事的手段があるにもかかわらず、なぜ他国へ軍事的支配を拡大することに関心をもつべきなのかが明確にされていない。さらに、アメリカにとっては、国内的に努力を重ねるほうが、外国で得られるいかなる利得よりも豊かになるはずである。アメリカもソ連も、過去の多くの大国と比べて、現状維持に満足する理由がある。軍事力の使用を心配しなければならないのは、防衛と抑止という消極的目的のためのみであるという幸せな立場にいるのに、どうして軍事力を積極的な業績のために用いることを考える必要があるのだろうか。戦うことはつねにむずかしく、一方戦いを避けることはリスクがより少ないため、やさしい。プロシアに破れたあとのフランスの首相レオン・ガンベッタは、旧大陸は窒息しているため、チュニスのようなはけ口が必要である、と述べた。これはホブソンが予想していたことに似ているが、ガンベッタの言葉は単に便宜的なものであった。彼はアルザス＝ロレーヌのことをフランス人はつねに心にとどめておかねばならない、とも述べたからである。それはフランス人たちが長らく口にしてはならなかったことであった（Gambetta, June 26, 1871）。フランスが外国で獲得できる可能性がある利得は、自国のためというよりは、つぎのドイツとの対決に向けてフランスを強くする可能性があるという点で価値あるものとされた。のちの首相ジュール・フェリーも、フランスには植民地が必要であり、さもなければフランスはヨーロッパで第3や第4の地位に転落する、と主張した（Power 1944, p. 192）。そのような地位の転落は、アルザス＝ロレーヌを取り戻す希望をすべて断つことになってしまう。「トンキンの男」という異名をとったフェリーは、1885年に政権を失ったが、それは彼の東南アジアでの冒険が、ヨーロッパにおいてフランスが誇示できる力に付与するのではなく、フランスを弱体化させているように見えたときであった。同地域に関してのアメリカにとっての大きな利害は、公式声明にもあったように、国内的に生み出されたもの、すなわちアメリカの名誉と信頼であった。もっとも、名誉と信頼という言葉の定義は、不明であった。世界政治の観点からすれば、ヴェトナムにはほとんど利害がないことに、ヴェトナム戦争の初期から気づいて

いた者もおり、大半の者ものちにはそう思うようになった（Stoessinger 1976, Chapter 8によれば、これがキッシンジャーの見解であった）。国際政治上のヴェトナムの非重要性は、世界構造の観点からしか理解できない。ヴェトナムにおけるアメリカの失敗が許容されたのは、成功も失敗も国際的にそれほど重要でなかったからである。勝利してもアメリカによる覇権の世界ができるわけではなく、失敗してもソ連による覇権の世界ができるわけではなかった。結果がどうであれ、アメリカとソ連の2カ国による体制は、続いていたのである。

今日、軍事力が政治支配をもたらすことはないが、それはこれまでもなかったのである。征服と統治とは、異なる過程である。にもかかわらず、政府関係者も学者も口をそろえて、効果的に軍事力を使用することの昔ながらの困難を理由に、軍事力は現在時代遅れであり、国際構造はもはや国家の能力分布によって定義できないと結論づけている。

この誤解は、2通りに説明できる。第1には、すでにさまざまなかたちで議論してきたように、軍事力の有用性と軍事力の使用とが間違って同一視されているということである。アメリカとソ連は、恵まれた地位にあるために、過去の多くの大国よりも軍事力を使用する必要が少ない。軍事力は現状を変化させるのには役立っていないものの、現状維持のためにはかつてないほど役立っており、現状維持はどの大国にとっても最低限の目標である。さらに、アメリカは他の多数の国家に対して経済的・政治的影響力を多くもっており、またアメリカもソ連もかつての大国より自給自足できる国であるため、両国は自国の安全以外の目的を達成するために軍事力を使用する必要はほとんどない。不都合な経済的・政治的結果が生じても、軍事力使用が必要となることはほとんどなく、強く望まれる経済的・政治的結果も、軍事力に訴えることなく十分確保できるのである。経済的利得を得るために軍事力が効率的な手段であったことは、実はほとんどない。アメリカとソ連は、互いに対すること以外では、世界において安全なため、軍事力に訴える国際政治的理由をもっていないのである。軍事力の有用性が低下したと考える者は、今日の大国が他国を威嚇するために軍事力を使用する理由があるのかどうかを問うことなく、結論を出している。

パワーについての誤解の第2の源泉は、パワーの奇妙な定義にある。われわれはアメリカで実用的に形成され、技術の影響を受けたパワーの定義、すなわちパワーを支配と同一視する定義によって、パワーを誤解している。その定義

では、パワーは、自分がしてほしいと望むことを、さもなければ人はしないのにそれを人にさせる能力、として測られる（Dahl 1957を参照）。この定義は目的によっては役立つときもあるが、政治の要件にはうまく噛み合わない。「パワー」を「原因」として定義すると、過程と結果が混同されてしまう。パワーを支配と同一視することは、自分の思いどおりにするためにはパワーだけが必要であると主張することである。しかし、それは明らかに間違いである。ならば、政治戦略家や軍事戦略家たちは何の役に立つというのだろうか。パワーを行使するとは、だれかの行動を一定の仕方に変えるために、能力を適用することである。能力を適用して A が望んでいた B の服従を得るかどうかは、A の能力と戦略、B の能力と対抗戦略、およびそれらすべての要素がその場の状況から受ける影響にかかっている。パワーは原因のひとつであり、それだけを切り離して考えることはできない。パワーを関係性として定義する、よくあるやり方は、行動と関係が行動の構造によってどう影響されるかを考慮に入れていない。パワーを服従によって測ることによって、意図されざる影響は考察から除外される。それでは、政治学から政治の多くの部分が除外されてしまうのである。

アメリカで一般的なパワーの定義に従えば、自分のやり方を押し通せないことは弱さの証拠となる。しかし、政治においては、パワーのある者も自分が意図する仕方のまま、他者に自分の意志を押しつけることはできない。行為の意図と結果が同一であることがめったにないのは、結果は行為の対象である人や物によって影響を受け、環境によって条件づけられるからである。では、実用的にも論理的にも支持できない定義に代わるものは何か。私は、他者が自分に与える影響よりも、自分が他者に対して与える影響のほうが大きければ、その自分という行為主体にはパワーがある、という古くて単純な概念を提案したい。弱者は、これを理解するであろう。一方、強者には理解できないかもしれない。トルドー首相は、かつて、カナダがアメリカの隣国であることは「ある意味で象と一緒に眠るのに似ている。その象がいかに友好的で柔和であってもちょっとしたピクつきや唸り声にもいちいち影響されてしまう」（Turner 1971, p. 166より引用）と述べたことがある。弱い国家の指導者としてトルドーは、アメリカ人なら見落としてしまうような、アメリカのパワーの意味を理解していた。ある目標を達成するために有効な政策を形成するとか、その政策のために意識

的にその能力を動員するといったことに関係なく、アメリカは能力が大きいがために、その行動は巨大な影響力をもつのである。

　パワーがどう分布しているかと、所与のパワー分布の影響が何であるかは、別個の問題であり、それぞれに対する答えは、政治的に非常に重要である。ところが、いま否定したばかりのパワーの定義では、この２つの問題が融合し、どうしようもなく混同される。パワーと支配とを同一視すると、ある国家の意図がくじかれるたび、それが弱さを示していることになる。しかし、パワーは手段であり、それを使用することの結果は必然的に不確実である。したがって、政治的に意味のあるパワーは、能力分布の観点から定義されなければならない。ある者のパワーの大きさを、得られるかどうかわからない結果から推論することはできないのである。パワーを政治的に意味が通るように定義するなら、アメリカのパワーが無力であるというだれかが見出した逆説は、消滅する。賢明にパワーを定義し、現在と過去の大国の状況を比較すれば、パワーの有用性が増加したことがわかるのである。

VI

　国際政治は、必然的に少数によって編成されるシステムである。大国が２、３カ国よりも多く存在しても、利点はせいぜいわずかでしかない。一方、数を減らして２という数に到達することの利点が決定的であることはわかった。当事者の数が３である場合の問題を物理学者たちはまだ解決していない。では、政治学者や政策決定者が、相互作用する３カ国以上の国家の行く末をよりうまく示すことができるであろうか。当事者数が２である場合の単純な相互作用と、非常に多くの当事者間の統計的に予測可能な相互作用との中間にあるケースは、もっとも解明がむずかしい。本章では、多極世界における軍事問題の複雑性について考察してきた。多極世界では、大国の命運は緊密に連関している。多極世界の大国は、来たる命運をより幸福なものにしようとして、他国の助けを必要とすることがある。F. マイネッケはフリードリヒ大王時代のヨーロッパの状況をつぎのように表現した。「個々の強国の集まり、孤独だが相互に目が離せない野望によって結ばれている集団——これが中世の終焉以来、ヨーロッパの国家組織の発展がもたらした状況である」(Meinecke 1924, p. 321)。封建ヨー

ロッパにおいて自給自足であった地方が近代国家によって統一されていくにしたがって、軍事的にも経済的にも相互依存は進展した。これに対して、2極世界における大国は、より自給自足的であり、2国間では相互依存度は低くなる。この状況が今日のシステムとそれ以前の国際システムとを区別しているのである。経済的には、アメリカとソ連は以前の大国と比べて際立って相互依存度が低く、他国への依存度も極端に低い。軍事的には、両大国は「相互に目が離せない野望」に関してはほかのいかなる大国とも結びつかないため、相互依存度の低さはさらに著しい。

　2大国は、大国の数が多い場合よりも互いにうまく付き合っていける。では、2大国のほうが、大国数が多い場合よりも、世界の共通問題にもうまく対処できることがあるのだろうか。これまで私はパワーの否定的側面を強調してきた。たしかにパワーは支配をもたらさない。ではそれは何をもたらすのだろうか。この問題は、国際関係の管理と支配の可能性および必要性を考察する次章で扱うことにしよう。

第9章　国際関係の管理

　パワーが確実に支配をもたらすわけではないのなら、それは何をしてくれるのか。その答えは主に4つある。第1に、他者が力を行使するのに対して、パワーは自立を維持する手段を提供する。第2に、パワーが大きいことによって、行動の幅が広がる。たとえ行動の結果が不確定であったとしても、である。これら2つの利点についてはすでに論じた。あとの2つについては詳しく説明する必要があろう。

　第3に、パワーのある者は、パワーのない者と付き合う場合に、安全を確保しやすく、どのゲームがいかにプレイされるかについてより大きな発言権をもっている。ダンカンとシュノーアーは、パワーを「他者が機能する条件を定める活動の束もしくは場所の能力」として、生態学的に定義した（Duncan and Schnore 1959, p.139）。従属する者と独立した者とでは、後者のほうが前者に対してより大きな影響をもつ。弱者は、危険な人生を歩むものである。クライスラーの社長J.リカルドが述べたように、「われわれは間違いを犯してはならない。小さければ小さいほど、間違いを犯してはならない」（Salpukas, March 7, 1976, Ⅲ, p.1）のである。ゼネラル・モーターズは、車種の一部もしくはすべてにおいて、売り上げの損失がかなり長期にわたって生じても、問題ない。しかし、クライスラーがそうなったら、破産してしまう。企業であろうと国家であろうと、弱く、圧迫されているものは、注意深くなければならない。こうした理由から、グエン・ヴァン・ティエウは以下のように述べ、同盟関係にあるキッシンジャーと敵であるレ・ドク・トが1972年10月に結んだヴェトナム戦争終結協定を拒否したのであった。

　キッシンジャー博士、あなたは大物ですから、この協定において気楽に構える贅沢

も許されるでしょう。しかし、私はそういうわけにはいきません。悪い協定はあなたにとってはなんでもない。世界地図を見てください。南ヴェトナムを失うことは、何なのでしょうか。あなたにとってそれはほんの小さい傷にすぎず、それはよいことですらあるかもしれません。中国を封じ込めるのは、あなたの世界戦略にかなうことかもしれないからです。しかし、小さなヴェトナムは、戦略地図に従って行動しているのではないのです。われわれにとっては、ソ連か中国かの問題ではなく、生か死かの問題なのです（Stoessinger 1976, p. 68より引用）。

　弱小国家は、狭い選択肢の幅のなかで行動する。適切さを欠いた行動や誤った政策、時期を逸した動きなどは、致命的な結果をもたらす。対照的に、強い国家は不注意でいることができる。経験から学ばなかったり、同じ愚行を繰り返す余裕があるのである。また、強国はより賢明に、ゆっくり反応し、他者による脅迫行動と見えるものが実際にそうなのかどうか様子を見定めることもできる。強国に深刻な損害を与えるような脅威は少ししかないため、ほとんどの脅威に対して無関心でいられる。つまり、強国は、効果的な行動をとるタイミングを逸するという恐れなしに、成り行きの不透明性が解消するまで待てるのである。

　第4に、大きなパワーをもつ者は、システムに対する大きな利害関心と同時に、そうした利害のために行動する能力をもつ。彼らにとって、システムの管理は、価値あることであり、可能である。本章の主題は、国際関係の管理がなぜどのように行われるかを示すことにある。周知のとおり、自助システムにおいて競争する当事者たちは、絶対的利得よりも相対的利得を重要とみなしている。絶対的利得が重要となるのは、競争が減るにつれてである。すると、アメリカとソ連が、相対的利得を得るよりも絶対的利得を獲得することに関心をもつようになるのは、2つの条件が満たされるときである。第1の条件は、両国のバランスの安定であり、それは第二撃核戦力によって強化される。能力を想定するのも整備するのもむずかしい、という状況であるならば、利得と損失を注意深く数える必要はなくなるだろう。第2の条件は、頂点に立つ両国と、つぎに強い国家との差である。そのような差があれば、第三国に追いつかれる危険が取り除かれる。石油輸出国機構（OPEC）が1973年から1977年のあいだに原油価格を5倍に跳ね上げたとき、アメリカは相対的には得をし（本書pp. 201-206）、ほかの非共産主義先進国はアメリカよりも多くの被害をこうむ

った。このため、アメリカはOPECの行動を黙認したのではないか、としばしばほのめかされた。かつて多くの国家が競争していたころであれば、このような悪口が通ったかもしれないが、現在は違う。自助システムにおいては大国の勢力均衡が安定し国家能力の分布が極端に偏っているので、絶対的利得への関心が相対的利得についての懸念にとって代わることもある。そういった場合、恵まれた立場にある国は、たとえ他国が極端に多くの利得を得たとしても、率先して公共努力を行ったり、それに協力することもあるのである。

　本章においては、まず最初に、困難にもかかわらず、国際関係の管理がどのようになされているのかを示す。そして、管理者が遂行する3つの任務を考察する。そうした任務を遂行する者の数により、その遂行の仕方が異なることが示されるのは、これまでの議論と同じである。

I

　国家間関係においては、競争が規制されないため、しばしば戦争が起こる。ある一面において、戦争は国際システムにおける調整の手段であるが、戦争の勃発がシステムそのものの崩壊を示すと誤解されることもある。18世紀や19世紀の大部分がそうであったように、戦争が制限され一定の破壊しかもたらさなかったために、それが許容された時代もあった。しかし、現在の戦争のコストは、恐ろしく高いように思える。大型で複雑な自己制御システムがもっともうまく作動するのは、工夫された秩序のなかでしかありえない。それゆえ、国際関係の効果的管理は、急務であるようにみえる。パワーが国際的に管理されず、戦争が規制の手段として働かないとすれば、国家はそれぞれ独自の政策をとおして関係を調整できるであろうか。これは、国際的な政治システムに、国内の政治経済で期待されているよりも多くを要求していることになる。しかし、このように述べることで、管理システムを構築したり維持したりするコストよりも戦争や戦争のリスクのほうが耐えがたいこと、また管理機能が現在はうまく働いていないことが、同時に暗黙に仮定されている。管理システムのコストについては、すでに検討してきた。では、管理システムの欠如は、管理機能が果たされていないことを意味するのであろうか。アナーキカルな領域においても、政府にあたる任務は遂行されるのであろうか。遂行されるとすれば、それを促

進する条件は何か。もし国際政治においても達成されるべき重要な管理任務が存在し、それを遂行する者が現在、そしておそらく将来も存在しないならば、政府にとって代わるものを探さなくてはならない。それを探すのに最良の方法は、なぜアナーキカルな領域では公共善のための集合行為を成立させることがむずかしいかを問うことから始めることである。

なかでも目立つのは2つの困難である。第1のものは、廃棄物で川を汚染する産業活動を考えるとわかる。他の当事者が川に廃棄物を捨て続けているのに、自分がそれをやめたとしても何にもならない。廃棄物を適切なかたちで捨てるのには、コストがかかる。ある工場が共同体にコストを負わせているのであれば、すべての工場もそうするであろう。工場は廃棄物の捨て場をタダで見つけたことになり、さもなければ川で水泳をしたり釣りをしていたであろう人たちがそのコストを負うことになるのである。この状況下では、すべての工場にすべての稼働費用を強制的に負担させ、廃棄物処理のコストを適切に支払わせない限り、何も進展しない。これがA.カーンが述べている側面の話である（本書、第6章Ⅰ節の第3項を参照）。

もうひとつの困難は、問題の裏の側面を見ればわかる。財やサービスのなかには、入手可能となると、集団のメンバーがそのコストを負うかどうかにかかわらず、メンバーすべてを利するようなものがある。たとえば、公園、消防署、警察、軍隊は市民全体に奉仕するものであり、それらのコストを支払っているメンバーにも支払っていないメンバーにも、平等に利益をもたらす。そういったサービスは、集合財（collective goods）、すなわち、どの集団のメンバーからでもいったん供給されると、メンバーすべてが消費できる財である。このため、メンバー全員は、ほかのメンバーがコストを担ってくれることを期待し、ゆったりと構える理由をもち、コストを負担するインセンティブはだれにもない。そういったサービスは、すべてのメンバーが支払いを強制されない限り、提供されないか、供給不足におちいるかである。

公共善が提供されるようにすることは、むずかしい。違う構造の社会において、このむずかしさはどう異なるのであろうか。集合行為的な事がらに対する規制は、当事者が相互作用をとおして互いに影響を受ける度合いが強ければ強いほど、必要となる。また、分業が進めば進むほど、共同行動に対する規制は複雑になり、最終的には、規制の欠如のためにシステムが崩壊するか、特定の

第9章　国際関係の管理

当事者がシステム全体の管理を仕切る専門家として台頭することになる。集合行為的な事がらについての有能な管理者がいれば、分業は速やかに進む。さらにうまく進めるためには、当事者の差別化が一段と必要になる。相互依存が統合になるにつれ、分業は経済的のみならず政治的にも行われる。もともとは類似していたユニットであっても、そのなかから国際システム全体にかかわる任務を引き受ける者が出てくると、機能的にはっきりと識別されるようになる（Durkheim 1893; Park 1941を参照）。これは、政府による解決法である。政府は、共通のプロジェクトが成功するために協力を求められている者たちを強圧し、集合財の供給者によって提供されるサービスへの支払いを強制する。こうして、国内政治においては、小さな決定の専制は崩れ、集合財が十分に供給されることになる。しかし、この結果を得るためにかかる組織的コストは、予想される利益を上回ることもある。国際政治においては、反抗的な国家の協力を得るのがむずかしく、共通のプロジェクトに着手できないこともある。また、コストの支払い分担を回避している者のために供給者がサービスを提供してしまうことになるため、集合財が供給されないこともある。組織を立ち上げ、非協力的なものを強圧してフリーライダーにも支払うようにさせるのは、非常にむずかしい。国際政治では、小さな決定の専制が崩れず、集合財が十分に供給されることはない[1]。これは、国際政治においてはうまく実現されるのは何もない、ということを意味するのであろうか。たしかに、国内の場合と比べて、国外でうまく実現されることは少ないが、より少ないということは全く実現されないということを意味するのではない。何がどのように実現されるかは、システム内の大国の数によって異なる。数が「多ければ多いほどよい」というのが、パワーをめぐる大半の研究者が到達する結論である。つまり、政治ゲームをプレイする国家の数が少なくとも5といった数まで増えるにつれて、平和の可能性は高まると考えられているのである。これに対して、「みなの関心事はだれの関心事でもない」というもうひとつ別の古いことわざに注意が払われることはほとんどない。多くの国家が存在していることによって、国家間のパワー分布の調整が容易になるといわれる。それが真実でないことをわれわれは知ってい

---

[1] 集合財については、広くすぐれた文献があるが、とりわけBaumol（1952）とOlson（1965）が示唆的である。またRuggie（1972）は本文において言及されている組織的困難を手際よく描写している。

るのに、国際政治はどのみちだれの関心事でもないということになっている。ここでも、いつもながら、構造を除外するかたちで関係だけが注目され、支配よりも調整が強調されている。

　国家間の関係よりも、国家の管理と支配に焦点をおく場合、何が見えてくるだろうか。ボーモルが用いた例は、規模という要因を見逃してはいるものの、示唆するところが大きい（Baumol 1952, pp. 90-91）。仮に、干ばつ被害にあっている農民たちが、雲の種をまく人を雇って雨を降らせることができるとしよう。彼らは、自らのためのみならず隣人の農民たちのためにも干ばつを食い止めることになるが、隣人の農民たちはいずれにしても利益を受けることになるので、コストの支払いを拒否する可能性がある。雨を降らせることは集合財である。それを提供しようと決めるのは、干ばつの被害をもっともこうむっている少数の農民であるかもしれない。利害関係者の数が少なければ合意は得やすいと考えられ、また、大きな利害が関係し緊急性が高いため、農民たちはそのように駆り立てられる。M. オルソンが示したように、「集団が大きければ大きいほど、共通利益が促進されることは少なくなる」（Olson 1965, pp. 36, 45）。逆に、集団が小さければ小さいほど、また、メンバーの利益が不平等であればあるほど、一部のメンバー（大きなメンバー）は、自分のためだけでなく集団の利益のために行動する可能性が高くなる。ユニットの相対的規模が大きいほど、そのユニットは自己利益をシステムの利益と同一視するようになるのである。極端な例を考えれば、このことが明らかになる。競争をとおしてユニットの規模が大きくなれば、最終的にそのうちの１つが他にとって代わるようになり、１つのユニットがシステムを飲み込んでしまうと、そのユニットの利益とシステムの利益の区別は消滅してしまう。これほど極端でないにしても、機能的には同じであるが能力的には異なるユニットで構成されている領域では、もっとも能力のあるものが特別の責任を負うことになる。このことは、ユニットが血縁集団であれ、企業であれ、国家であれ、同じである。鉄鋼生産で利潤を得ていた企業である、US スチールも、その最盛期においては、利潤を維持するのに十分なくらい高く、かつ新規の参入を防ぐのに十分なくらい低いレベルで、価格の安定を維持するという規制的任務を担っていた（Berglund 1907; Burns 1936）。システム全体にかかわる任務を遂行するのは、むずかしい。では、大きなユニットは、なぜそれを担うのだろうか。他のユニットと同じく、大きな

ユニットも、システムが秩序を保ち平和的であること、また共通利益が大切にされることを望んでいる。しかし、大きなユニットがほかのユニットと異なるのは、自らの生存条件に影響を与える行動をとることもできる点である。組織は、環境における不確実性を削減しようとするものだが、システムに十分に大きい利害をもつユニットは、不当に大きなコストを払っても、そのシステムのために行動する。たとえば、大企業は、自らの産業の利益に資する法律のためにロビー活動をする。組合と合意に達する際にも、その産業のために賃金レベルを設定する。また、産業の現状を監督し、新しい競争者を排除すべく行動する。つまり、政府によって妨げられない限り、大企業は、そのすぐれた能力の産物であるパワーを支配へと変換するのである。

　国際政治において、集合行為的任務にかかるコストの支払いや、そうした任務への参加を確保する問題は、どのように解決できるであろうか。大国の数が少なければ少ないほど、また少数のもっとも強力な国家とほかの多くの国家との差異が大きければ大きいほど、強力な国々がシステムのために行動し、小国に対する管理に参加したり、その国内事情に介入する可能性が高まる。大国がシステムを管理しようとする可能性は、大国の数が２まで減ったときがもっとも高い。大国の数が多い場合は、地域的関心のみで世界的関心をもっていない大国も存在する。大国の数が２の場合には、互いに対する懸念のために両国の関心は地球全体に広がることになる。アメリカとソ連以外のすべての国々にとって、問題は局地的もしくは地域的である。彼らの関心がグローバルでないのは確かである。アメリカにとって、地域的問題はその世界的関心の一部であり、それはソ連にとってもそうなりつつある。アメリカとソ連は、システム全体を眺めているのである。両国の総生産は、世界の38パーセントを占め、軍事支出は世界の80パーセントを占めている。他の150余の国々は、その残りを占めているにすぎない。アメリカもソ連も「普通の」国として行動することができないのは、両者が普通の国でないからである。システムにおける両国の突出した地位によって、両国は、他国が遂行するインセンティブも能力もないような任務を遂行することになるのである。

　それではこの任務とは何か。重要度の高い順からいえば、それは、システムの変換もしくは維持、平和維持、経済その他の共通問題の管理である。

Ⅱ

　システムは、維持されるか変換されるかである。システム維持の問題に移るまえに、システム変換の可能性を考えてみよう。経済システムにおいては、少数の支配的な企業が存在する場合のほうが、小さい企業がたくさん存在する場合よりも、1つの企業が自らに影響する事項すべてについて主張できる立場にある。寡占主義者たちは、いくつかある企業のうち、どの2つが生き残るべきかについては意見が異なっても、2社による複占状態をよいと思うかもしれない。一方、複占主義者たちは、1社による独占を好むかもしれないし、市場の管理についての懸念はより多くの企業によって分担されることを望んでいるかもしれない。国際政治においては、制限されている経済セクターに比べて、少数ではなく多数となる可能性が高い。なぜなら、いかなる行為主体も、各国家がシステムを変えようとする試みに制限を加えることができないからである。システムを構成する主要な存在が、その管理者でもあるのである。彼らは日々の事態に対処し、変化の性質や方向性に影響を与えようともする。しかし、システムを超越することはできない。国家間関係を管理するような権威が現れることは、当面ないからである。では、国際システムは主要な構成要素の行動によって変化するのであろうか。多極の世界においては、1つの大国もしくは2、3カ国が団結して戦争に勝利して、ほかの大国を排除することができる。多極が3極ないし2極に減ると、システムの構造は変化する。対抗する大国を消滅させてしまうような戦争は、システムそのものを変化させる戦争であり、近代史においては第二次世界大戦がシステム変換の戦争であった。2極世界においては、大国の一方が覇権を獲得しようとするかもしれないし、中規模国数カ国の併合を促して大国の数を増やそうとするかもしれない。第二次世界大戦後、アメリカはほぼずっとこの2つの相容れない目標を追求してきた。アメリカのほうがこの時期、より活発な大国であったので、その政策を考察することにしよう。

　アメリカの行動は、以下のどちらかもしくは両方の仕方で、正当化することができる。第1には、アメリカはソ連や共産主義の脅威を誇張し、些細な危険にも過剰反応することができる。ドミノ理論は、周辺的な軍事行動に対しても

安全保障の伝統的な理由づけをすべきときに、必要である。第2に、アメリカは他者のために行動している、ということができる。以前の大国がそうしたように、他者を助けることが豊かで強力な国の義務であるとして、それを、よりよい世界がどのようなものであるかについての自らの考えと結びつけることができる。つまり、イギリスは白人の義務を主張し、フランスは文明化の使命を謳った。同じように、アメリカは、世界秩序の構築と維持のために行動しているのだ、ということができる。いかに遠く離れた危険にさえも関心をもたねばならないという信念は、民族自決についてのアメリカの従来の考え方から生じた世界秩序観とは分析上区別されるが、実際には両者は密接に関係している。国家の安全保障上の利害が、特定の秩序の維持と一体に考えられるようになったからである。これは、頂点に立つ国家の行動として予測できる行動である。頂点に立つ国家は、安全保障上の必要な懸念もしくは誇張された懸念を、システムの状況についての関心と一緒にしてしまうのである。国家の利害は、ある一定の程度に達すると、自己強化的になる。それがゆえにアメリカは、国際安全保障秩序を構築しようとするなかで、経済的利益を促進し、世界に関する政治的野心も表明したのである。

　いくつかの例をとおして、この世界秩序観の異なる側面を映し出し、その重要性を明らかにしよう。戦後初期においての世界秩序観の表現は、かなり単純な反共主義の懸念を含んだものであり、それは今日でも当てはまる。たとえば、すでに1946年の9月の時点で、C. クリフォードはトルーマン大統領に宛てた覚書のなかでつぎのように主張していた。「ソ連のリーダーたちに影響を与える最善の方法は、友好的・協調的な行動に対しては配当が与えられるが、正当な世界秩序についてのわれわれの考え方と逆の行動をとれば、それは数倍にもソ連体制に不利になるということを、彼らに対して誤解のないよう明確にすることにある。この立場を十分強固に、また十分持続的に維持するならば、いずれこの論理はソ連のシステムのなかにも浸透するであろう」(Clifford, September, 1946, p.480)。反共主義は目的そのものであるだけでなく、よい世界をつくる手段でもあった。より最近では、A. ウラムが、戦後の歴史をみれば「ソ連の行動のどういった変化がアメリカとの接近を導き、アメリカのどういった動きが世界におけるその影響力ひいては民主主義的制度の将来を脅かすことになるか」がわかる、と述べている (Ulam 1971, p.vi)。クリフォードも

ウラムも、ソ連への対抗やアメリカの影響力の拡大を、適切な世界秩序の維持と発展に結びつけて考えているのがわかる。

　2つ目の例は反共主義のテーマを超越するものである。反共主義という主題を排除するのではなく、世界秩序を構築することの重要性に直接注目するものである。たとえば、ケネディおよびジョンソン大統領時代、世界を再編する責任がアメリカのテーマソングとなった。ケネディ大統領は、1962年の独立記念日のスピーチにおいて、つぎのように宣言した。「われわれ一国で独自に行動しても世界全体に正義を達成することはできない。国内的平穏の確保も、共同防衛の提供も、公共福祉の促進も、われわれ自身や子孫に自由の恵みを保証することもできない。しかし、他の自由国家と一緒なら、これらすべてのこと、そしてそれ以上のことができる……われわれは、いかなる侵略も阻止するに十分強力な抑止力を装備し、戦争と強圧の世界を消滅させて、ついに法と自由意志の世界の実現に役立つことができるのである」(Kennedy, July 23, 1962)。そのようなことが実現すれば、アメリカとヨーロッパの連合にとっては利益となったであろう。その数年後、時勢を語らせると右に出るものはいないといわれたフルブライト上院議員が、アメリカの世界的野心をうまく表現した。すなわち、『権力の驕り』という、適切な題名のついた本で、彼は、世界は自らを破壊できるのだから「国家の競争本能は制御される必要がある」と述べ、続けてアメリカは「世界でもっとも強力な国家として、世界政治を変えるために世界を導くことができる力をもった唯一の国家である」とつけ加えた (Fulbright 1966, p. 256) 訳注1。さらに、ジョンソン大統領は、より単純に、アメリカの軍事力の目的とは「紛争に終止符を打つこと」であると述べた (Johnson, June 4, 1964)。ひとつの国家の指導者たちが、これほどまでに横柄な野心を表現したことは、かつてなかったであろう。しかしまた、近代以降において、ひとつの大国がもうひとつの大国との競争において、これほど経済的および技術的に優位に立ったこともなかったといえよう。

　大西洋をまたいで帝国を構築することはむずかしい。アメリカ人でない者にとって、そのような帝国は「自分の面倒は自分でみよ」という、国際政治の命ずるところに反する。アメリカの成功と見えるものは何であれ、ソ連のさらな

訳注1　邦訳は『権力の驕りに抗して——私の履歴書』勝又美智雄訳（日本経済新聞社、2002年）と題されている。

る努力に拍車をかけるものとなる。また、弱者は、自己のアイデンティティーの喪失を恐れて、強者との協力を制限するものである。弱国は、勢力の拡大よりも勢力の均衡を望むのである。ド・ゴールは、アメリカの計画に従えばヨーロッパ諸国は従属的地位を占めるようになってしまうという、ほかの国々も感じていた恐怖を表明した。西ヨーロッパが統合されないまま「大西洋帝国」を構築するには、ヨーロッパ諸国をひとつずつ、継続的に、そして信頼できるかたちでアメリカの影響下に入れなくてはならない。そのような努力は、ヨーロッパ諸国が政治的団結をより熱心に追求する刺激となるかもしれない。これまでにもアメリカは、別の仕方でヨーロッパの政治的団結を促してきた。

　世界的覇権を築くにせよ、ある地域の政治統合の達成を助けてその地域を大国の地位に引き上げるにせよ、システム変換を促すことは、歴史的大事業のひとつである。それが失敗しても、驚いたり悲しんだりすべきではないし、われわれの願望を表現する人道的レトリックやそれに明白に含まれる善意によって、その危険が隠蔽されることもあってはならない。覇権を構築する場合をまず考えてみよう。パワーで勝っている国家の指導者たちが、つねに賢明に政策を決め、十分に計算して戦術を考案し、慎み深く軍事力を行使するとは考えられない。大きなパワーを保持する国家は、しばしば不必要で愚かな軍事力の使用をしてきたのであり、そのような悪徳からわれわれは逃れられない。不満や論争に満ちあふれた世界において、ある国家もしくはいくつかの国家の集団が他の軍事力行使を排除し、争いの多い世界から紛争をなくすためには、パワーと同じくらい知恵が必要となる。しかし、正義が客観的に定義されることはなく、強力な国家には、自分が押しつけようとする解決が正しいと主張したくなる誘惑がある。強国のもつこの誘惑が、弱小国にとっては危険となる。

　西ヨーロッパが第3の大国になれば、国際政治上の義務がより多くの仲間のあいだで分担されるようになるのではないかという希望が、アメリカにはある。たしかに多くのアメリカ人が統合ヨーロッパを望んでいるが、その否定的側面についてはほとんど考えられていない。アメリカは弱小国のなかで起こる不幸な運動や望ましくない事件について、ほとんど気にかける必要はない。しかし、他に大国が存在する場合は、それがもつ意味に関心を払わなければならなくなる。大国にとっての苦痛は、自ら課したもの以外は、他の大国が追求する政策の影響から主に生じる。その影響が、意図されたものであろうとなかろうと、

である。こう考えると、ヨーロッパの統合は問題である。キッシンジャーは、このことに気づいていた。北大西洋条約機構についての本である『二国間の歪んだ関係――大西洋同盟の諸問題』のなかでは、統合ヨーロッパの両面性が全体をとおして流れている訳注2。統合された場合、ヨーロッパはソ連に対する要塞となる。しかし、ばらばらの国家からなるヨーロッパのほうが、同盟の盟主にとっては扱いやすい。この両面性を見れば、なぜ彼が国務長官としてヨーロッパに新しい「憲章」を呼びかけておきながら、それに値するものを何もつくらなかったのかが説明できよう。しかし、キッシンジャーはつぎのようにも述べている。「統合ヨーロッパがより独立したパートナーとなるであろうことはわかっていた。しかし、われわれは、共通利害が長い協力の歴史によって保証されていることを、おそらくあまりにも無批判に仮定していた」(Kissinger, April 24, 1973)。そのような仮定は望ましくない。統合ヨーロッパの台頭は、国際政治の構造を2極から3極に変えることになる。伝統とか政治的親和性とかイデオロギー的な選好からいえば、新しいヨーロッパは西側よりになるかもしれないが、国家の国内的特性や選好が国家行動を予測するための十分な根拠とならないことを、われわれは知っている。新しく統合されるヨーロッパも、ソ連も、3つの大国のなかでは弱いものとなる。自助システムにおいては、外的圧力が弱い当事国同士を近づける。われわれの理論が予測するところでは、弱い立場にある当事国は、強国の力を相殺するために団結する傾向があるのである。ソ連はそのように働きかけるであろうし、ヨーロッパもそれで利益を得られる。弱国のままだと、与えられる支援に対し、より多くを支払わなければならないからである。ソ連と新しいヨーロッパは、ひとつの大きな対決のなかではなく、多くの重要な争点をとおして、われわれに不愉快と思える仕方で協力することになるであろう。

　ヨーロッパ統合の展望を議論するほとんどの人と違い、キッシンジャーならば、つぎのようにつけ加えるであろう。すなわち、国際政治学者たちはたいていのことではめったに合意しないが、その彼らでさえ、3つの大国による世界がもっとも安定性が低いということだけはつねに考えてきた、と。3極世界が不安定であると信じながら、なおかつ統合ヨーロッパを歓迎する者は、システ

訳注2　森田隆光訳（駿河台出版社、1994年）。

第9章 国際関係の管理

ムの不安定性を克服するために、従来からの超大国がもち、新しい超大国が開発するであろう第二撃能力をあてにしなければならない。ここでの問題は、ユニットレベルの要因でもってシステムレベルの影響を無効にできるかどうかである。たしかに、それは可能ではある。その議論は、3極構造が異なる影響を与えるということではなく、ある特徴を備えた兵器が構造の影響を克服するというものである。しかし、第二撃能力が3カ国もしくはそれ以上の数の国家間の膠着状態を恒久化できるとしても、だれがだれを助けるかについての疑念、だれが第二撃能力をもち、だれが第一撃能力をもつかについての不確実性がある。こうした疑念や不確実性を受け入れ、そ・の・うえで、これら大きな困難にもかかわらず、システムが平和で安定し続けるだろうと賭けに出るようなものである。だから、われわれは2極のほうを好むべきなのである。おそらく結局は、2極に反対を唱える所説の頻度と熱意は減退し、2極が好まれるようになるであろう。G. ボールのような善良なヨーロッパ人でさえ、3極世界到来の見通しが現実のものとなったなら、尻込みするであろう。分別あるどのような複占主義者もが期待するように、2つの超大国はどちらもおのおのの地位を維持したがっている。核不拡散条約の場合のように、両国は協力することによってその地位を維持しようとすることもある。その目標のひとつは、W. C. フォスターが、軍備管理軍縮局長だったときに明らかにした。「核兵器拡散を止めることにかかるコストを考えるときにも、われわれは、つぎの事実を見落としてはならない。つまり、核が広範に拡散すると、大きな富と産業基盤により自らが世界の他の地域に対して長らく得てきたパワーのマージンのかなりが失われる、ということである」(Foster, July 1965, p. 591)。アメリカは有利な地位を維持したいと願っており、ソ連も同じである（Waltz 1974, p. 24を見よ）。3極世界に想定される利得は、2極クラブを排他的に維持することに比べたら、魅力的ではないのである。

　冷戦期の勇猛な戦士たちの言い古されたレトリックにもかかわらず、アメリカの目標は、システムを変換することからシステムを維持すること、およびシステム内で活動することへと変化した。この変化を宣言したのは、ニクソン・ドクトリンであった。それは、アメリカは他国の安全保障を支え続けるが、他国もより多くをなすべきだ、という宣言であった。アメリカが他国を助けるのは、明らかに、世界のパワーバランスを変えるためではなく、むしろ単にそれ

を保持するためである。キッシンジャーは国務長官として、1970年代初期以降のアメリカの課題を、「アメリカが新しい国際秩序の発展を設計し、それに影響する能力を保持するかたちで」ヴェトナム戦争から手を引くこと、と定義した（Kissinger, January 10, 1977, p.2）。これは、ウィルソン大統領以来、アメリカがしばしば抱いてきた世界秩序再編の野心であるように聞こえるかもしれないが、そうではない。キッシンジャーは、正確に定義された構造的観点から世界秩序を考えていたのではなく、世界の主要アクター間で秩序だった平和的関係を形成していく課題を考えていたのである。これは、システムの変換ではなく、システムを維持し、システムを活用しようとする課題である。

　アメリカの使命の定義に関してのこの大きな変化は、2極世界が成熟したことを表している。「成熟」には、2つの意味がある。第1に、第二次大戦によって多大な損害を受けた世界のなかで、アメリカがかつて圧倒的に保っていた優位は、国家間の能力分布がさほど極端に偏ったものではなくなったことによって、低下した。キッシンジャーが述べたように、ソ連は、圧倒的だった「アメリカとソ連とのあいだの戦略的パワーの格差」をなくしたことで、「真に超大国として」近年台頭した（Kissinger, December 23, 1975, p.2）。第2に、アメリカとソ連は、競争を緩和し、互いを用心深く見守り続けながらも、時には相互利益のために協力して、分別ある複占主義者が本来とるべき行動をとるようになった。この状況は、適切にみれば、皮肉にも反共主義の名のもとでなされたアメリカの世界的拡張主義からの反転を容認する状況であり、そのように利用しようとすればできなくもない状況である。

　2極世界の成熟は、その消滅と混同されやすい。1970年代半ばに、デタント期における覇権競争の衰退と南北問題の浮上によって、もはや2極の観点から世界を定義することはできないと考える者も多かった。しかし、アメリカとソ連の競争の衰退も、第三世界問題の重要性の高まりも、2極システムの終焉を意味しない。アメリカとソ連の行動は時間の経過とともにいくぶん変化したが、その変化は、世界が2極である限りにおいて予想される方向での変化なのである（第8章Ⅲ節を参照）。

Ⅲ

　大国の数が2であれば、両国ともシステムを維持するよう行動すると予想できる。では、その両国は、一般的な平和を促進したり、他国の安全保障問題を解決する手助けといったサービスを提供するのだろうか。国内政治においては、そのような管理は制度的に提供されるが、国際政治においてはそうではない。国内政治と国際政治のどちらの領域においても、管理にかかわるような任務は遂行されるが、非常に異なる方法によって遂行される。構造的に導かれるこの違いのために、国際関係の管理の可能性は不当に低く評価されることになる。国内領域は、秩序だった期待の領域として考えられ、そこでは政府が報酬を与えたり強制的に剝奪したり、法律を通したり規則をつくったりすることによって、市民の行動を統制する。国内問題は、国家の支配の及ぶ領域に収まっている。しかし、外交政策問題は、そうではない。これは自明の理のように思えるが、「領域」ではなく「支配」のほうを強調すると、自明の理ではなくなる。ベルリンやキューバにおけるソ連の行動を緩和し支配することと、アメリカ国内で異なる人種を平等な人間として受け入れさせることや未成年犯罪に取り組むこと、分裂した労働組合に賃金規定を守らせることや都市で大衆を管理し暴動を起こさせないようにすることでは、どちらがよりむずかしいであろうか。2つの領域における管理の問題は違うものであり、一律に一方が他方よりもむずかしいということはない。もっとも強い国家でさえすべてを支配したり自国の満足のいくかたちで他のすべての国に影響を与えるわけではないため、国際政治における支配は過度にむずかしいと安易に結論づけてしまうが、それは間違っている。むずかしいかどうかは支配の種類によるのであり、それは国際システムによって異なる。

　国家は、自立を維持しようとする。この目標のため、多極世界における大国も、他国を操ったり、他国と力を合わせたり、時に他国と戦争したりする。国家のなかには、他国に有利なかたちでパワーが不均衡になるのを防ぐために、戦争をするものもある。しかし、大国は、自国の国益から勢力均衡のために戦争をするのであり、自国の国益上戦争することの副産物として、征服されるこ

とを望まない国にとってありがたい集合財を生みだすのである[2]。第一次大戦中にドイツは、小さい隣国のすべてもしくはその一部を併合するという要求を、戦争の目的として掲げるようになった。小国は、ドイツの野望達成を止められなかった。それを止められたのは、大国のみであった。つまり、良い結果が保証されるわけではないのである。かつては、ポーランドをプロシア、ロシア、オーストリアのあいだで分割して、バランスの維持を達成したことがあった。これも大国が自らのシステムを能動的に管理していることを示しているが、それはポーランドにとっては望むところではなかった。以上は、つねに念頭に置くべき点を示唆している。すなわち国際関係のかなりの部分は管理されている——そのような管理につきものの面倒や危険を管理者は好まないにもかかわらず、また管理される側も管理者ももたらされる結果を嫌だと思っているにもかかわらず——ということである。これについて珍しいところは、全くない。管理者や管理者のすることが不人気なのは、企業の経営者や、組合のボス、公務員、そして大国に等しく当てはまる。古いスタイルの帝国主義諸国がその配下の国々から温かい評価を受けたことはほとんどなかったし、「大東亜共栄圏」を築こうとした日本人たちも、ヒトラーの新秩序を築こうとしたドイツ人たちも、それは同じであった。これらはすべて、大国が管理し、影響を与え、支配し、世界もしくは地域的問題を方向づけようとした例である。

　たいていの場合、管理のための努力は多極よりも2極的世界においてのほうが、より多くなされると思われる。これまでの経験からもそうであった。管理する者の注意は2国間のみで分割され、よく知られているように、その2国には国際政治を自らの監視のもとに置きたいというインセンティブが十分にある。アメリカとソ連は、ほかの多くの国々の命運を自国の関心事としてとらえてきた。E. W. ブルックは、上院における自身の初めての演説で、この考え方をうまく言い表した。アメリカは「グローバルなパワーバランスのために必要な犠牲を払うつもりで」ヴェトナムで戦ったのではなく、「南ヴェトナムにとって最善であり、われわれにとっても最も名誉であり道徳的な」ものを守るために「正義の」戦争を戦ったのであると、彼は主張したのである（Brooke, March 23, 1967, p. 8）。そのとおりであった。アメリカはたしかに利潤や必要のために戦

2　S. ヴァン・エヴェラが未発表論文のなかで、この点をうまく指摘している。

ったのではなかった。国家、とりわけ大国は、自らのためだけに行動するのではなく、世界の公共善のためにも行動する。しかし、公共善は、大国それぞれがすべての国のために定義するものであり、それゆえ、それらの定義は相容れないものとなる。狭く定義された国益を大事にする国の身勝手さよりも、世界の重荷を負担する国の傲慢さが恐れられる場合もありうる。大きな能力をもった国は、他国を助けるためそれを使うこともあれば、害をもたらすためにそれを用いることもあるであろう。アメリカが自ら定義するところに従って、他の国の人びとの善のために行動しようとする欲求がとくに危険となったのは、1960年代の初頭においてである。そのころアメリカは、ソ連が太刀打ちできないような速さで、優越した経済資源を軍事能力に転換していた。激しい競争では、イデオロギーよりも利益が優先するため、激しい競争をしている相手に対しパワーで優越した国家は、小さな危険にすら大きな注意を払ったり、安全保障の観点から狭く定義される国益の実現を超えるような夢想を海外において追求するようになる。ヴェトナム戦争中、アメリカには、ソ連に比べてそういった軍事的優越のマージンがあったため、国民総生産に占める軍事費の割合を増やすことなく、またソ連に対して戦略的地位を弱めることなく、50万人もの人びとを戦争にコミットさせることができた。そのように巨大なパワーをもったアメリカは、ソ連に対抗するのでないにせよ、ソ連のパワーの脅威を考えずに行動することができたのである。では、大きなパワーを行使する国が、世界秩序の構築および維持という名目のもとに、ある地域をひどい目に合わせることがないと、どうして望むことができるのか。国際システムのレベルでは、近年、より均衡に近づいた両国のパワーがそのまま維持されると希望をもつことができる。軍事的競争が激しい場合、競争している国は注意深くなるからである。また国家レベルでは、国内的圧力によって、国家指導者たちが危険で不要な冒険を慎むだろうという希望をもつことができる。アメリカでは、冒険的な政策に対する大衆の反対圧力によって、これが可能となるかもしれない。ソ連においては、経済の停滞や技術の遅れといった弱みによって、それが可能となるかもしれない。

　強力なエージェントが正義の政策だけを追求することは望めないが、間違った政策ばかりは行わないだろうと期待することはできる。たとえ東南アジアにおいてアメリカが失敗したからといって、北東アジア、ヨーロッパ、中東その

他の地域でアメリカがこれまでに果たし、これからも果たし続ける有益な役割を忘れてはならない。アメリカ政府がくどいほど繰り返し述べてきたように、アメリカは世界の警察官ではない。しかし、そうではあっても、ジョンソン大統領の言葉を借りれば、「その仕事ができるのはアメリカ以外にない」のである（Johnson, May 5, 1965, p. 18）。キッシンジャーがのちに表明したように、「アメリカは世界の警察官ではない」という言明は、「いくぶん修正を必要とする一般命題である。実際のところ、世界の大半の地域の安全と進歩は、アメリカの何らかのコミットメントに依存している」（Kissinger, December 23, 1975, p. 3）。アメリカはヴェトナム戦争のまえでさえ、朝鮮半島の38度線からベルリンに至るまでの非共産主義世界に、100万人を駐留させていた。アメリカは世界の警察官としての役割を果たしていたのであり、いまもそうである。そして警察とは、政府のような任務である。アメリカがその任務を放棄すれば、他国にはいくぶん満足のいくことになっても、アメリカにはもっとコストがかかることになる。かつて外国の多くの都市の壁には、チョークで「アメリカ人は帰れ」というスローガンが書かれていた。しかし、そうしたスローガンの人気が次第に落ちてきていることを見れば、基本的に外国でも受け入れられてきていることがわかる。いま、アメリカは、出て行けといわれるよりも来てくれと頼まれることのほうが多いし、介入するなではなく介入してくれと頼まれることのほうが多い。これを明らかに示す例は、豊富にある。アラブ諸国は、アメリカに対しイスラエルに圧力をかけてほしいと思っている。イスラエルは、アメリカがイスラエルに物資を供給し、自分たちを支持してくれることを望んでいる。南アフリカの指導者たちは、残存する植民地問題を自分たちに都合のよいかたちでアメリカに解決してほしいと思っている。韓国は、アメリカ軍に対していやいやながらさよならを言っているが、海軍・空軍の支援とともにアメリカの軍事供給はこれからも受け続けることになるであろう。中国の指導者は、アメリカ軍にアジアから撤退してほしいと思っているが、あまりに多くが一度に撤退することがないように願っていることも明確にしている。このように、多くの国々がアメリカに慣れ、アメリカが彼らの面倒をみてくれるものと頼り続けている。西ヨーロッパは、アメリカに対する依存が長期化したもっとも顕著な例である。西ヨーロッパは、ソ連に対して経済資産が優位であるにもかかわらず、防衛の主要部分をアメリカが提供することを期待し続けている。つまり、「こ

のままとどまってください」が「帰れ」にとって代わる大衆のスローガンとなっているのである。実際、G. レーバーとH. シュミットは、「アメリカは駐留しなければならない」ことを、ヨーロッパ安全保障をめぐる差し迫って重大な教訓として繰り返し述べた。1972年から1978年までドイツの国防大臣であったレーバーは、「ヨーロッパの1カ国、あるいはさまざまなヨーロッパ諸国を寄せ集めても、アメリカによる軍事的コミットメントにとって代わる政治的、軍事的、心理的代替物はない」とアメリカに注意をうながした（Leber, February 27, 1973, p.50）。またシュミットは、1974年に首相になるまえに国防大臣と財務大臣を務めたが、そのあいだ彼は頑として、ドイツがより多くの負担をすることを選択肢としてとりあげなかった。それは、「西側と同時に東側諸国において深刻な政治的影響が及ぶであろうということを別にして、金も人も大衆の支持も欠如しているため」であった（Newhouse 1971, p.83より引用）。政治的にも経済的にも西ドイツが自国の軍事力を増やせないと主張するにあたって、シュミットは、ドイツが担わなければならない軍事的負担がGNPの3．3パーセントにもなると付け加えることもできた。しかし当時、アメリカはGNPのほぼ8パーセントを防衛費に使い、約2パーセントはヨーロッパ内もしくはヨーロッパの人件費と設備のために費やしていたのである。1973年から1976年にかけて、西ヨーロッパ諸国のなかで防衛費にGNPの4パーセント以上を費やしていたのはイギリスだけであり、その間アメリカは約6パーセントを費やしていた。ヨーロッパ諸国のなかにはもっと軍事費を使える国もあったが、そういった国々が貢献したとしてもほとんど影響を与えなかったであろう。それらの国々は、軍事的貢献を増やすよりもアメリカのコミットメントの効果を持続させるよう主張し、そのための方策をとるインセンティブのほうが強かったのである。ドイツ、フランス、イギリスは、それぞれ異なるやり方であったが、すべてそうしていた（Waltz 1974を参照）。

　国民国家によって形成される世界においては、軍事的、政治的、経済的な事がらについての何らかの規制が非常に必要となるときがある。だれがそういった規制を提供するのか。もっとも重要な事件の場合、すなわち、経済的に広範囲の重要性をもち、軍事的暴力へと爆発する恐れのあるような場合、アメリカのみが効果的に介入できる見込みのある国であることが多い。そうした場合に効果的に介入できる見込みは必ずしも高くないが、それでもアメリカは、支援

をすれば一定の支配力を得ることになる。アメリカは、他国が従う政治・軍事戦略に影響を与え、時には他国が戦争を始めるべきかどうかを決定することもある。キッシンジャーが1973年の秋に、イスラエル大使ディニッツに「先制攻撃はよせ」と警告したのもこの例である。そしてアメリカのキーティング大使はその警告を強調して、アラブが攻撃した決定的な証拠もなしにイスラエルが先制攻撃したら、イスラエルは単独で戦うことになる、と述べたのであった (Stoessinger 1976, p. 179)。アメリカはイスラエルとアラブのあいだのすべての紛争を予防できたわけではないが、戦争を回避させ、両者を合意の方向に向かわせたことはあったのである。南アフリカでも、せいぜい失敗と成功の半々しか期待できないかもしれない。しかし、アメリカがもっとも重要でもっともむずかしい問題を解決しようと手を差し伸べないならば、だれがそれをするのか。これに関して、カナダのある学者は以下のように述べている。「パックス・アメリカーナもしくはパックス・ルッソ・アメリカーナより前進することはできるだろう。しかし、国際秩序を大事にするのが弱小国だけであるというような野卑な状態に後戻りするなら、われわれの命運は尽きることになろう」(Holmes 1969, p. 244)。

　国際関係を管理することの困難にかかわらず、アメリカは第二次大戦後、おそらく国際政治を管理しすぎたといえるだろう。2極世界においては、危険と義務が明確に定義づけられるため、自国の安全保障と世界秩序の維持とを同一視するアメリカは、容易に過剰反応した。3分の1世紀ものあいだ、国際関係の管理に気を使ってきたため、アメリカは、自らがそのための配慮を示さなくなるならば、世界はもっとひどいものになると容易に信じるようになったのである。ヴェトナム戦争後、アメリカは世界に対する責任を早急に放棄してしまうのではないかと心配する者もいたが、この心配は3つの理由で根拠がない。第1に、集合財を消費することにおいて、優越した国家には、正当な代価が支払われなくても、そうした財を提供する理由となる十分大きい利益がある。そういった国は、自らのためと同じくらい他国の利益のために働いていても、また他国が圧倒的に少ないコストしか支払わなくても、平和一般と広い意味での安全保障のために行動するインセンティブをもっている。このようにして、M. オルソンの「弱者が強者を『搾取する』傾向」という命題が導き出される (Olson 1965, p. 35)。主要国は、世界政治の管理をする主導的役割を果たすが、

この傾向は主要国の数が2つになるといっそう強まる。第2に、他国はアメリカのコミットメントの信頼性について心配するかもしれないが、アメリカがその心配をする必要はない。1970年代半ばに多くのアメリカの指導者たちは問題を逆転してとらえていたが、アメリカの信頼性は他国にとっての問題であってもアメリカにとっての問題ではない。アメリカが他国の負担を担う理由が存在することもあるが、アメリカの信頼性についての他国の心配をアメリカが肩代わりする必要はない。アメリカの信頼性について他国が不安になれば、それらの国々は自らの面倒をもっとみるようになり、アメリカの負担は軽くなる。第3に、アメリカには、国際関係の管理者としての30年間の習慣があまりにも深く染み込んでいる。ゆえに、管理の仕事をしないよりも、やりすぎる危険のほうが依然として大きい。

　管理することはむずかしく、国家間関係を規制することもむずかしい。これらがたしかな真実であることを考えると、アメリカによる国際関係の管理は――そして、そうソ連による管理も――成功と呼んでもよく、驚くべきほどである。私がソ連についてほとんど述べてこなかったのは、アメリカが世界の軍事的管理の主要な負担を担ってきたからであり、経済面ではいっそうそうだったからである。もちろんソ連は自国の勢力圏を維持できる限りにおいては、懸命に秩序を維持してきた。それにより、東ヨーロッパの人びとの自由には貢献しなかったものの、国際平和と安定には寄与してきたのである（Licklider 1976-77を見よ）。大国は、不安定化によって自国が関与することになるかもしれず、関与によって戦争になるかもしれないような地域に利害をもっている。バルカン半島の不安定は、第一次世界大戦の引き金となった。現在の2極世界は、昔の多極世界よりも東ヨーロッパ諸国間の危機と戦争を許容する用意ができているだろうか。その答えが「否」であると信じ、過去も現在も世界は同じくらいに不安定で戦争が起こりやすいと主張する者もいた。しかし、そのような考えは、2つの国際システムの決定的に重要な違いを曖昧にする。いま、1つの大国による東ヨーロッパの国際関係の支配が、他方の大国によって許容されているのは、まさに、両国が競争して介入すると不当な危険を招くことになるからである。だから、自由開放の信奉者J. F. ダレスは、1956年10月のハンガリー動乱の際、ソ連がそれを鎮圧しようとしてもアメリカは介入しないとソ連に確約したのであった。アメリカは東ヨーロッパの人びとが自らの統治者を

自由に選ぶほうが好ましいと思っているが、アメリカはまた、ソ連が従来まで不安定だった世界の地域を管理することに利点があることも理解している。東ヨーロッパでもどこでも、実験と手探りをとおしてわかったのは、管理という仕事の分業は、多極よりも2極の世界で取り決めやすいということである。

　世界政治の管理の可能性を問う場合は、管理の必要性がどれだけ大きいかも問われるべきであろう。管理の必要性は、国家間の相互依存の程度に応じて増加する。相互依存関係が非常に緊密な場合、各国には、他国の行動をあたかも自国内で起こっている出来事であるかのように扱わなければならないという制約が課されている。依存の相互性によって、国家は他国を不安と疑いの目で眺めることになるのである。しかし、相互依存が低下すると、管理の必要性は減る。ドミノ理論が経済的にも軍事的にも成立しないことを、われわれはすでに――願わくば――学んだ。自給自足で大きな能力を保持している国家は、自国の領域外に端を発する望ましくない動きの効果を抑えて、世界から自らを隔離する。同時に、相互依存の低さは、パワーが集中していることを意味し、その場合、パワーのピラミッドの頂点にある少数の国家は、支配力を行使する大きな関心と能力を得ることになる。2大国は、その規模によって支配能力を獲得すると同時に、他国の行動の影響からかなりの程度隔離されるのである。国家間の不平等性が、低いレベルの相互依存のもとで、均衡を生む。権威的規制が欠如しているなかでは、2大国の緩い結合と2大国が行使する一定の支配力によって、平和と安定が促進されるのである。アナーキー状態におけるメンバーが相互依存の低い状況に置かれた場合、共通の目的を達成するための協力が必要とされることはそう多くない。この場合は、精密な規制よりも支配、積極的目的のための調整よりも予防が、もっとも重要度の高い作業となる。軍事力の脅威によって軍事力の使用を阻止すること、軍事力で軍事力に対抗すること、軍事力の脅威もしくは使用によって国家の政策に影響を与えること、これらが安全保障問題においてこれまでもっとも重要な支配の手段だったのであり、これからもそうであり続ける。世界のパワー分布が極端に不平等であるなか、軍事力の脅威を操作して他国が軍事力を行使するのを抑制できる国がある。これらの国は、パワーにおいて優越しているがゆえに、自らが管理していないか、もしくは管理できない暴力の行使から生じる不安定な変化を、吸収することができるのである。

IV

　それでは、多くの国家の調整された努力を必要とするほかの問題についてはどうであろうか。私が４つの「P」問題として言及した貧困 (poverty)、人口 (population)、公害 (pollution)、拡散 (proliferation) が、国際関係の最重要課題にのしあがることもありうる。アメリカとソ連の軍事的膠着状態のために、これらの問題が長期間にわたって、最重要課題であり続けるかもしれない。では、だれがそれらに対処するのであろうか。1970年代には、多くの人びとが、アメリカはもはや世界の支配的な経済大国ではないため、そういった問題に対処できないと考え始めた（Ullman, October 1976, pp. 3-4を参照）。たしかに、重要な国際問題が他国の助けなしに一国だけでは解決できないという意味において、それはそのとおりである。また、貿易、通貨、金融などの国際問題を扱ううえで、アメリカが1944年のブレトン・ウッズの際のように、自国のやり方を通せなくなっていることも、確かである。さらに、アメリカが核拡散を防ぐためにほかのどの国よりも多くのことをできたとしても、核拡散を完全に防ぐことはできないのも確かである（Kissinger, September 30, 1976, pp. 8-9; Nye, June 30, 1977, pp. 5-6を参照）。

　共通の問題を解決したり管理したりするために、集団的努力が必要なことを否定する者はいないだろう。共通の事業を実現するには、何らかの協調が必要であり、それは第二次大戦直後よりも現在にいっそう当てはまる。グローバルな問題は、一国によっては解決できず、多くの国家が協働してのみ解決できる。しかし、だれがその手段を提供し、だれがコストの主要な部分を支払うのか。アメリカがそれをしないならば、国家の協力的事業の範囲と効果は限られたものとなってしまう。経済やその他の事がらにおけるアメリカの役割、アメリカが比較的独立した地位にあることから得られる影響力、世界の非軍事的問題の管理に貢献することにおけるソ連の無能力――その意図が何であれ――については、すでに十分述べてきた。アメリカは経済的には他を圧倒的に引き離す主導国である。主導国が主導しないならば、他国は従わない。すべての国家は、水漏れを起こしている世界という船に乗り合わせているが、そのうちの一国がもっとも大きなひしゃくで水を汲み出すのである。経済社会問題においても、

軍事問題と同様、他国は救済の多くをアメリカに求める傾向がある。相互依存の進展によって世界は小さくなり、世界の問題を集権的に管理する可能性が生まれたというのが、一般的見方とされている。しかし、相互依存の進展はたしかに集団的問題の管理の必要性を高めるが、それを管理できる管理者を生み出すわけではない。グローバルな見方、もしくはマクロな観点では、アメリカとソ連がもっとも管理される必要がある。われわれの理論は、見方をミクロなものに変える。この理論の観点から見た問題は、大国を含む世界をどう管理するかではなく、大国が国際関係を建設的に管理する可能性が、システムの変化にともなってどう変わるかなのである。

訳者あとがき

　本書は Kenneth N. Waltz, *Theory of International Politics* (New York: McGraw-Hill: 1979) の全訳である。国際政治学研究の方法論に根本的な疑問を呈し、1980年代の国際政治学に大きな論争を巻き起こしたウォルツの原著は、この分野でもっとも読まれ、言及されている著作のひとつであり、出版されて30年たち、さまざまな論評が加えられてきた現在もなお、アメリカの国際政治学の講義やセミナーでシラバスの筆頭にあげられる必読の書である。

　ウォルツの最大の功績は、国際システムの秩序原理にもとづく体系的な理論を構築し、国際政治学を社会科学の一分野として打ち立てたことにある。ウォルツが国際政治を純粋に学究的な対象としてとらえたことによって、1980年代以降の国際政治学は、成熟したひとつの社会科学になったと同時に、他の国際政治理論が発展するスプリングボードとなった。リベラル制度主義として理論的に洗練されたかたちで再構築されたリベラリズムや、近年のウォルツ批判の先鋒である構成主義も、その理論的基盤をウォルツに負っている。偉大な古典的著作の例に漏れず、ウォルツの著作は、多様な観点からの検討と解釈を可能にする一般性と、多くの研究課題や仮説を生む肥沃さを備えているためであろう。

　国際政治を他の形態の政治と区別して特徴づけるのは、何よりも中央政府の不在、すなわちアナーキーという秩序原理であり、アナーキー下の国際事象やアクターの行動パターンを説明し、理解するのが国際政治学の中心的課題である。国際政治学を志す者がウォルツを無視できないのは、ウォルツがこのアナーキーという、国際政治の根源的問題に真正面から取り組み、その構造的制約の観点から国際政治における「集合行為の論理」を解明したためである。ウォルツは、中央政府が不在の状況においてこそ、パイを分配する問題がもっとも熾烈になるという意味で、国際政治を「政治のなかでもっとも政治的な政治」と呼んだ。政治のエッセンスとそれが示唆するものを、だれよりも深く考察し

ていたのがウォルツであった。

　Theory of International Politics 以降の国際政治学を振り返り、あらためて感銘を受けるのは、ウォルツの思考の独立性である。ウォルツは、分析のレベルという鍵概念を早期から国際政治学に導入し、「構造」、「アナーキー」、「システム」といった、従来からの中心的概念に新しい意味づけを行った。いわゆる「ネオリアリズム」の祖とされているが、実際、ウォルツの理論は他のリアリストやネオリアリストのものと異なるところも多い。ユニットレベルから区別される構造としての国際システムの自立性を、徹底した一貫性と非妥協性で謳ったウォルツの理論は、リアリズム―リベラリズム、ペシミズム―オプティミズム、対立的―平和的といった定番の対立軸からは離れたところで、社会科学をめざす者が取り組まざるをえない理論的課題や方法論的問題を国際政治学に呈示している。ウォルツ以前にも、ウォルツ以降にも、だれもウォルツが思考したようなかたちでは国際政治をとらえていない。また、ウォルツの国際政治論の中核の部分は、彼がコロンビア大学で博士論文を執筆したときからほぼ一貫しており、1959年に出版された、*Man, the State, and War: A Theoretical Analysis*（Columbia University Press: New York）のなかでも、分析のレベルを定めることの重要性、還元主義に対する批判、国際政治の構造に組み込まれた持続的パターンについてすでに論じられている。

　国際政治のように、現実の事象の詳細を無視しにくく、観察者の価値観が反映されやすい学問においては、われわれの思考はユニットレベルへ、具象へと向かう圧力が働く。方法論上の革命を起こすようなグランドセオリーの構築が、なぜウォルツに可能だったのだろうか。ウォルツによれば、かつて数学を専攻していたことが、物事を明確かつ論理的に思考する訓練になったが、理論の中核である「分析のレベル」や「国際システムの構造」といった考え方は、忽然とひらめいたのだという。つまり、ウォルツの理論の誕生は、彼が生きた時代的特徴や空間的背景を超越した純粋な学問的意図によるところが大きいのである。そして、社会科学としていったん意識されたウォルツ以降の国際政治学は、ウォルツ以前に戻ることはできなくなった。ウォルツは、理論的な敷居を突破した者のみが知っている美しい世界と科学的探究の醍醐味を示すことによって、国際政治学に新しい学問的見地を開いたのである。

　翻訳にあたっては、作業に取り組んだ長年のあいだに数え切れないほど多く

の方々に、訳語や原著の内容について貴重なご意見をいただいた。また、ケネス・ウォルツ教授には、用語や内容の意味確認の際に、いつもこころよくご協力いただいた。さらに、勁草書房の上原正信氏は、翻訳作業の全過程において、この訳書が日本の国際政治学にもつ重要性を確信しながら、適切に作業を促してくださった。心より感謝申し上げる次第である。

訳者を代表して
岡垣 知子

付　表

以下の表は、S.ピーターソンによって作成された。

表 I　輸出入の国民生産比率[a]

時代	イギリス 年	%	フランス 年	%	ドイツ 年	%	イタリア 年	%	日本 年	%	ソ連 年	%	アメリカ 年	%
19世紀後半	1877-85	49	1875-84	52	1880-89	34	1889-90	26	1878-87	13			1879-88	14
	1887-95	45	1885-94	50	1890-99	30	1891-00	25	1888-97	26			1889-98	14
第一次世界大戦前	1897-05	41	1895-04	49	1901-09	34	1901-10	31	1898-07	34			1899-08	11
	1909-13	52	1905-13	54	1910-13	38	1911-13	34	1908-13	33			1904-13	12
戦間期	1924-28	38	1920-24	51	1925-29	31	1925-29	30	1918-27	41			1919-28	12
	1929-33	28	1925-34	42	1930-34	22	1930-34	20	1928-37	41	[b]		1929-38	8
	1934-38	24	1935-38	33	1935-38	12	1935-38	15	1938-42	31			1938-48	10
第二次世界大戦後	1949-53	37	1950-54	38	1950-54	26	1950-52	26	1950-56	21	1955	4	1944-53	10
	1960	32	1960	23	1960	30	1960	26	1960	20	1960	5	1960	7
	1965	30	1965	22	1965	32	1965	26	1965	19	1965	5	1965	7
	1970	33	1970	25	1970	34	1970	30	1970	20	1970	5	1970	9
	1975	41	1975	32	1975	39	1975	41	1976	23	1975	7	1975	14

注：
[a] 輸出のGNP比と輸入のGNP比との和。
[b] ソ連の戦間期のデータは省いた。国内流通ルーブルの急激な価値低下と、計算単位としての国内ルーブルと国際ルーブルのあいだの不一致のため、誤解を招く恐くからである。後者の理由のため、国際貿易とブロック間貿易の測定における違いのため、戦後のデータは注意深く解釈されるべきである。

出典：ソ連以外の1950年代半ばまでのデータはKuznets, January 1967, Table I, pp. 96-120。ソ連以外の1960年以降のすべてのデータはCIEP, January 1977, Tables 1, 18, 19。ソ連のGNPのデータはCIEP, January 1977, Table 2, p. 138。1955年のソ連の貿易データはMitchell 1975, p. 499。1960年と1965年のソ連の貿易データはInternational Monetary Fund, 1970年と1975年のはUN Statistical Office, 1977, pp. 424-27。

付　表

表Ⅱ　各国の純資本流出入（NCF）の総資本形成（GCF）比率および国民総生産（GNP）比率

	1880-89年	1890-99年	1900-09年	1910-13年	1922-25年
イギリス					
NCF/GCF [a]	80.0	48.0	49.0	139.0	27.0
NCF/GNP [b]	4.8	3.3	3.9	7.7	2.0
フランス					
NCF/GCF	46.0	13.0	19.0	17.0	7.3
NCF/GNP	0.9	2.6	4.0	3.5	2.0
ドイツ					
NCF/GCF	30.0	11.0	10.0	17.0	n.a.
NCF/GNP	3.1	1.4	1.5	2.6	n.a.
日本					
NCF/GCF	n.a.	n.a.	n.a.	n.a.	n.a.
NCF/GNP	n.a.	n.a.	n.a.	n.a.	n.a.
アメリカ					
NCF/GCF	+3.2	0.2	+0.5	+2.7	2.0
NCF/GNP	+0.7	0.1	+0.1	+0.5	0.4

	1926-30年	1931-35年	1951-55年	1956-59年	1961-65年	1966-70年	1971-75年
イギリス							
NCF/GCF [a]	15.0	+6.0 [c]	9.0	9.0	5.0	1.0	+9.0
NCF/GNP [b]	1.3	+0.5	1.0	1.0	0.9	0.2	+2.0
フランス							
NCF/GCF	17.0	+3.4	4.0	0.1	0.2	1.4	+1.0
NCF/GNP	3.2	+0.7	1.0	0.02	0.1	0.4	0.2
ドイツ							
NCF/GCF	33.0	104.0	2.0	3.0	+1.0	5.3	+5.4
NCF/GNP	3.1	3.1	0.5	1.0	+0.2	1.3	+1.3
日本							
NCF/GCF	n.a.	n.a.	0.7	0.2	1.4	1.4	3.0
NCF/GNP	n.a.	n.a.	0.2	0.04	0.4	0.5	1.0
アメリカ							
NCF/GCF	3.0	+3.0	4.6	7.1	4.7	2.0	2.5
NCF/GNP	0.5	+0.4	1.0	1.2	1.0	0.4	0.4

注：
a　NCFをGCFで割ったもの。
b　NCFをGNPで割ったもの。
c　+は純資本流入を表す。
出典：第一次世界大戦前のデータについては3つの出典がある。純資本流出入平均はBloomfield 1968, Appendix I, pp. 42-43から計算された。ヨーロッパの国民総生産（GNP）および総資本形成（GCF）は、Mitchell 1975, pp. 781-82, 785, 790, 797。アメリカのGNPとGCFは、US Bureau of the Census, 1976, Part 1, pp. 224-31。戦間期のデータは3つの出典がある。ドイツ以外のすべての国の純資本流出入平均はRoyal Institute of International Affairs 1937, pp. 139-40, 175, 200-201から計算された。ドイツの資本流出入はUN Department of Economic Affairs, 1949, Table 1, pp. 10-11からである。ヨーロッパのGNPとGCFは、Mitchell, pp. cited。アメリカのGNPとGCFはUS Bureau of the Census, 1976。1951年から1959年のデータは4つの出典がある。資本流出入はUN Department of Economic Affairs, 1961, Table 3, pp. 6-7。ヨーロッパのGNPとGCFはMitchell, pp. 792-95。アメリカのGNPはUS Bureau of the Census, 1976。アメリカのGCFはUN Statistical

office, 1957 and 1961。1961年から1975年のデータは3つの出典がある。資本流出入はOECDの各年資料。1961年から1970年のGNPについても同じ。1971年から1975年のGNPはCIEP, March 1976, p.137。ヨーロッパの1961年から1975年のGCFはOECDの各年資料。アメリカのGCFはUN Statistical Office, 1961, 1970, and 1974。

表Ⅲ　ヨーロッパからの移民の総ヨーロッパ人口比[a]

注：それぞれの点は10年間の平均人口に占める10年間の総移民の割合を表している。グラフではロシアは含まれていない。1846年から1932年には大陸間移民の95パーセントがヨーロッパからであり、1821年から1932年には58パーセントの移民がアメリカに行ったことに注目すべきである（Kuznets 1966）。
出典：移民データはMitchell 1975, p.135。1871年から1930年の人口データはKucyzynski 1969, Table I, pp.230-31。1931年から1960年の人口データはUN Statistical Office, 1966, p.103。

付　表

表Ⅳ　各国輸出入の世界貿易比

年	イギリス[a]	フランス	ドイツ	イタリア	日本	ソ連	アメリカ[b]
1870-80	24.0	10.8	9.7	3.0	n.a.	4.5	8.0
1880-89	22.4	10.2	10.3	2.9	n.a.	3.9	9.8
1913	15.5	7.3	12.1	2.9	n.a.	12.8	12.9
1928	13.7	6.1	9.3	2.8	n.a.	8.3	17.3
1937	14.1	4.8	8.3	2.3	5.1	7.4	16.0
1955	9.7	5.3	6.6	2.4	2.3	3.3	14.6
1960	8.7	4.9	8.1	3.1	3.3	4.2	13.4
1965	8.0	5.7	9.4	4.0	4.2	4.8	14.4
1970	6.9	6.3	11.0	4.9	6.2	3.9	15.0
1975	5.8	6.4	10.0	4.5	6.6	4.0	13.0

注：
a　1937年まではイギリスとアイルランド。
b　1913年から1937年は北アメリカ全体。

出典：1870年から1937年のデータはKuznets 1966, pp. 306-308。ソ連以外の1955年のデータはCIEP, March 1976, Tables 17-18, pp. 146-47。ソ連の1955年のデータはMitchell 1975, p. 499。1960年と1965年のデータはInternational Monetary Fund, 1970年と1975年のデータはUN Statistical Office, 1977, pp. 424-27。

表V 先進国／発展途上国別およびセクター別のアメリカ直接投資

年度および先進国／発展途上国	帳簿価格[a]	アメリカ直接投資の割合[b]	採掘産業の割合	製造業の割合
1945年				
先進国[c]	$4,809	57%	14%	24%
発展途上国[d]	3,560	43	16	7
アメリカ総直接投資	8,369		30	31
1950年				
先進国	5,356	45	10	24
発展途上国	6,447	55	28	8
アメリカ総直接投資	11,804		38	32
1955年				
先進国	10,070	53	16	25
発展途上国	9,115	47	26	8
アメリカ総直接投資	19,185		42	33
1960年				
先進国	19,319	61	21	29
発展途上国	12,546	39	23	5
アメリカ総直接投資	31,865		44	34
1965年				
先進国	32,312	65	20	32
発展途上国	17,162	35	19	7
アメリカ総直接投資	49,474		39	39
1970年				
先進国	51,819	69	19	34
発展途上国	19,168	31	12	7
アメリカ総直接投資	75,456		31	41
1975年				
先進国	91,139	68	19	34
発展途上国	34,874	32	10	8
アメリカ総直接投資	133,168		29	42

注：
a 現在の100万アメリカドルが単位。
b アメリカの直接投資。
c 西ヨーロッパ、カナダ、オーストラリア、ニュージーランド、南アフリカを含む。
d ほかのすべての国々。
出典：1970年以外のすべてのデータは *Survey of Current Business* の以下の号より：1945年のデータはJanuary 1951, Table 4, p. 22；1950年のデータはDecember 1952, Table 1, p. 8；1955年のデータはAugust 1956, Table 3, p. 19；1960年および1965年のデータは、October 1970, Table 9, p. 31；1975年のデータはAugust 1976, Table 14, p. 49。1970年のデータはUS Department of Commerce, Bureau of Economic Analysis, 1975, Table 5, p. 5。

付　表

表VI　研究開発のための国家支出

国	1963-1973年の研究開発費の年平均成長率	研究開発に使われた支出およびGNP比					
		1963		1967		1973	
		額[a]	割合	額[a]	割合	額	割合
イギリス	4.3%	$2,160	2.3%	$2,649	2.3%	$3,340	1.9%
フランス	10.2	1,300	1.6	2,562	2.3	3,982	1.6
西ドイツ	14.1	1,463	1.4	2,084	1.7	8,329	2.4
カナダ	8.7	430	1.3	828	1.5	1,092	0.9
日本	15.5	1,023	1.4	1,952	1.5	8,159	2.0
ソ連[b]	9.4	7,665[c]	3.6	9,100	3.6	21,323	4.7
アメリカ	4.4	19,215	3.4	25,330	3.0	30,120	2.3

注：
a　現在の100万アメリカドルが単位。
b　データは「基礎科学」支出のものである。
c　1965年のデータ。

出典：1963年から1967年のOECDのデータはRuggie 1974, Table III-1 and III-2, pp. 181-83。1973年のOECDの支出およびGNP比はCIEP, March 1976, p. 119, and OECD, 1976, pp. 10, 48, 88, 260, 290, 532。ソ連の研究開発費はNolting 1976, Table I, p. 8。ソ連のGNPデータはUN Statistical Office, 1976, p. 185。

291

表Ⅶ 主要7カ国製造業の総固定資本形成におけるアメリカ所有の多国籍企業による工場設備費の割合 1966年および1970年

産業	多国籍企業による工場設備費の総固定資本形成比							多国籍企業a 工場設備費（百万ドル）	7カ国すべての総計 GFCFb（百万ドル）	工場設備費のGFCF比c
	イギリス	フランス	西ドイツ	ベルギー・ルクセンブルク	カナダ	メキシコ	ブラジル			
1966年										
すべて	16.3%	4.3%	9.2%	17.0%	42.7%	6.7%	12.4%	$3,014	$22,407	13%
食品	4.6	1.9	1.4	n.a.d	22.5	2.7	n.a.d	109e	2,670e	4
化学	15.8	1.9	5.1	23.3	86.6	20.8	16.8	561	4,348	12
原金属・加工金属	11.3	1.7	1.8		64.0	4.0	n.a.d	195f		
機械	21.5	15.4	19.4	19.3	64.0	5.3	50.8	748	8,579f	20
輸送機器	47.6	8.8	37.8			3.1	28.2	831		
ほかの製造業すべて	11.6	1.0	1.1	10.6	23.6	8.2	6.7	570	6,810	8
1970年										
すべて	20.9	5.8	12.3	14.1	32.2	9.3	18.3	4,152	29,739	13
食品	4.4	0.9	2.0	n.a.d	23.5	3.1	11.1	163g	4,030g	4
化学	17.9	2.1	10.4	24.9	68.1	10.7	27.4	691	5,155	13
原金属・加工金属	21.1	1.0	8.4			8.3	11.9	457		
機械	29.0	23.3	27.8	12.0	57.8	13.9	57.1	1,292	11,482	22
輸送機器	45.5	9.8	27.8			17.9	25.6	870		
ほかの製造業すべて	18.2	2.8	2.7	10.8	20.5	13.0	5.9	679	9,072	7

a 1970年の数値は1969年の総固定資本形成のデータにもとづいている。
b 総固定資本形成。
c 工場設備費の総固定資本形成比。
d 「ほかの製造業すべて」に含まれている。
e ベルギー＝ルクセンブルクおよびブラジルの食品加工を除く。これらの国の数値は、「ほかの製造業すべて」に含まれる。
f ブラジルの原金属・加工金属を除く。これらの数値は「ほかの製造業すべて」に含まれている。
g ベルギー＝ルクセンブルクの食品加工を除く。これに関連したデータは、「ほかの製造業すべて」に含まれている。

出典：US Senate, Committee on Finance, February 1973, Table 9, p. 411.

付　表

表Ⅷ　アメリカ多国籍企業およびその多数所有の外国提携企業によって生みだされた輸出と世界および各国の輸出　1966年および1970年
1966年から1970年の増加もしくは減少

地域または国	1966年 額[a] 総輸出	1966年 額[a] 多国籍企業	1970年 額[a] 総輸出	1970年 額[a] 多国籍企業	総輸出	多国籍企業	割合 総輸出	割合 多国籍企業	多国籍企業による輸出の総輸出比 1966年	多国籍企業による輸出の総輸出比 1970年
全世界	$201,800	$43,046	$309,200	$72,759	$107,400	$29,713	53.2%	69.0%	21%	24%
アメリカ	29,998	19,241	42,593	29,420	12,595	10,173	41.2	52.9	64	69
カナダ	9,551	3,327	16,187	6,852	6,636	3,525	69.5	105.9	35	42
ラテンアメリカおよびほかの西半球諸国	10,871	4,333	13,260	4,746	2,389	413	22.0	9.5	40	36
メキシコ[b]	1,199	126	1,402	217	203	91	16.9	72.2	11	16
ブラジル[b]	1,741	152	2,738	222	997	70	57.3	46.1	9	8
イギリス	14,132	2,664	19,351	3,374	5,219	710	36.9	26.7	19	17
ヨーロッパ経済共同体（EEC）	52,650	4,532	88,520	8,607	35,870	4,075	68.1	89.9	9	10
ベルギー＝ルクセンブルク[b]	6,832	875	11,609	1,558	4,777	683	69.9	78.1	13	13
フランス[b]	10,889	779	17,742	1,552	6,853	773	62.9	99.2	7	9
西ドイツ[b]	20,134	1,424	34,189	2,666	14,055	1,242	69.8	87.2	7	8
日本	9,777	84	19,318	350	9,541	266	97.6	316.7	1	2
ほかの西ヨーロッパ諸国	19,538	2,494	29,639	4,409	10,101	1,915	51.7	76.8	13	15
東ヨーロッパおよびソ連	21,200	n.a.	31,000	n.a.	9,800	-	46.2	-	-	-
オーストラリア／ニュージーランド／南アメリカ	5,844	340	7,993	758	2,149	418	36.8	122.9	6	9
ほかのアジア・アフリカ諸国	25,210	4,655	37,100	10,029	11,890	5,374	47.2	115.4	18	27
国際、指定なし	89	1,369	99	3,747	10	-	11.2	-	-	-

注：
a　現在の100万アメリカドル単位。
b　出典元機関に公開を禁止された数値の代わりに，Tariff Commission によって部分的に見積もられた。
出典：US Senate, Committee on Finance, February 1973, Table A-1, p.354.

表IX 製造業におけるアメリカの多国籍企業およびその多数所有の外国提携企業の輸出が各国輸出に占める割合　1966年および1970年

業種	右8ヵ国の総計 1966	右8ヵ国の総計 1970	アメリカ 1966	アメリカ 1970	カナダ 1966	カナダ 1970	イギリス 1966	イギリス 1970	フランス 1966	フランス 1970	西ドイツ 1966	西ドイツ 1970	ベルギー＝ルクセンブルク 1966	ベルギー＝ルクセンブルク 1970	メキシコ 1966	メキシコ 1970	ブラジル 1966	ブラジル 1970
全製造業	28%	30%	65%	68%	39%	44%	16%	16%	6%	10%	7%	8%	10%	14%	16%	30%	15%	29%
食品	38	38	132	176	42	25	12	13	3	7	13	15	6	10	11	22	5	6
紙・紙製品	36	68	61	54	31	30	3	7	3	7	1	5	9	14	0	0	66	83
化学製品	31	28	73	61	57	29	16	22	7	8	2	5	28	41	23	24	19	213
ゴム製品	33	30	72	79	21	42	16	18	13	8	0	3	15	41	100	200	0	60
原料・加工原料	13	16	64	75	4	6	9	6	1	0.6	1	3	0.4	5	3	15	0	3
電気製品以外の機械	27	26	47	45	23	34	21	19	23	21	7	7	37	33	0	37	22	716
電気製品	34	30	76	69	38	26	20	17	8	7	4	7	15	26	56	71	20	28
輸送機器	53	56	102	104	104	85	30	32	2	17	21	22	20	6	275	110	120	40
繊維・衣類	3	7	15	26	11	34	0.4	0.4	0.3	0.3	0.1	0.6	1	14	2	7	6	3
印刷・出版	18	18	36	44	7	29	14	8	3	4	0	2	17	8	13	11	n.a.	n.a.
精密機器	34	44	57	75	431	442	28	45	17	20	7	9	8	4	300	50	200	n.a.
ほかの製造業	11	15	26	36	22	35	3	2	0.7	10	2	7	1	1	17	11	14	n.a.

出典：US Senate, Committee on Finance, February 1973, Table A-24 to 27, pp. 377-80.

付　表

表Ｘ　石油輸入依存：アメリカ、日本、西ヨーロッパ

国名および年	石油輸入：単位100万トン	石油輸入：エネルギー供給比率	中東からの石油輸入：単位100万トン	中東からの石油輸入：エネルギー供給比率
西ヨーロッパ				
1967	451	50%	230	25%
1970	644	57	309	28
1973	756	60	513	41
1976	682	54	467	37
日本				
1967	121	62	102	52
1970	211	73	173	60
1973	284	80	216	61
1976	262	74	196	55
アメリカ				
1967	130	9	10	0.7
1970	170	10	9	0.5
1973	313	17	41	2
1976	365	20	95	5

出典：総石油輸入および中東からの石油輸入はBritish Petroleum Company, 1967, 1970, 1973, 1976; 総エネルギー消費量はすべて1976, p. 25。

表XI アメリカ、西ヨーロッパ、日本のエネルギー予測　1973-90年

国と年	石油輸入のエネルギー消費に占める割合	純エネルギー輸入のエネルギー消費に占める割合[a]
西ヨーロッパ		
1973[b]	59%	62%
1980[c]	36	42
1985	28	35
1990	24	33
日本		
1973[b]	77	89
1980	67	85
1985	61	80
1990	56	75
アメリカ[d]		
1973[b]	18	17
1980	20	19
1985	20	19
1990	18	17

注：
a　エネルギー輸入には石炭、石油、天然ガスが含まれる。
b　実際のデータ。
c　アメリカが見積もった数値は以下の主要な仮定にもとづいている。1980年までは毎年4.3パーセント、それ以降は4.0パーセント国民総生産が伸びる。人口は毎年1パーセント増える。石炭のガス化と液化以外、エネルギー技術は漸進的にのみ変化する。1985年前は硫黄酸化物規制があり、その後は増殖型原子炉の商業的導入がある。
d　石炭輸出のため、エネルギー輸入の数値は、石油輸入よりもすべての年において低い。
出典：US Department of the Interior, June 1976, pp. 43, 45, 47.

表XII　各国の1日あたり石油消費量の変化率　1973-77年および1976-77年

国	1973-77	1976-77
イギリス	−19.5%	−1.5%
フランス	−8.6	−1.4
西ドイツ	−10.8	−0.5
イタリア	−5.0	−2.6
日本	−0.7	+7.0
アメリカ	+7.5	+8.8

出典：Stabler and Tanner, October 31, 1977, p. 1.

参 考 文 献

ALLISON, GRAHAM T. (1971). *Essence of Decision.* Boston: Little, Brown.

—— and MORTON HALPERIN (Spring 1972), "Bureaucratic politics: a paradigm and some policy implications." *World Politics,* vol. 24.

ANDRADE, E. N. de C. (1957). *Approach to Modern Physics.* New York: Doubleday.

ANGELL, NORMAN (1913). *The Great Illusion,* 4th rev. and enlarged ed. New York: Putnam's.

ANGYAL, ANDRAS (January 1939). "The structure of wholes." *Philosophy of Science,* vol. 6.

ARON, RAYMOND (1962). *Peace and War: A Theory of International Relations.* Translated by Richard Howard and Annette Baker Fox. Garden City: Doubleday, 1966.

—— (1967). "What is a theory of international relations?" *Journal of International Affairs,* vol. 21.

—— (1970). "Theory and theories in international relations: a conceptual analysis." In Norman D. Palmer (ed.), *A Design for International Relations Research,* monograph 10. Philadelphia: American Academy of Political and Social Science.

ART, ROBERT J. (1973). "The influence of foreign policy on seapower: new weapons and Weltpolitik in Wilhelminian Germany." *Sage Professional Paper in International Studies,* vol. 2. Beverly Hills: Sage Publications.

—— and KENNETH N. WALTZ (1971). "Technology, strategy, and the uses of force." In Art and Waltz (eds.), *The Use of Force.* Boston: Little, Brown.

ASHBY, W. ROSS (1956). *An Introduction to Cybernetics.* London: Chapman and Hall, 1964.

BAIN, JOE S. (1956). *Barriers to New Competition.* Cambridge, Mass.: Harvard University Press.

BALES, ROBERT F., and EDGAR F. BORGATTA (1953). "Size of group as a factor in the interaction profile." In A. Paul Hare, Edgar F. Borgatta, and Robert F. Bales (eds.), *Small Groups: Studies in Social Interaction.* New York: Knopf, 1965.

BARAN, PAUL A., and PAUL M. SWEEZY (1966). *Monopoly Capital: An Essay on the American Economic and Social Order.* New York: Monthly Review Press.

BARNARD, CHESTER I. (1944). "On planning for world government." In Barnard (ed.), *Organization and Management.* Cambridge: Harvard University Press, 1948.

BARNET, RICHARD J., and R. E. MULLER (1974). *Global Reach.* New York: Simon and

Schuster.
BASIUK, VICTOR (n.d.). "Technology, Western Europe's alternative futures, and American policy." New York: Institute of War and Peace Studies, Columbia University.
BAUMOL, WILLIAM J. (1952). *Welfare Economics and the Theory of the State*. London: Longmans, Green.
BEAUFRE, ANDRÉ (1965). "Nuclear deterrence and world strategy." In Karl H. Cerny and Henry W. Briefs (eds.), *NATO in Quest of Cohesion*. New York: Praeger.
BERGLUND, ABRAHAM (1907). *The United States Steel Corporation*. New York: Columbia University Press.
BERGSTEN, C. FRED, and WILLIAM R. CLINE (May 1976). "Increasing international economic interdependence: the implications for research." *American Economic Review*, vol. 66.
BERTALANFFY, LUDWIG VON (1968). *General Systems Theory*. New York: Braziller.
BLAINEY, GEOFFREY (1970). *The Causes of War*. London: Macmillan.
BLOOMFIELD, ARTHUR I. (1968). "Patterns of fluctuation in international investment before 1914." Princeton Studies in International Finance, no. 21: Department of Economics.
BOLTZMAN, LUDWIG (1905). "Theories as representations." Excerpt translated by Rudolf Weingartner. In Arthur Danto and Sidney Morgenbesser (eds.), *Philosophy of Science*. Cleveland: World, Meridian Books, 1960.
BOULDING, KENNETH E., and TAPAN MUKERJEE (1971). "Unprofitable empire; Britain in India, 1800-1967: a critique of the Hobson-Lenin thesis on imperialism." *Peace Research Society Papers*, vol. 16.
BRENNAN, DONALD G. (Spring 1977). "The Soviet military build-up and its implications for the negotiations on strategic arms limitations." *Orbis*, vol. 21.
BREZHNEV, L. I. (October 5, 1976). "Brezhnev gives interview on French TV." In *The Current Digest of the Soviet Press*, vol. 28. Columbus: Ohio State University, November 3, 1976.
BRIGGS, ASA (1968). "The world economy: interdependence and planning." In C. L. Mowat (ed.), *The New Cambridge Modern History*, vol. 12. Cambridge: Cambridge University Press.
British Petroleum Company Ltd. (various years). *B.P. Statistical Review of the World Oil Industry*. London: Britannic House.
BROOKE, EDWARD (March 23, 1967). "Report on Vietnam and Asia." *Congressional Record*. Washington, D.C.: GPO.
BROWN, MICHAEL BARRATT (1970). *After Imperialism*, rev. ed. New York: Humanities Press.
BUCHANAN, JAMES M., and GORDON TULLOCK (1962). *The Calculus of Consent*. Ann Arbor: University of Michigan Press.

BUCKLEY, WALTER (ed.) (1968). *Modern Systems Research for the Behavioral Scientist, A Sourcebook*. Chicago: Aldine.

BUKHARIN, NIKOLAI (1917). *Imperialism and World Economy*. Translator unnamed, 1929. New York: Monthly Review Press, 1973.

BURNS, ARTHUR ROBERT (1936). *The Decline of Competition*. New York: McGraw-Hill.

BURT, RICHARD (1976). *New Weapons Technologies: Debate and Directions*. London: Adelphi Papers, no. 126.

CARR, EDWARD HALLET (1946). *The Twenty Years' Crisis: 1919-1939*, 2nd. ed. New York: Harper and Row, 1964.

CHAMBERLIN, E. H. (1936). *The Theory of Monopolistic Competition, a Re-orientation of the Theory of Value*. Cambridge: Harvard University Press.

CHOU EN-LAI (September 1, 1973). "Excerpts from Chou's report to the 10th Congress of the Chinese Communist Party." *New York Times*.

CHURCHILL, WINSTON S. (1950). *The Grand Alliance*. Boston: Houghton Mifflin.

CIEP: Council on International Economic Policy (December 1974). *Special Report: Critical Imported Materials*. Washington, D.C.: GPO.

—— (March 1976). *International Economic Report of the President*. Washington, D.C.: GPO.

—— (January 1977). *International Economic Report of the President*. Washington, D. C.: GPO.

CLIFFORD, CLARK (September 1946). "American relations with the Soviet Union." In Arthur Krock, *Memoirs*. New York: Funk and Wagnalls, 1968.

COLLINS, JOSEPH (September 10, 1977). "Britain is awarded Ford engine plant in stiff competition." *New York Times*.

CONANT, JAMES B. (1947). *On Understanding Science*. New Haven: Yale University Press.

—— (1952). *Modern Science and Modern Man*. New York: Columbia University Press.

COOPER, RICHARD N. (1968). *The Economics of Interdependence*. New York: McGraw-Hill.

—— (January 1972). "Economic interdependence and foreign policy in the seventies." *World Politics*, vol. 24.

CRITTENDEN, ANN (December 31, 1976). "U. S. seen safe from supply cuts of major minerals." *International Herald Tribune*.

CROSSMAN, RICHARD (1977). *The Diaries of a Cabinet Minister,* vol. 3: *Secretary of State for Social Services, 1968-70*. London: Hamish Hamilton and Jonathan Cape.

DAHL, ROBERT A. (July 1957). "The concept of power." *Behavioral Science*, vol. 2.

DE GAULLE, CHARLES (January 14, 1963). "Seventh press conference held by General de Gaulle as President of the French Republic in Paris at the Elysee Palace." *Major Addresses, Statements and Press Conferences: May 19, 1958—January 31, 1964*. New York: Service de Presse et d'information, Ambassade de France.

DE TOCQUEVILLE, ALEXIS (1840). *Democracy in America*. Edited by J. P. Mayer and Max Lerner and translated by George Lawrence. New York: Harper and Row, 1966.

DEUTSCH, KARL W. (1966). "Recent trends in research methods in political science." In James C. Charlesworth (ed.), *A Design for Political Science: Scope, Objectives, and Methods*, monograph 10. Philadelphia: American Academy of Political and Social Science.

—— and J. DAVID SINGER (April 1964). "Multipolar power systems and international stability." *World Politics*, vol. 16.

DIESING, PAUL (1962). *Reason in Society*. Urbana: University of Illinois Press.

DISRAELI, Earl of Beaconsfield (1880). *Endymion*. London: Longmans, Green.

DJILAS, MILOVAN (1962). *Conversations with Stalin*. Translated by Michael B. Petrovich. New York: Harcourt, Brace and World.

DOWNS, ANTHONY (1967). *Inside Bureaucracy*. Boston: Little, Brown.

DOWTY, ALAN (1969). "Conflict in war potential politics: an approach to historical macroanalysis." *Peace Research Society Papers*, vol. 13.

DUNCAN, OTIS D., and LEO F. SCHNORE (September 1959). "Cultural, behavioral, and ecological perspectives in the study of social organization." *Journal of American Sociology*, vol. 65.

DUPREE, WALTER G., and JAMES A. WEST (1972). *United States Energy Through the Year 2000*. US Department of the Interior, Washington, D.C.: GPO.

DURKHEIM, EMILE (1893). *The Division of Labor in Society*. Translated by George Simpson, 1933. New York: Free Press, 1964.

The Economist (August 13, 1977). "Business brief: imitating IBM."

EMMANUEL, ARGHIRI (1972). *Unequal Exchange: A Study of the Imperialism of Trade*. Translated by Brian Pearce. New York: Monthly Review Press.

FEIS, HERBERT (1930). *Europe, the World's Banker, 1870-1914*. New York: August M. Kelly, 1964.

FELLNER, WILLIAM (1949). *Competition among the Few*. New York: Knopf.

FINNEY, JOHN W. (January 18, 1976). "Dreadnought or dinosaur." *New York Times Magazine*.

—— (November 28, 1976). "Strategic stockpile: for whose security." *New York Times*.

FOLLETT, MARY PARKER (1941). *Dynamic Administration; the Collected Papers of Mary Perker Follett*. Edited by H. C. Metcalf and L. Urwick. Bath, England: Management Publications Trust.

FORD, GERALD R. (January 16, 1975). "State of the union message to Congress." *New York Times*.

FORTES, MEYER (1949). "Time and social structure: an Ashanti case study." In Fortes (ed.), *Social Structure: Studies Presented to A. R. Radcliffe-Brown*. Oxford: Clarendon Press.

FOSTER, WILLIAM C. (July 1965). "Arms control and disarmament." *Foreign Affairs*, vol. 43.

FOX, WILLIAM T. R. (1959). "The uses of international relations theory." In Fox (ed.), *Theoretical Aspects of International Relations.* Notre Dame: University of Notre Dame Press.

FRANKE, WINFRIED (1968). "The Italian city-state system as an international system." In Morton A. Kaplan (ed.), *New Approaches to International Relations.* New York: St. Martin's.

FULBRIGHT, J. WILLIAM (1966). *The Arrogance of Power.* New York: Random House.

GAITSKELL, HUGH (March 1, 1960). House of Commons, *Parliamentary Debates,* vol. 618. London: HMSO.

GALLAGHER, JOHN, and RONALD ROBINSON (August 1953). "The imperialism of free trade." *Economic History Review,* 2nd series, vol. 6.

GALTUNG, JOHAN (1971). "A structural theory of imperialism." *Journal of Peace Research,* vol. 8.

GAMBETTA, LÉON (June 26, 1871). "France after the German conquest," from the speech at Bordeaux. In *The World's Best Orations,* vol. 6. Edited by David J. Brewer. St. Louis: Fred P. Kaiser, 1899.

GILPIN, ROBERT (1975). *U.S. Power and the Multinational Corporatiou.* New York: Basic Books.

GISCARD D'ESTAING, VALERY (June 1, 1976). "France's defense policy." New York: Service de Presse et d'information, Ambassade de France.

GOODWIN, GEOFFREY L. (1976). "International institutions and the limits of interdependence." In Avi Shlaim (ed.), *International Organisations in World Politics: Yearbook, 1975.* London: Croom Helm.

GREENE, MURRAY (1952). "Schumpeter's imperialism—a critical note." In Harrison M. Wright (ed.), *The "New Imperialism."* Boston: Heath, 1961.

GREGOR, JAMES (June 1968). "Political science and the uses of functional analysis." *American Political Science Review,* vol. 62.

GRUNDY, KENNETH W. (April 1963). "Nkrumah's theory of underdevelopment, an analysis of recurrent themes." *World Politics,* vol. 15.

HAAS, ERNST B. (July 1953). "The balance of power: prescription, concept, or propaganda?" *World Politics,* vol. 5.

HALLE, LOUIS J. (1955). *Civilization and Foreign Policy.* New York: Harper.

HALPERIN, MORTON (1974). *Bureaucratic Politics and Foreign Policy.* Washington: Brookings.

HAMILTON, ALEXANDER; JOHN JAY; and JAMES MADISON (1787-1788). *The Federalist.* New York: Modern Library, Random House, n.d.

HARRIS, ERROL E. (1970). *Hypothesis and Perception.* London: Allen and Unwin.

HEISENBERG, WERNER (1971). *Physics and Beyond.* Translated by Arnold J. Pomerans. New York: Harper and Row.

HERTZ, HEINRICH (1894). *The Principles of Mechanics.* Translated by D. E. Jones and J. T. Walley, 1899. Introduction reprinted in Arthur Danto and Sidney Morgenbesser (eds.), *Philosophy of Science.* Cleveland: World Meridian Books, 1970.
HERZ, JOHN H. (January 1950). "Idealist internationalism and the security dilemma." *World Politics,* vol. 2.
—— (1959). *International Politics in the Atomic Age.* New York: Columbia University.
HESSLER, ELLYN (forthcoming). Ph.D. dissertation. Waltham, Mass.: Brandeis University.
HOBBES, THOMAS (1651). *Leviathan.* Edited by Michael Oakeshott. Oxford: Basil Blackwell, n.d.
HOBSON, J. A. (1902). *Imperialism: A Study.* London: Allen and Unwin, 1938.
HOFFMANN, STANLEY (April 1959). "International relations: the long road to theory." *World Politics,* vol. 11.
—— (1961). "International systems and international law." In Hoffmann, *The State of War: Essays on the Theory and Practice of International Politics.* New York: Praeger, 1965.
—— (1963a). "Minerve et Janus." In Hoffmann, *The State of War.* New York: Praeger.
—— (1963b). "Rousseau on war and peace." In Hoffmann, *The State of War.*
—— (January 30, 1964). "Cursing de Gaulle is not a policy." *The Reporter,* vol. 30.
—— (Fall 1964). "Europe's identity crisis: between the past and America." *Daedalus,* vol. 93.
—— (1968). *Gulliver's Troubles.* New York: McGraw-Hill.
—— (March 6 and 7, 1972). "Over there, part I and part II." *New York Times.*
—— (January 11, 1976). "Groping toward a new world order." *New York Times.*
HOLMES, JOHN W. (Spring 1969). "The American problem." *International Journal,* vol. 24.
HOSOYA, CHIHIRO (April 1974). "Characteristics of the foreign policy decision-making system in Japan." *World Politics,* vol. 26.
HUME, DAVID (1741). "Of the first principles of government." In Henry D. Aiken (ed.), *Hume's Moral and Political Philosophy.* New York: Hafner, 1948.
—— (1742). "Of the balance of power." In Charles W. Hendel (ed.), *David Hume's Political Essays.* Indianapolis : Bobbs-Merrill, 1953.
HUNTINGTON, SAMUEL P. (1962). "Patterns of violence in world politics." In Huntington (ed.), *Changing Patterns of Military Politics,* New York: Free Press.
HYMER, STEPHEN (May 1970). "The efficiency (contradictions) of multinational corporations."*American Economic Review,* vol. 60.
IMLAH, A. H. (1958). *Economic Elements in the Pax Britannica.* Cambridge: Harvard University Press.
International Herald Tribune (May 1977). "The outlook for France."
International Monetary Fund, Bureau of Statistics (various years). *Direction of Trade.*

New York.

ISAAK. ALAN C. (1969). *Scope and Methods of Political Science.* Homewood, Ill.: Dorsey.

JAEGER, WERNER (1939). *Paideia: The Ideals of Greek Culture,* vol. 1. Translated from the second German edition by Gilbert Highet. New York: Oxford University Press.

JERVIS, ROBERT (1976). *Perception and Misperception in International Politics.* Princeton: Princeton University Press.

—— (January 1978). "Cooperation under the security dilemma," *World Politics,* vol. 30.

JOHNSON, CHALMERS A. (1966). *Revolutionary Change.* Boston: Little, Brown.

JOHNSON, LYNDON BAINES (June 4, 1964). "Excerpts from speech to Coast Guard." *New York Times.*

—— (May 5, 1965). "Text of President's message on funds for Vietnam." *New York Times.*

KAHN, ALFRED E. (1966). "The tyranny of small decisions: market failures, imperfections, and the limits of econometrics." In Bruce M. Russett (ed.), *Economic Theories of International Relations.* Chicago: Markham, 1968.

KAPLAN, MORTON A. (1957). *System and Process in International Politics.* New York: Wiley, 1964.

—— (October 1966). "The new great debate: traditionalism vs. science in international relations." *World Politics,* vol. 19.

—— (1969). *Macropolitics: Selected Essays on the Philosophy and Science of Politics.* Chicago: Aldine.

KATONA, GEORGE (September 1953). "Rational behavior and economic behavior." *Psychological Review,* vol. 60.

KATZENSTEIN, PETER J. (Autumn 1975). "International interdependence: some long-term trends and recent changes." *International Organization,* vol. 29.

KEEFE, EUGENE K. *et al.* (1971). *Area Handbook for the Soviet Union.* Washington, D.C.: GPO.

KENNEDY, JOHN F. (July 23, 1962). "The goal of an Atlantic partnership: address by President Kennedy." *Department of State Bulletin,* vol. 42.

KEYNES, JOHN MAYNARD (1920). *The Economic Consequences of the Peace.* New York: Harcourt, Brace and Howe.

—— (September 1, 1926). "The end of laissez-faire—II." *New Republic,* vol. 48.

—— (n.d.). *The General Theory of Employment, Interest, and Money.* New York: Harcourt, Brace.

KINDLEBERGER, CHARLES P. (1969). *American Business Abroad.* New Haven: Yale University Press.

KISSINGER, HENRY A. (1957). *Nuclear Weapons and Foreign Policy.* New York: Harper.

—— (1964). *A World Restored.* New York: Grosset and Dunlap.

—— (1965). *The Troubled Partnership.* New York: McGraw-Hill.

―――― (Summer 1968). "The white revolutionary: reflections on Bismarck." *Daedalus,* vol. 97.

―――― (April 24, 1973). "Text of Kissinger's talk at A.P. meeting here on U.S. relations with Europe." *New York Times.*

―――― (October 10, 1973). "At Pacem in Terris conference." *News Release.* Bureau of Public Affairs: Department of State.

―――― (April 20, 1974). "Good partner policy for Americas described by Secretary Kissinger." *News Release.* Bureau of Public Affairs: Department of State.

―――― (October 13, 1974). "Interview by James Reston of the *New York Times."* The Secretary of State. Bureau of Public Affairs: Department of State.

―――― (January 13, 1975). "Kissinger on oil, food, and trade." *Business Week.*

―――― (January 16, 1975). "Interview: for Bill Moyers' Journal." *The Secretary of State.* Bureau of Public Affairs: Department of State.

―――― (January 24, 1975). "A new national partnership." *The Secretary of State.* Bureau of Public Affairs: Department of State.

―――― (September 13, 1975). "Secretary Henry A. Kissinger interviewed by William F. Buckley, Jr." *The Secretary of State.* Bureau of Public Affairs: Department of State.

―――― (December 23, 1975). "Major topics: Angola and detente." *The Secretary of State.* Bureau of Public Affairs: Department of State.

―――― (September 30, 1976). "Toward a new understanding of community." *The Secretary of State.* Bureau of Public Affairs: Department of State.

―――― (January 10, 1977). "Laying the foundations of a long-term policy." *The Secretary of State.* Bureau of Public Affairs: Department of State.

KNIGHT, FRANK HYNEMAN (1936). *The Ethics of Competition and Other Essays.* London: Allen and Unwin.

KNORR, KLAUS (1966). *On the Uses of Military Power in the Nuclear Age.* Princeton: Princeton University Press.

KOESTLER, ARTHUR (1971). "Beyond atomism and holism—the concept of the holon." In Koestler and J. R. Smythies (eds.), *Beyond Reductionism.* Boston: Beacon.

KUCYZNSKI, ROBERT R. (1969). *The Measurement of Population Growth: Methods and Results.* New York: Gordon Breach.

KUHN, THOMAS (1970). "Reflections on my critics." In Imre Lakatos and Alan Musgrave (eds.), *Criticism and the Growth of Knowledge.* Cambridge: Cambridge University Press.

KUZNETS, SIMON (Winter 1951). "The state as a unit In study of economic growth." *Journal of Economic History,* vol. 11.

―――― (1966). *Modern Economic Growth.* New Haven: Yale University Press.

―――― (January 1967). "Quantitative aspects of the economic growth of nations: paper X." *Economic Development and Cultural Change,* vol. 15.

LAKATOS, IMRE (1970). "Falsification and the methodology of scientific research programs." In Imre Lakatos and Alan Musgrave (eds.), *Criticism and the Growth of Knowledge*. Cambridge: Cambridge University Press.

LANDAU, MARTIN (1972). *Political Theory and Political Science*. New York: Macmillan.

LANGER, WILLIAM L. (1950). *European Alliances and Alignments, 1871-1890*, 2nd ed. New York: Random House.

LASKI, HAROLD J. (1933). "The economic foundations of peace." In Leonard Woolf (ed.), *The Intelligent Man's Way to Prevent War*. London: Victor Gollancz.

LEBER, GEORG (February 27, 1973). "Retain balance of power although at lower profile." *The Bulletin*, vol. 23. Bonn: Press and Information Office, Government of the Federal Republic of Germany.

LE BON, GUSTAVE (1896). *The Crowd*. Translator unnamed. London: T. Fisher Unwin.

LENIN, V. I. (1916). *Imperialism, the Highest Stage of Capitalism*. Translator unnamed. New York: International Publishers, 1939.

LÉVI-STRAUSS, CLAUDE (1963). *Structural Anthropology*. Translated by Claire Jacobson and Brooke Grundfest Schoepf. New York: Basic Books.

LEVY, MARION J. (1966). *Modernization and the Structure of Societies*, vol. 2. Princeton: Princeton University Press.

LICKLIDER, ROY E. (Winter 1976-77). "Soviet control of eastern Europe: morality versus American national interests." *Political Science Quarterly*, vol. 91.

LIEBER, ROBERT J. (1972). *Theory and World Politics*. Cambridge, Mass.: Winthrop.

LIPPMANN, WALTER (April 1950). "Break-up of the two power world." *Atlantic Monthly*, vol. 85.

—— (December 5, 1963). "NATO crisis—and solution: don't blame De Gaulle." *Boston Globe*.

LIST, FRIEDRICH (1844). *The National System of Political Economy*. Translated by Sampson S. Lloyd. London: Longmans, Green, 1916.

LIVERNASH, E. R. (1963). "The relation of power to the structure and process of collective bargaining." In Bruce M. Russett (ed.), *Economic Theories of International Politics*. Chicago: Markham, 1968.

MAGDOFF, HARRY (1969). *The Age of Imperialism*. New York: Monthly Review Press.

—— (September/October 1970) "The logic of imperialism." *Social Policy*, vol. 1.

MANNING, C. A. W. (1962). *The Nature of International Society*. New York: Wiley.

MAO TSE-TUNG (January 1930). "A single spark can start a prairie fire." In *Mao Tse Tung: Selected Works*, vol. 1. Translator unnamed. New York: International Publishers, 1954.

—— (1936). "Strategic problems of China's revolutionary war." In *Selected Works*, vol. 1. New York: International Publishers, 1954.

—— (1939). "The Chinese Revolution and the Chinese Communist Party." In *Selected Works*, vol. 3. New York: International Publishers, 1954.

MARCH, J. G., and H. A. SIMON (1958). *Organizations*. New York: Wiley.

MARTINEAU, HARRIET (1853). *The Positive Philosophy of Auguste Comte: Freely Translated and Condensed*, 3rd ed., vol. 2. London: Kegan Paul, Trench, Trubner, 1893.
MARX, KARL, and FREDERICK ENGELS (1848). *Communist Manifesto*. Translator unnamed. Chicago: Charles H. Kerr, 1946.
McCLELLAND, CHARLES A. (1970). "Conceptualization, not theory." In Norman D. Palmer (ed.), *A Design for International Relations Research*, monograph 10. Philadelphia: American Academy of Political and Social Science.
McKENZIE, R. D. (July 1927). "The concept of dominance and world-organization." *American Journal of Sociology*, vol. 33.
MEINECKE, FRIEDRICH (1924). *Machiavellism*. Translated by Douglas Scott. London: Routledge and Kegan Paul, 1957.
MIDDLETON, DREW (September 13, 1976). "Growing use of electronic warfare is becoming a source of major concern for world's military powers." *New York Times*.
MITCHELL, B. R. (1975). *European Historical Statistics, 1750-1970*. New York: Columbia University Press.
MOORE, BARRINGTON, JR. (1950). *Soviet Politics: The Dilemma of Power*. Cambridge: Harvard University Press.
MORGENTHAU, HANS J. (1961). *Purpose of American Politics*. New York: Knopf.
——— (1970a). "International relations: quantitative and qualitative approaches." In Norman D. Palmer (eds.), *A Design for International Relations Research*, monograph 10. Philadelphia: American Academy of Political and Social Science.
——— (1970b). *Truth and Power*. New York: Praeger.
——— (1973). *Politics Among Nations*, 5th ed. New York: Knopf.
——— (March 28, 1974). "Detente: the balance sheet." *New York Times*.
NADEL, S. F. (1957). *The Theory of Social Structure*. Glencoe, Ill.: Free Press.
NAGEL, ERNEST (1956). *Logic Without Metaphysics*. Glencoe, Ill.: Free Press.
——— (1961). *The Structure of Science*. New York: Harcourt, Brace and World.
NAU, HENRY R. (Winter 1974-75). "U.S. foreign policy in the energy crisis." *Atlantic Community Quarterly*, vol. 12.
NEWHOUSE, JOHN, et al. (1971). *U.S. Troops in Europe*. Washington, D.C.: Brookings.
New York Times (December 5, 1977). "More boycott insurance, not less."
Newsweek (March 25, 1974). "Oil embargo: the Arab's compromise."
NICOLSON, NIGEL (ed.) (1966). *Harold Nicolson: Diaries and Letters, 1930-1939*. London: Collins.
NIXON, RICHARD M. (July 6, 1971). "President's remarks to news media executives." *Weekly Compilation of Presidential Documents*, July 12, 1971.
——— (August 5, 1971). "Transcript of the President's news conference on foreign and domestic matters." *New York Times*.
NOLTING, LOUVAN E. (September 1976). "The 1968 reform of scientific research,

development, and innovation in the U.S.S.R." *Foreign Economic Report*, no. 11. US Department of Commerce. Bureau of Economic Analysis, Washington, D.C.: GPO.

NYE, JOSEPH S., JR. (June 30, 1977). "Time to plan: the international search for safeguardable nuclear power." *The Department of State*. Bureau of Public Affairs: Department of State.

O'CONNOR, JAMES (1970). "The meaning of economic imperialism." In Robert I. Rhodes (ed.), *Imperialism and nderdevelopment, a Reader*. New York: Monthly Review Press.

OECD: Organization for European Cooperation and Development (various years). *Economic Surveys*. Paris.

—— (1976). *Main Economic Indicators: Historical Statistics 1960-1975*. Paris.

OLSON, MANCUR, JR. (1965). *The Logic of Collective Action*. Cambridge: Harvard University Press.

ORGANSKI, A. F. K. (1968). *World Politics*, 2nd ed. New York: Knopf.

OSGOOD, ROBERT E., and ROBERT W. TUCKER (1967). *Force, Order, and Justice*. Baltimore: Johns Hopkins Press.

PANTIN, C. F. A. (1968). *The Relations between the Sciences*. Cambridge: Cambridge University Press.

PARK, ROBERT E. (1941). "The social function of war." In Leon Bramson and George W. Goethals (eds.), *War*. New York: Basic Books, 1964.

PEPPER, STEPHEN C. (1942). *World Hypotheses*. Berkeley: University of California Press.

PLATT, JOHN RADER (October 1956). "Style in science." *Harper's Magazine*, vol. 213.

POLANYI, MICHAEL (November 1941). "The growth of thought in society." *Economica*, vol. 8.

—— (1958). *Personal Knowledge*. New York: Harper Torchbooks, 1964.

—— (June 1968). "Life's irreducible structure." *Science*, vol. 160.

POPPER, KARL (1935). *The Logic of Scientific Discovery*. New York: Basic Books, 1959.

POWER, THOMAS F. (1944). *Jules Ferry and the Renaissance of French Imperialism*. New York: Octagon Books.

RAPOPORT, ANATOL (1968). "Foreward." In Walter Buckley (ed.), *Modern Systems Research for the Behavioral Scientist, A Sourcebook*. Chicago: Aldine.

—— and WILLIAM J. HORVATH (1959). "Thoughts on organization theory," In Walter Buckley (ed.), *Modern Systems Research for the Behavioral Scientist, A Sourcebook*. Chicago: Aldine, 1968.

RIKER, WILLIAM H. (1962). *The Theory of Political Coalitions*. New Haven: Yale University Press.

ROBBINS, LIONEL (1939). *The Economic Basis of Class Conflict and Other Essays in Political Economy*. London: Macmillan.

ROBINSON, JOAN (1933). *The Economics of Imperfect Competition*. London: Macmillan.

ROBINSON, W. S. (June 1950). "Ecological correlations and the behavior of individuals."

American Sociological Review, vol. 15.

ROSECRANCE, RICHARD N. (1963). *Action and Reaction in World Politics: International Systems in Perspective*. Boston: Little, Brown.

—— (September 1966). "Bipolarity, multipolarity, and the future." *Journal of Conflict Resolution*, vol. 10.

—— (1973). *International Relations, Peace or War?* New York: McGraw-Hill.

—— and ARTHUR STEIN (October 1973). "Interdependence: myth or reality?" *World Politics*, vol. 26.

ROUSSEAU, JEAN J. (1762). "A discourse on political economy." In *The Social Contract and Discourses*. Translated by G. D. H. Cole. New York: Dutton, 1950.

ROYAL INSTITUTE OF INTERNATIONAL AFFAIRS (1937). *The Problem of International Investment*. London : Oxford University Press.

RUGGIE, JOHN GERARD (September 1972). "Collective goods and future international collaboration." *American Political Science Review*, vol. 66.

—— (1974). *The State of the Future: Technology, Collective Governance, and World Order*. Ph.D. dissertation. Berkeley: University of California.

RUSK, DEAN (August 13, 1963). "Text of Rusk's statement to Senators about Test Ban Treaty." *New York Times*.

SALPUKAS, AGIS (March 7, 1976). "Chrysler prunes its growth to thicken its profits." *New York Times*.

SCHEFFLER, ISRAEL (1967). *Science and Subjectivity*. Indianapolis: Bobbs-Merrill.

SCHELLING, THOMAS (1966). *Arms and Influence*. New Haven: Yale University Press.

SCHMIDT, HELMUT (October 7, 1975). "Schmidt, Ford 'cautiously optimistic' on world's economic recovery." *The Bulletin*. Bonn: Press and Information Office, Government of the Federal Republic of Germany, vol. 23.

SCHNEIDER, WILLIAM (1976). *Food, Foreign Policy, and Raw Materials Cartels*. New York: Crane, Russak.

SCHUMPETER, JOSEPH A. (1919). "The sociology of imperialism." In Joseph Schumpeter, *Imperialism and Social Classes*. Translated by Heinz Norden. New York: Meridian Books, 1955.

SHUBIK, MARTIN (1959). *Strategy and Market Structure*. New York: Wiley.

SIMMEL, GEORG (July 1902). "The number of members as determining the social form of the group." *Journal of Sociology*, vol. 8.

—— (March 1904). "The sociology of conflict, II." *American Journal of Sociology*, vol. 9.

SIMON, HERBERT A. (1957). *Models of Man*. New York: Wiley.

SINGER, H. W. (May 1950). "U.S. foreign investment in underdeveloped areas: the distribution of gains between investing and borrowing countries." *American Economic Review*, vol. 40.

SINGER, J. DAVID (October 1961). "The level of analysis problem." *World Politics*, vol. 14.

—— (1969). "The global system and its subsystems: a developmental view." In James N. Rosenau (ed.), *Linkage Politics: Essays on the Convergence of National and International Systems.* New York: Free Press.

——; STUART BREMER; and JOHN STUCKEY (1972). "Capability distribution, uncertainty, and major power war. 1820-1965." In Bruce M. Russett (ed.), *Peace, War, and Numbers.* Beverly Hills: Sage Publications.

SMITH, ADAM (1776). *An Inquiry into the Nature and Causes of the Wealth of Nations.* Edited by Edwin Cannan. New Rochelle, N.Y.: Arlington House, n.d.

SMITH, BRUCE L. R., and JOSEPH J. KARLESKY (1977). *The State of Academic Science,* vol. 1. New Rochelle, N.Y.: Change Magazine Press.

SMITH, M. G. (July-December 1956). "On segmentary lineage systems." *Journal of the Royal Anthropological Institute of Great Britain and Ireland,* vol. 86.

—— (1966). "A structural approach to comparative politics." In David Easton (ed.), *Varieties of Political Theories.* Englewood Cliffs, N.J.: Prentice-Hall.

SNYDER, GLENN H. (1966). *Stockpiling Strategic Materials.* San Francisco: Chandler.

—— and PAUL DIESING (1977). *Conflict among Nations.* Princeton: Princeton University Press.

SOREL, ALBERT (1885). *Europe under the Old Regime.* Ch. 1, vol. 1 of *L'Europe et la Revolution Francaise.* Translated by Francis H. Herrick, 1947. New York: Harper & Row, 1964.

STABLER, CHARLES N., and JAMES TANNER (October 31, 1977). "Energy breather." *Wall Street Journal.*

STALEY, EUGENE (1935). *War and the Private Investor.* Garden City, N.Y.: Doubleday, Doran.

STEPHENSON, Hugh (1973). *The Impact of Multinational Corporations on National States.* New York: Saturday Review Press.

STERLING, RICHARD W. (1974). *Macropolitics: International Relations in a Global Society.* New York: Knopf.

STIGLER, GEORGE J. (1964). "A theory of oligopoly." In Bruce M. Russet (ed.), *Economic Theories of International Politics.* Chicago: Markham, 1968.

STILLMAN, EDMUND O., and WILLIAM PFAFF (1961). *The New Politics: America and the End of the Postwar World.* New York: McCann.

STINCHCOMBE, ARTHUR (1968). *Constructing Social Theories.* New York: Harcourt, Brace and World.

STOESSINGER. JOHN G. (1976). *Henry Kissinger: The Anguish of Power.* New York: W. W. Norton.

STRACHEY, JOHN (1960). *The End of Empire.* New York: Random House.

STRANGE, SUSAN (January 1971). "The politics of international currencies." *World Politics,* vol. 22.

SULZBERGER, C. L. (November 15, 1972). "New balance of peace." *New York Times.*

Survey of Current Business (various issues). U.S. Department of Commerce, Bureau of Economic Analysis. Washington, D.C.: GPO.

TAYLOR, A. J. P. (June 4, 1976). "London Diary." *New Statesman*, vol. 91.

THOMAS, BRINLEY (1961). *International Migration and Economic Development*. Paris: UNESCO.

THUCYDIDES (c. 400 B.C.). *History of the Peloponnesian War*. Translated by Crawley. New York: Modern Library, Random House, 1951.

TOULMIN, STEPHEN (1961). *Foresight and Understanding*. New York: Harper and Row.

TROLLOPE, ANTHONY (1880). *The Duke's Children*, 3 vols. Philadelphia: Geddie, 1892.

TROTSKY, LEON (1924). *Europe and America: Two Speeches on Imperialism*. New York: Pathfinder Press, 1971.

TUGENDHAT, CHRISTOPHER (1971). *The Multinationals*. London: Eyre and Spottiswoode.

TURNER, LOUIS (1971). *Invisible Empires*. New York: Harcourt, Brace, Jovanovich.

ULAM, ADAM (1971). *The Rivals*. New York: Viking.

ULLMAN, RICHARD H. (October 1976). "Trilateralism: 'partnership' for what?" *Foreign Affairs*, vol. 55.

UN Department of Economic Affairs (1949). *International Capital Movements During the Inter-War Period*. New York.

────── Department of Economic and Social Affairs (1961). *International Flow of Long Term Capital and Official Donations*. New York.

────── (1973). *Multinational Corporations and World Development*. New York.

────── Statistical Office (1957, 1961, 1970, 1974). *Yearbook of National Accounts Statistics*. New York.

────── (1966). *Demographic Yearbook, 1965*. New York.

────── (1976). *Statistical Yearbook, 1975*, vol. 27. New York.

────── (1977). *Statistical Yearbook, 1976*, vol. 28. New York.

US Agency for International Development, Statistics and Reports Division (various years). *US Overseas Loans and Grants: July 1, 1945–*. Washington, D.C.: GPO.

────── Bureau of the Census (1975). *Statistical Abstract, 1974*. Washington, D.C.: GPO.

────── Bureau of the Census (1976). *Historical Statistics of the United States: Colonial Times to 1970*. Washington, D.C.: GPO.

────── Department of Commerce, Bureau of Economic Analysis (1975). *Revised Data Series on US Direct Investment Abroad, 1966–1974*. Washington, D.C.: GPO.

────── Department of the Interior (June 1976). *Energy Perspectives 2*. Washington, D.C.: GPO.

────── Senate Committee on Finance (February 1973). *Implications of Multinational Firms for World Trade and Investment and for U.S. Trade and Labor*. Washington, D.C.: GPO.

────── Senate Committee on Government Operations, Permanent Subcommittee on

Investigations (August 1974). *Selected Readings on Energy Self-Sufficiency and the Controlled Materials Plan.* Washington, D.C.: GPO.

VAGTS, ALFRED (1956). *Defense and Diplomacy: The Soldier and the Conduct of Foreign Relations.* New York: King's Crown Press.

VEBLEN, THORSTEIN (1915). "The opportunity of Japan." In Leon Ardzrooni (ed.), *Essays in our Changing Order.* New York: Viking, 1954.

VITAL, DAVID (1967). *The Inequality of States.* Oxford: Oxford University Press.

VON LAUE, THEODORE H. (1963). "Soviet diplomacy: G.V. Chicherin, People's Commissar for Foreign Affairs 1918-1930." In Gordon A. Craig and Felix Gilbert (eds.), *The Diplomats 1919-1939,* vol. 1. New York: Atheneum.

WALLERSTEIN, IMMANUEL (September 1974). "The rise and future demise of the world capitalist system: concepts for comparative analysis." *Comparative Studies in Society and History,* vol. 16.

WALTZ, KENNETH N. (1954). *Man, the State, and the State System in Theories of the Causes of War.* Ph.D. dissertation. New York: Columbia University.

—— (1959). *Man, the State, and War: A Theoretical Analysis.* New York: Columbia University Press.

—— (Summer 1964). "The stability of a bipolar world." *Daedalus,* vol. 93.

—— (July 1965). "Contention and management in international relations." *World Politics,* vol. 18.

—— (1967a). *Foreign Policy and Democratic Politics: The American and British Experience.* Boston: Little, Brown.

—— (1967b). "International structure, national force, and the balance of world power." *Journal of International Affairs,* vol. 21.

—— (September 1967a). "The relation of states to their world." A paper delivered at the annual meeting of the American Political Science Association.

—— (September 1967b). "The politics of peace." *International Studies Quarterly,* vol. 11.

—— (1970). "The myth of national interdependence." In Charles P. Kindleberger (ed.), *The International Corporation.* Cambridge: M.I.T. Press.

—— (1971). "Conflict in world politics." In Steven L. Spiegel and Waltz (eds.), *Conflict in World Politics.* Cambridge, Mass.: Winthrop.

—— (1974). "America's European policy viewed in global perspective." In Wolfram F. Hanrieder (ed.), *The United States and Western Europe.* Cambridge, Mass.: Winthrop.

—— (1975). "Theory of international relations." In Fred Greenstein and Nelson Polsby (eds.), *The Handbook of Political Science.* Reading, Mass.: Addison-Wesley.

WATZLAWICK, PAUL; JANET HELMICK BEAVIN; and DON D. JACKSON (1967). *Pragmatics of Human Communication.* New York: Norton.

WEAVER, WARREN (1947). "Science and complexity." In Weaver (ed.), *The Scientists Speak.* New York: Boni and Gaer.

WEHLER, HANS-ULRICH (August 1970). "Bismarck's imperialism, 1862-1890." *Past and*

Present, vol. 34.
WELTMAN, JOHN J. (May 1972). "The processes of a systemicist." *The Journal of Politics*, vol. 34.
WHITEHEAD, ALFRED NORTH (1925). *Science and the Modern World*. New York: Macmillan.
WIENER, NORBERT (1961). *Cybernetics, or Control and Communication in the Animal and Machine*, 2nd. ed. Cambridge, Mass.: M.I.T. Press.
WIGHT, MARTIN (1966). "The balance of power." In H. Butterfield and Martin Wight (eds.), *Diplomatic Investigations: Essays in the Theory of International Politics*. London : Allen and Unwin.
——— (1973). "The balance of power and international order." In Alan James (ed.), *The Bases of International Order*. London: Oxford University Press.
——— (1977). *Systems of States*. Atlantic Heights, N.J.: Humanities Press.
WILKINS, MIRA (1974). *The Maturing of Multinational Enterprise: American Business Abroad from 1914 to 1970*. Cambridge: Harvard University Press.
WILLIAMS, WILLIAM A. (1962). *The Tragedy of American Diplomacy*, rev. ed. New York: Dell.
WILLIAMSON, OLIVER E. (1965). "A dynamic theory of inter-firm behavior." In Bruce M. Russett (ed.), *Economic Theories of International Politics*. Chicago: Markham, 1968.
WOHLSTETTER, ALBERT (January 1958). "The delicate balance of terror." *Foreign Affairs*, vol. 37.
WOLFF, RICHARD D. (May 1970). "Modern imperialism: the view from the metropolis." *American Economic Review*, vol. 60.
WOODS, FREDERICK ADAMS, and ALEXANDER BALTZLY (1915). *Is War Diminishing?* Boston: Houghton Mifflin.
WOYTINSKY, W. S., and E. S. WOYTINSKY (1953). *World Population and Production*. New York: Twentieth Century Fund.
WRIGHT, QUINCY (1965). *A Study of War: Second Edition, with a Commentary on War since 1942*. Chicago: University of Chicago Press.
YOUNG, C. KENNETH (1976). *Stanley Baldwin*. London: Weidenfeld and Nicolson.
ZIMMERMAN, WILLIAM (1969). *Soviet Perspectives on International Relations*, 1956-1967. Princeton: Princeton University Press.

事項索引

ア行

IBM　197
アテネ
　——の帝国主義　33
　都市国家——　167
アナーキカルなシステムと構造
　——における機能上の非差別化　128-29
　——における戦略　142-46
　——における相互依存　137-42
　——における暴力　135-37
　——の美徳　146-50
　国際政治構造の秩序原理としての——
　　117-18, 123
　ハイラーキーと——　150-53
　ハイラーキカルな領域と比べたときの——で
　　の行動と結果　135-53
　変化と——　133
アメリカ
　——とソ連の軍事的優越　238-42
　——とソ連の経済的優越　234-38
　——と第一次世界大戦　234
　——南北戦争　136
　——のインド支援　228
　——の経済的依存　191, 212
　——の研究開発　235
　——のGNP　227
　——の自律性と影響力　188-89
　——の対外投資　195-200, 208
　——の他国への支援　228
　——の帝国主義　33
　——の同盟　223
　——のユーゴスラヴィア支援　228
　——の輸入品と輸出品　193-94
　石油危機のなかの——　202, 204-206
　第二次世界大戦後の——の政策　82, 165,

　　264-70
　2極世界における大国政治　225-33
　平和の維持　271-78
アメリカ国際開発庁　228n
アメリカ国勢調査局　209
アメリカ大統領（イギリス首相との比較）
　　109-16
『アメリカ大統領国際経済白書』　184
アラブ
　アメリカと——諸国　274
　——・イスラエル戦争　201
　——諸国と石油危機　201
　ユダヤ人と——人との交流　86
アルジェリア　250
安全保障
　アナーキーにおける最高次の目標としての
　　——　167
　——を管理する軍事力　278
　集団——の体制　217
「安全保障のジレンマ」　246
安定
　システムの維持か変換　264-70
　国際政治システムの——　213-16
　3極世界と——　268-69
イギリス
　——経済のアメリカ企業からの影響　198
　——の科学技術　236, 239n
　——の科学研究評議会　197
　——のGNP　227
　——の政治行動パターンのアメリカとの比較
　　109-16
　——の対外投資　208
　——の帝国主義　31, 33, 38
　——の同盟　220, 223
　——のボーア戦争　250
　18世紀と19世紀におけるバランサーとしての

313

―― 216
維持（システムの）　269-70
イスラエル
　　アメリカと――　274
　　――とアラブの戦争　201
依存
　　――のさまざまな程度　203-204
　　大国の――　208-11
一般システムモデルの非適用性　77
イラク（ソ連による支援）　228
イラン（防衛費）　237
『インターナショナル・ヘラルド・トリビューン』　197-98
インド
　　アメリカの――支援　228
　　――のカウティリヤ　246
『ヴァージニア・ウルフなんかこわくない』　98
ウェストファリア条約　174
ヴェトナム　248-54,257,270,272
ウガンダ　136
『エコノミスト』　197,201
エジプト（ソ連による支援）　228
エスカレーション　247-49
エストニア　182
演繹（理論構築における）　13-14
『大いなる幻想』　186
オーストラリア（アメリカからの輸入）　194
オーストリア
　　――に対する勝利　168,173-74
　　――によるポーランドの分割　272
オーストリア＝ハンガリー
　　第一次世界大戦前の――　220-21,223
　　ドイツと――の同盟　165

カ行

拡散　184,269,279-80
核実験禁止条約　231
核不拡散条約　269
核兵器　238-42,244,279
革命的な国際秩序　83
確率的な法則　2

過剰反応　227
仮説
　　――の推論と検証　16-17
　　――の抽出　9-10
カナダ
　　アメリカと――　253
　　アメリカの――からの輸入　194
　　――経済のアメリカ企業からの影響　198
　　――の同盟　224
『ガリバーの苦難』　59
「関係」の2つの意味　106
還元主義的理論　23-47
　　過度の説明と変化の問題　43-45
　　――の欠点　79-88
　　――の検証　30-34
　　――の人気　23-25
　　行動なき構造、もしくは機能の消滅　39-42
　　自己確証的な――　37-39
　　体系的理論と――　79-103
　　体系的理論とは異なって定義される――　23
　　帝国主義理論の欠点　45-47
　　帝国主義理論の再定義　35-45
議会労働党（労働運動との対比）　116
希少性（原材料の）　193
北大西洋条約機構　224,226,240,268
機能
　　――の消滅　39-42
　　国際政治システムにおいて非差別化されない――　128-29
　　国内政治システムにおける――と能力分布　109
「帰納主義的錯覚」　4
帰納法
　　――の有用性　9-12,13-14
　　政治学者による――の使用　5-6
規模（経済的効果と構造）　179-80
キューバ封鎖　248
『共産党宣言』　30,185
強要　249
協力（国際政治構造によって制限される）　139-40

事項索引

競争
 ——の効果　168-69
 経済的——と政治的——　181-82
 構造的制約としての——　100-102
 専門化の——　137
共通善のための集合行為
 ——の必要性　279-80
 ——を実施する難しさ　260-63
極
 安定と——　213-16
 ——の移行　92-93
 ——の数の決定要因　171-83
 経済的相互依存と——　183-84, 208
 3極と統合ヨーロッパ　268-69
 少数からなるシステムの特徴　176-78
 少数からなるシステムの利点　178-83
 同盟と——　130
ギリシャ　226, 246
「均衡＝流動性」モデル　18
軍事的相互依存
 アメリカとソ連の優越性　233-42
 軍事力の有用性、使用、不使用　242-54
 構造的原因と影響　213-54
 システムの安定　213-16
 勢力均衡政治の新しい型と古い型　216-25
 2極世界の利点　225
 2極と減少する相互依存　222, 254-55
 2極と相互依存の減少　222
軍縮　230-31
軍事力
 ——の脅威　152, 278
 ——の限界　250
 ——の正統な使用　138-39
 ——の有用性、使用、不使用　242-54, 278
 国内の——の使用と国際的——の使用　146-50
軍備管理軍縮局　269
経済的相互依存
 アメリカとソ連の優越　234-38
 構造的原因と影響　171-211
 ——の理論的仮説　183-92
 国際システムにおける——の程度　193-200
 国際システムに見られる——の状況　193-200
 国家の不平等性の美徳　174-75
 最適な極の数　171-83
 少数からなるシステムの特徴　176-78
 少数からなるシステムの利点　178-83
 大国の——　208-11, 255
 敏感性としての——　184
 問題の管理と——　279-80
研究開発
 アメリカ企業の——　197
 軍事——費　239n
 ——におけるアメリカの支出　235
『権力の驕り』　266
公害　184, 279-80
構造
 アナーキーと——　150-53
 エージェントとしての——　96
 ——概念の有用性　91
 原因・結果と——　102-103
 ——と規模の経済的影響　179-80
 ——の効果の特定　116
 行動なき——　39-42
 国内政治　108-16
 国内政治——における下位　108
 社会化、競争、——　100-102
 制約条件のセットとしての——　97
 戦略と——　142-46
 体系的理論における——　96-102
行動
 構造的制約から導き出される——のパターン　122-23
 ——なき構造　39-42
国益という概念　178
国際エネルギー機関　206n
国際関係
 ——における経済とその他の問題　269-80
 ——の管理　257-80
 ——のシステム全体の任務の遂行　259-64
 ——のシステムの維持か変換　264-70
 ——の平和の維持　271-78

315

国際経済政策評議会（CIEP）　184, 194, 235
国際政治構造
　──の勢力均衡理論　154-62
　──の体系的理論の評価　162-69
　──の秩序原理　117-23
　──の能力分布　128-31
　──のユニットの特徴　123-28
　──の理論構築方法　154-62
　システムの安定性　213-16
　体系的理論　117-31
　変化と──　131-33
国際秩序（正統的と革命的）　82-83
国際統合　138-42
国際連合
　集団安全保障における──　217
　調整装置としての──　54
国際連盟　92, 217
国内政治構造
　──で形成される政治過程　109-16
　──における能力分布　109
　──の秩序原理　108
　──のユニットの特徴　109
『国富論』　100
国連経済局　195
国家
　──の不平等性の美徳　174-75
　──のランクづけの決定要因　173-74
　「類似したユニット」としての──　126-27
国家主権の定義　126-27
国家中心的な概念（国際政治における）　124-25
コミンフォルム　224
コロンビア（内戦）　136

サ行

サイバネティクス　51, 74
『ザ・フェデラリスト』　175
産業主義（資本主義と帝国主義との関わり）　31-32
3極世界への移行（ヨーロッパ統合による）　268-69

三国協商　219
三国同盟　223
GNPバランス　227
ジェノヴァ会議　168
自助
　アナーキカルな秩序における──　146-47
　協力と──　139-42
　──の原則　121
市場理論からの類推　119-21, 124-26, 130
システム
　カプランによる──の定義　69
　──全体の任務の遂行　259-64
　──の維持か変換　264-70
　──の構成　105
　少数からなる──の特徴　176-78
　少数からなる──の利点　178-183
　2極──の利点　229-30
資本主義（帝国主義との関わり）　31-32
社会化の過程
　構造的制約としての──　97-102
　従順でない国家の──　168-69
従順（アナーキカルなシステムにおける）　168-69
自由貿易の帝国主義　33, 38, 44
商務省標準局の「実験技術インセンティブ・プログラム」　193
人口　184, 279-80
新植民地主義　36-45
スエズ　223
スパルタ　167
政治学者の近代的志向と伝統的志向　80-85
政治構造　105-133
　国際──の定義　117-31
　──の定義の問題　105-107
　──の特徴　106
　変化と──　131-33
脆弱性（相互依存における）　189-92
正統的な国際秩序　82-83
勢力均衡
　カプランによる──システムの概念　74-77
　──システムのルール　66-68

──政治が生じるための必要条件　159-60
　　　──政治の新しい型と古い型　216-25
　　　──と自助　155-56
「勢力均衡について」　158
勢力均衡理論　154-62
　　　──から引き出せる予測　164
　　　──における国家についての仮定　155-56
　　　──についての誤解　156-62
　　　──の評価　164-69
世界政府　147
世界秩序観（アメリカの政策の）　265-66
石油
　　　──危機　201
　　　──輸入へのさまざまな依存　205
石油備蓄戦略計画　206n
石油輸出国機構（OPEC）　193,258
「セクター別」相互依存　207
ゼネラル・エレクトリック（GE）　197-98
ゼロサム・ゲームモデル　92
戦争
　　国家間での──　147-50
　　　──によるシステムの変換　264-70
　　　──の経済理論　46-47
　　　──の理論的原因　88
　　ホブソン＝レーニン理論と──　25
専門化（ハイラーキカルなシステムとアナーキカルなシステムにおける）　137-42
戦略
　　構造と──　142-46
　　同盟──　220-21
相関関係（因果関係との相違）　2-4
相互依存
　　軍事的──　213-55
　　経済的──　171-211
　　高度な──を支持する議論　183-84
　　国家間の──　138-42
　　市場の観点からの──の定義　184-89
　　政治の観点からの──の定義　189-92
　　セクター別──　207
　　　──のシステム的概念　192
　　　──の政治的影響　200-208
　　相互脆弱性としての──　189-92

　　2極と──　254-55
　　非対称的──　207
ソ連
　　アメリカと──の軍事的優越　238-42
　　アメリカと──の経済的優越　234-38
　　　──におけるスターリンの粛清　136
　　　──のアメリカからの輸入への依存　195
　　　──の経済的依存　191,210
　　　──の他国への支援　228
　　　──の同盟　224
　　　──の防衛支出　237
　　第二次世界大戦後のアメリカの政策と──　264-70
　　第二次世界大戦後のアメリカの対──政策　82
　　第二次世界大戦後の──の再軍備　165
　　2極世界における大国政治　225
　　平和の維持　271-78

タ行

第一次世界大戦
　　　──の参戦国　234
　　　──の前提条件　208-209,221,225
体系的なアプローチと理論　49-77
　　カプランによる──への批判　64-76
　　還元主義者と──　79-103
　　還元主義的理論とは異なって定義される──　23
　　　──と分析的アプローチの比較　50-51
　　　──における原因・結果　102-103
　　　──における構造　96-102
　　　──の欠点　79-88
　　　──の構成と有効性　88-95
　　　──の支持者　76-77
　　　──の説明　49-52
　　　──の目的　51-52
　　ホフマンによる──への批判　55-64
　　ローズクランスによる──への批判　53-55
大国
　　国際政治理論と──　95
　　システムの安定と──　214-15

317

——の最適な数　171-83
　　　——の帝国主義　33-34
　　　——の依存の低さ　208-11
　　　2極世界における——政治　225-33
大東亜共栄圏　272
『大統領国際経済報告』　235-36
第2回選挙法改正（イギリス1867年）　111
第二撃能力とシステムの不安定性　268-69
第二次世界大戦　233
　　　——以前と以後の相互依存　190-91
　　　——後の再軍備　165
　　　——によるシステム変換　262
　　　——の前提条件　218-21,225
太平天国の乱　136
多極
　　　システムの安定と——　213-16
　　　——からの移行　92-93
　　　——に移行しているという議論　172-73
　　　——における軍事的相互依存　224
　　　——におけるブロック形成　222-23
　　　——のなかの大国　210-211
多国籍企業
　　　——という誤称　199
　　　——の脆弱性　195-96
脱国家運動　125
小さな決定の専制　143,176
　　　集合行為的な事がらの国内管理と国際管理における——　261-62
　　　世界的な問題に直面した国家の——　146
チェコスロヴァキア　225
「力の優位＝安定性」モデル　18
秩序原理
　　　国際政治構造の——　117-23
　　　国内政治構造の——　108
チベット　182
中国
　　　勢力均衡と——　224
　　　1920〜40年代の——国内の構造　153
　　　太平天国の乱　136
　　　——の軍事能力　237-38
　　　——の超大国としての地位　172-73
中東諸国（防衛費）　237

チュニス　251
調整（国際政治構造における）　117,123
朝鮮半島　225,248,250
帝国主義
　　　強国の——　33-34,44
　　　システムの管理としての——　272
　　　——の理論的検証　31-34
　　　——理論の欠点　45-47
　　　——理論の再定義　35-45
　　　——理論の質　25
　　　——理論の主張　25-29
　　　余剰と——　33
『帝国主義論』　26
ドイツ
　　　第一次世界大戦前の——　209,220-23,234
　　　第一次世界大戦における——の目標　272
　　　第二次世界大戦時の——　233,272
　　　第二次世界大戦前の——　218-19,225-26
　　　——とオーストリア＝ハンガリーの同盟　165
　　　——によるシステムの管理　272
統計の有用性　3-4
等結果性　102
同盟
　　　極と——　130
　　　柔軟な——　217-24
　　　——戦略　220-21,223-24
　　　理論検証における——　165
独占資本主義の帝国主義　33
富の不均衡配分　26
トルーマン・ドクトリン　226
トロイ　2
「トンキンの男」　251

ナ行

ナポレオン戦争　234
南北戦争（アメリカ）　136
2極
　　　カプランによる——の概念　73
　　　カプランによる——の定義　75
　　　減少する相互依存と——　254-55
　　　今日の——世界の存続性　233-42

システムの安定と―― 21-14
多極におけるブロック形成と比較した構造的
　　―― 222-24
　　――が過去のものになったという議論
　　　171-72
　　――世界の成熟　270
　　――における軍事的相互依存　223
　　――における経済的相互依存　183-84
　　――のなかの大国　210-211
　　――の利点　225-33
　　――への移行　92-93
　　ホフマンによる――の概念　62
　　ローズクランスによる――の概念　55
『二国間の歪んだ関係』　268
二国同盟（1879年）　165
西ドイツ
　　――政府の形成　226
　　――の依存　198, 204, 275
　　――の科学技術　236
　　――の研究開発費　235, 239n
　　――のGNP　227
日本
　　――における基地　248
　　――によるシステムの管理　272
　　――のアメリカからの輸入への依存　194
　　――の研究開発費　235
　　――の首相　116
　　――の帝国主義　31, 33
　　――の模倣　168
『ニューズウィーク』　204
農業調整法（1936年）　176
農産物（アメリカが他国に供給する）　194-95
能力分布
　　国際政治構造における――　128-31
　　国内政治構造における――　109
　　国家のランクづけとしての――　174-75
　　――においてもっとも大きな能力をもつ者の責任　262
　　――の観点からのパワーの定義　254
ノーベル賞　236

ハ行

ハイラーキカルなシステムと構造
　　アナーキカルなシステムと構造と比べたときの――での行動と結果　140-53
　　アナーキーと――　150-53
　　国内政治構造の秩序原理としての――　108
　　――における集合行為的な事がらに対する規制　260-62
　　――における戦略　142-46
　　――における統合　137-42
　　――における暴力　135-37
　　変化と――　133
ハニーウェル　198
バランサー（5カ国システムにおける）　216
バランシング
　　対内的――と対外的――　222
　　多極システムでの――と2極システムでの――　215
　　――と対照的なバンドワゴニング　166
バルカン半島　221
パワー
　　アナーキーにおける――　166-67
　　極の数の決定要因と――の測定　171-74
　　――の不均衡の美徳　174-75
　　――をもつ者への影響　257-59
　　服従と――　253
ハンガリー　277
反共主義　264-65
バンドワゴニング（バランシングとの対比）　166
「非対称的相互依存」　207
広島　228
敏感性としての相互依存　184-89
貧困　184, 279-80
フィードバック（カプランによる定義）　73-74
フェアチャイルド　199
プトレマイオス的な国際政治学　63
不平等性
　　相互依存と――　200, 210

──の重要性　188-89
　　──の美徳　174-75
ブラジル経済（アメリカ企業からの影響）
　　198
フランス
　　アルジェリアにおける──　249-50
　　勢力均衡と──　223-24
　　ゼネラル・エレクトリックと──　197-98
　　第二次世界大戦と──　233
　　ナポレオン戦争と第一次世界大戦における
　　　　──　234
　　──に対する勝利　168,173-74,251
　　──の科学技術　236
　　──の核開発プログラム　239
　　──の帝国主義　31,33
　　──の同盟　165,221,223-24
ブレトン・ウッズ協定　279
プロシア
　　ナポレオン戦争時の──　234
　　──によるポーランドの分割　27
　　──の軍事的勝利　173-74,251
ブロック形成（多極における）　222-23
分業（国内と国際）　138-42
「分析の誤謬」　85
平和の維持　271-78
ベルギー＝ルクセンブルクの経済（アメリカ
　　企業からの影響）　198
ベルリン
　　──の保護　274
　　──封鎖　226,248
ペロポネソス戦争　167
変化
　　過去の説明と──の問題　43-45
　　構造的影響の是正としての構造的──
　　　　143
　　構造的──　92
　　構造と──　131-33
変換（システムの）　264-70
変数
　　──の定義　97n
　　理論的検証における──の定義　19
ボーア人　250

防衛費
　　アメリカとソ連の──　237
　　アメリカと西ヨーロッパの──　275
　　イギリスの──　275
　　経済の停滞を防ぐための──　43
　　自助システムにおける──　142,242
法則
　　──の定義　1-2
　　理論と──　1-21
暴力（国内と国際）　135-37
ポーランド　272
ボルシェビキ　168

マ行

マカベア第一書　86
マクロ理論（経済と国際政治における）
　　145-46
マーシャル・プラン　226
マルクス主義理論（帝国主義における）　36-
　　37,43-45
ミクロ経済理論からの類推　118-21,124-
　　25,130
南アフリカ（アメリカからの輸入）　194
メキシコ経済（アメリカ企業からの影響）
　　198
モデル（理論における定義）　8-9
模倣（アナーキカルなシステムにおける）
　　168-69
「門戸開放帝国主義」　38n

ヤ行

USスチールのシステム全体への任務　262
ユダヤ
　　アラブ人と──人との交流　86
　　ヒトラーの──人虐殺　136
ユニット
　　国際政治における──の特徴　123-28
　　国内政治における──の特徴　109
　　システムの特性としての──の配置　106
　　ハイラーキカルな秩序における──　108
　　──としての「類似した」国家　126-28
　　──を含めない構造の定義　79

事項索引

輸入原料（重要な）　193-94
用語（理論によって定義された、描写のための）
　　15
抑止　247-50
ヨーロッパ
　石油危機と西——　201
　ソ連による東——の管理　277-78
　西——のアメリカへの依存　194,263,274
　西——の9カ国　192
　西——の同盟　223-24
　——の統合　238,266-67
ヨーロッパ経済共同体（EEC）　93
　——委員会の研究　198

ラ行

ラトビア　182
リトアニア　182
理論
　仮説推論のための——　21
　過度の説明と変化の問題と——　43-45
　還元主義的——と体系的——の区別　23
　国際政治の——の構築方法　154-62
　国際政治の——の評価　162-69
　自己確証的な——　37-39

法則と——　1-21
　——なき構造　39-42
　——の意味　1-11
　——の基本的命題　155
　——の検証　16-21
　——の構築　11-16
　——の定義　6-7
　——の描写　10-11
「類似したユニット」としての国家　126-28
冷戦　228
連合（勢力均衡における）　166-67
連邦エネルギー局　207n
連邦準備局　194
労働運動（議会労働党との対比）　116
ロシア
　——によるポーランドの分割　272
　——のシステムへの社会化　168-69
　——の帝国主義　31
　——の同盟　165,218-19
ローマの帝国主義　33

ワ行

ワシントン海軍軍縮条約　230
ワルシャワ条約機構　224,226

321

人名索引

A

Albee, E.   98
Allison, G. T.   161
Amin, I   136
Andrade, E. N. de C.   7
Angel, N.   186
Angyal, A.   51n
Aristole   3,4,6,7
Aron, R.   57,61,81,84
Art, R. J.   168,246
Ashby, W. R.   5,51n
Asquith, H. H.   115
Attlee, C.   115

B

Bain, J. S.   180
Baldwin, S.   115,218
Bales, R. F.   230
Balfour, A. J.   115
Ball, G.   269
Baltzly, A.   247
Baran, P. A.   26,37n,43
Barnard, C. I.   149
Barnet, R. J.   195
Basiuk, V.   236
Baumol, W. J.   180,261n,262
Berglund, A.   262
Bergsten, C. F.   192
Bertalanffy, L. von   51n,74,76
Bethmann Hollweg, T., von,   226
Bismarck, O. von   168,172
Blainey, G.   222,249
Boltzman, L.   10
Borgatta, E. F.   230
Bonar Law, A.   115

Boulding, K. E.   27n,28n
Bremer, S.   18
Brennan, D. G.   237n
Brezhnev, L. I.   204n
Briggs, A.   185
Brook, E. W.   272a
Brown, M. B.   28n,37n,38n
Buchanan, J. M.   180
Buckley, W.   51n
Buckley, W. F., Jr.   83n
Bugeaud   249
Bukharin, N.   186
Burns, A. R.   262
Burt, R.   230n,239n

C

Callaghan, L. J.   113n,115
Campbell-Bnnerman, H.   115
Carter, J.   206n
Chamberlain, N.   115,225
Chamberlin, E. H.   186
Chicherin, G. V.   168,169
Chou, E.-l.   46
Churchill, W.   112,115,146,219n,232
Clifford, C.   265
Cline, W. R.   192
Collins, J.   199
Comte, A.   118
Conant, J. B.   9,11,89
Cooper, R. N.   185,187,188
Copernicus   15
Crittenden, A.   194
Crossman, R.   113n

D

Dahl, R. A.   253

De Gaulle, C.   197,198,199,239,240,267
Deutsch, K. W.   2,4,175
Diesing, P.   144,147,180
Dinitz, S.   276
Disraeli, B.   114
Djilas, M.   148
Downs, A.   147
Dowty, A.   158n
Duc Tho, L.   257
Dulles, J. F.   228,277
Duncan, O. T.   257
Durkheim, E.   138,152n,159,261

E

Eden, A.   112,115
Einstein, A.   9
Eisenhower, D. D.   244
Emmanuel, A.   42n
Engels, F.   30,186

F

Feis, H.   31
Fellner, W.   139,140,130,240
Ferry, J.   251
Finney, J. W.   194
Flandin, P. E.   218
Follette, M. P.   98
Ford, G. R.   204,206
Fortes, M.   107
Foster, W. C.   269
Fox, W. T. R.   117
Franke, W.   68
Frederick   254
Fulbright, J. W.   266

G

Galileo   3,7
Gallagher, J.   38
Galliéni   247
Galtung, J.   37,39-41,44
Gambetta, L.   251
Gasset, O. y   150

Gilpin, R.   186
Goodwin, G. I.   204
Green, M.   34
Gregor, J.   66n
Grundy, K. W.   34

H

Haas, E. B.   155
Halle, L. J.   86
Halperin, M.   161
Harris, E. E.   9,163
Heath, E.   112,115
Heisenberg, W.   12
Hertz, H.   6
Herz, J. H.   243,246
Hessler, E.   70n
Hilferding, R.   30n
Hitler, A.   54,136,218,219,226,233,272
Hobbes, T.   86,136,175
Hobson, J. A.   25-33,38,45,46,79,80,84,251
Hoffmann, S.   55-65,67,173,242,243
Holms, J. W.   276
Home, A.   115
Homer   2
Horvath, W. J.   50
Hosoya, C.   116
Hötzendorf, C. von   245
Hume, D.   158,248
Huntington, S. P.   249
Hymer, S.   37n

I

Imlah, A. H.   208
Innocent III   117
Isaak, A. C.   50

J

Jaeger, W.   167
Jervis, R.   44n,144n,218
Johnson, C. A.   150
Johnson, L. B.   266,274

K

Kahn, A. E. 143,260
Kaiser, H. J. 181
Kant, I. 6,9,61
Kaplan, A. 72
Kaplan, M. A. 64-76,83,84,222
Karlesky, J. J. 236
Katona, G 118
Katzenstein, P. J. 191
Kautilya 246
Keating, K. 276
Kennedy, J. F. 266
Keynes, J. M. 26,27,30,145,182,209
Khrushcev, N. 244
Kindleberger, C. P. 125
Kissinger, H. 82-84,172,201,203-205,252, 257,268-70,274,276,279
Knorr, K. 242
Koestler, A. 74
Kuhn, T. S. 15

L

Lakatos, I. 21,37
Landau, M. 16
Laski, H. J. 28
Leber, G. 275
Le Bon, G. 89
Lenin, V. I. 25,26,29-33,35-39,43,45, 46,140,168,186
Lévi-Strauss, C. 4
Levy, M. 83,84
Licklider 277
Lieber, R. J. 64,65
Lipppmann, W. 171
Litvinov, M. 219,225
Livernash, E. R. 150
Lloyd George, D. 115
Locke, J. 186
Lyautey 249

M

MacDonald, R. 111,115
Machiavelli 154
Macmillan, H. 112,115
Magdoff, H. 36,43n
Magsaysay, R. 249
Malthus, T. R. 26
Manning, C. A. W. 56
Mao, T.-t. 42n,46,153
Martineau, H. 118
Marx, K. 30,37,42,49,186
McClelland, C. 74
Mckenzie, R. D. 200
Meinecke, F. 254
Metternich, K. von 172
Middleton, D. 241
Mill, J. 28
Montesquieu 57,102
Moore, B., Jr. 168
Morgenthau, H. J. 82-84,154,155n,158, 159,161,222,250
Mukerjee, T. 27n,28n
Muller, R. E. 195

N

Nadel, S. F. 51n,106,107,159
Nagel, E. 5,6,14
Napoleon, B. 54,55,249
Nau, H. R. 208
Newhouse, J. 275
Newton, I. 3,7,12,25,32,34
Nixon, R. 173,204,233,235,269
Nkrumah, K. 34n
Nye, J. 279

O

O'Connor, J. 32n
Olson, M., Jr. 180,218,261n,262,276
Organski, A. F. K. 157,250
Osgood, R. E. 251

人名索引

P

Pantin, C. F. A.   85
Park, R. E.   261
Pauli, W.   12
Peirce, C. S.   4
Pepper, S. C.   15
Pfaff, W.   238
Plato   10
Platt, J. R.   11
Poincaré, H.   9
Polanyi, M.   149
Popper, K.   162
Power, T. F.   251

R

Rapoport, A.   20,50
Riccardo, J.   257
Riker, W. H.   66
Robins, L.   186
Robinson, J.   186
Robinson, R.   38
Rosecrance, R. N.   53-55,58,59,64,84,191
Rousseau, J.-J.   61,62
Ruggie, J. G.   261n
Rusk, D.   232

S

Salpukas, A.   257
Scheffler, I.   21
Schelling, T. C.   249
Schliemann, H.   2
Schmidt, H.   204,275
Schneider, W.   194
Schnore, L. F.   257
Schumpeter, J.   34-36,84,251
Shubik, M.   159,180
Simmel, G.   180,230,248
Simon, H.   161n
Singer, H. W.   37n
Singer, J. D.   18-20,81,175
Smith, A.   12,100,118,119,186

Smith, B.   236
Smith, M. G.   51n,126,127n
Snyder, G. H.   144n,194
Staley, E.   46
Stalin, J.   136
Stein, A.   191
Stephenson, H.   198
Sterling, R. W.   144
Stigler, G. J.   180
Stillman, E. O.   238
Stinchcombe, A.   17n,98
Stoessinger, J. G.   252,258,276
Strachey, J.   28n
Strange, S.   185
Stuckey, J.   18
Sulzberger, C. L.   234,235
Sweezy, P. M.   26,43

T

Taylor, A. J. P.   247n
Templer   249
Thieu, N. V.   257
Thomas, B.   185
Thucydides   86,167,246,247n
Tirpitz, A. von   168
Tocqueville, A. de   57,175
Toulmin, S.   7
Trollope, A.   113
Trotsky, L.   35,168
Trudeau, P.   252
Truman, H. S.   225,265
Tucker, R. W.   251
Tugendhat, C.   199
Tullock, G.   180
Turner, L.   196,252

U

Ulam, A.   265,266
Ullman, R. H.   279

V

Vagts, A.   245n

325

Van Evera, S. 166n,272n
Veblen, T. 35,36,84
Vital, D. 242n
Von Laue, T. H. 168

W

Wallerstein, I. 49
Waltz, K. N. 61n, 184,246,269,275
Watzlawick, P. 51n,98,102
Weaver, W. 16
Wehler, H.-U. 32n
Weltman, J. J. 67n
Whitehead, A. N. 24n
Wiener, N. 51n, 74

Wight, M. 155, 247
Williams, W. A. 37n,38n
Williamson, O. E. 180,229
Wilson, H. 113n,115
Wilson, W. 270
Wohlstetter, A. 241
Wolff, R. D. 37n
Woods, F. A. 247
Woytinsky, E. S. 210,235n
Woytinsky, W. S. 210,235n

Z

Zimmerman, W. 229

著者略歴

Kenneth Neal Waltz（ケネス・ニール・ウォルツ）

1924年ミシガン州アナーバー生まれ。オーバーリン大学卒業後、1954年コロンビア大学でPh.D.を取得。スワースモア大学、ブランダイズ大学などを経て、1971年よりカリフォルニア大学バークレー校政治学部教授、1994年より同大学名誉教授。2013年、逝去。1987-88年にはアメリカ政治学会会長を務めた。『人間・国家・戦争 —— 国際政治の3つのイメージ』渡邉昭夫・岡垣知子訳（勁草書房、2013年）; *Foreign Policy and Democratic Politics: The American and British Experience*, Little, Brown, 1967; *Realism and International Politics*, Routledge, 2008; *The Spread of Nuclear Weapons: A Debate Renewed*, W. W. Norton, 2003 (with Scott D. Sagan); *Conflict in World Politics*, Winthrop Publishers, 1971 (co-edited with Steven L. Spiegel); *The Use of Force :Military Power and International Politics*, 6th ed., Rowman & Littlefield, 2004 (co-edited with Robert J. Art) ほか。

訳者略歴

河野勝（こうの　まさる）

1994年スタンフォード大学政治学博士（Ph.D.）。早稲田大学政治経済学術院教授。*Japan's Postwar Party Politics*, Princeton University Press, 1997;『制度』（東京大学出版会、2002年）ほか。

岡垣知子（おかがき　ともこ）

2005年ミシガン大学政治学博士（Ph.D.）。獨協大学法学部教授。*The Logic of Conformity: Japan's Entry into International Society*, University of Toronto Press, 2013;『人間・国家・戦争 —— 国際政治の3つのイメージ』（ケネス・ウォルツ著；共訳、勁草書房、2013年）ほか。

ポリティカル・サイエンス・クラシックス監修者略歴

河野勝（こうの　まさる）
　1962年生まれ。1994年スタンフォード大学政治学博士（Ph.D.）。早稲田大学政治経済学術院教授。*Japan's Postwar Party Politics*, Princeton University Press, 1997；『制度』（東京大学出版会、2002年）ほか。

真渕勝（まぶち　まさる）
　1955年生まれ。1982年京都大学大学院法学研究科修士課程修了（博士）。京都大学大学院法学研究科教授。『大蔵省統制の政治経済学』（中央公論社、1994年）、『行政学』（有斐閣、2009年）ほか。

ポリティカル・サイエンス・クラシックス３
国際政治の理論

2010年4月30日　第1版第1刷発行
2019年10月10日　第1版第3刷発行

著者　　K．ウォルツ
訳者　　河野　　勝
　　　　岡垣　知子
発行者　井　村　寿　人
発行所　株式会社　勁　草　書　房
112-0005　東京都文京区水道2-1-1　振替 00150-2-175253
　　　　（編集）電話 03-3815-5277／FAX 03-3814-6968
　　　　（営業）電話 03-3814-6861／FAX 03-3814-6854
堀内印刷所・松岳社

©KOHNO Masaru, OKAGAKI Tomoko　2010

ISBN978-4-326-30160-7　　Printed in Japan

JCOPY　＜出版者著作権管理機構　委託出版物＞
本書の無断複製は著作権法上での例外を除き禁じられています。複製される場合は、そのつど事前に、出版者著作権管理機構（電話 03-5244-5088、FAX 03-5244-5089、e-mail: info@jcopy.or.jp）の許諾を得てください。

＊落丁本・乱丁本はお取替いたします。
　　　　　http://www.keisoshobo.co.jp

スティーヴン・ヴァン・エヴェラ　野口和彦・渡辺紫乃 訳
政治学のリサーチ・メソッド
すぐれた研究の進め方とは？　全米の大学で使われている定番テキストをついに完訳！　社会科学のエッセンスを伝授する。　　　1900円

H. ブレイディ & D. コリアー 編　泉川泰博・宮下明聡 訳
社会科学の方法論争 ── 多様な分析道具と共通の基準［原著第2版］
Rethinking Social Inquiry の全訳。どの研究手法をどう使えばいいのか？　KKV論争がこれで理解できる。便利な用語解説つき。　　　4700円

河野勝・真渕勝 監修
── ポリティカル・サイエンス・クラシックス（第1期）──

M. ラムザイヤー & F. ローゼンブルース　河野勝 監訳
日本政治と合理的選択 ── 寡頭政治の制度的ダイナミクス 1868-1932
現代政治学と歴史学の交差。戦前日本政治の変動を、政治家の個性やイデオロギー対立ではなく合理的選択論から解明する。　　　3600円

アレンド・レイプハルト　粕谷祐子・菊池啓一 訳
民主主義対民主主義 ── 多数決型とコンセンサス型の36カ国比較研究
［原著第2版］
「ベストな」民主主義を探る比較政治学の古典。イギリス型デモクラシーを理想視する印象論に実証データで異議を唱える。　　　3800円

ケネス・ウォルツ　河野勝・岡垣知子 訳
国際政治の理論
国際関係論におけるネオリアリズムの金字塔。政治家や国家体制ではなく無政府状態とパワー分布から戦争原因を明らかにする。　　　3800円

トーマス・シェリング　河野勝 監訳
紛争の戦略 ── ゲーム理論のエッセンス
ゲーム理論を学ぶうえでの必読文献。身近な問題から核戦略まで、戦略的意思決定に関するさまざまな問題を解き明かす。　　　3800円

──────── 勁草書房刊

＊刊行状況と表示価格は2019年10月現在。消費税は含まれておりません。